Bibliografische Information der Deutschen Nationalbibliothek
Die Deutsche Nationalbibliothek verzeichnet diese Publikation in der Deutschen Nationalbibliografie; detaillierte bibliografische Daten sind im Internet über http://dnb.dnb.de abrufbar.

Neuauflage, Juli 2014
© Spurbuchverlag, 96148 Baunach
info@spurbuch.de, www.spurbuch.de
www.mediaberatung.de

ISBN 978-3-88778-420-1

Vorwort

Liebe Leserinnen und Leser, liebe Pfadfinderinnen und Pfadfinder, nach 21 Jahren liegt nun eine neue Faksimileauflage der Erstausgabe des Pfadfinderbuches von Alexander Lion aus dem Jahr 1909 vor. Mit diesem Buch bietet der Spurbuchverlag insgesamt drei Bücher von und über Alexander Lion an, die es ermöglichen, in die Gedankenwelt des Mitbegründers der deutschen Pfadfinderbewegung einzutauchen. Der Vergleich mit dem Werk Baden-Powells zeigt Parallelen und Unterschiede, die gerade in dieser ersten Auflage geringer sind als in den späteren Ausgaben. Zuallererst ist das vorliegende Buch ein historisches Buch, das die Wurzeln des deutschen Pfadfindertums aufzeigt. Viele Grundgedanken haben auch heute noch Gültigkeit, aber sie müssen auch in die Gegenwart übertragen und adaptiert werden. Eine Anleitung für die heutige Gruppenarbeit ist das Buch nicht.

Herzlich Gut Pfad
Prof. Dr.-Ing. Klaus Röttcher

„Edel sei der Mensch, hilfreich und gut!“

Das
Pfadfinderbuch.

Nach General Baden-Powells Scouting for Boys

unter Mitwirkung von

Offizieren und Schulmännern

herausgegeben von

Stabsarzt Dr. A. LION.

MÜNCHEN 1909.
Verlag der Aerztlichen Rundschau, Otto Gmelin.

Druck von Franz X. Seitz, München, Buttermelcherstr. 16.

VORWORT.

LLE, denen das Wohl der Jugend und damit auch die Sorge für die Zukunft des Volkes am Herzen liegt, Schulmänner, Aerzte, Offiziere, Geistliche und Richter, haben schon lange mit schmerzlichem Bedauern erkannt, dass gerade in den Entwicklungsjahren vom Kinde zum Manne, also vom 14. bis zum 18. Lebensjahre, bisher so wenig geschah, um dem heranwachsenden Geschlecht die körperlichen und moralischen Eigenschaften zu schenken, deren es zur Lösung der inmitten der wirtschaftlichen Kämpfe immer schwerer werdenden zukünftigen Berufsarbeiten so dringend bedarf. Der Volksschüler muss nach beendeter Schulzeit als Lehrling bereits den Kampf um die Existenz beginnen. Seine Beschäftigung, sein Aufenthalt in den Arbeitsräumen gibt der in der Entwicklung begriffenen Muskulatur meist nur eine einseitige Tätigkeit, die inneren lebenswichtigen Organe, wie Lunge und Herz, werden oft dadurch gefährdet. An den Mittelschüler werden gerade zu dieser Zeit die höchsten geistigen Anforderungen gestellt. Sie zu erfüllen, ist stundenlanges, oft gesundheitsschädliches Sitzen am Schreibtisch, Studieren bei oft mangelhafter Beleuchtung erforderlich. Mit diesen Verhältnissen müssen wir leider auf unabsehbare Zeit hinaus rechnen. Können wir sie in ihrer Hauptsache erst ändern, wenn wir überhaupt die soziale Frage gelöst haben, so vermögen wir doch viel von den Schädigungen des Berufslebens hinwegzunehmen, wenn wir die freie Zeit der heranwachsenden Jugend besser verwenden und ausnützen.

Das Wirtshaus, der Alkoholgenuss, der Tabak, das andere Geschlecht sind vielfach die einzigen Abwechslungen. Die Gefahr, dass die Jugend körperlich zurückgeht und geistig verroht, ist immer drohender geworden. Glücklich der junge Mann, der einem Turn-, Ruder- oder sonstigem Sportverein seine freie Zeit widmen kann. Viel ist dafür in den letzten Jahren in Deutschland geschehen; nicht zum wenigsten auch durch die Anregung des Deutschen

Kaisers und des Zentralausschusses der Volks- und Jugendspiele unter Vorantritt hervorragender Männer (ich nenne hier nur Generalfeldmarschall v. Haeseler, General v. Blume, Generalstabsarzt v. Vogl, Abgeordneter v. Schenckendorff, Generalarzt Meissner). Leider hat diese gesunde Bewegung bisher immerhin erst eine kleine Zahl von jungen Leuten an sich zu ziehen vermocht.

In England herrschen ähnliche Verhältnisse. Die Jugend der obersten Stände hat zwar in den Colleges genug Gelegenheit zur körperlichen Betätigung. Bei den mittleren Ständen schon sehen wir fast die gleichen Zustände wie bei uns. Die unteren Stände sind, zumal eine grössere bäuerliche Bevölkerung fehlt, weitaus schlimmer daran.

Der britische Generalleutnant Baden-Powell, zurzeit kommandierender General des Nord-Kommandos, hat mit scharfem Blicke diese Misstände erkannt. Während der Belagerung von Mafeking hatte ihm ein Korps von Knaben ausgezeichnete Dienste als Uebermittler von Befehlen und Nachrichten geleistet. In der Heimat sah er dann so recht den Unterschied zwischen diesen frischen, tatkräftigen, in freier Luft aufgewachsenen Jungen und den saft- und kraftlosen Gestalten auf den Strassen der Grosstadt. In seinen fünfundzwanzig Kriegs- und Tropenjahren hatte er genugsam kennen gelernt, wie schwer sich diese Leute daran gewöhnen konnten, auf sich selbst angewiesen auch für sich selber zu sorgen, wie sie hilflos und nutzlos ihre Gesundheit und ihr Leben gefährdeten, weil sie es nicht besser verstanden. So schuf er im Frühjahr 1908 die Organisation der Boy Scouts.

Scout bedeutet im Englischen den Späher und Kundschafter der Truppen, welcher gegen den Feind aufklärt, ihn beobachtet und die eigene Abteilung bei Tag und Nacht an die Stellung des Feindes heranführen muss.

Es handelt sich bei Baden-Powell nun nicht darum, solche Kriegsspäher heranzuziehen, sondern vielmehr die Jugend zu Friedens-Scouts heranzubilden. Er versteht darunter z. B. die Vorkämpfer der Kultur, besonders in noch unkultivierten Ländern, die an der Spitze der Zivilisation schreiten, ihr überall die Pfade bahnen, die also Pfadfinder im besten Sinne des Wortes sind. Darum ist auch beabsichtigt, der deutschen Organisation den stolzen und vielsagenden Namen »Pfadfinderkorps« zu geben.

Baden-Powell bezweckt mit seinem System die körperliche und moralische Erziehung. Er weist nach, dass alle grossen Pfadfinder der Nation ihre Erfolge nur erreichen konnten, wenn sie Findigkeit, Disziplin, Selbstvertrauen, Bedürfnislosigkeit, Selbstlosigkeit, körperliche Regsamkeit und Gesundheit, Ritterlichkeit, Edelmut und Vaterlandsliebe in sich vereinigten. Diese Eigenschaften will er den jungen Pfadfindern lehren. Sie werden mit allen Erfordernissen des Lebens im Felde praktisch vertraut gemacht, (Pionierarbeiten, Hüttenbauten, Baumfällen, Kochen, Backen u. s. w.). Sie lernen ferner in unbekannten Gegenden ihren Weg finden, in Booten zu reisen, Karten zu lesen, Höhen und Entfernungen zu schätzen und alle Arten von Signalen zu geben und zu verstehen. Ein wichtiges Kapitel im Erziehungsplane stellt auch die Beobachtung der Tiere und der Natur dar. Die Jungen sollen den Reiz der Jagd kennen lernen, sich mit Gewandtheit und Stille an die Tiere des Waldes heranschleichen, sie in ihrem Treiben belauschen, niemals aber irgend ein Geschöpf quälen oder ohne zwingende Not töten. Mit der photographischen Kamera und nicht mit der Flinte sollen sie auf das Wild zielen.

Zur Beobachtung des Lebens im Wald und Feld gehört auch die Kenntnis von Pflanzen und Wurzeln, und von dem Lauf der Gestirne. Der Pfadfinder der Neuzeit kann nur etwas leisten, wenn er gesund und kräftig ist. Er lernt daher die Regeln einer hygienischen Lebensführung, die Stärkung des Körpers durch Leibesübungen und Jugendspiele und Körperpflege, die Pflicht der Vermeidung von Schädlichkeiten (Rauchen, Trinken und Ausschweifungen) sowie die Tugenden der Beharrlichkeit und Willensstärke sich eigen zu machen.

Damit ist schon der Uebergang zum moralischen Gebiet gegeben. Eine der Satzungen der Scouts ist es z. B., jeden Tag mindestens ein gutes Werk zu tun, so eine alte Frau oder ein Kind über die Strasse zu führen, in der Trambahn oder im Omnibus einem Erwachsenen Platz zu machen, einem durstigen Pferd oder Hund Wasser zu reichen, eine Orangen- oder Bananenschale, über die jemand fallen könnte, aufzuheben. Die Hauptpflicht jedes Pfadfinders ist die Betätigung wahrer Ritterlichkeit. Dazu gehört: stete Hilfsbereitschaft, Höflichkeit, Selbstzucht, Mut, Ehrerbietung und ein mitfühlendes Herz. Die Hilfsbereitschaft erfordert den Willen und die Kraft, seinen Mitmenschen bei allen Unglücksfällen Hilfe zu bringen. Die Pfadfinder müssen daher in der ersten ärztlichen Hilfeleistung bei Unfällen geübt werden. Unter dem Begriff Patriotismus lernen die Jungen ihre Pflichten gegen ihr Vaterland und ihren Landesherrn, die Geschichte und die Staats- und Verwaltungseinrichtungen des Landes kennen.

Dieser Lehrstoff wird nun an freien Nachmittagen, Sonn- und Feiertagen sowie in den Ferien praktisch betrieben. Eine Störung des eigentlichen Unterrichts darf dabei selbstverständlich nicht erfolgen.

In den Herbstferien 1908 hielt General Baden-Powell zum ersten Male eine vierzehntägige Lagerübung ab, die sich derartig erfolgreich gestaltete, dass eine jährliche Wiederholung stattfinden soll. Auch deutsche Knaben sind dazu eingeladen.

Besonders Lehrer und Eltern drückten in begeisterten Zuschriften dem General ihre Freude darüber aus, dass ihre Jungen körperlich und sittlich gekräftigt, als ganz neue Menschen zurückgekehrt seien. Eine Schilderung dieser Lagerübung ist in der »Woche« (Heft 15) erfolgt, die uns zur Verfügung gestellten Bilder gewähren einen guten Einblick in das Lagerleben der Boy Scouts.[1]) Den ganzen Lehrstoff und die Grundzüge seines Systems hat Baden-Powell in dem vortrefflichen Handbuch »Scouting for Boys« niedergelegt.

Ein ganz ungeahnter Erfolg war diesem Werke beschieden. In Jahresfrist waren 200000 Exemplare verkauft. Mit dem Absatz und der Verbreitung dieses Lehrbuches hielt die praktische Betätigung des Pfadfindergedankens gleichen Schritt. Baden-Powell hatte zuerst gar nicht die Schaffung einer eigenen Organisation beabsichtigt, vielmehr nur daran gedacht, sein System in die bisher bestehenden Jugendvereinigungen, die in England bekanntlich sehr verbreitet sind, einzufügen. Doch diese Grenzen erwiesen sich als zu eng, überall in England wie in seinen Kolonien entstanden eigene »Scout-Patrouillen« aus je 6—8 Jungen bestehend, aus denen sich wiederum Scout-Trupps, mindestens 3 Patrouillen zählend, zusammensetzten. Waren bei der Leitung der Patrouillen nur Knaben für Disziplin und Ordnung verantwortlich, die hierdurch das Gefühl der Verantwortlichkeit früh kennen lernten, so war durch den Scout-Master, als Führer des Trupps, die Aufsicht seitens eines Erwachsenen und dadurch die Abstellung etwaiger Missbräuche gewährleistet. Diese Scout-Master fungierten als Lehrmeister. Es waren vielfach frühere Offiziere, aber auch Lehrer und sonstige geeignete Persönlichkeiten aus allen Ständen. Diese suchten sich nun zuerst 6—8 Jungen aus, die sie auf Grund des Lehrbuches ausbildeten. Nachdem die Jungen mit Erfolg Proben ihrer Fähigkeit abgelegt hatten, erhielten sie den Auftrag, selbst sechs Altersgenossen zu werben, sie zu einer Patrouille zu

---

[1]) Stabsarzt Dr. Lion, Ernst im Spiel. (»Die Woche« 1909, Heft 15.)

vereinigen und unter Ueberwachung des Scout-Masters zu unterrichten.

Auf diese Weise wurden bis jetzt in England 140000 Jungen aller Stände herangebildet. (Mit Amerika und den Kolonien 250000) Die Jungen drängten sich dermassen der neuen Organisation zu, dass es unmöglich wurde, die genügende Anzahl von Patrouillenführern auszubilden, und dass deshalb von Zeit zu Zeit mit weiteren Aufnahmen in die Gemeinschaft eine Pause gemacht werden musste.

Baden-Powell blieb jedoch auch von Gegnerschaft nicht verschont. Zuerst wurde er von den Friedensfreunden angegriffen; er wurde angeschuldigt, unter der englischen Jugend einen blutdürstigen und kriegerischen Geist zu schüren.

Baden-Powell erwiderte darauf, dass aus dem Buche klar hervorgehe, dass es sich bei seinem System um die Erziehung der jungen Leute zu guten und brauchbaren Staatsbürgern handle. Er fügte aber hinzu: »Auch wenn ich für eine militärische Erziehung der Jugend eingetreten wäre — was ich nicht getan habe — so bin ich so verrucht, dass ich auch darin keinen Schaden erblicken würde. Ich habe niemals wahrgenommen, dass gediente Soldaten besonders zur Begehung von Verbrechen hinneigten, sondern gesehen, dass sie im Gegenteil gewöhnlich sehr nützliche Eigenschaften beim Militär gelernt haben, die auch dem bürgerlichen Leben zugute kommen. Vor allem haben sie Selbstzucht gelernt, die Pflicht der Kameradschaft, einer für den anderen einzutreten, Gehorsam gegen ihre Vorgesetzten, Nüchternheit, Reinlichkeit und Ordnung, Pünktlichkeit, körperliche Geschicklichkeit, Kraft und Ausdauer. Deshalb werden auch überall im Zivilleben frühere Soldaten wegen ihrer Zuverlässigkeit bevorzugt.«

Einem hervorragenden Politiker, der sich dagegen aussprach, Kinder militärisch auszubilden, da er den Krieg hasse wie den Teufel, antwortete der General: »Jeder, der wie ich, den Krieg in allen seinen Gestalten kennen gelernt hat, hält ihn für hassenswerter als den Teufel, denn die Schrecken des Krieges bedeuten für mich den schlimmsten Anachronismus. Ein starkes Geschlecht ist aber die beste Friedensbürgschaft.«

Der beste Beweis aber, dass die Scoutbewegung in England nicht die nationalen Gegensätze schüren, im Gegenteil sie eindämmen will, liegt in der Absicht des Generals, durch seine Gemeinschaft ein Band zwischen der englischen Jugend mit der aller Länder zu schaffen. Diesem Gedanken gab er in mehreren an den Verleger und an den Herausgeber gerichteten Briefen sowie auch persönlich mehrfach Ausdruck.

Unter anderem äusserte der General: »Ich habe stets eine grosse Bewunderung und Hochachtung für das deutsche Volk empfunden — vor allem sind wir ja Brudervölker — und möchte daher alles daran setzen, beide Nationen in engere Berührung und gegenseitige Wertschätzung bringen zu helfen. Ich würde glücklich sein, wenn mein System einen kleinen Baustein dazu beitragen könnte. Ich hoffe, dass es später möglich sein wird, einen Ansichtskartenaustausch meiner Boy-Scouts mit ähnlichen deutschen Vereinigungen herbeizuführen, so dass wir schliesslich eine Patrouille deutscher Jungen in England begrüssen und so wechselseitig Besuche austauschen können.

Zu meinem Bedauern habe ich aus deutschen Zeitungen ersehen, dass mir deutschfeindliche Neigungen unterschoben wurden. Ich werde daher noch mehr als früher bestrebt sein, diese Unterstellung durch die Tat zu widerlegen, und hoffe gerade durch die wechselseitigen Besuche deutscher und englischer Knaben erreichen zu können, dass die Jugend beider Länder sich gründlich kennen und achten lernt. Auf dieser Grundlage hoffe ich eine wahrhafte »Entente cordiale« schaffen zu helfen. Dies ist das Ziel meiner aufrichtigen Wünsche.«

Diese Worte bedürfen wohl keines Zusatzes mehr, um die friedensfreundlichen Ziele der englischen Boy-Scout-Bewegung weiter zu begründen.[1])

General Baden-Powell ist auch nicht bei Worten stehen geblieben; wenn diese Zeilen der Oeffentlichkeit übergeben werden, hat eine Patrouille von englischen Boy-Scouts bereits den deutschen Boden betreten, um die Hoffnungen ihres Oberhauptes zu erfüllen.

Das überraschende Anwachsen der Boy-Scout-Bewegung in England hat aufs neue das schreiende Bedürfnis bewiesen, dass der Jugend in dem moralisch und körperlich so gefährdeten Alter von 12 bis 18 Iahren eine Stätte geboten wird, wo ihre guten Triebe sich ungestört entwickeln, die schäumende Jugendkraft in die richtigen Bahnen geleitet und die schlechten Leidenschaften durch Beispiel, gesunde Tätigkeit in freier Natur und durch die Erweckung des Ehrgefühls gehemmt werden können.

Nachdem die Friedensfreunde den friedlichen Charakter der Bewegung nicht mehr bezweifeln dürften, wüsste ich nicht, welche Punkte der Pfadfindererziehung jeder billig denkende, für die Zukunft der deutschen Jugend ernst strebende Mensch nicht freudig begrüssen könnte.

---

[1]) Faksimile zweier bezüglicher Briefe konnten für diese Auflage nicht mehr rechtzeitig fertiggestellt werden.

In der Tat, wir haben so viel freudig bewegte und herzliche Zustimmungszeichen von Männern und Frauen aus allen Ständen, allen Berufen erhalten, dass einige Freunde der Baden-Powellschen Gedanken es wagen konnten, einen Verein zur gesundheitlichen, moralischen und praktischen Fortentwickelung der Jugend aller Stände[1]) zu gründen. Alle, die die Verwirklichung dieses Gedankens für eine nationale Notwendigkeit erachteten, waren lebhaft erstaunt, als ihnen eine grosse Berliner Tageszeitung Absichten unterschob, die sie niemals gehabt.

Es wurde dort von Erziehung zur Kolportageromantik, zur Räubersehnsucht, zur Mystik des Indianerwigwams und der Sklavenjagden gesprochen.

Wir hoffen, dass wenn der verehrte Verfasser jenes Artikels das Buch aufmerksam liest, er darin keine Stelle finden wird, die solche Behauptungen begründen könnte.

Allerdings, ein Abschnitt handelt von »Spurenlesen«.

Die Bearbeiter des Buches haben diese Kunst auf afrikanischer Erde benützen müssen, im Lebensinteresse deutscher Reiter, deutscher Volksgenossen, ohne darum zu Räuberhauptleuten oder Sklavenjägern zu werden. Sie wären damals herzlich froh gewesen, wenn sie in ihrer Jugend Anleitung in dieser Fertigkeit erhalten hätten.

Sie haben sich übrigens davon überzeugen können, dass das Spurenlesen so schwer ist, dass man viele Jahre fortgesetzt in der Steppe leben müsste, um es den Eingeborenen nur einigermassen gleich zu tun. In den wenigen Unterrichtsstunden der Pfadfinderkurse lassen sich darin kaum die Anfangsgründe geben, aber das genügt; denn die Idee, auf deutsche Verhältnisse übertragen, soll weiter nichts heissen als: Macht die Augen auf!

So ist auch in der Heimat die Kunst der Beobachtung von Wert. Mit offenem Auge sollen unsere Pfadfinder durch die Welt gehen. Denn nur so können sie sich den Gefahren des modernen Lebens, des modernen Verkehrs gewachsen fühlen.

Viele grosse Erfindungen verdanken ihre Entstehung geschärfter Beobachtungsgabe.

James Watt hätte die Dampfmaschine nicht erfunden, wenn er nicht mit scharfem Auge den siedenden Teekessel beobachtet und daraus seine Schlüsse gezogen hätte!

Vielleicht hat der Name »Pfadfinder« Anlass zu der falschen Beurteilung gegeben.

Daher müssen wir kurz darauf eingehen, warum wir das Wort »Pfadfinder« als Namen für unsere Jungen gewählt

---

[1]) Verein »Jugendsport in Feld und Wald«. Näheres im Anhang.

haben. Von Anfang an stellte sich uns die Schwierigkeit entgegen, für das Wort »Scout« einen deutschen Begriff zu finden. Die wörtliche Uebersetzung »Späher, Kundschafter« war nicht zu brauchen, da sie nur einen kleinen Bruchteil der Tätigkeit widerspiegeln konnte, welche die Ausbildung des Boy-Scout verlangt.

Der Verleger erliess deshalb durch die Zeitschrift des allgemeinen Sprachvereins ein Ausschreiben, in der er um Mitteilung von Verdeutschungsvorschlägen bat. Die Menge der Zuschriften, die daraufhin einlief, bewies auf das erfreulichste, wie lebhaftes Interesse der Baden-Powellsche Gedanke erregt hat. Leider zeigte sich hier von neuem die Schwierigkeit einer passenden Verdeutschung. Enthielt doch auch der Ausdruck Scout nicht ursprünglich seine weitgehende Bedeutung, sondern wurde ihm diese erst seitens des General Baden-Powell beigelegt. Die Ausdrücke »Jungspäher, Spürer, Feldstreifer, Lauerknaben, Renner, Tummler etc.« gaben nicht ganz das Wesen der Sache wieder. Die Uebersetzung Schütz, dessen Wurzel als möglicherweise identisch mit dem englischen Worte Scout angenommen wurde, erschien wegen ihrer knappen, bequemen Form besonders geeignet. Doch hinderte die übliche Verwendung des Wortes »Schütz«, die Möglichkeit der Verwechslung mit bestehenden Schützenvereinigungen, die Annahme dieser Verdeutschung.

Der Ausweg, den Versuch einer Uebersetzung fallen zu lassen und dafür einen neuen Ausdruck zu schaffen, erschien mir jedoch durchaus gangbar.

Da den Jungen die Tugenden der Ritterlichkeit, Höflichkeit und Nächstenliebe anerzogen werden sollten, so wurde von Herrn Reisse, Kiel, eine Benennung in diesem Sinne vorgeschlagen. Ich wünschte daher den Namen »Jungritter« als Verdeutschung des Begriffes Scout angenommen zu sehen. Doch rieten mir wohlwollende Freunde davon ab, in der Befürchtung, dass dem Ausdruck irgendwie ein mittelalterlich-feudaler Gedanke untergeschoben werden könnte.

Ein Erfordernis des Scout ist nun, dass er überall seinen Weg zu finden weiss. In der Stadt, auf dem Lande, im Gebirge, in Wald und Flur. Er muss also ein »Pfadfinder« sein. Aber auf diesen engen Gesichtskreis sollte die Bedeutung dieses Wortes nicht beschränkt bleiben, es sollte eine weitere höhere Auslegung erhalten.

All die grossen Männer und Forscher, die ihrem Vaterlande und der Menschheit die Fortschritte der Kultur schenkten, die in fremden Ländern unter Entbehrungen und

Gefahren der Zivilisation die Pfade bahnten, sie sind es, die wir als Pfadfinder ihres Volkes, als »Scouts of the nation« im Baden-Powellschen Sinne bezeichnen können. Das Suchen und Finden des richtigen Lebenspfades, des Pfades, der zu Gesundheit und Kraft, zur körperlichen und moralischen Festigung der Jugend führen soll, das soll die Bedeutung des Wortes »Pfadfinder« sein.

Das Zusammentreffen mit dem Begriffe »Pfadfinder« der Indianerromane ist daher ein rein zufälliges. Deshalb sollen unsere Pfadfinder ihre Vorbilder auch nicht in Indianer-Wigwams, in Räuberhöhlen suchen, sondern sie sollen sie in den grossen Männern finden, welche Sitte und Kultur über die Welt verbreiteten, die Ehre und Stolz für ihr Volk einlegten.

Der Pfadfindergedanke geht noch weiter. Er will die Jugend aller Klassen zur gemeinsamen Arbeit vereinen, sie alle unter dem Begriffe des Gentleman, des anständigen, ehrenhaften Menschen zusammenbringen. Dieser soziale Gedanke hat sich in England bewährt; der Scoutorganisation gehört sowohl der Sohn des höchsten Beamten wie des einfachsten Handwerkers an.

Wenn wir uns nun entschlossen haben, eine deutsche Ausgabe von »Scouting for Boys« herauszugeben, so waren wir uns unserer Verantwortung wohl bewusst. Vieles, was dem englischen Volkscharakter entspricht, dem Deutschen aber fremdartig erscheint, musste ausgemerzt werden, dafür möglichst eigene Erfahrungen und Beobachtungen Platz finden.

Trotzdem gingen wir nicht so weit, wie es eigentlich erforderlich gewesen wäre, da wir dachten, dass es doch immerhin einen gewissen Wert haben müsse, in das Ideengebiet einer verwandten Nation einen Einblick zu gewinnen. So lernt man manche Verschiedenheit des Volkscharakters besser kennen und verstehen.

Die Bearbeiter des Buches stehen mitten im verantwortungsvollen staatlichen Berufsleben. In den kargen Stunden der Musse musste die Arbeit getan werden. Sollten daher Irrtümer und Fehler nicht zu vermeiden gewesen sein, so wären wir für deren Mitteilung herzlich dankbar, ebenso wie wir Vorschläge wegen einer späteren Umgestaltung des Buches gerne entgegennehmen und berücksichtigen werden.

Viel freundliche Sympathie wurde uns bei unserer Arbeit entgegengebracht, wodurch diese viele wertvolle Unterstützung und Förderung erfuhr. So bin ich in erster Linie

Herrn Stabsarzt Dr. Kuhn des Reichskolonialamts meinen herzlichsten Dank schuldig. Ferner fühle ich mich Frau Baronin Künsberg, I. Vorsitzende der Abteilung Bamberg des Frauenvereins für Krankenpflege in den Kolonien, sowie Herrn Hauptmann Franz Herter, I. Vorstand des Vereins der Lebensretter, den Herren Leutnants Ludwig Wanka und Freiherrn von Horix, sowie Herrn cand. phil. Hilgers, Mitglied der Führerschaft des »Alt-Wandervogel«, für die geleistete freundliche Unterstützung, zu Dank verpflichtet.

So ist es keine einfache Uebersetzung eines englischen Werkes, das wir der Oeffentlichkeit, in erster Linie Deutschlands Jugend übergeben. Wir hoffen, dass es uns gelungen ist, das Werk auch mit frischem deutschem Geiste zu durchdringen. Möge dieses gute Samenkörner in das Gemüt unserer Jugend einpflanzen, auf dass ein starkes, charakterfestes und hilfreiches Geschlecht, gefestigt gegen alle Gefahren des modernen Lebens, zur Ehre unseres Volkes heranwachse.

Der Herausgeber.

Mitarbeiter:

Maximilian Bayer, Hauptmann und Kompagniechef im 3. unterelsässischen Infanterie-Regiment Nr. 138, früher im Generalstabe der Schutztruppe für Südwestafrika.

Dr. Ludwig Kemmer, Professor am Theresiengymnasium, München.

Heinrich Steinmetz, Turnlehrer in Bamberg.

INHALTS-VERZEICHNIS.

Die mit (L.) bezeichneten Artikel sind von Dr. Alexander Lion, Stabsarzt im kgl. bayer. 5. Infanterie-Regiment, die mit (B.) bezeichneten von Hauptmann Maximilian Bayer, Kompagniechef im Infanterie-Regiment Nr. 138, beide früher in der Schutztruppe für Südwestafrika, bearbeitet.

I. Kapitel.

Einführung in das Wesen und in die Aufgaben der Pfadfinder. (L.)

II. Kapitel.

Die Augen auf! (L., B.)

III. Kapitel.

Beobachtung der Natur. (B.)

Allgemeine Hinweise für die Lehrmeister.

IV. Kapitel.

Das Leben im Felde. (L., B.)

V. Kapitel.

Felddienst. (B.)

VI. Kapitel.

Wie erwirbt der Pfadfinder Willensstärke und Kraft. Grundzüge der persönlichen Hygiene. (L.)

I. Kapitel.

Einführung in das Wesen und in die Aufgaben der Pfadfinder.

I. Abschnitt.

Wie die erste „Pfadfinder"-Truppe (Boy Scouts) entstand.

Die Pfadfinder, die zuerst in England als Boy Scouts entstanden, hat keine augenblickliche Laune, keine müssige Phantasie geschaffen, ein Augenblick ernster, schwerer Gefahr hat sie ins Leben gerufen.

Es war im Jahre 1899, im Anfang des Burenkrieges, als Mafeking, im britischen Südafrika, von einem grossen Burenheere eingeschlossen wurde. Mafeking war nur eine kleine, unbedeutende Landstadt, von der niemand gedacht hätte, dass sie je ein Feind angreifen könnte, geradeso wenig wie es Euch wahrscheinlich dünken mag, dass die Stadt oder das Dorf wo Ihr wohnt, einmal von einem Gegner angegriffen werden könnte.

Aber dies kann Euch schon ein Fingerzeig sein, dass man nicht nur darauf in Krieg und Frieden gerüstet sein muss, was wahrscheinlich dünkt, sondern auch auf das, was überhaupt möglich ist. Darum soll auch jeder deutsche Knabe stets bereit sein, so dem Vaterlande zu nützen, wie es die tapferen Jungens von Mafeking taten.

Generalleutnant Baden-Powell, damals Oberstleutnant, war Kommandant des Platzes. An ausgebildeten Mannschaften, Polizei nebst Freiwilligen unterstanden ihm im ganzen 700 Mann. Er bewaffnete daher noch die Bürger, etwas über 300 Mann. Einige von diesen waren als waffengeübte Grenzbewohner vollkommen der Gefahr des Augenblickes gewachsen; aber viele von ihnen, junge Kaufleute, Schreiber und andere, hatten niemals ein Gewehr zuvor in der Hand gehabt, und niemals sich die Mühe gemacht, exerzieren oder schiessen zu lernen. Es muss doch ein zu peinliches Gefühl sein, sich einem Feind gegenüber zu sehen, der einem nach dem Leben trachtet, wenn man niemals eine Flinte abzudrücken gelernt hat! — So mussten insgesamt etwa 1000 Mann den Platz verteidigen, in dem sich 600 weisse Frauen und Kinder und gegen 7000 Eingeborene befanden und der etwa 8 km Umkreis hatte.

Da war jeder Mann wertvoll, und als das Häuflein durch Tote und Verwundete immer mehr zusammenschmolz, lasteten die Pflichten, tags zu fechten, nachts alarmbereit auf Wachposten zu stehen, desto schwerer auf dem Rest. Da rief auf Geheiss Baden-Powells Lord Edward Cecil, der älteste Stabsoffizier, die Knaben des Ortes zusammen und bildete aus ihnen ein Korps von Kadetten, kleidete sie in Uniformen und exerzierte sie ein; und so schuf er aus ihnen eine unternehmende und wertvolle Schar. Bis dahin hatten die Verteidiger eine grosse Anzahl von Mannschaften verwenden müssen, um Befehle und Meldungen zu überbringen, um Ausguck auf Posten zu halten, Ordonnanzdienste zu verrichten u. s. w. Diese Aufgaben wurden nunmehr dem Knabenkorps übertragen, und die Mannschaften wurden hierdurch davon entlastet, so dass sie für die Feuerlinie frei wurden. Die Kadetten, unter ihrem »Feldwebel«, einem Jungen namens Goodyear (spr.: Gudjihr), bewährten sich vorzüglich und verdienten sich redlich die Feldzugsdenkmünzen, mit denen sie nach Beendigung des Krieges geschmückt wurden. Viele von ihnen waren Radfahrer, und so konnte mit ihrer Hilfe auch ein Postdienst eingerichtet werden, durch den die Bewohner Briefe an ihre Freunde nach den verschiedenen Forts oder innerhalb des eigenen senden konnten, ohne dass sie sich selbst dem feindlichen Feuer auszusetzen brauchten. Eigene Briefmarken wurden dafür hergestellt. Diese stellten das Bild eines radelnden jungen Boten dar; darüber standen die Namenszeichen der Königin und ein Streifen mit der Inschrift: »Belagerung von Mafeking«. Diese Briefmarken sind später sehr selten und so wertvoll geworden, dass die Sammler ihrer kaum noch habhaft werden können!

Baden-Powell traf einmal einen solchen Jungen, als er im heftigen Feuer in das Fort einfuhr, und rief ihm warnend zu: »Dich wird doch nächstens eine Kugel treffen, wenn Du gerade mittendurch fährst.« Er aber antwortete: »Ich trete so schnell, Herr Oberst, dass sie mich doch nicht einholen.« Diese Jungens scheuten sich nicht im geringsten vor den Kugeln; stets waren sie bereit, Befehle zu überbringen, obgleich sie dadurch jederzeit ihr Leben aufs Spiel setzten. So entstanden die Boy Scouts.

Aber Du brauchst nicht erst auf den Krieg zu warten, um Dich nützlich als Pfadfinder zu betätigen. Auch im Frieden, in dem wir noch recht lange zu leben wünschen, gibt es genug Arbeit für Dich, Tag für Tag, und überall wo Du bist.

Was verstehen wir unter Pfadfindern ihres Volkes?

Jeder deutsche Junge wünscht, seinem Vaterlande, wo er kann, zu nützen. Er kann dies so leicht, besonders wenn er das »Pfadfinden« erlernt und die Grundsätze der »Pfadfinder« befolgt. Im Mittelalter waren es die Ritterorden, die allen darin voranleuchteten, ihre Religion und den Landesherrn zu schirmen, die Schwachen und Bedrängten zu schützen, die Hungrigen zu speisen, die Nackten zu bekleiden, die Tugenden der Barmherzigkeit zu üben und die Frauen zu ehren.

Gesandt ist er der Welt zum Retter,
Von jeder Not und jedem Harm
Befreien muss sein starker Arm;
Doch seinen Mut muss Weisheit leiten
Und List muss mit der Stärke streiten,

singt unser Schiller von seinem Vorbild der Ritterschaft. — Der Ritter musste also viele Künste erlernen, um seine Pflichten auch wirklich erfüllen zu können. Er musste Arm, Auge und Herz stählen, daher auch seinen Körper kräftigen; er musste alle ritterlichen Fertigkeiten üben, aber auch den stärkeren Feind durch Vereinigung von List, Gewandtheit und Stärke, jedoch immer ehrlich, zu überwinden wissen. Viele Tage und Nächte musste er auf seinen Zügen im Freien schlafen und selbst für seine Lebensbedürfnisse sorgen. Dabei hatte er oft sein kärgliches Mahl mit Armen und Hungrigen zu teilen. Denn auch das war seine Pflicht. Tugendhafter Lebenswandel und Reinhaltung des Schildes der Ehre machten den Ritter vorbildlich für alle Zeiten.

Auch der Ritter der Jetztzeit kann sich, wie in Urzeiten, im Kriege bewähren, jeder Soldat wird von seinen Offizieren dazu erzogen. Aber bereits im Frieden eröffnet sich ritterlichen Naturen ein weites Feld der Tätigkeit, auf dem sie ihre Fähigkeiten und Tugenden beweisen können. So gibt es eine grosse Zahl von Leuten, welche in Friedenszeiten ritterliche Taten vollbringen. Denkt nur an die vielen heldenmütigen Feuerwehrleute, an die sturmerprobten Lotsen und Seeleute, an Aerzte, Pfleger und Krankenschwestern, die bei Epidemien unerschrocken Hilfe bringen, an Bergleute, die ihre verschütteten Kameraden befreien. An sie alle hat der Amerikaner Andrew Carnegie gedacht, als er viele Millionen dafür opferte, solche schlichte Helden zu belohnen. Ihnen stehen als Friedenshelden würdig zur Seite die Grenzbewohner in allen Teilen der europäischen Kolonien und der überseeischen Länder. Die Trapper von Nordamerika, die Jäger in Zentralafrika, die europäischen Ingenieure, Prospektoren, Forscher und Missionare in allen noch unkultivierten Teilen der Erde, die Viehhirten in Australien und Südamerika, die Schutz- und Polizeitruppen in Afrika, die jungbewährten deutschen wie die altbewährten britischen in Nordwestkanada und Südafrika — das alles sind in erster Linie Friedensritter, Pfadfinder im wahrsten Sinne des Wortes. Sie öffnen unwegsame Pfade, auf denen die Kultur vordringen kann, sie verstehen sich auf das Leben draussen im Busch, in den Dschungeln, sie vermögen überall ihren Weg zu finden, sind fähig, aus den kleinsten Zeichen und Fusspuren die Deutung zu lesen; sie wissen, wie sie für ihre Gesundheit zu sorgen haben, fern von jeglicher ärztlichen Hilfe. So sind sie denn stark und mutig, bereit, jeder Gefahr entgegenzutreten, und immer darauf bedacht, einander ritterlich zu helfen. Sie sind gewohnt, ihr Leben selbst in ihre Hand zu nehmen und es ohne Besinnen einzusetzen, wenn sie ihrem Vaterlande und ihren Landsleuten damit nützen können.

Sie geben zu diesem Zwecke alles auf, auch ihre persönlichen Bequemlichkeiten und Neigungen, nur um ihre Aufgabe zu erfüllen. Denn sie tun dies alles nicht zu ihrem eigenen Vorteil, sondern weil es ihre Pflicht ist, gegen ihr Vaterland, ihren König, gegen ihre Landsleute, Vorgesetzte oder Auftraggeber so zu handeln. Die Kolonialgeschichte aller Kulturnationen wurde geschaffen durch solche Pfadfinder und Forscher, seit Hunderten von Jahren bis zum heutigen Tage.

Schon die alten Ritter und Kreuzfahrer, die Wikinger und Hanseaten verbreiteten als Pfadfinder deutsche Ritterlichkeit bis in entfernte Teile der Welt.

Die Engländer Raleigh und Drake, der Genuese Christoph Columbus, die Portugiesen Vasco da Gama und Magelhaens, der Deutsche Martin Behaim trotzten allen Schrecken und Gefahren unerforschter Meere und unbekannter Länder, um der Entfaltung ihres Mutterlandes neue Gebiete zu schenken. Die Welser in Venezuela, Cook in Australien, Albuquerque, Dupleix und Lord Clive in Indien, Peters, Wissmann, Nachtigall und Lüderitz in Deutsch-Afrika erschlossen so ihrem Vaterlande den Besitz neuer Länder. Stanley, Livingstone, die Deutschen Emin Pascha, Rohlfs und Barth bahnten sich den Weg, durch wilde Wüsten und Wälder in Afrika; Franklin, Ross Peary, Nansen und Payer überwanden Eis und Schnee in den arktischen Regionen. Alexander von Humboldt erforschte auf Indianerbooten reissende Ströme Südamerikas und erstieg den Chimborasso als erster aller Menschen. Die Brüder Schlagintweit erklommen die wilden Gebirgsgipfel des Himalaya. Es sind dies alles Kulturpioniere, Pfadfinder, Bahnbrecher ihres Volkes. Auch heutzutage gibt es solche Friedenspfadfinder genug, so Präsident Roosevelt, das Muster des Ritters in Krieg und Frieden, so die Tibetforscher Sven Hedin und Filchner, der bayerische Offizier, Tafel und Merzbacher, die Erforscher Innerasiens; ferner nenne ich Selous und Schillings, die grossen afrikanischen Jagdsportleute, die kühnen Automobilisten Koeppen, Grätz, Barzini, Fürst Borghese, die auf ungebahnten Wegen, über Klüfte und Felsen als wahre Pfadfinder die Welt durchquerten. Es gibt aber auch Pfadfinder der Wissenschaft, so Robert Koch und andere opfermutige Aerzte, die in Afrika wie auf Kuba die Stiche der todbringenden Insekten nicht scheuten, um Schlafkrankheit und Gelbfieber zu bekämpfen. Graf Zeppelin, die Brüder Wright und manch andere Friedenspioniere liessen sich durch Gefahren und Misserfolge nicht abschrecken, bis sie zu Pfadfindern der Lüfte wurden.

Dies sind nur wenige Namen von den vielen Tausenden von Pfadfindern und Rittern aller Nationen, die zu allen Zeiten die Ehre und die Macht ihres Heimatlandes gefördert haben. Sie alle haben nicht nur für ihr engeres Vaterland, sondern auch für die Welt gewirkt, sie gehören daher nicht nur ihrer Nation, sondern auch der Menschheit an.

Ein Grundsatz für jeden Pfadfinder muss es sein, fremdes Verdienst neidlos anzuerkennen. Anstatt es zu schmälern oder zu beneiden, soll es ihm eine Anregung werden, nachzueifern und es womöglich zu übertreffen. Dieser friedliche Wettkampf wird die Kraft des eigenen Volkes stärken und die Verständigung der Völker zu gemeinsamen Zielen zum besten der Entwicklung der Menschheit fördern.

Es gibt aber auch »ritterliche weibliche Pfadfinder und Heldinnen der Nation«. So Grace Darling, die ihr Leben aufs Spiel setzte, um eine schiffbrüchige Mannschaft zu retten; Florence Nightingale, die Retterin so vieler Soldaten im Krimkriege; Miss Kingsley, die grosse afrikanische Forschungsreisende; nicht zuletzt auch unsere Heldenfrauen in Südwestafrika, wie Frau Stabsarzt Kuhn, die ihrem Manne bei der Verteidigung von Omaruru beistand, Frau v. Eckenbrecher und Frau von Falkenhausen, Frau Hauptmann Prince in Ostafrika, eine frühere Krankenschwester, die Frau des Legationsrats von Küllmann in Teheran, die einen persischen Soldaten seiner meuchlerischen Waffe beraubte und festnahm, und viele hingebende Missionarsfrauen, Ordens- und Krankenschwestern in allen unseren Kolonien. Diese haben alle gezeigt, dass Mädchen geradeso wie Knaben in jungen Jahren durch die Macht eines starken Willens ein ritterlich mutiges Herz gewinnen können, um dann in späteren Jahren eine segensreiche Wirksamkeit in der Welt zu entfalten.

Es ist eine grosse Lebensaufgabe, ein Pfadfinder zu werden, aber sie kann nicht plötzlich von irgend jemand erlernt werden, der gerade meint, dass sie ihm vielleicht zusagen würde. Eine längere ernste Vorbereitung ist dazu nötig. Am erfolgreichsten darin sind jedoch diejenigen gewesen, welche die Pfadfinderkunst in frühester Jugend lernten.

Die Kunst des Pfadfindens wird Euch in jedem Lebensberuf nützlich sein, den Ihr erwählen werdet, mögt Ihr nun dereinst Soldaten, Gelehrte, Kaufleute, Handwerker werden.

II. Abschnitt.

Wie man ein Pfadfinder wird und was man dazu alles tun und lernen muss.

Um ein Pfadfinder (Scout) zu werden, tritt der junge Engländer einer Patrouille bei, die zu einer Jugendorganisation, wie dem Cadet Corps, der Knaben-Brigade oder sonstigem Jugend-Klub gehört. Auch in Deutschland und Oesterreich-Ungarn haben wir Jugendwehren und Wandervogelvereinigungen, in die sich leicht, ohne ihre Organisation zu ändern, das Pfadfindersystem einfügen liesse.

Wer jedoch nicht Mitglied solcher Vereinigungen ist, und Interesse an diesem Buche gewinnt, kann selbst eine Patrouille oder Gruppe von Pfadfindern anwerben, indem er fünf oder sechs Altersgenossen zusammenbringt. Ein Junge wird dann als Feldkornett gewählt, der das Kommando führt, dieser sucht sich wieder einen anderen Jungen als Junker, der sein Stellvertreter ist. Mehrere Gruppen zusammen bilden einen Trupp, der einem Erwachsenen unterstellt ist, der als Offizier funktioniert und »Feldmeister« genannt wird.

Dann muss jeder den Eid als Pfadfinder leisten, d. h. er muss auf seine Ehre drei Dinge geloben:

1. Treue zu Gott, dem Kaiser und seinem Landesherrn.
2. Jedem Menschen jederzeit in der Not zu helfen.
3. Dem Gesetze der Pfadfinder zu gehorchen.

Der Neueingetretene lernt dann das geheime Zeichen der Pfadfinder kennen und auch den Feldruf seiner Gruppe. Es ist zweckmässig, jede Gruppe, wie in England, nach einem Tier zu nennen; und jeder Pfadfinder muss imstande sein, den Schrei dieses Tieres nachzuahmen, um mit seinen Kameraden sich leicht verständigen zu können, besonders des Nachts. So können die Gruppe den Namen: »die Adler«, »die Wölfe«, »die Löwen« oder »die Ratten« führen, wie es gerade den Teilnehmern gefällt. Natürlich darf kein Pfadfinder den Feldruf einer anderen Gruppe benützen. Die Gesetze verpflichten dazu, die ritterlichen Tugenden zu bewahren, d. h treu, freundlich, gehorsam und hilfreich zu sein Die Haupttätigkeit besteht in der Ausübung der ritterlichen Künste der Jetztzeit, d. h. Sportspiele zu betreiben und praktische Uebungen, durch die die Jungen Erfahrung und Gewandtheit als Pfadfinder gewinnen. Wer dabei genügende Fortschritte gemacht hat, um das Probestück bestehen zu können, kann das Abzeichen als Pfadfinder erster oder zweiter Klasse erwerben.

Das der ersten Klasse besteht aus einer kupfernen Pfeilspitze mit dem Sinnspruch darauf: »Sei allzeit bereit«. Das Abzeichen der zweiten Klasse besteht lediglich aus dem Sinnspruch ohne die Pfeilspitze.

Die Bedeutung des Sinnspruches ist, dass ein Pfadfinder durch vorheriges Durchdenken und Ueben sich darauf vorbereiten muss, wie er bei irgend einem Unglücksfall oder plötzlicher, dringender Gefahr zu handeln hat, ohne dass er dadurch erschreckt oder überrascht wird. Er weiss vielmehr ganz genau, was er zu tun hat, wenn irgend etwas Unerwartetes eintritt.

Wer sein Probestück als Pfadfinder bestehen will, muss alles Folgende lernen und verstehen. Der Lern- und Uebungsstoff des Pfadfinders ist in der Kunst des »Pfadfindens« enthalten. Alle die Forscher und Entdecker, von denen wir Euch eben berichteten, bahnten nicht nur unter Mühen und Entbehrungen neue Pfade in unwegsamen und unbekannten Ländern, sie mussten dazu nicht allein alle Künste verstehen, die das Leben unter freiem Himmel erfordert, sondern sie waren auch auf den gebahnten Pfaden die Bringer und Verbreiter höherer Kultur, mehr als die alten Ritter es in ihrem noch ungebildeten und rohen Zeitalter sein konnten. Und um den wilden Völkern zeigen zu können, dass höhere Kultur der Menschheit zum Segen gereichen muss, dass sie die armen Heiden aus scheusslichem Aberglauben, Menschen-

a b

Englische Boy-Scouts.

a Patrouillenführer (Feldkornett).
b Scout (Pfadfinder).

opfern und Sklaverei befreit, mussten auch diese Pfadfinder alle Rittertugenden besitzen und ausüben.

Die Kunst des Pfadfindens, des Suchens und des Findens des richtigen Lebenspfades ist daher auch die Kunst des neuen Rittertums, dessen Verfechter die »Pfadfinder« sein sollen.

Diese Andeutungen mögen vorläufig genügen, um in grossen Zügen den Rahmen einer zukünftigen Organisation der Pfadfinder zu einem »Pfadfinderkorps« zu zeigen. Alles Nähere ist im Anhang enthalten.

III. Abschnitt.

Kurze Uebersicht des für den Pfadfinder erforderlichen Lernstoffes.

A. Weidmannsgeschick.

Weidmannsgeschick bedeutet in erster Linie Kenntnis des Lebens der Tiere. Man erlangt sie am besten, wenn man den Spuren des Wildes nachgeht, und sich so heranschleicht, dass man es in seinem Naturzustand belauschen kann. So lernt man am besten die verschiedenen Arten der Tiere mit ihren mannigfachen Gewohnheiten kennen. Schiessen soll man sie nur, wenn man Mangel an Nahrung hat. Aber allein um des Tötens willen tötet kein Pfadfinder absichtlich ein Tier, ausser, wenn es sich um ein schädliches Raubzeug handelt.

Wenn man ständig die Tiere in ihrem Naturzustand beobachtet, gewinnt man sie zu lieb, um sie zu töten. Das Tierleben im Walde ist etwas so Schönes, Herz und Auge des Pfadfinders und jedes fühlenden Menschen Erfreuendes, dass er es nicht mit rauher Hand zerstören darf, wenn es nicht nötig ist.

Der ganze Sportgenuss der Jagd liegt in der Kunst, die Tiere im Walde mühsam mit Anspannung aller Sinne zu beschleichen, dabei die reine Luft des Waldes zu geniessen, die Glieder zu kräftigen, aber nicht im Töten.

Diese höhere Weidmannskunst begreift ausser der Kunst, die Spuren und andere kleine Zeichen zu beobachten, auch die Fähigkeit in sich, deren Bedeutung zu erkennen, daraus zu lesen, z. B. welche Gangart das Tier hatte, ob es aufgeschreckt oder sorglos war, u. s. w. Sie befähigt auch den Jäger, seinen Weg im Busch wie in der Wüste zu finden; sie lehrt ihn, die Früchte des Waldes, Beeren, Wurzeln, Pilze für eigene Nahrung zu erkennen, ebenso wie die Lieblingspflanzen der Tiere, mit denen er diese anzulocken vermag.

Auf gleiche Weise lernt man als Pfadfinder in zivilisierten Ländern Spuren von Menschen, Pferden, Fahrrädern zu unterscheiden und aus ihnen zu schliessen, wer vorbeigekommen und wieviel Zeit seitdem verstrichen ist. Aus kleinen Zeichen, wie wenn z. B. Vögel schnell auffliegen, kann man folgern, dass irgend ein Störenfried nahe herangekommen ist, ohne dass man ihn deshalb zu sehen braucht.

Wenn man sich daran gewöhnt, kleine Zeichen auf dem Boden zu beachten, so wird man nebenbei noch häufig den Vorteil haben, verloren gegangene Gegenstände zu finden, die man auf diese Weise ihren Besitzern zurückerstatten kann.

Durch die Beobachtung der Einzelheiten am Pferdegeschirr oder Gebiss kann man oft ein Pferd von der Qual eines schlecht sitzenden Riemens oder einer falsch eingesetzten Beisstange befreien.

Wenn man auf das Benehmen oder die Kleidung der Leute seine Aufmerksamkeit richtet und die eine und die andere kleine Beobachtung gegeneinander abwägt, kann man möglicherweise auch zuweilen erkennen, dass sie nichts Gutes im Schilde führen und so vielleicht ein Verbrechen verhüten — oder man kann oft daraus ersehen, dass sie in Not sind und Hilfe und Mitleid bedürfen. Man hat dann die Möglichkeit, eine der Hauptpflichten des Pfadfinders zu erfüllen, nämlich solchen Menschen in der Not zu helfen, soweit man irgend nur kann.

Denke stets daran, dass es ärgerlich für einen Pfadfinder ist, wenn er mit anderen Leuten geht und diese sehen etwas früher, sei es gross oder klein, nah oder fern, hoch oder niedrig, bevor er es selbst bemerkt hat.

B. Lagerleben im Freien.

Pfadfinder müssen natürlich daran gewöhnt werden, im Freien zu leben. Sie müssen lernen, Zelte oder Hütten für sich aufzuschlagen, Brennmaterial herzurichten und anzuzünden, zu ihrer Ernährung Tiere zu erlegen, auszuweiden und zu kochen, ferner auch Balken zusammenzubinden, um Brücken und Flösse zu bauen, in fremdem Lande ihren Weg bei Nacht geradeso wie am Tage zu finden, und vieles andere, was das Buch Euch zeigen wird.

Aber nur wenige lernen, geschweige denn betreiben diese Künste praktisch, wenn sie an zivilisierten Orten leben, denn da haben sie bequeme Häuser und Betten zum Schlafen, ihre Nahrung ist für sie gekocht und hergerichtet und wenn sie den Weg wissen wollen, fragen sie den nächsten Schutzmann.

Wenn nun aber diese Leute in die Kolonien kommen oder dort gar gleich versuchen wollen, den erprobten Pfadfinder zu spielen, da merken sie selbst, was sie für hilflose Tröpfe sind.

Nehmen wir selbst Euren besten Schlittschuhläufer, Ruderer, Euren erprobtesten Tennis- oder Fussballkapitän oder Barläufer und stellen ihn mitten in die südwestafrikanische Steppe neben einen dort aufgewachsenen jungen Deutschen oder Buren und sehen dann zu, wer sich am besten selbst zu helfen weiss. Alle Sporttriumphe, auch ein noch so schneidiger Sportsanzug helfen ihm hier nichts. Er ist nichts als ein blutiger Neuling und wird viel Spott über sich ergehen lassen müssen, bis er sich allmählich selbst zum wirklichen Pfadfinder entwickelt.

Aber nicht nur in fremden Ländern wird die Kunst des Pfadfindens Dir nützlich sein, sondern auch sonst überall bei jeder Arbeit, jedem Vorhaben, das Du je im Leben unternimmst. Fussball, Tennis und alle Sportspiele allein bringen Dir diese Kunst nicht bei — obgleich dies alles treffliche und nützliche Uebungen sind, die Auge, Muskeln, Nerven und Willen stählen. Aber einen Pfadfinder können alle diese Sportspiele allein nicht aus Dir machen. Erst wer alle Zweige seiner Aufgaben erlernt hat, kann sich stolz einen Pfadfinder nennen. (Uebung: Lass jeden Knaben Feuerholz zurechtlegen, jeder nach seinem Gutdünken und es anzünden. Nach mehreren Fehlschlägen zeige ihnen die richtige Art [beschränkter Gebrauch von trockenen Schnitzeln und Spänen sowie Stecken pyramidenförmig angeordnet] und lasse es dann nachmachen. Dann belehre sie, wie man Knoten macht. Vgl. Kap. IV.)

C. Ritterlichkeit.

In den dunklen Zeiten des Mittelalters waren die Ritter die Pfadfinder für Kultur und Sitte in deutschen Landen, und auf ihre Gesetze sollen sich ja auch teilweise die der

Pfadfinder gründen. Ihre Satzungen sind aber auch denen der heutigen Japaner sehr ähnlich.

Aber denkt daran, es waren wilde Zeiten im dunklen Mittelalter. Macht galt damals mehr als Recht und Gesetz, finsterer Aberglauben hemmte oft den Fortschritt der Kultur, das Volk lebte noch vielfach in Knechtschaft oder Abhängigkeit von den Vornehmen, die es oft bedrückten. Es war noch nicht mündig, wie heute, wo es bei der Regierung von Reich, Bundesstaat und Stadt durch gewählte Vertreter mitwirkt.

Auch die alten Ritter waren von den Vorurteilen ihrer Zeit nicht frei. Die höhere Kultur ringt sich im Völkerleben niemals plötzlich, sondern nur allmählich durch. Aber die besten unter ihnen leuchteten in der damaligen Zeit als Pfadfinder der Kultur hervor und ihre Grundsätze von Ehre und Pflicht waren ein Vorbild für die Volksgenossen. Damals noch war der Besitz der ritterlichen Tugenden Vorrecht des Adels.

Aber heute schafft nicht Rang, Stand und Abstammung, sondern allein eigenes Verdienst und edle Tat die Zugehörigkeit zur Ritterschaft. Die alten Ritter betrachteten die Erhaltung ihrer Ehre als die heiligste Pflicht. Niemals begingen sie eine unehrenhafte Handlung, wie Lügen oder Stehlen. Lieber liessen sie das Leben. Stets waren sie bereit, für die Verteidigung ihres Königs, ihres Glaubens oder ihrer Ehre zu kämpfen und zu sterben. Tausende von ihnen zogen hinaus nach Palästina, in das heilige Land, um ihre Religion gegen die Mohammedaner zu verfechten.

Jeder Ritter hatte ein kleines Fähnlein, einen Junker und mehrere Knappen, gerade wie Euer Feldkornet seinen Junker und vier oder fünf Pfadfinder hat.

Das Fähnlein des Ritters ging mit ihm durch dick und dünn und alle wurden von demselben Gedanken getragen, wie ihr Führer, nämlich: Ihre Ehre war ihnen heilig.

Sie bewahrten Treue Gott, ihrem Landesherrn und ihrem Volke.

Sie waren stets freundlich und höflich, besonders gegen alle Frauen und Kinder, sowie gegen alle Schwachen und Hilflosen.

Sie waren hilfreich gegen jeden Mitmenschen.

Sie gaben Geld und Gut, wo jemand dessen bedurfte, und sparten zu diesem Zwecke ihr Geld durch einfachen Lebenswandel.

Sie lehrten sich gegenseitig den Gebrauch der ritterlichen Künste, um ihren Glauben und ihre Heimat gegen Feinde zu schützen.

Sie hielten sich kräftig, gesund und »in Form«, um jederzeit imstande zu sein, all diese Dinge erfolgreich vollbringen zu können.

Ihr jungen Pfadfinder könnt daher nichts Besseres tun, als dem Beispiele der alten Ritter in diesen vorbildlichen Satzungen zu folgen.

Eine ihrer Hauptpflichten war, täglich ein Liebeswerk zu vollbringen. Das gehörte zu ihren Gesetzen. Wenn Du daher morgens aufstehst, denke daran, dass Du auch am heutigen Tage jemand eine gute Tat erweisen musst. Knüpfe einen Knoten in Dein Taschentuch oder Deine Kravatte und lasse deren Ende über Deine Weste heraushängen, damit Du Dich stets daran erinnerst. Und wenn Du abends zu Bett gehst, denke darüber nach, wem Du ein Liebeswerk erwiesen hast.

Findest Du einmal, dass Du es vergessen hast, so musst Du am nächsten Tage dafür zwei gute Werke vollbringen. Erinnere Dich, dass bei Deinem Eid als Pfadfinder Du es Deiner Ehre schuldig bist, diese Werke auch wirklich zu tun.

Ein Liebeswerk braucht nur ganz klein zu sein, und wenn Du nur ein paar Pfennig in eine Armenbüchse wirfst, oder eine alte Frau oder ein Kind, oder sonst einen Hilfsbedürftigen über die Strasse führst, oder in der Elektrischen oder im Omnibus einem älteren Fahrgast Deinen Platz einräumst, oder einem durstigen Pferd oder Hund Wasser zu trinken gibst, oder einen Kirschkern, eine Orangen- oder Bananenschale von der Strasse aufhebst, worüber jemand hätte fallen können, so ist dies schon ein Liebeswerk. Aber eines musst Du mindestens täglich tun, und es rechnet nur dann für voll, wenn Du dafür keinerlei Belohnung angenommen hast.

D. Lebensrettung.

Ihr habt alle vom Eisernen Kreuz oder von Schwerterorden am Kriegsbande gehört, die der Kaiser und die Bundesfürsten Soldaten verleihen, die sich im Gefecht, unter dem Feuer des Feindes, hervorragend auszeichnen.

Aber daneben steht gleichberechtigt eine Medaille, und das ist die Rettungsmedaille für diejenigen, die sich auch im Frieden hervortun, um das Leben ihrer Mitmenschen zu retten.

Wer dieser Auszeichnung mitten in den furchtbaren, lähmenden Katastrophen, die in grossen Städten, Bergwerken, Eisenbahnen und Fabriken mitten im Frieden plötzlich hereinbrechen, ja, die durch schreckliche Erschütterungen der Erde ganze Städte und Landstriche vernichten, würdig geworden ist — ist fürwahr nicht weniger ein Held als der Soldat, der kühn in das Gewühl des Kampfes hineinstürzt, um seine Fahne zu retten oder einen Kameraden inmitten all der Aufregung und des Lärmes des Gefechtes herauszuholen.

Unsere feste Hoffnung ist es, dass viele von Euch Pfadfindern seinerzeit die hohe Ehre erringen werdet, die Rettungsmedaille zu erwerben.

Sicherlich kommt fast jeder von Euch einmal in die glückliche Gelegenheit. Aber Ihr müsst den oft nur kurzen Moment auch richtig zu erfassen und auszunutzen verstehen. Daher müsst Ihr stets darauf vorbereitet und gerüstet sein und genau wissen, was Ihr in dem Augenblick zu tun habt, wo ein Unglücksfall eintritt — und müsst es dann auch unverzagt tun.

Es genügt natürlich nicht, wenn Ihr Euch darüber aus Büchern unterrichtet und dann denkt, dass Ihr die Sache versteht — sondern Ihr müsst alle Handgriffe wirklich üben und recht oft üben, die Ihr nötigenfalls anzuwenden habt. So z. B. wie Ihr Mund und Nase mit einem nassen Tuch bedecken müsst, um im Rauche nicht zu ersticken, wie man ein Bettuch in Streifen reisst, daraus ein Seil fertigt, um sich bei einem Brande daran herunter zu lassen, wie man ein Mannsloch öffnet, um Luft in einen gasgeschwängerten Kanal zu lassen, wie man eine bewusstlose Person aufhebt und trägt, wie man Ertrinkende im Wasser anpackt, rettet und wieder zum Leben bringt und vieles andere — dies alles kann man nur durch dauernde Uebung erlernen.

Wenn Ihr dies aber alles gelernt habt, dann werdet Ihr auch Vertrauen zu Euch selbst gewinnen. Wenn dann ein Unfall vorkommt, und jedermann vor Bestürzung und Kopflosigkeit nicht weiss, was er tun soll, womöglich auch ganz Verkehrtes versucht, dann werdet Ihr ruhig eingreifen und das Richtige tun.

Baden-Powell erinnert bei dieser Gelegenheit an einen Fall, der sich bei den Hampstead-Teichen ereignete. Eine Frau ertränkte sich in verhältnismässig flachem Wasser vor einer ganzen Menge von Zuschauern. Diese waren jedoch zu erschrocken, um irgend etwas zu ihrer Hilfe zu tun, sondern wussten nichts anders als ihr laut zuzuschreien. Dabei ertrank die Frau jämmerlich. Er betrachtete es als Schande für die sonst so tapfere englische Nation, dass damals kein einziger wirklicher Mann unter ihnen war. Das wäre, wenn ein Pfadfinder dabei gewesen wäre, eine gute Gelegenheit für ihn gewesen, hineinzuspringen und die Frau herauszuholen. Aber keiner der Anwesenden hatte diese Kunst gelernt und so standen diese Feiglinge schreiend und schwätzend am Ufer — und keiner von ihnen wagte Hilfe zu leisten, weil die anderen es nicht taten.

Auch ich erinnere mich einer gleichen Szene im Haag. Dort war ein 13jähriger Knabe beim Spielen in einen Schiffahrtskanal gefallen, eine grosse Menschenmenge stand schreiend und gestikulierend am Ufer, während das Kind immer mehr der Mitte zutrieb. Mein Bruder und ich, damals 15 bezw. 17 Jahre alt, sahen den Auflauf von ferne, liefen hinzu, sprangen in das Wasser und holten das Kind heraus; wir erhielten damals beide die niederländische Rettungsmedaille.

(Zeige den Pfadfindern wie man einen bewusstlosen Mann aufhebt und schleppt, wie man einen bewusstlosen Menschen durch Rauch, Gas usw. trägt, wie man Nase und Mund mit einem nassen Tuch bedeckt. Teile sie zu je zwei ein und lasse sie abwechselnd den bewusstlosen Verunglückten und den Retter darstellen. Vergl. Kap. VIII.)

E. Kraft und Ausdauer.

Um alle die Pflichten und Aufgaben eines Pfadfinders erfüllen zu können, muss der Junge stark, gesund und gewandt sein. Und er kann sich selbst diese Eigenschaften anerziehen, wenn er sich nur ein wenig Mühe dazu gibt.

Dazu gehört, dass er eine gewisse Zahl von körperlichen Uebungen, wie Sportspiele, Laufen, Marschieren, Turnen, Radfahren, Schwimmen u. s. w., regelmässig betreibt.

Ein Pfadfinder muss möglichst viel im Freien nächtigen, und ein Junge, der gewohnt ist, bei geschlossenem Fenster zu schlafen, wird, wie die meisten verzärtelten Menschen, sich erkälten und Rheumatismus und Husten bekommen, wenn er zum ersten Male im Freien zu schlafen versucht. Daher musst Du immer bei offenem Fenster schlafen, im Sommer wie im Winter, dann wirst Du Dich abhärten und Dich niemals erkälten. Ich persönlich kann nicht bei geschlossenem Fenster oder heruntergelassenen Rolläden schlafen. In Afrika habe ich stets vorgezogen, im Freien zu übernachten, als in den dumpfen Räumen eines Farmhauses. Ein weiches Bett, besonders ein Federbett, passt nicht für einen Pfadfinder; er deckt sich auch nicht mit mehr Decken zu als erforderlich. Besonders Federbettdecken wirft er heraus und benutzt lieber seinen Mantel als Decke. Zu warme Decken sind ungesund, sie erregen Schweiss, dadurch Erkältung, auch schaffen sie aufregende Träume, die einen jungen Menschen schwächen.

Ein kurzer Spaziergang, Freiübungen mit Hanteln, Stab, Keulen oder Gummizugapparaten oder auch ohne alle Apparate, morgens wie abends, sind wichtige Dinge, um Dich bei Kräften zu halten — nicht allein um die Muskeln zu stärken, sondern um auch die inneren Organe dadurch zu kräftigen. Beim Turnen durchströmt das Blut alle Organe bis in die kleinsten Verzweigungen, schafft die schlechten Stoffe heraus und führt frische und gesunde dafür hinzu.

Eine tägliche kalte Abwaschung des Körpers mit einem nassen Handtuch oder Schwamm nach vorheriger Abseifung ist von äusserster Wichtigkeit. Vorher und nachher erwärme Dich durch Turnen. Ein tägliches Bad, im Sommer kalt gleichzeitig als Schwimmbad, im Winter warm mit kalter Abgiessung oder auch kalt im warmen Raume, ist natürlich vorzuziehen.

Pfadfinder atmen durch die Nase und nicht durch den Mund. Denn alsdann trocknet die Mundschleimhaut nicht so schnell aus, und man leidet dadurch weniger unter Durst. Auch verliert man bei Anstrengungen nicht so leicht dabei den Atem, ferner atmet man nicht alle Arten von Mikroben und Krankheitskeimen, die in der Staubluft sich befinden, direkt ein, da die Nase sie wie ein Filter zurückhält. Schliesslich wird dadurch auch das Schnarchen verhindert, durch das man sich möglicherweise einem Feinde verraten könnte.

Atemgymnastik, Uebungen vom Tiefeinatmen sind von grossem Wert, um die Lungen zu entwickeln und den Sauerstoff der frischen Luft in das Blut gelangen zu lassen. Aber all diese Uebungen müssen möglichst im Freien, in grossen Hallen oder mindestens bei offenem Fenster ausgeführt werden. Die Luft muss jedoch vollkommen staubfrei sein. Man darf aber die Uebungen nicht übertreiben, um das Herz nicht zu schädigen Beim Tiefatmen muss man die Luft langsam und tief durch die Nase einatmen, nicht durch den Mund, dabei aber die Arme nach hinten führen, bis der Brustkorb seine grösste Ausdehnung erreicht hat. Dann wird, nach kurzem Aushalten in dieser Stellung, langsam und allmählich ohne Anstrengung wieder ausgeatmet. Alles Nähere wird Euch Kapitel VI zeigen. Aber die beste Atemgymnastik ist die natürliche, die beim Turnen, Bergsteigen oder beim Laufschritt zustande kommt.

Es ist heutzutage klar bewiesen, dass Alkohol durchaus wertlos als kraftgebendes Getränk ist. Es wirkt auch für den Erwachsenen nur als Gift, wenn man davon grössere Mengen trinkt. Ein Mensch, der gewohnheitsmässig täglich grössere Mengen Bier, Wein oder gar Schnaps trinkt, taugt nicht im geringsten zum Pfadfinder und wohl auch nicht viel für jeden anderen Beruf.

Aehnlich ist es mit dem starken Rauchen. Die besten Kriegskundschafter rauchen nicht, weil es ihr Augenlicht schwächt. Es macht sie zappelig und nervös; es schädigt ihren Geruchssinn, der besonders nachts von grosser Wichtigkeit ist. Kein Junge fing das Rauchen an, weil es ihm schmeckte, sondern weil er glaubte, alsdann wie ein grosser Herr auszusehen. Tatsächlich sieht er mit der Zigarre im Munde eher aus wie ein grosser Esel.

F. Vaterlandsliebe.

Du gehörst dem grossen Deutschen Reich an, einem der mächtigsten Reiche, die es jemals auf der Welt gegeben hat.

Es besteht aus 22 Bundesstaaten und drei freien Städten, die ihre inneren Angelegenheiten selbst ordnen. Aber nach aussenhin steht das Reich geschlossen da, der Preusse wie der Bayer, der Sachse, der Württemberger, der Badener, der Hesse, treu ihrem Landesherrn, zeigen sie gleiche Treue auch dem Deutschen Kaiser, der im Kriege der höchste Bundesfeldherr ist. Sie alle vereinigen sich in dem mächtigen deutschen Heere, das stets schlagbereit den Frieden und die Ehre des Reiches zu schirmen gewappnet ist.

Aber auch in fernen Landen, in den Kolonien, in Afrika, in Asien, in der Südsee huldigen Millionen von Angehörigen fast aller Rassen, weiss, schwarz oder gelb dem Deutschen Kaiser Wilhelm II. Ueber ihnen allen weht das schwarz-weiss-rote Reichsbanner.

Unser grosses Reich erstand nicht von selbst und nicht plötzlich. Durch harte Arbeit und schwere blutige Kämpfe Jahrhunderte hindurch, mit freudiger Hingabe ihres Lebens haben es unsere Voreltern durch ihre herzhafte Vaterlandsliebe zusammenschmieden müssen. Erst als alle inneren Zwiste der deutschen Volksstämme überwunden waren, konnte das Reich stolz und stark aufgebaut werden.

Es wird vielfach geklagt, dass es heutzutage an Vaterlandsliebe fehle und dass dadurch einmal das Reich zerfallen könne, wie einst die mächtige römische Herrschaft, weil die Bürger bequem und selbstsüchtig wurden und nur noch an Luxus und Vergnügen dachten. Wir können dies aber doch nicht glauben. Zu viel reine, edle Vaterlandsliebe wurde erst kürzlich in Kolonie wie Heimat beim südwestafrikanischen Krieg bewiesen.

Und wie freudig gab der Aermste sein Geld, um Graf Zeppelin, dem grossen Pfadfinder der Nation, ein neues lenkbares Luftschiff zu schenken.

Vor allem vertrauen wir jedoch auf die Jugend, auf Euch! Wenn Ihr immer nur den Vorteil des Vaterlandes vor allen anderen Sonderwünschen im Auge habt, dann wird das Vaterland niemals Schaden erleiden. Wenn Ihr aber nicht danach handeln solltet, dann allerdings käme das Vaterland in Gefahr, denn wir haben überall auf der Erde mächtige Feinde, die auf eine Schwächung des Reiches lauern.

Daher denke in allem, was Du tust, an den Nutzen des Vaterlandes. Verwende nicht Deine ganze Zeit und all Dein Geld auf Spiele und Zerstreuungen, die nur zu Deinem Vergnügen dienen, sondern denke auch daran, wie Du Deinem Vaterlande nützen kannst; wenn Du dies bedacht und danach gehandelt hast, dann erst kannst Du ruhig und in Ehren Dich je nach Deiner Neigung auch Deinem Vergnügen widmen.

»Zuerst Dein Vaterland, dann erst Du selbst« soll Dein Wahlspruch sein. Wenn Du Dich ehrlich im Innern prüfst, wirst Du wahrscheinlich zugeben müssen, dass Du bisher vielleicht doch meist umgekehrt gehandelt hast.

Betreibt den Pfadfinderdienst nicht allein, weil er Euch Freude macht, sondern weil Ihr Euch dadurch in den Stand setzt, mit geübtem und gestähltem Körper Eurem Vaterlande zu helfen, Euch tauglich für jeden Dienst hier und überm Meer zu machen. So werdet Ihr den wahren Geist der Vaterlandsliebe in Euch aufnehmen, den jeder deutsche Junge haben muss, wenn er sein Brot wert sein soll.

Wie ein Mörder durch die Entschlossenheit eines Knaben entdeckt und ergriffen wurde.

(Wahre Geschichte, die die Eigenschaften eines Pfadfinders darlegt.)

Ein grausamer Mord ereignete sich vor mehreren Jahren im Norden Englands. Der Mörder wurde ergriffen, überführt und verurteilt, und zwar hauptsächlich durch die Pfadfinderkunst eines Hirtenknaben.

Weidmannskunst. Der Knabe Robert Hindmarsh hatte seine Schafe auf dem Moor gehütet und bemerkte, als er auf dem Heimweg über einen wilden, seitwärts der Strasse gelegenen Teil des Gebirges kam, einen Vagabunden, der, auf dem Boden mit ausgestreckten Beinen sass und sein Essen verzehrte.

Beobachtungsgabe. Der Junge beobachtete beim Vorbeigehen die ganze Erscheinung, besonders aber die auffallenden Nägel an den Stiefelsohlen des Mannes. (Siehe untenstehendes Bild.)

Beobachtungsgabe

Unauffälliges Benehmen. Er blieb nicht stehen und glotzte den Mann an, sondern erfasste beim Vorbeigehen alles dies mit einem Blick, ohne die Aufmerksamkeit des Mannes zu erregen, der ihn als einfachen Schäferjungen weiter keiner besonderen Beachtung für wert hielt.

Richtige Schlussfolgerung. (Kombinationstalent.) Als der Junge nun nach etwa zweistündigem Marsch in die Nähe seines Heimatsortes gekommen war, traf er eine Menge Leute rings um ein kleines Häuschen versammelt. Die alte Frau, die es bewohnte, war ermordet darin aufgefunden worden. Alle möglichen Vermutungen über den Täter wurden aufgestellt, und der Verdacht schien sich auf eine kleine Bande von drei oder vier Zigeunern zu verdichten, die im Lande raubend umherzogen und jeden mit dem Tode bedrohten, der ihre Missetaten verraten würde.

Der Junge hörte alle diese Dinge ruhig an; da aber bemerkte er plötzlich einige auffallende Stiefelabdrücke in dem kleinen Hausgarten. Die Nägelabdrücke stimmten nämlich genau mit denen überein, die er an den Sohlen des Mannes im Moor gesehen hatte. Er folgerte natürlich daraus, dass der Mann irgend etwas mit dem Morde zu tun haben müsse.

Ritterlichkeit. Der Umstand, dass eine hilflose alte Frau ermordet worden war, empörte ganz besonders die ritterlichen Gefühle des Knaben gegen den Mörder, einerlei wer es auch war.

Mut, Selbstzucht, schnelle Entschlossenheit (Initiative). Obgleich er nun wusste, dass die Freunde des Landstreichers ihn töten würden, wenn er etwas von seiner Entdeckung verlauten liesse, liess er kein Gefühl von Furcht aufkommen. Er berichtete vielmehr sofort der Gendarmerie seine Wahrnehmungen über die auffälligen Fussspuren im Garten und teilte ihr mit, wo sie den Mann wahrscheinlich finden könnte — wenn sie keine Zeit verlöre.

Gesundheit und Kraft. Der Mann auf dem Moor war bereits weit von dem Schauplatz des Mordes entfernt, niemand hatte ihn gesehen als der Hirtenknabe. Daher hielt er sich für gesichert, und es kam ihm der Gedanke gar nicht an, dass der Junge erst den ganzen Weg bis zur Mordstelle machen und dann mit den Gendarmen zurückkommen könne. So traf er auch keinerlei Vorsichtsmassregeln.

Aber der Junge war ein starker, gesunder Gebirgler, und er legte den Weg, trotzdem er bereits den ganzen Tag auf den Beinen gewesen war und eine Strecke von mindestens 30 km gegangen war, schnell und ohne Mühe zurück. Sie trafen den Mann an seinem alten Platze und konnten ihn ohne Schwierigkeit überwältigen.

Der Mann war ein Zigeuner, namens Wilhelm Winter. Er wurde vor das Gericht gestellt, schuldig befunden und gehängt. Auch zwei seiner Mitschuldigen wurden ergriffen.

Lebensrettung. Die Behörde liess ihn kommen und beglückwünschte ihn zu der grossen Wohltat, die er seinen Landsleuten angetan. Er hatte dadurch manches Leben vor weiteren Mordplänen gerettet und die Welt von einem gefährlichen Verbrecher befreit.

Pflichterfüllung. Der Bürgermeister sagte zu ihm: »Du hast Deine Pflicht erfüllt, obgleich es Dich in Gefahr hätte bringen können und Dir viel Beschwerden gemacht hat. Aber daran hast Du nicht gedacht — es war eben Deine Pflicht gegen Deine Mitbürger, den Behörden zu helfen, um Recht und Sicherheit zu schaffen. Und seine Pflicht muss man immer tun ohne Rücksicht darauf, was man dafür auch einsetzt, und wenn man sein Leben dafür hingeben muss.«

Vorbild. So vollführte dieser Hirtenknabe alle Pflichten, die ein Pfadfinder zu erfüllen hat, auch ohne dass man ihm diese ausdrücklich gelehrt hätte.

Er hatte bewiesen:

Weidmannsgeschick.
Unauffällige Beobachtungsgabe.
Richtige Schlussfolgerung (Kombinationsgabe).
Ritterlichkeit.
Pflichtgefühl.
Kraft und Ausdauer.
Gutherzigkeit.

Er hat sicher nicht daran gedacht, dass die Tat, die er vollbrachte, viele Jahre später Euch als Vorbild hingestellt werden könnte, wie Ihr Eure Pflicht zu tun habt. Denkt daher daran, dass auf gleiche Weise Eure Taten von anderen beobachtet und später einmal als Vorbild gepriesen werden können. So versucht denn Eure Pflicht bei allen Gelegenheiten doppelt treulich zu erfüllen.

Auch deutsche Knaben wissen Mut und Entschlossenheit zu zeigen. Folgende Zeitungsmeldung ging kürzlich durch die Presse:

Zwei mutige Knaben. Das Schwurgericht in Köln verhandelte gegen zwei Wegelagerer, die am Abend des 24. August unweit Schlebusch ein Mädchen überfallen und schwer zu misshandeln versucht hatten. Zwei jüngere Brüder des Mädchens im Alter von 14 und 12 Jahren warfen sich todesmutig auf die Angeklagten und verhinderten durch ihren Widerstand das Verbrechen.

Die Gebote der Pfadfinder.

Aus dem, was wir über die Pflichten der Pfadfinder gesagt, ergeben sich von selbst die Satzungen, die jeder, der sich als Pfadfinder betrachten und bewähren will, zu befolgen hat. Sie bräuchten eigentlich gar nicht niedergeschrieben werden, es gibt eben auch ungeschriebene, aber darum doch seit Urzeiten geheiligte Gesetze, die den Menschen ihre Pflichten gegen ihre Mitmenschen vorschreiben.

Der Grundsatz, das Motto des Pfadfinders, auf den sich seine ganze Tätigkeit gründet, liegt in den Worten: »Sei allzeit bereit!« Das heisst geistig und körperlich, mit Deinem Willen wie Deiner ganzen Körperkraft vorbereitet, Deine Pflichten zu erfüllen.

Geistig stets bereit bist Du, wenn Du Dich selbst dazu erzogen hast, jeden Befehl des dazu Berechtigten zu befolgen, und ferner, wenn Du auf jedes Ereignis, jeden Unfall innerlich schon vorbereitet bist. Dann weisst Du die richtige Tat am richtigen Ort zu tun, und hast dann den festen Willen, sie auch unerschütterlich durchzuführen.

Körperlich stets bereit bist Du, wenn Du Dich selber stark und kräftig gemacht hast und Dich weiter gesund erhältst. Dann hast Du auch die Kraft, die richtige Tat am richtigen Ort zu vollführen, und sie wird Dir gelingen.

Neun Hauptpunkte bilden die Satzungen der Pfadfinder:

1. Auf die Ehre eines Pfadfinders muss man unerschütterlich bauen können.

Wenn ein »Pfadfinder« sagt: »Es ist so, auf meine Ehre«, so **ist** es eben so, gerade so als ob er den heiligsten Eid vor Gericht darauf geschworen hätte.

Ebenso, wenn ein Feldmeister, Feldkornett oder Junker zu einem Pfadfinder sagt: »Ich verlasse mich bei Deiner Ehre darauf, dass Du dies tust«, so hat der Pfadfinder die Pflicht, den Auftrag auszuführen, so gut er es irgendwie mit Anspannung aller seiner Kräfte und Fähigkeiten zu tun imstande ist.

Verletzt ein Pfadfinder seine Ehre durch eine Lüge oder führt er einen Befehl nicht aus, der ihm unter ausdrücklicher Berufung auf seine Ehre erteilt wurde, so kann er nicht mehr Pfadfinder sein und es auch niemals mehr werden.

2. Ein Pfadfinder ist treu seinem Landesherrn, dem Kaiser, seinem Vaterlande, seinen Vorgesetzten, Lehrern und Brotherren. Er muss für sie durch dick und dünn gehen, für sie gegen jedermann eintreten, der sich als ihr Gegner erweist oder auch nur schlecht über sie spricht.

3. Eine Pfadfinderpflicht ist auch: seinem Mitmenschen nützlich und hilfreich zu sein. Vor allem anderen hat er seine Pflicht zu tun, auch wenn er dadurch sein eigenes Vergnügen, seine Bequemlichkeit, ja die Sicherheit seines Lebens und seiner Gesundheit gefährden sollte. Wenn er einmal in Zweifel kommen sollte, welches von zwei Dingen das richtige ist, muss er sich selbst fragen: »Was ist meine Pflicht, d. h. was ist besser für meine Mitmenschen« — und das hat er dann zu tun.

Er muss stets und allezeit bereit sein, Verunglückten zu helfen und, wo möglich, ihr Leben zu retten.

Jeden Tag hat er einem seiner Mitmenschen mindestens einen Liebesdienst zu erweisen.

4. Ein Pfadfinder ist ein Freund aller seiner Mitmenschen, ein Bruder jedem seiner Pfadfinder-Kameraden, ganz gleich welcher Gesellschaftsklasse dieser angehört, ob er reich oder arm, adelig oder bürgerlich geboren, Katholik, Protestant oder Jude ist, wenn er nur die Pfadfinder-Pflichten erfüllt.

Wenn ein Pfadfinder den anderen trifft, muss er mit ihm sprechen und ihm in jeder Weise behilflich sein, auch wenn er ihn persönlich bisher nicht gekannt hat.

Jeder Pfadfinder muss den anderen unterstützen, besonders wenn der andere sich gerade in der Ausübung einer Pfadfinderpflicht befindet. Er muss ihn, wenn nötig, mit Nahrung, überhaupt mit allem versorgen, was der andere braucht, soweit er irgendwie selbst dazu imstande ist.

Ein Pfadfinder darf niemals ein Vornehmtuer sein. Ein Snob, wie der Engländer solche Gecken nennt, sieht auf den anderen herab, weil er ärmer ist als er selbst. Umgekehrt ist es aber ebenso unwürdig, wenn jemand selbst arm ist und deshalb gegen den reicheren Kameraden ein Vorurteil hat und gar hämischen Neid zeigt.

Der richtige ritterliche Pfadfinder nimmt seine Kameraden so, wie er sie findet. Schlechte Angewohnheiten, die er bei einem sieht, weil dessen Eltern vielleicht nicht das Geld oder die Zeit zur richtigen Erziehung ihres Kindes hatten, sucht er mit Liebe und durch gutes Beispiel zu bessern.

Kim, der wackere, junge Pfadfinder wurde von den Indern »Der kleine Freund aller Menschen« genannt, und jeder Pfadfinder sollte danach streben, sich diesen Ehrentitel zu erwerben.

5. Ein Pfadfinder ist höflich. Er ist höflich zu jedermann — besonders aber zu Frauen und Kindern, zu alten Leuten und hilfsbedürftigen Personen, wie Gelähmten, Krüppeln und Kranken. Aber für seine Hilfe oder Höflichkeit darf er niemals eine Belohnung annehmen. Ein »Danke« und

das Bewusstsein, seine Pflicht getan zu haben, ist sein schönstes Entgelt.

6. Ein Pfadfinder ist gegen Tiere liebreich. Er muss ihnen, soweit wie möglich, Schmerzen ersparen und darf kein Tier unnötig töten, ausser wenn er es zur Nahrung dringend braucht oder es sich um ein schädliches Lebewesen handelt.

7. Ein Pfadfinder gehorcht seinem Feldkornett, dessen Stellvertreter (Junker) und dem Feldmeister ohne Widerrede. Auch wenn er einen Befehl erhält, der nicht nach seinem Geschmack ist, muss er ihn dennoch wie jeder Soldat genau befolgen. Es ist dies seine Pflicht. Nachher kann er seine Einwände dagegen geltend machen, aber erst muss er den Befehl — wenn er nicht offenbar unvernünftig ist, was bei Pfadfindern nicht vorkommen darf — unverzüglich ausführen. Das verlangt die Disziplin, die Manneszucht, ohne die kein Reich, keine Gemeinschaft, kein Arbeitsbetrieb bestehen kann.

8. Ein Pfadfinder ist stets munter und vergnügt. Wenn er einen Befehl erhält, muss er ihn heiter und flott ausführen und nicht in träger, lässiger Weise. Pfadfinder brummen nicht, wenn ihnen mal irgend etwas Mühe und Entbehrungen kostet. Sie weinen auch nicht, wenn ihnen einmal etwas misslingt, oder fluchen gar.

Wenn Du z. B. einen Zug versäumst, jemand durch eine ungeschickte Bewegung Dir unabsichtlich Deinen Hut ins Wasser oder aus der Eisenbahn wirft, oder Dir sonst etwas Unangenehmes passiert, so ärgere Dich nicht, zwinge Dich gleich zum Lächeln, pfeife eine lustige Weise — und aller Aerger wird wieder vorbei sein.

Ein Pfadfinder zeigt überhaupt bei allen Gelegenheiten immer nur ein freundliches Gesicht. Es heitert ihn selbst auf ebenso wie die anderen Leute. Besonders im Angesicht einer Gefahr wird dies sehr wertvoll. Behält der Pfadfinder dann, wie er es gewohnt, sein Lächeln bei und pfeift dabei sein Liedchen, wird er manche Panik verhindern können.

9. Ein Pfadfinder ist sparsam. Er spart jeden Pfennig, wo er nur kann, und bringt ihn in die Sparkasse. Wenn er dann einmal später unglücklicherweise sein Amt oder Stelle verlieren sollte, so kann er sich davon erhalten und braucht anderen Leuten nicht zur Last zu fallen. Vor allem hat er dann immer Geld, um davon Bedürftige unterstützen zu können.

Pfadfinder-Spiele.

Im Winter.

Die Polar-Expedition.

Jede Gruppe besorgt sich einen Schlitten oder stellt sich selbst einen her. An Zugleinen ziehen zwei Mann abwechselnd den Schlitten vorwärts. Wenn sie Hunde zu diesem Zweck abrichten können, ist dies natürlich ausserordentlich vorteilhaft. Zwei Pfadfinder gehen quer durch Feld und Wald 1—2 Kilometer voraus. Der übrige Trupp folgt mit dem Schlitten nach und muss den Weg nach den Spuren finden, dabei aber auch die Zeichen zu Hilfe nehmen, welche die vorausgehende Vorhut im Schnee zurückgelassen oder sonstwie sichtbar gemacht hat. Alle anderen Spuren, die sie auf dem Wege bemerken, müssen geprüft, aufgezeichnet und in ihrer Bedeutung erforscht werden. Auf dem Schlitten sind Proviant, Decken, Kochgeschirr, Kochholz etc. untergebracht.

Bei der Rast errichtet man dann Schneehütten. Diese können möglichst klein und eng gebaut werden. Auch muss dabei auf die Länge der zur Verfügung stehenden Stangen Rücksicht genommen werden, mit denen der Dachstuhl hergestellt wird. Stangen können aber auch leicht durch Strauchwerk ersetzt werden, das ordentlich mit Schnee bedeckt wird, und so ein gutes Dach ergibt.

Schnee-Festung.

Eine Gruppe baut eine Schnee-Festung ganz nach ihrem Gutdünken und nach Massgabe ihres fortifikatorischen Verständnisses. Sie versieht sie überall mit Schiesscharten, um stets einen freien Ueberblick über das umliegende Gelände zu haben. Nach dem Ausbau der Feste wird sie von feindlichen Gruppen angegriffen, die Schneebälle als Munition verwenden. Jeder Pfadfinder, der von einem Schneeball getroffen wird, gilt als tot. Die Streitkräfte der Angreifer sollen durchgehends mindestens doppelt so stark sein als die der Verteidiger.

Sibirische Menschenjagd.

Ein Pfadfinder ist seiner Haft als politischer Sträfling entronnen und läuft nun als Flüchtling quer über den Schnee in beliebiger Richtung, bis er einen geeigneten Schlupfwinkel findet. Dort verbirgt er sich vor seinen Verfolgern, die seine Flucht bald entdeckt haben. Die Gruppe gibt ihm mindestens 20 Minuten Vorsprung und nimmt dann die Verfolgung seiner Spur auf. Sobald die Verfolger sich dem Versteck nähern, schiesst der Flüchtling mit Schneebällen auf sie. Jeder, der getroffen ist, scheidet als Toter aus dem Spiel. Der Flüchtling muss dreimal getroffen sein, bevor er als tot gelten darf.

Im Sommer und Winter.

Begegnung der Pfadfinder.

Einzelne Pfadfinder, Paare solcher oder ganze Gruppen werden etwa 3—4 Kilometer weit voneinander getrennt und dann gegeneinander in Marsch gesetzt. Damit sie sich nicht gegenseitig verfehlen, kann man sie auf einer Strasse ansetzen oder beiden Parteien einen Richtpunkt im Gelände angeben, auf den sie zumarschieren müssen. Als solche Landmarken nimmt man möglichst einen steilen Hügel, einen grossen Baum oder einen Kirchturm, der im Rücken der feindlichen Partei liegt.

Die Gruppe, die zuerst die andere sieht, bleibt Sieger. Der Feldkornett der siegreichen Gruppe muss dann unverzüglich seine Flagge hochhalten und mit seiner Signalpfeife ein Zeichen geben, damit der Unparteiische sofort davon in Kenntnis gesetzt wird. Die Patrouillen brauchen nicht geschlossen zusammen zu marschieren. Aber da diejenige Gruppe als Sieger gilt, die zuerst ihre Flagge hochhält, so ist es notwendig, dass die Pfadfinder stets mit ihrem Feldkornett durch verabredete Zeichen, Zurufe oder Meldeordonnanzen in Verbindung stehen.

Pfadfinder dürfen jede ihnen zusagende List anwenden, so z. B. auf Bäume klettern, sich in Wagen verstecken etc. Verkleidungen sind jedoch untersagt.

Das Spiel kann auch nachts geübt werden.

Kundschafter-Hinterhalt.

Ein Pfadfinder wird ausgesandt, um irgend einen bestimmten Platz zu erkunden, z. B. das Postamt in einer benachbarten Stadt, oder in grösseren Städten ein solches in einem weniger bekannten Stadtteil. Er vermerkt die Einzelheiten des Gebäudes kurz auf einer Postkarte mit der Adresse des Feldmeisters und gibt diese am Schalter ab. Dann sucht er wieder zurückzukehren. Aber alle Wege, auf denen er heimkehren kann, sind von Pfadfindern besetzt, die ihr Feldkornett geschickt verteilen muss, um dem Kundschafter den Rückgang abzuschneiden. Diese Posten dürfen aber nicht näher als 200 m an das Postgebäude herangehen. Der Kundschafter darf daher jede Verkleidung und jede List benützen, um sich durchzuschleichen.

Kims Spiel.

Lege zwanzig oder dreissig kleine Gegenstände auf eine Schale, auf den Fussboden oder den Tisch, wie zwei oder drei verschiedene Sorten von Knöpfen, Bleistiften, Korken, Stoffresten, Nüssen, Steinen, Messern, Bindfaden, Photographien — kurzum, was gerade bei der Hand ist — und bedecke alles zusammen mit einem Tuch.

Diese Gegenstände müssen auf einem Zettel untereinander aufgeschrieben sein, auf dem für jeden Teilnehmer eine Längsspalte angelegt ist. Der Zettel sieht dann so aus:

Gegenstände	Berger	Lang	Hofer	Hellmann	Richter	Schmidt
Wallnuss . . .						
Knopf.						
Schwarzer Knopf . . .						
Roter Stoff . .						
Gelber Stoff .						
Schwarzer Stoff						
Messer						
Roter Bleistift						
Schwarzer Bleistift . . .						
Pfropfen . . .						
Bindfaden-Knoten . . .						
Gewöhnlicher Bindfaden .						
Blaue Perle . .						
Im ganzen . .						

Decke dann die Gegenstände für eine Minute auf. Dabei hat der Unparteiische entweder die Uhr in der Hand oder er zählt im Laufschrittempo bis 60. Lege dann das Tuch wieder darüber.

Der Unparteiische nimmt dann jeden Pfadfinder einzeln beiseite. Dieser muss mit leiser Stimme die Stücke angeben, die er gesehen hat. Der Unparteiische verzeichnet jede richtige Antwort durch einen Strich bei dem angegebenen Gegenstand. Wer nachher in seiner Spalte die grösste Anzahl von Strichen hat, sich also der meisten Gegenstände erinnert, bleibt Sieger.

II. Kapitel.

Die Augen auf!

I. Abschnitt.

Die Kunst der Beobachtung.

Anhaltspunkte für den Lehrmeister.

Eine Anleitung in der Kunst der Beobachtung und in dem Vermögen, aus den gemachten Beobachtungen die richtigen Schlussfolgerungen zu ziehen, kann schwerlich schwarz auf weiss niedergelegt werden. Sie muss praktisch erteilt werden. Wir können nur einige Beispiele und Winke geben, der Rest hängt von der besonderen Befähigung des Lehrmeisters und den örtlichen Verhältnissen ab.

Die Wichtigkeit einer guten Beobachtungsgabe und der Fähigkeit, richtig daraus zu folgern, ist für den jungen Staatsbürger überaus gross und wertvoll. Kinder sind ja sprichwörtlich schnell in der Beobachtungsgabe, aber diese Kunst stirbt allmählich ab, wenn sie älter werden. Dies kommt hauptsächlich daher, dass gerade die ersten Beobachtungen und Eindrücke ihre Aufmerksamkeit in Anspruch nehmen, dann aber, bei der öfteren Wiederholung und Gewöhnung, das Interesse verlieren. Sie werden eben »blasierter«, je mehr sie sehen und lernen, und desto mehr geht auch die ursprüngliche lebhafte rasche Auffassungsgabe verloren.

Beobachtungsgabe ist daher eine Kunst, zu welcher Kinder erzogen werden können. Kombinationsgabe ist die Kunst, die gemachten Beobachtungen schnell zu durchdenken und aus ihnen die richtigen Schlüsse zu ziehen.

Wenn einmal Beobachtungs- und Kombinationsgabe bei einem Kinde zur Gewohnheit geworden sind, so ist ein grosser Schritt in seiner Charakterentwickelung vorwärts getan.

I. Beobachtung von einzelnen Spuren.

Das Wort »Spur« wird von den Pfadfindern gebraucht, um damit einige kleine Einzelheiten zu bezeichnen, so Fussabdrücke, abgebrochene Zweige, niedergetretenes Gras, Speisebrocken, Blutstropfen, einzelne Haare u. s. w., überhaupt alles, was ihnen Aufschluss zu geben vermag, um zur Lösung irgend einer schwierigen oder ungeklärten Frage zu gelangen.

Eine berühmte Jägerin, Frau Walther Schmidtson, die im Jahre 1907 in Kaschmir reiste, folgte mit einigen eingeborenen Indern den Spuren eines Panthers, der einen jungen Bock getötet und weggeschleppt hatte. Er hatte ein weites, kahles Felsplateau gekreuzt, welches natürlich keinen Eindruck seiner weichen Füsse hinterliess.

Der Spurensucher ging daher am Rande des Felsens entlang, bis er an eine scharfe Ecke kam. Er befeuchtete nun seine Finger und strich damit dieser Felskante entlang, bis einige Bockshaare daran haften blieben. Dies zeigte ihm nun, dass an dieser Stelle der Panther den Felsen herabgestiegen war, und bewies ihm auch, dass er den Bock noch immer mit sich schleppte. Diese paar Haare waren das, was der Pfadfinder eine »Spur« nennt.

Wenn man mit einem wirklich vollkommen ausgebildeten Pfadfinder geht, wird man wahrnehmen, dass seine Augen ständig in Bewegung sind und in allen Richtungen, nah oder fern, umherblicken, und dass er dadurch alles bemerkt, was vorgeht. Er tut es eben rein aus Gewohnheit, weil er schon nicht mehr anders kann, aber nicht etwa, weil er sich damit brüsten will, wieviel er zu leisten vermag. Baden-Powell ging einmal eines Tages mit einem solchen Pfadfinder im Hyde Park in London spazieren. Das ist ein Park wie der Tiergarten in Berlin oder der Englische Garten in München. Wie hier, sieht man auch dort viele elegante Reiter und Reiterinnen ihre Pferde tummeln. Plötzlich sagte der Pfadfinder: »Das Pferd geht ein wenig lahm« — und dabei konnte Baden-Powell zuerst gar kein Pferd in ihrer Nähe entdecken. Schliesslich fand er jedoch, dass sein Freund ein Pferd, das einige Kilometer entfernt war, damit meinte. Im nächsten Augenblick hob dieser wiederum einen auffallenden Knopf auf, der auf dem Wege lag. Er sah also in die Ferne, vernachlässigte jedoch gleichzeitig nicht die Nähe.

In den Strassen einer fremden Stadt wird der Pfadfinder sich seinen Weg merken, und zwar am allerbesten an den hervorragendsten Gebäuden und an den Seitenstrassen, die abgehen. Auf jeden Fall aber wird er auf die Läden achten, an denen er vorbeikommt, und genau aufpassen, was in ihren Schaufenstern ausgestellt ist. Ferner wird er sein Augenmerk auf die Fuhrwerke richten, die an ihm vorbeifahren, sehen, ob die Zäumung und die Hufe in Ordnung sind, hauptsächlich aber alle Leute beobachten, die vorbeikommen.

Aber so viele Leute gehen mit geschlossenen Augen stumpfsinnig ihren Weg und achten nicht auf die Dinge, die sie unterwegs sehen könnten. Der Pfadfinder muss also alles scharf beachten, dabei aber vermeiden, die Leute durch Anglotzen zu belästigen. Es war ja auch die Kunst jenes Schäferknaben, dass er den Mörder genau beobachtete, ohne dass es diesem auffiel. Nur unauffällige Beobachtung kann von Nutzen sein.

In der Geschichte von Kim finden wir die Erzählung von zwei Knaben, die in der Beobachtungskunst unterrichtet wurden, um Pfadfinder im geheimen Dienste zu werden. Ihnen wurde zu diesem Zwecke, wie erwähnt, eine Schale, die mit kleinen Gegenständen gefüllt war, eine Minute lang gezeigt. Sie lernten so alle diese Gegenstände schnell zu sehen und aus dem Gedächtnis zu beschreiben.

Wir müssen diese Probe daher auch in unseren Spielen üben. Sie ist eine vorzügliche Uebung für Pfadfinder.

Kapitän Cook, der grosse Entdecker Australiens, war auf diese Art als Knabe erzogen worden.

Jeder Pfadfinder in der Stadt muss selbstverständlich wissen, wo die nächste Apotheke oder Verbandstoffhandlung, der nächste Schutzmannsposten, die Polizeiwache, das Krankenhaus, Feuermelder, Telephon, Rettungsstation u. s. w. ist.

Der Pfadfinder muss seine Augen auch auf den Erdboden gerichtet halten, besonders an beiden Rändern des Bürgersteiges, sowohl den Häusern wie der Strasse zu. Baden-Powell fand dabei oft wertvolle Schmuckgegenstände, an denen Hunderte von Leuten achtlos vorbeigegangen, und die von Damenschleppen auf die Seite gefegt waren.

2. Beobachtung einzelner Merkmale bei Menschen.

Wenn Du mit der Eisenbahn oder mit der Strassenbahn fährst, so achte auf jede kleine Eigenschaft Deiner Mitreisenden; achte auf ihre Gesichter, ihre Kleidung, Sprechweise, ihren Dialekt usw., so dass Du jeden möglichst genau nachher beschreiben kannst. Ferner versuche aus ihrer Erscheinung und aus ihrem Verhalten Schlüsse zu ziehen, ob er reich oder arm ist (was man schon vielfach aus ihren Stiefeln ersehen kann), welchen Beruf sie wahrscheinlich haben, ob sie sich wohl befinden oder krank sind, ob sie vielleicht der Hilfe bedürfen.

Aber dabei darfst Du, wie gesagt, sie niemals merken lassen, dass Du sie beobachtest, sonst nehmen sie sich vor Dir in acht oder verbitten sich diese Belästigung. Erinnere Dich nur immer an den Schäferknaben!

Unauffällige Beobachtung von Leuten und die Fähigkeit, ihren Charakter und ihre Gedanken zu lesen, ist von ungeheurer Wichtigkeit im Handel und Verkehr, besonders aber für einen Geschäftsangestellten oder Kaufmann. Dieser muss dem Publikum seine Waren verkaufen, sich dabei aber auch vor Schwindlern in acht nehmen.

Man kann nach altem Volksglauben vielfach den Charakter eines Menschen schon daraus erkennen, wie er den Hut trägt. Sitzt er leicht nach einer Seite, so ist sein Träger ein gutherziger Mensch; trägt er ihn stark auf der einen Seite, so ist es ein Grosstuer, trägt einer den Hut im Genick, so ist er leichtsinnig und ein schlechter Schuldner; korrekte, aber wohl langweilige Ehrenmänner tragen den Hut genau gerade auf dem Kopf!

Auch die Art und Weise, wie jemand geht, ist oft ein guter Wegweiser für seinen Charakter. Man sehe als Beweis hiefür, wie der lärmende, prahlerische kleine Mann mit kurzen Schritten daherpaddelt und fortwährend die Arme hin und her schlenkert, ebenso bezeichnend ist der hastige, ruckweise Schritt des nervösen Menschen, das langsame Schleichen des Strassenbummlers, der elastische, schnelle und leise Schritt des Pfadfinders usw.

3. Praktische Beobachtungskunst.

Besser als alle Bücherweisheit ist die praktische Erfahrung. Misserfolge dürfen unseren Mut nicht beugen, zumal es sich hier um einen der wichtigsten Zweige der Beobachtungs-

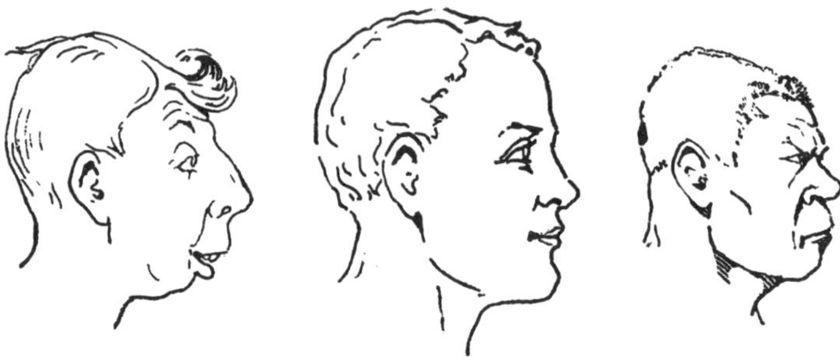

kunst handelt. — Was denkt Ihr vom Charakter der Männer auf dem obigen Bilde?

Ein berühmter Kriminalist beschreibt in seinem Buche, wie man schon mit wenig Uebung den Charakter eines Menschen aus seiner Kleidung fast genau erkennen kann. So erzählt er die Geschichte von einem Herzog, der sich recht schäbig zu kleiden pflegte. Eines Tages reiste er mit seinem Freunde Grafen A. auf der Eisenbahn. Im Abteil befand sich noch ein Geschäftsreisender, der mit ihnen ins Gespräch kam. Auf einer Station stieg der Herzog aus. Kaum hatte er aber den Wagen verlassen, als schon der Reisende fragte: »Wer, ist der Herr, der eben ausstieg.« »Oh,« sagte Graf A., »das ist doch der Herzog von X « Der Geschäftsreisende war ganz verblüfft und meinte: »Das ist doch sicher ein Irrtum von Ihnen. Er sprach so freundlich zu uns beiden. Ich dachte die ganze Zeit, dass er ein Gärtner sein müsse.«

Wir wollen annehmen, dass der Reisende nicht als Pfadfinder erzogen war und nicht nach den Stiefeln gesehen hatte. Sonst würde er wahrscheinlich beobachtet haben, dass weder die des Herzogs noch die des Grafen Gärtnerstiefel gewesen waren.

Die Stiefel sind in der Tat die beweiskräftigsten von allen Einzelheiten der Kleidung. So ging Baden-Powell eines Tages mit einer Dame auf dem Lande spazieren. Eine junge Dame ging den gleichen Weg gerade vor ihnen her. »Ich möchte doch zu gerne wissen, wer das ist,« sagte

Baden-Powells Begleiterin. »Ganz recht,« sagte dieser, »ich würde aber lieber fragen, bei wem das Mädchen in Stellung ist.« Das Mädchen war im ganzen sehr gut angezogen, aber er hatte auch ihre Stiefel gesehen, und da vermutete er, dass sie das Kleid von jemand anderem geschenkt erhalten und nur für sich passend hergerichtet hatte. — Aber was die Stiefel anbetraf, so hatte sie sicherlich die eigenen für bequemer befunden als die kleineren, eleganten ihrer Herrin. Sie kam dann auch zu dem Haus zurück, wo die beiden gerade stehen geblieben waren, und ging tatsächlich in den Dienstboten-Eingang hinein. Es liess sich dann auch leicht feststellen, dass sie Dienstmädchen bei einer dort wohnenden Dame war.

Einmal sprach auch Baden-Powell mit einem Detektiv über den Charakter eines Herrn, mit dem sie sich eben unterhalten hatten. Der General bemerkte: »Auf jeden Fall muss das ein Fischer sein,« aber der Detektiv konnte nicht erkennen, warum — denn er war selbst kein Fischer. Baden-Powell, der als Seemann seine Laufbahn begonnen, hatte jedoch eine Anzahl von kleinen Stoffbüscheln am linken Rockärmel des Fremden bemerkt. Eine grosse Anzahl von Fischern legen nämlich ihre Haken, wenn sie sie von der Leine herunternehmen, in ihre Mütze zum Trocknen, andere stecken sie an den Aermel. Wenn die Haken trocken sind, nehmen sie sie wieder heraus und reissen dabei oft einen Faden aus dem Stoff.

Es ist eine ganz belustigende Uebung, im Strassenbahnwagen oder in der Eisenbahn anderen Leuten nur auf die Füsse zu sehen und, ohne hinaufzublicken, zu erraten, was für Menschen sie gehören, ob diese alt oder jung sind, ob wohlhabend oder arm, ob dick oder dünn, — und dann erst aufzuschauen und festzustellen, wie weit man der Wahrheit nahe gekommen ist.

Ein amerikanischer Schauspieler erzählte einmal, wie er einem Ballonaufstieg beiwohnte, gerade als er durch Erkältung an einem steifen Nacken litt. Er konnte nur nach unten sehen, aber nicht in die Höhe. So sah er nur die Beine der Leute, die rings um ihn herum standen. Er suchte und fand unter den vielen Füssen sehr richtig diejenigen heraus, von denen er das Gefühl hatte, dass sie einem freundlichen, gutherzigen Mann gehörten, der ihm alles erzählen würde, was mit dem Ballon vorging.

Baden-Powell war einmal selbst imstande einer Dame nützlich zu sein, die in ärmlichen Verhältnissen lebte. Dies hatte er allein aus den Stiefelsohlen geschlossen. Als sie einmal zufällig vor ihm auf der Strasse daherging, bemerkte er, dass die im übrigen gut gekleidete Frau Stiefel trug, deren Sohlen im letzten Stadium der Abnützung waren. Er half ihr damals aus der Not. Sie hat jedoch nie erfahren, woran er ihre Lage erkannt hat. Immerhin ist zu berücksichtigen, dass es einerseits auch stets reiche Geizhälse gibt, denen die schlechtesten Stiefel gut genug sind, oder auch Gelehrte, die über Aeusserlichkeiten hinweggehen zu können glauben, anderseits Emporkömmlinge (Parvenus), Schuldenmacher und Hochstapler, die sich über ihre Verhältnisse elegant kleiden. Wenn man dies mit in Rechnung zieht, kann man zu desto interessanteren Beobachtungen und Schlüssen kommen.

4. Beobachtung von Einzelheiten im Gelände.

Im Gelände muss man sich Richtpunkte (Landmarken) merken, die das Finden des richtigen Weges erleichtern und gleichzeitig verhindern, dass er wieder verloren wird. Als Landmarken eignen sich besonders Hügel von auffallender Form, Kirchtürme, aber auch näher gelegene Gegenstände, wie z. B. auffallende Gebäude, Bäume, Tore, Felsen u. s. w.

Wenn man sich derartige Landmarken einprägt, soll man stets daran denken, dass man diese Kenntnis vielleicht auch eines Tages gebrauchen kann, um jemand anderem den Weg genau zu beschreiben. Daher muss man die Beobachtung so peinlich wie möglich vornehmen, damit man alles ohne jeden Irrtum und in der richtigen Reihenfolge beschreiben kann. Man darf auch keinen Nebenweg und Fusspfad übersehen und muss ihn genau in der Erinnerung behalten.

Dann soll man aber auch auf kleinere Zeichen achten, so auf das Auffliegen oder die jähe Flucht von Vögeln. Dies deutet gewöhnlich darauf hin, dass ein Mensch oder ein Tier in der Nähe sein muss. Staub beweist besonders bei Windstille, dass Tiere, Menschen oder Gefährte in Bewegung sind. Besonders im südwestafrikanischen Feldzug waren die Staubwolken marschierender Abteilungen oft genug sichere Kennzeichen für das Anrücken von Freund und Feind. Häufig waren sie stundenweit sichtbar.

5. Uebung der Augen.

Man soll nichts zu gering halten, um es zu beachten; ein Knopf, ein Zündholz, Zigarrenasche, eine Vogelfeder oder ein Blatt können von grosser Bedeutung sein.

Ein Pfadfinder darf nicht nur immer geradeaus schauen, sondern auch nach vorn und rückwärts; er muss »seine Augen hinten« haben, wie der Volksmund sagt.

Wenn man sich öfters plötzlich umsieht, kann man vielleicht einmal einen Dieb oder einen feindlichen Späher bemerken, der sich nicht so leichtsinnig einer Entdeckung ausgesetzt hätte, wenn er selbst daran gedacht hätte, dass sein Gegner sich unvermutet umschauen könnte.

Fenimore Cooper hat in seinem weltbekannten »Lederstrumpf« die Tätigkeit eines indianischen Pfadfinders vorzüglich beschrieben. Dieser hatte seine Augen wirklich hinten am Kopf. Als er einmal an einigen Büschen vorbei kam, bemerkte er unter einem Haufen frischer Blätter ein paar verwelkte. Daraufhin schöpfte er Verdacht, dass jemand die Blätter zusammen gelegt hätte, um damit sein Versteck besser zu verbergen. Und so fand er auch einige Flüchtlinge, die sich hinter einem Busch versteckt hatten.

6. Pfadfinden bei Nacht.

Ein Pfadfinder muss auch imstande sein, kleine Einzelheiten geradeso gut bei Nacht wie bei Tage zu erkennen, und zwar hauptsächlich durch das Gehör, gelegentlich aber auch durch das Gefühl oder den Geruch.

In der Ruhe der Nacht dringt der Schall weiter als bei Tage. Wenn man sein Ohr auf den Boden legt oder gegen einen Stock lehnt, oder noch besser aber gegen eine auf der Erde liegende Trommel, so hört man den Hufschlag von Pferden sowie den Schall von menschlichen Schritten eine grosse Strecke weit.

Nach einer anderen Methode öffnet man sein Taschenmesser beiderseits, so dass auf jeder Seite eine Klinge aufgeklappt ist. Die eine Klinge steckt man in die Erde und nimmt die andere zwischen die Zähne, dann hört man alles viel deutlicher. Dies kommt daher, dass die Knochen des Schädels den Schall in das Ohr verstärkt hineinleiten. Man kann sich leicht davon überzeugen, wenn man eine Stimmgabel an die Zähne setzt. Wenn alles ringsum ruhig ist, wird selbst eine leise menschliche Stimme weithin fortgeleitet, und ist kaum mit einem anderen Geräusch zu verwechseln.

Wer in stiller afrikanischer Nacht einen Aussenposten zu revidieren hatte, fand oft genug seinen Weg, wenn er der leisen Unterhaltung der wachfreien Mannschaften oder gar ihrem Schnarchen nachging.

7. Praktische Uebungen in der Beobachtungskunst.

(Für den Lehrmeister.)

A. In der Stadt.

Gehe mit Deinen Pfadfindern eine Strasse entlang, übe sie darin, auf alle Läden zu achten, an denen sie vorüberkommen, und lasse sie diese dann in ihrer richtigen Reihenfolge aufzählen.

Ferner übe sie, die Namen der Ladenschilder zu beachten und sich einzuprägen.

Darauf lasse die Auslagen in einem Schaufenster zwei Minuten lang betrachten und dann die beobachteten Gegenstände einzeln aufzählen.

Schliesslich bringt man die jungen Pfadfinder zu solcher Fertigkeit, dass sie die Auslagen mehrerer Schaufenster nur je eine halbe Minute betrachten brauchen, um sie dann beschreiben zu können.

Die Jungen müssen auch auffallende Häuser als Wegweiser sich einprägen; ebenso die Zahl der Strassenbiegungen, an denen sie vorübergekommen sind; die Strassennamen; Einzelheiten an Pferden und Fahrzeugen, denen sie begegneten, ferner die Nummern von Automobilen, von Schutzleuten etc. Am wichtigsten jedoch bleibt die Beobachtung des Menschen, deren Gesichtszüge, Kleidung und Gang zu merken ist.

In der ersten Zeit geht man am besten mit den Jungen aus und macht sie darauf aufmerksam, was sie alles zu betrachten haben; später schickt man sie allein fort und frägt sie bei ihrer Rückkehr.

Bringe sie auch dazu, von sich aus all die Plätze zu suchen und sich einzuprägen, wo Apotheken, Feuermelder, Polizeiwachen, Schutzmannsposten und Sanitätswachen zu finden sind.

B. Auf dem Lande.

Gehe mit einer Gruppe spazieren und lehre den Jungen, entfernte, auffallende Geländeabhebungen als Wegmarken sich einzuprägen, wie Hügel, Kirchtürme, Kapellen u. a., und als nähere Wegmarken etwa auffallende Häuser, Gehöfte, Bäume, Felsen, Tore etc., Seiten- oder Strassenkreuzungen, Hecken und andere Umzäunungen, Getreidefelder, verschiedene Arten von Bäumen, Vögeln, Tieren, Fusspuren etc.; lasse sie ferner auf Menschen, Gefährte besonders achten. Auch mache sie auf auffallende Gerüche von Pflanzen, Tieren, Dünger aufmerksam.

Dann lasse sie einen bestimmten Rundgang machen. Nach ihrer Rückkehr lasse man dann jeden von ihnen einzeln mündlich oder, damit alle zusammen bleiben können, schriftlich jeden für sich Auskunft über etwa sechs Fragen geben. Diese sollen sich auf Einzelheiten im Gelände beziehen, die sie gesehen haben müssen.

Der Wert dieser Uebungen wird erhöht, wenn man zuvor eine Anzahl von kleinen Merkzeichen in dem betreffenden Gelände, vielleicht an Bäumen, Zäunen, Häusern, anbringt, oder Knöpfe, Zündhölzer u. a. hinlegt, damit die Jungen darauf achten, sie aufheben und zurückbringen Es ist dies ein vorzügliches Mittel, um sie zu gewöhnen, ebensogut den Boden in nächster Nähe zu beachten, wie auf entfernte Gegenstände ihr Augenmerk zu richten.

C. Erkennen von Charaktereigenschaften.

Sende Pfadfinder etwa eine halbe Stunde lang aus, mit der Aufgabe, Menschen mit bestimmten Charakteren, (z. B. rohe oder geckenhafte Leute, oder arme, ehrenhafte Menschen) zu suchen.

Bei seiner Rückkehr muss der Junge imstande sein, genau die Person zu beschreiben und die Gründe anzugeben, welche ihn zu der Annahme veranlasst hatten, dass die Person die berichteten Charaktereigenschaften besitze. Er muss auch weiter angeben, wieviel anderen Charakteren er auf seiner Suche begegnet ist, wieviel dummen, gutmütigen, hinterlistigen, wievielen Renommisten, Stutzern u. a., und wie er dies Urteil durch ihre Gesichtszüge, ihren Gang, ihr ganzes Auftreten, ihre Kleidung, Haar- und Barttracht usw. begründet.

Spiele zur Uebung der Beobachtungskunst.

Fingerhut-Suchen. (Im Zimmer.)

Schicke die Gruppe aus dem Zimmer.

Nimm irgendeinen kleinen Gegenstand (Fingerhut, Ring, Münze, Stück Papier) und lege ihn an einen Ort, wo er vollkommen sichtbar ist, aber an eine Stelle, wo er wahrscheinlich nicht bemerkt wird. Lass die Jungen herein und danach suchen. Wenn einer von ihnen den Gegenstand gesehen hat, so muss er beiseite gehen und sich ruhig verhalten. Auf keinen Fall darf er den anderen bemerkbar machen, wo er ihn erblickt hat. Nach einer gewissen Zeit muss er ihn dann den anderen zeigen, die ihn vergebens gesucht hatten. (Dies ist dann gleichzeitig die Garantie, dass er den Gegenstand wirklich gesehen hat.)

Schaufenster. (Im Freien in der Stadt.)

Der Unparteiische geht mit den Pfadfindern auf der Strasse an sechs Läden vorbei. Bei jedem Schaufenster gibt er ihnen eine halbe Minute Zeit, dann geht er mit ihnen eine Strecke weiter und lässt jeden Jungen mit Bleistift auf einen Zettel aus dem Gedächtnis aufschreiben oder schreibt selbst auf, was er z. B. im dritten oder fünften Laden wahrgenommen hat. Derjenige, der die meisten Gegenstände am genauesten angeben kann, ist Sieger. Es ist ein sehr nützliches Verfahren, die Pfadfinder in der Weise gegeneinander wettkämpfen zu lassen, dass der Verlierer weiter kämpft, bis der schlechteste Mitbewerber übrig bleibt. Dies bringt dann auch dem schlechtesten Pfadfinder allmählich grössere Gewandtheit bei.

Ein ähnliches Spiel. (Im Zimmer.)

Schicke jeden Pfadfinder abwechselnd eine halbe Minute lang in ein Zimmer. Wenn er wieder herauskommt, muss er möglichst viel von den Mobiliarstücken und den Gegenständen angeben, die er wahrgenommen hat. Der Unparteiische schreibt alles genau auf. Wer die meisten Einzelheiten im Gedächtnis behalten hat, gewinnt.

Eine genaue Kontrolliste führt man am besten, indem man erst ein Verzeichnis aller Gegenstände aufstellt, die im Zimmer vorhanden sind. Dann legt man auf dieser Liste für jeden Bewerber eine eigene Spalte an und schreibt den Namen an den Kopf jeder Spalte. Man braucht dann nur jedesmal einen Strich bei dem angegebenen Gegenstand zu machen. Am Fuss der Tabelle kann man dann leicht die Striche für jeden Teilnehmer zusammenrechnen.

Erkennen von Oertlichkeiten. (Im Zimmer, für Stadt und Land.)

Zeige Photographien oder Bilder von Gegenständen aus der Nachbarschaft, die allen Pfadfindern bekannt sein müssen, wenn sie ihre Augen offen halten — z. B. Gebäude, Kreuzwege, merkwürdige Fenster, Tore, Brunnen, Dachgiebel, Bäume, Reflexbilder im Wasser (danach das Gebäude zu raten) und vieles andere.

Die meisten der oben erwähnten Spiele können als Wettkampf einzelner Pfadfinder oder von Paaren oder von ganzen Gruppen gegeneinander angelegt werden.

Verfolgung auf der Spur.

Sende einen »Hasen« aus, entweder zu Fuss oder zu Rad, mit einer Tasche voll Korn, Nusschalen, Konfettipapier oder Knöpfen u. a. Hie und da lässt der »Hase« einige dieser Gegenstände fallen, um der Gruppe eine Spur für die Verfolgung zu geben.

Oder gehe mit einem Stück Kreide voraus und zeichne das Gruppenzeichen auf Wälle, Türpfosten, Pflaster, Laternenpfähle, Bäume u. s. w., und lasse dann die Gruppe auf dieser Spur die Verfolgung aufnehmen. Diese Zeichen sind nachher mit einem nassen Schwamm sorgfältig auszuwischen, damit die Gruppe nicht ein andres Mal dadurch irregeführt werde, dann aber auch, damit sich die Bürgerschaft und Polizei nicht über Beschmieren ihrer Bauten etc. beklagen kann. Die Pfadfinder sollen die Freunde und Lieblinge aller Menschen sein. Denkt stets daran!

Prüfung des Geruchsinns. (Im Zimmer.)

Richte eine Anzahl Papierdüten her, alle von gleicher Form, und tue in jede einen anderen riechenden Gegenstand hinein, wie geschnittene Zwiebel, Gerberlohe, Rosenblätter, Leder, Anispulver, Veilchenpulver, Orangenschalen etc. Lege diese Pakete je 2 m voneinander entfernt und lasse jeden Bewerber die Reihe entlang gehen und fünf Sekunden an jeder Düte riechen. Zum Schluss wird eine Minute Zeit gegeben, um die Namen der verschiedenen Gerüche aus dem Gedächtnis in ihrer genauen Reihenfolge niederzuschreiben oder dem Unparteiischen mündlich zu nennen.

Die Augen auf! (Für Stadt und Land.)

Der Unparteiische geht mit seiner Gruppe in Patrouillenformation einen bestimmten Weg entlang. Er hat eine Liste bei sich, auf der die Namen der Mitbewerber verzeichnet stehen.

Jeder Pfadfinder hält Suche nach den von ihm verlangten Gegenständen, und sobald er einen davon entdeckt, läuft er zum Unparteiischen und teilt es ihm mit oder übergibt ihm den Gegenstand, sofern es sich um einen beweglichen handelt. Der Unparteiische trägt dann einen Strich bei seinem Namen ein. Wer die meisten Striche erhält, bleibt Sieger.

Die Gegenstände sind jedesmal zu wechseln, und es können ungefähr acht bis zehn zu gleicher Zeit als Aufgabe gestellt werden.

Es sollen etwa folgende Gegenstände gewählt werden, um die Beobachtungskunst des Pfadfinders zu entwickeln und ihn daran zu gewöhnen sich nach allen Seiten gründlich umzusehen.

Es werden z. B. angerechnet für:

Jedes gefundene Zündholz	1 Strich
Jeden gefundenen Knopf	1 „
Fusspuren von Vögeln	2 Striche
Einen beobachteten Flecken an Kleidern oder Schuhen eines Passanten	2 „
Sehen eines Schimmels	2 „
Fliegende Taube	2 „
Sitzenden Sperling	1 „
Eschenbaum	1 „
Gebrochenen Essenaufsatz	2 Striche
Zerbrochene Fensterscheibe	1 Strich

II. Abschnitt.

Spurenlesen.

Der amerikanische General Dodges verfolgte einmal eine Bande von Indianern, welche mehrere Ansiedler erschlagen hatte.

Die Mörder waren beritten und hatten fast eine Woche Vorsprung; dafür stand aber dem General ein vorzüglicher Spurenleser, namens Espinosa, zur Verfügung. Die Pferde der Rothäute waren, bis auf eines, ganz unbeschlagen. Als Espinosa viele Meilen weit der Spur gefolgt war, sprang er plötzlich aus dem Sattel und zog vier Pferdeeisen aus einer verborgenen Felsspalte heraus. Dort hatten die Indianer sie offenbar verborgen, um ihre Spur weniger deutlich werden zu lassen.

Sechs Tage lang wurde die Bande verfolgt. Für ein gewöhnliches, ungeübtes Auge war nichts auf dem Boden zu sehen, und doch wurde die ganze Gesellschaft nach einem Ritt von fast 300 km überfallen und gefangen genommen. Nur Espinosa's Pfadfinderkunst war dieser Erfolg zu danken.

Ein andermal verfolgten amerikanische Soldaten wiederum einen Indianertrupp, der weisse Farmer beraubt und ermordet hatte. Die Amerikaner wurden diesmal selber von Indianerspähern geführt. Es wurde nachts marschiert, um die Räuber überrumpeln zu können, und die Späher fanden den Weg im Dunkeln, indem sie die feindlichen Spuren mit den Händen fühlten. So krochen die Pfadfinder viele Meilen weit in einem ziemlich raschen Tempo vorwärts, indem sie die Fährte lediglich mit den Fingerspitzen betasteten!

Plötzlich hielten die Späher und meldeten, dass die Spur, der sie gefolgt waren, von einer frischeren Fährte gekreuzt werde. Als der führende Offizier nach vorn ging, fand er dort die Indianer am Boden kauern, mit den Händen auf der Spur, um sie festzuhalten, damit es keine Irrtümer gebe. Man machte Licht und fand, dass die neue Fährte von einem Bären herrührte, der den Weg der Indianer gekreuzt hatte! Ohne weiteren Zwischenfall wurde der Marsch fortgesetzt. In früher Morgenstunde gelang der Ueberfall.

Kurz bevor die Abteilung *Wilson's* im Matabeleland (Südafrika) am Schangani-Fluss umzingelt und niedergemacht wurde, schickte der Führer den Pfadfinder Burnham mit einer Meldung zurück. Dieser schlich sich in der Nacht durch, um den Eingeborenen zu entgehen, und fühlte sich mit den Händen an der Spur entlang, welche die Abteilung bei ihrem Vormarsch hinterlassen hatte.

Baden-Powell erzählt aus eigener Erfahrung: »In dem schwierigen Gelände des Matopo-Gebirges, in Rhodesien, führte ich einmal eine Kolonne zum nächtlichen Angriff gegen den Feind. Ich hatte den Weg am vorhergehenden Tage erkundet und fand nun meine eigene Spur wieder, indem ich mich lediglich zurechttastete und fühlte, und zwar sowohl mit den Händen, als auch mit den Füssen durch das dünne Sohlenleder meiner Stiefel hindurch. Es fiel mir nicht einmal schwer, in dieser Weise auf der Spur zu bleiben.«

Jedenfalls ist Spurenlesen eines der wichtigsten Hilfsmittel für den Pfadfinder. Auch Jäger machen oft Gebrauch davon. Aber um ein guter Spurenleser zu werden, muss man sich von Jugend auf darin üben und jede Gelegenheit wahrnehmen, bei Spaziergängen auf dem Lande und auch in der Stadt das Auge dafür scharf zu halten. Wenn man sich erst einmal daran gewöhnt hat auf Spuren zu achten, so tut man es instinktiv, ohne sich dessen bewusst zu werden. Es ist überdies eine sehr nützliche Gewohnheit, die uns *den langweiligsten Weg interessant macht!*

Wenn Jäger durch das Feld streifen, suchen sie zunächst nach alten oder neuen Spuren, um festzustellen, ob überhaupt Wild vorhanden sei. Dann prüfen sie die *neuen* Abdrücke, um die Schlupfwinkel der Tiere zu finden. Stossen sie hierbei auf eine ganz frische Spur, so folgen sie ihr, bis sie das Wild aufstöbern und erlegen können. Schliesslich müssen sie häufig ihre *eigene* Fährte wieder verfolgen, um sich nach dem Lager zurückzufinden.

Genau so müssen Späher dem Feinde gegenüber handeln!

Vor allem muss ein gewandter Pfadfinder imstande sein, die Fusspur eines Mannes von der eines anderen an ihrer Eigenart zu erkennen: Länge, Umrisse, Nägel u. s. w. geben jeder Fusspur ein besonderes Gepräge. Aehnlich verhält es sich auch mit den Fussabdrücken der Pferde und anderer Tiere.

Aus der Spur eines Mannes, d. h. aus der Länge seines Fusses und der Schrittweite, kann man auch bis zu einem gewissen Grade auf seine Körpergrösse schliessen.

Zur Prüfung der Spur empfiehlt es sich, einen recht scharfen Abdruck auszuwählen und sorgfältig seine Gesamtlänge, die Abmessungen des Absatzes und die Breite des Ballens zu messen. Ferner ist die Anzahl der Nageleisen, der einzelnen Nägel in jeder Reihe, sowie die Form der Absatzeisen und der Nägelköpfe von grösster Wichtigkeit, weil diese Einzelheiten den Fussabdruck von anderen unterscheiden.

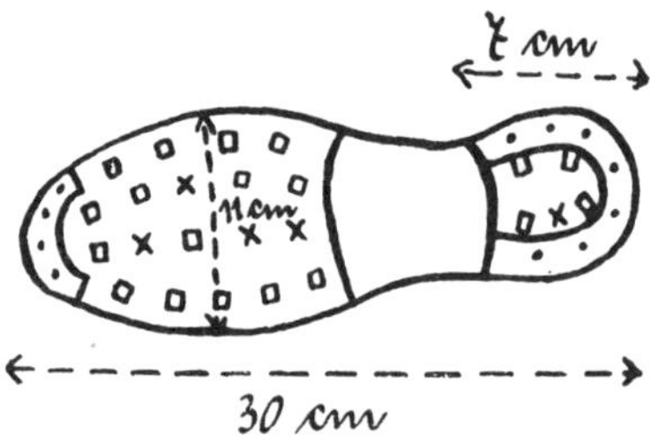

Wie man sich einen Fussabdruck einzeichnen soll. × Fehlende Nägel.

In gleicher Weise ist die Schrittlänge so zu prüfen, dass man den Abstand von der Spitze des einen Fusses bis zum Absatz des anderen sorgfältig abmisst.

Als Uebung lässt der Feldmeister jeden der jungen Pfadfinder einen Stiefel ausziehen und dessen Umriss und Form mit allen Einzelheiten auf ein Stück Papier abzeichnen. Dann führt er die Jungens hinaus, gibt jedem eine Umrisszeichnung in die Hand und beauftragt ihn, auf Grund einer Spur die Einzelheiten, besonders die Nägel, einzuzeichnen. Sie müssen dann auch die Schrittlänge notieren und darauf achten, wieweit derjenige, von dem die Spur stammt, die Füsse nach auswärts zu setzen pflegt.

Einst wurde ein Ertrunkener in einem Flusse gefunden, man glaubte zunächst, er sei verunglückt, und führte einige Schnitte, die er im Gesicht hatte, auf Verletzungen durch Steine im Flussbett zurück. Da kam jedoch einer auf die Idee, den Stiefelumriss des Toten abzuzeichnen, und suchte dann am Ufer daraufhin die Spur. Er fand sie auch und verfolgte sie bis zu einer Stelle, wo offenbar ein Kampf stattgefunden hatte, denn der Boden war dort zertrampelt, die Büsche bis zum Rande des Wassers geknickt, und ferner war dort die Spur von zwei anderen Männern abgedrückt.

Wenn auch diese beiden Täter nie gefunden worden sind, so hatte doch das Spurenlesen ergeben, dass hier wahrscheinlich ein Mord vorlag, was man sonst nie vermutet hätte.

Ein guter Pfadfinder muss auf den ersten Blick aus der Spur erkennen, in welcher Gangart der Mann sich befunden hat, der sie hinterliess. Wenn nämlich ein Mann geht, so setzt er den ganzen Fuss auf und die Schrittlänge beträgt etwa 80 cm. Beim Laufen dagegen drücken sich die Fusspitzen tief in den Boden und werfen beim Abdrücken ein wenig Sand und Erde nach vorn; überdies ist der Sprungschritt etwas länger und beträgt durchschnittlich etwa 90—100 cm. Es kommt natürlich vor, dass ein Mann rückwärts läuft, um den Spurenleser zu täuschen. Aber ein tüchtiger Pfadfinder fällt darauf nicht hinein, denn er kann diese List sofort daran erkennen, dass die Füsse weniger auswärts stehen als beim Vorwärtsgehen, und dass die Absätze fest eingedrückt sind.

Wenn sich Tiere rasch bewegen, drücken sie ihre Füsse tief in den Boden ein und werfen dabei Staub auf; auch ist ihr Schritt bei schnellem Lauf länger als bei gewöhnlichem Gang.

Ein guter Pfadfinder muss jedenfalls darin geübt sein, die Gangart eines Pferdes sofort aus der Spur zu erkennen.

Im Schritt hinterlässt das Pferd paarweis stehende Hufspuren, indem der linke Hinterfuss dicht an den linken Vorderfuss und der rechte Hinterfuss dicht an den rechten Vorderfuss herantritt.

Im Trabe ist die Hufspur ähnlich, nur ist die Schrittweite etwas grösser, auch wird etwas Staub nach vorn aufgeworfen. Noch grösser ist der Galoppsprung.

Der Hinterfuss pflegt etwas kleiner als der Vorderfuss zu sein.

Eingeborene Spurenleser rühmen sich, sie könnten aus der Spur das Geschlecht und sogar den Charakter der Menschen erkennen. Wer die Füsse stark auswärts setzt, ist nach ihrer Ansicht »ein Lügner«.

Die Wegelagerer früherer Zeiten und die Pferdediebe von heutzutage schlugen häufig ihren Pferden die Eisen verkehrt an, um die Verfolger zu täuschen. Aber ein guter Pfadfinder lässt sich dadurch nicht irremachen, ebensowenig wie er sich von rückwärts gehenden Menschen betrügen lässt.

Auch Räderspuren erfordern eingehendes Studium; denn man muss zu unterscheiden verstehen, wie die Fährte eines Lastfuhrwerks, eines Leiterwagens, einer Droschke, eines Automobils und eines Zweirads aussieht. Auch die Richtung, in welcher ein Wagen fuhr, lässt sich aus der Räderspur

Pferdespuren.

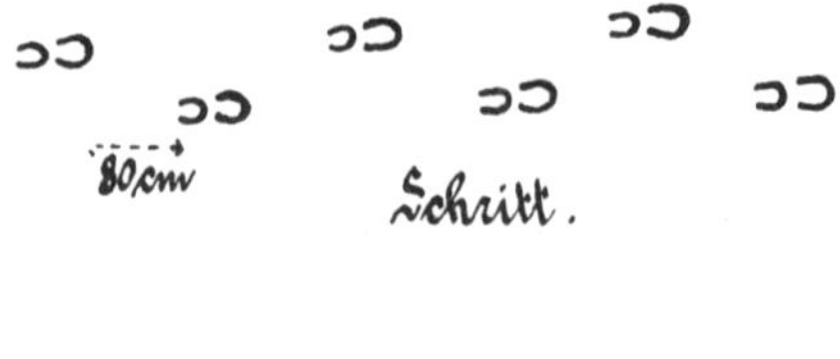

Schritt.

130 cm

Trab.

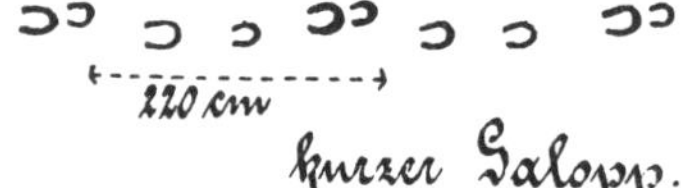

kurzer Galopp.

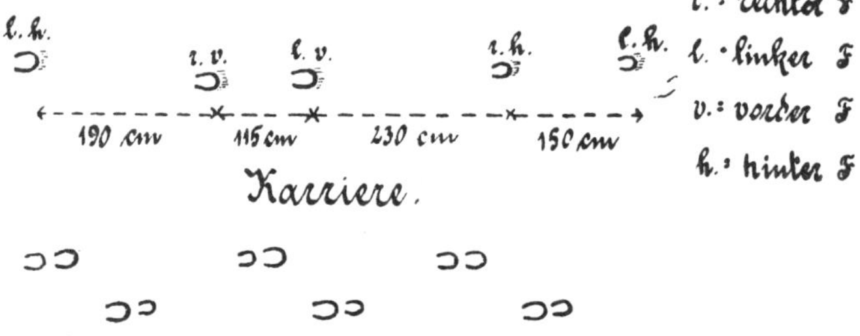

r. = rechter F
l. = linker F
v. = vorder F
h. = hinter F

Karriere.

Lahmes Pferd. An welchem Fuß lahmt es.

Zwei Vogelspuren im Sande.
Der eine Vogel ist Bodenläufer, der andere lebt auf Büschen und Bäumen; welcher?

folgern, weil sich der Sand unter dem Druck des Rades etwas nach vorwärts schiebt, was am Rande der Spur leicht zu sehen ist. Von ihrem Platz gerückte Steine geben auch manchmal einen Anhalt, da sie natürlich in der Fahrtrichtung nach vorwärts gestossen wurden. Ebenso lässt sich bei gewöhnlichen Wagen aus der Spur der Zugtiere die Richtung und auch die Schnelligkeit erkennen, mit der das Gefährt vorwärts gezogen wurde.

Die Feststellung des Alters einer Spur erfordert lange Uebung und Erfahrung, ist jedoch mitunter von grosser Wichtigkeit.

Von der Beschaffenheit des Bodens hängt natürlich viel ab. Ich nehme einmal an, wir verfolgen an einem trockenen, windigen Tage eine Fährte über verschiedenen Untergrund; wir sehen dann zunächst, dass die Spur auf weichem, sandigem Grunde rasch alt aussieht, weil die aufgewühlte, noch etwas feuchte tiefere Schicht schnell trocknet und dann dieselbe Farbe annimmt wie die übrige Oberfläche; auch werden die Ränder der Spur durch den Wind schnell abgeflacht. Kommen wir nun aber auf feuchten Grund, so erscheint die Fährte viel frischer, weil die Sonne die aufgewühlte Erde nicht so schnell trocknen kann, und die Spurenumrisse dem Winde länger widerstehen. So geschieht es denn häufig, dass eine Fährte, die im Sande einen Tag alt erscheint, an Stellen, die vor dem Winde geschützt sind, sowie im Schatten von Bäumen und Mauern, wo die Sonne nicht hindringen konnte, ganz frisch aussieht.

Mitunter gibt die Witterung einen Anhalt für das Alter einer Spur, wenn z. B. Regentropfen auf die Fährte gefallen sind, oder wenn ein Sturm Grasbüschel und Laub über die Fährte gestreut hat. Dabei muss man natürlich wissen, w a n n es geregnet oder gestürmt hat. Auch wenn eine spätere Fährte die erste Spur gekreuzt hat, oder wenn niedergetretenes Gras Zeit hatte sich wieder aufzurichten, gibt dies eine Möglichkeit, das Alter einer Spur zu schätzen.

Wenn man Reiter verfolgt, muss man auch auf den Pferdemist achten, den der Gaul zurückliess, wobei man allerdings die Einwirkung der Sonne und die Tätigkeit der Vögel mit in Rücksicht ziehen muss.

Hat man erst einmal gelernt, Gangart und Alter einer Spur zu unterscheiden, so muss man demnächst versuchen, sie über jede Art von Boden zu verfolgen. Freilich, wenn Ihr das auch Euer ganzes Leben lang übt, so werdet Ihr darin doch immer noch zulernen müssen, denn es ist eine Kunst, in der man n i e auslernt! Findet man Feuerasche, so hat man darauf zu achten, ob sie noch warm oder schon erkaltet ist. Findet man Ueberreste des Essens neben dem Feuer, so kann man über die Art und Menge der Nahrung und auch auf die Leute selbst, die da ihre Mahlzeit eingenommen haben, Rückschlüsse ziehen.

Ferner müsst Ihr gut Umschau nach Zeichen halten, die von Euren eigenen oder von feindlichen Pfadfindern zurückgelassen wurden.

Im Kriege in Südwestafrika trugen die Hottentotten kleine Steinhaufen am Wege zusammen, durch die sie den nachfolgenden Teilen ihres Stammes Mitteilungen machten. Auf Bergspitzen zusammengetragene und angesteckte Holzstösse waren ein beliebtes Warnzeichen der Hereros. Die Annäherung der deutschen Kolonnen wurde fast stets von den feindlichen Kundschaftern auf diese Weise angekündigt, falls es unseren Reitern nicht durch List gelang, die Späherlinie unbemerkt zu überschreiten.

Die Volksstämme Südwestafrikas sind vorzügliche Spurenleser. Hauptmann Bayer berichtet darüber: »Ich hatte eine Patrouille in der Steppe des östlichen Hererolandes zu reiten. Als Kundschafter waren mir zwei Witbois mitgegeben, deren Stammesbrüder damals noch auf unserer Seite standen. Die Witbois sind als tüchtige Spurenleser in der Kolonie bekannt. Die beiden Hottentotten trabten mit gesenkten Köpfen vor meiner Patrouille her und spähten aufmerksam nach Spuren auf dem Boden. Von Zeit zu Zeit hoben sie die Köpfe, warfen rasch einen Blick rechts und links in die Büsche und hefteten dann wieder ihre Augen auf den sandigen Weg, auf dem wir vorwärtseilten. Plötzlich hielten sie, verständigten sich, sprangen ab, winkten meiner Patrouille zu sie solle halten, prüften etwa fünf Minuten lang sorgfältig eine Fährte, die den Weg vor uns kreuzte, und folgten ihr 100 Schritte weit, um die Richtung festzustellen. Ich näherte mich vorsichtig, um die Spur nicht zu verwischen. Der eine Witboi, der gebrochen deutsch sprach, zeigte mir einige Abdrücke am Boden und setzte mir auseinander, was er daraus ersehen habe. Zunächst deutete er nach einem Punkt am Himmel und erklärte, an dieser Stelle hätte die Sonne gestanden, als der feindliche Trupp hier durchgekommen war. Da der Witboi keine Uhr besass, wohl auch kaum eine Ahnung von unserer Stundeneinteilung hatte, war dies ein ebenso einfaches wie sicheres Mittel die Zeit zu bestimmen. Ich ersah nun durch Vergleich mit dem jetzigen Stande der Sonne, dass die Spur etwa sechs Stunden alt war. Dann erzählte der Witboi kurz und klar: Die Spur rührt von armen Feldhereros her, und zwar besteht die Bande aus 4 Männern, 3 Frauen und 4 Kindern; die

Leute führen 3 Ziegen, 2 Rinder, einen Reitochsen und einen Hund mit sich. Zwei der Männer tragen Keulen als Waffe, sie haben sie wie Spazierstöcke benutzt, es ist also unwahrscheinlich, dass sie auch noch Gewehre besitzen. Als ich fragte, woher er denn wisse, dass ein Reitochse mit von der Partie gewesen wäre, meinte der Witboi, das könne man doch ganz deutlich sehen, denn ein Rind, auf dem ein Mann sitze, pflege ganz anders zu treten als ein frei laufendes Tier. — Die Bande, deren Spur wir gefunden hatten, wurde bald darauf gefangen, und es stellte sich nun heraus, dass die Witbois in allen Punkten richtig beobachtet hatten.«

General Baden-Powell hat im Sudan und in Aegypten vorzügliche Spurenleser gesehen und erzählt davon:

Dem Kommandeur der ägyptischen Kavallerie waren einige Gegenstände aus seinem Hause gestohlen worden und er liess sich deshalb vom benachbarten Jaalinstamme einen Spurenfinder kommen. Dieser hatte bald die Fussabdrücke des Diebes gefunden und verfolgte sie weit in die Wüste hinein, bis zu einer Stelle, wo das gestohlene Gut vergraben lag. Dann kehrte die Spur wieder um und führte zur Kaserne. Also dort war der Dieb zu suchen. Das ganze Regiment musste barfuss antreten und einzeln an dem Pfadfinder vorbeigehen; aber der Täter war nicht dabei. Zufällig kam während dieser Untersuchung der Diener des Obersten, um diesem einen Brief zu überbringen, und da rief plötzlich der Eingeborene: »Das ist der Mann, der das gestohlene Gut vergraben hat!«

Der verblüffte Diener liess sich nun zu einem Geständnis herbei, und es stellte sich heraus, dass dieser Mann, auf den man bisher keinen Verdacht gehabt hatte, tatsächlich der Dieb gewesen war.

Herr Deakin, Premierminister von Australien, pflegte ein köstliche Episode zu erzählen, die er bei einer Fahrt längs der Küste miterlebte. An Bord waren mehrere Australneger, die noch niemals in ihrem Leben auf dem Meere gefahren waren. Diese Eingeborenen fand er bald nach Verlassen des Hafens vorn am Bugspriet auf dem Bauche liegen, wobei sie aufmerksam in die See starrten. Sie waren so bei der Sache, dass sie erst gar keine Antwort gaben, als Deakin nach dem Grunde ihres auffälligen Gebarens frug. Schliesslich meinte einer: »Wir verstehen nicht, wie das Schiff seinen Weg über den Ozean findet, denn wir können die Spur nicht entdecken, der es folgt; wir haben doch wahrhaftig scharfe Augen und sind imstande, Euch Weisse auf Fährten zu führen, die Euch völlig unsichtbar sind, während wir sie noch deutlich erkennen. Aber hier auf dem Meere vermögen Eure Seeleute offenbar besser Spuren zu sehen, denn wie könnten sie sonst ihren Weg finden; während wir, trotz unserer guten Augen, keine Fährte auf dem Wasserspiegel erkennen können «

Spurenleser verfolgten einst in Schinde (Indien) die Fährte eines gestohlenen Kamels 200 km weit über Sand und Felsen. Um der Verfolgung zu entrinnen, hatten die Diebe das Tier auf einer viel begangenen Dorfstrasse auf- und abgeführt. Aber das half ihnen nichts, denn die Spürer machten einen Bogen um das ganze Dorf, bis sie die Stelle fanden, wo die Fährte weiter führte, und folgten ihr alsdann unbeirrt.

Aehnlich müssen wir verfahren, wenn eine Spur, die wir verfolgen, auf hartem Boden oder im Grase kaum mehr zu sehen ist. Man merkt sich dann die letzte Stelle, wo die Abdrücke noch deutlich sichtbar sind, achtet auf die Richtung, in der die Spur bis dahin führt, und blickt in der gleichen Richtung 20 bis 30 Schritt weit vor sich hin. Meist wird man dann noch einen leichten Streifen über dem Grase schimmern sehen, oder auf Felsboden kleine Merkmale, wie verschobene Steine, leichte Abdrücke u. s. w., kurzum eine Anzahl unbedeutender Anzeichen, die man sonst kaum erkennen würde, die aber, hintereinander, in einem Strich gesehen, den Schimmer einer Spur ergeben, der man ganz gut folgen kann.

Baden-Powell erzählt, dass er einmal ein Zweirad auf einer ganz harten Chaussee verfolgte, auf der die Reifen kaum sichtbare Eindrücke hinterlassen hatten. Und doch konnte er, als er gegen die Sonne blickte, einen schwachen, leuchtenden Streifen als Spur erkennen. Dicht vor seinen Füssen sah er freilich nicht das geringste von einer Fährte.

Bei einer sehr schwierigen Spur empfiehlt es sich also, sie gegen die Sonne zu betrachten, denn dann hebt sich die kleinste Unebenheit des Bodens scharf ab.

Einer ganz frischen Fährte folgt man besser nicht unmittelbar, denn das verfolgte Wesen, sei es ein Mensch oder ein Tier, wird sich doch natürlich häufig umdrehen, um seinen Feind zu erspähen. Ein tüchtiger Pfadfinder macht dann besser einen Bogen, bis zu einer Stelle, wo er die Spur wieder zu treffen glaubt. Dies wiederholt er so oft, bis er auf keine Fährte mehr stösst. Nun weiss er, dass er das Wild überholt hat, und kann sich kreisend nähern.

Hat man eine Spur verloren, so verfährt man folgendermassen: Man hinterlässt ein Zeichen an der Stelle, wo man der Fährte zuletzt noch sicher war, indem man z. B. dort sein Taschentuch an einen Stock oder an einen Zweig bindet. Dann kreist man etwa auf 30, 50, 100 Schritt um diese

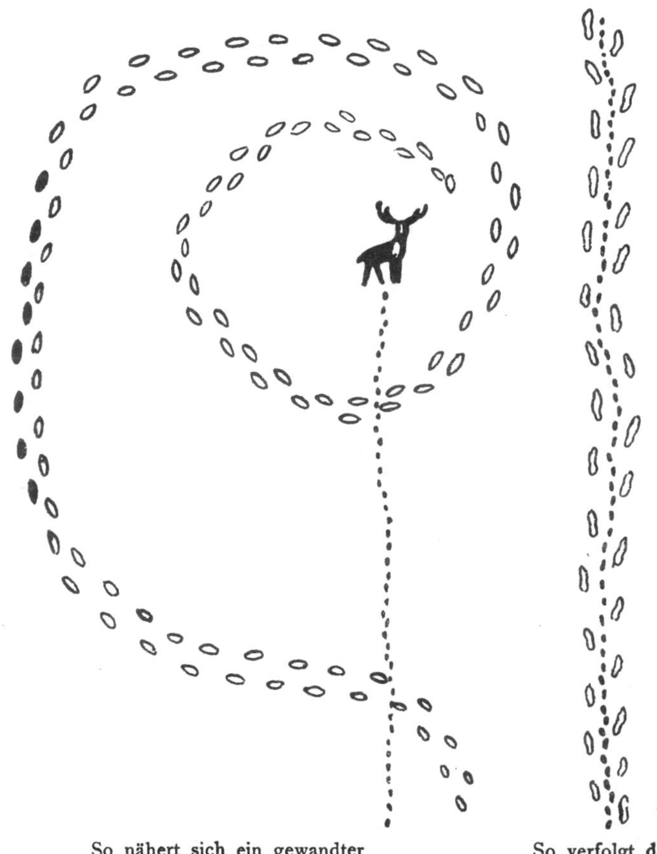

So nähert sich ein gewandter Pfadfinder.

So verfolgt der Neuling.

Stelle, indem man sich möglichst weichen Boden aufsucht, auf dem man die Spur wiederzufinden hoffen darf. Ist eine grössere Abteilung auf der Verfolgung, so bleibt sie am besten halten, damit die Spur nicht verwischt wird, und nur zwei Mann schlagen rechts und links einen Bogen, bis sie sich begegnen. Würden alle herumlaufen, um die Fährte zu suchen, dann gäbe es einen Wirrwarr, denn viele Köche verderben den Brei.

Wenn man in dieser Weise kreist, um die Spur zu finden, ist es natürlich angebracht, sich zu überlegen, wohin sich der Mensch oder das Wild, das man verfolgt, wahrscheinlich gewendet haben mag. Baden-Powell erzählt einen Fall, der diesen Rat näher beleuchtet. Er berichtet:

Ich verfolgte einmal einen Eber, der erst über sumpfiges Ackerland und dann über sehr harten, steinigen Grund gelaufen war, auf dem die Spur sich bald völlig verlor. Ich verfuhr nun so, wie angegeben, indem ich mir da, wo die Spur aufhörte, ein Zeichen machte und in weitem Bogen die Fortsetzung der Fährte suchte. Aber vergebens! Nun blieb ich stehen, sah mich um und überlegte mir, wohin sich das Tier voraussichtlich gewendet haben mochte. Da sah ich in der Richtung, in der die Spur bisher geführt hatte, eine lange Hecke, in der zwei Lücken waren. Es schien mir wahrscheinlich, dass das Wildschwein dort durchgebrochen war, und als ich die Lücken daraufhin untersuchte, fand ich zwar die Fusspur nicht, denn der Boden war auch dort sehr hart, aber an einem der dicken Kaktusblätter klebte feuchter Schmutz. Nun war die Frage gelöst, denn dort an der Hecke war der Boden trocken; offenbar hatte also das Tier etwas von dem morastigen Boden, über den es zuerst gelaufen war, dorthin gebracht. An diesem kleinen Zeichen wurde die Richtung festgestellt. Nachdem noch einige Male ein Kreis geschlagen war, wurde dann wirklich auf weicherem Boden die Spur wiedergefunden, und der Eber wurde schliesslich erlegt.

Baden-Powell hat auch einen Pfadfinder im Sudan beobachtet, der einer Spur unbeirrt folgte, obwohl sie für ein gewöhnliches Auge nicht mehr zu erkennen war. Solange die Fährte sichtbar blieb, folgte er ihr Schritt für Schritt und machte mit seinem Stocke in jeden Fussabdruck ein Loch als Zeichen. Als nun aber die Spuren aufhörten, weil die Fährte über Felsboden führte oder von Sand bedeckt war, ging er vorsichtig im gleichen Tempo weiter und tippte mit dem Stock auf dem Boden an die Stellen, wo sich ein Abdruck hätte befinden müssen. Mitunter sah er nun doch hin und wieder eine leichte Spur, die ihm bewies, dass er auf der rechten Fährte war.

Man könnte wohl versucht sein, das Spurenlesen für eine brotlose Kunst zu halten, zumal es bei uns noch wenig geübt und gepflegt wird. Indessen hat sich im südwestafrikanischen Kriege oft genug gezeigt, von welch grossem Wert auch diese Fertigkeit sein kann. Die jungen, in der Kolonie landenden Schutztruppensoldaten verstanden so gut wie nichts davon. Erst allmählich haben sie sich »auf der Pad«, wie man dort sagt, notdürftig daran gewöhnt, aus den Abdrücken im weichen Sande über die Anwesenheit und Zahl des Feindes Schlüsse zu ziehen. Trotzdem blieben sie darin natürlich Stümper den Eingeborenen gegenüber, die seit frühester Jugend diese Kunst pflegten und in den

Ein Buschmann folgt einer Spur.

(Aus Bayer, »Mit dem Hauptquartier in Südwestafrika«. Verlag W. Weicher, Berlin.)

Spuren zu lesen verstehen, wie wir Kulturmenschen in einem aufgeschlagenen Buche. Nur alte Schutztruppler, die schon seit Jahren im Lande waren, vermochten es den Eingeborenen einigermassen gleich zu tun, ein Zeichen dafür, dass wir Weissen sehr wohl die Fähigkeit besitzen, die zu einem guten Pfadfinder und Spurenleser gehört, und dass uns nur die Uebung mangelt. Am besten lernt man auch hierfür schon in der Jugend.

Leider hat das geringe Orientierungsvermögen unserer im Pfadfinden nicht ausgebildeten Reiter mitunter zu bedauerlichen Verlusten an kostbaren Menschenleben geführt. Oefters haben Schutztruppler, die vom Lager aus in den Busch gingen, um Holz zu sammeln, ihren Weg nicht wieder zurückgefunden, obwohl sie sich nur wenige hundert Schritte von ihrer Truppe entfernt hatten! Wenn man dann später ihre Abwesenheit bemerkte und sie mit eingeborenen Führern zu suchen begann, konnte man beobachten, wie die Verirrten verzweiflungsvoll in Bogen und Kreisen herumgelaufen waren, da sie keine Ahnung mehr hatten, wo das Lager zu suchen war. Wollte es das Glück, so fand man die Vermissten im Busch, freilich meist schon recht verhungert und halb wahnsinnig vor Durst. Mitunter stiess man aber nur noch auf die Leichen oder konnte feststellen, dass die Verirrten mitten in die Haufen des erbarmungslosen Feindes hineingelaufen waren! Nie wird einem Eingeborenen dergleichen begegnen. Abgesehen davon, dass er ein uns weit überlegenes Orientierungsvermögen besitzt, würde er stets imstande sein, sich auf der eigenen Fährte zum Lager zurückzufinden.

Auch in der Wüste sind öfters deutsche Reiter von dem nur aus Spuren bestehenden Pfad abgekommen und dann im tiefen Triebsande der Namib einem qualvollen Dursttod erlegen! Auch hier hätte die Kunst des Pfadfindens, des Spurenlesens, mancher deutschen Mutter den Sohn retten und erhalten können.

Die Fertigkeit des Spurenlesens hat ja vielleicht hier in der Heimat nicht so hohen Wert wie draussen in der Wildnis, gewiss! Aber wer kann wissen, ob ihn nicht noch einmal das Schicksal in ferne Länder bringt — so, wie unsere deutschen Reiter nach Südwest — und welcher lebensfrohe Junge wird sich nicht danach sehnen, dass ihn sein Weg dereinst hinausführt in die grosse, weite Welt?

Unterricht im Spurenlesen.

Der Lehrmeister lässt durch die jungen Späher ein Stück Boden völlig ebnen, glätten und zur Hälfte besprengen, als ob es geregnet hätte. Nun durchquert einer von ihnen den Platz im Schritt, im Laufschritt und zu Rad. An den entstehenden Spuren werden die Unterschiede erläutert, so dass jeder Pfadfinder vor allem genau zu erkennen vermag, ob die Fährte von einem gehenden oder von einem laufenden Menschen herrührt.

Wenn möglich, führt man die Jungen am nächsten Tage wieder an dieselbe Stelle, damit sie auch das Alter einer Spur zu beurteilen lernen.

Dann lässt man mehrere Fährten ziehen, die sich kreuzen oder begegnen, stellt z. B. dar, wie ein Radfahrer mit einem Fussgänger zusammenstösst u. s. w., und gibt dann den Pfadfindern, welche so lange abseits gestanden und die Vorbereitungen nicht gesehen haben, den Auftrag, aus den Spuren die Vorkommnisse zu ergründen.

Ferner lässt man die Fussabdrücke abzeichnen, wobei gestattet wird, der Spur bis zu einer Stelle zu folgen, wo der Abdruck im weichen Boden deutlich sichtbar wird. Die beste Lösung kann man mit einem Preis bedenken.

Nun lässt man auch einen Fremden eine Spur gehen und stellt ihn darauf zwischen andere Leute. Alle gehen dann vor den jungen Spähern vorbei, welche dem »Unparteiischen« zuflüstern, von wem nach ihrer Ansicht die erste Spur stammt. Wer richtig rät, erhält einen Preis. Raten mehrere richtig, so erhält derjenige unter ihnen den Preis, der die beste Zeichnung des Fussabdrucks fertigt.

Auch Punkte für eine Ehrenmedaille kann man bei diesem Wettbewerb erteilen.

Ein hübsches Spiel, das im Finden von Spuren übt, ist folgendes: Eine etwa hundert Schritt lange Linie gilt als »Grenze«; sie liegt am besten an einem Wege oder auf weichem Grunde, wo man Abdrücke gut sieht. Eine Gruppe beobachtet die Grenze durch Posten und bleibt selber als Reserve weiter rückwärts aufgestellt, und zwar etwa halbwegs der »Grenze« und der »Stadt«. Als Stadt mögen Baumgruppen, Flaggen oder Gebäude dienen, die etwa 800 m von der Grenze abliegen.

Gleichzeitig versammelt sich eine feindliche »Schmugglerpatrouille« etwa 800 m jenseits der Grenze und versucht nun in Gruppen oder auch zerstreut, so wie es jedem passt, die Grenze zu überschreiten. Nur einer ist aber der Schmuggler und hat als Zeichen dafür »Spureisen«[1]) an. Die Posten gehen an der Grenze auf und ab (sie dürfen erst bei Alarm laufen) und lauern auf die Spur des einen Schmugglers. Sobald die richtige Fährte erkannt ist, wird die Reserve alarmiert, und diese versucht nun den Schmuggler zu fassen, bevor er die ihn schützende Stadt erreicht. Gelingt es diesem aber vorher nach der Stadt zu gelangen, so hat er gewonnen.

---

[1]) Diese Spureisen sind schlittschuhähnliche Werkzeuge, die man sich an die Füsse schnallen kann, um Wildspuren nachzuahmen.

III. Abschnitt.

Die Kunst Schlüsse zu ziehen.

Kombinationsgabe.

Ein tüchtiger Pfadfinder muss nicht nur Zeichen und Spuren sehen, sondern er soll sich auch das Beobachtete zusammenreimen können. Mit anderen Worten, er muss imstande sein, richtige Schlüsse zu ziehen. Diese Fähigkeit bezeichnet man als Kombinationsgabe.

Ich möchte an einem Beispiel erläutern, was ich damit meine:

Auf einem Streifzug in den Wäldern Indiens kam ein Reiter von seiner Jagdgesellschaft ab. Einige seiner Kameraden machten sich auf, um ihn zu suchen und stiessen dabei auf einen eingeborenen Jungen, den sie fragten, ob er den verirrten Mann gesehen habe. Der kleine Inder antwortete:

»Sie meinen einen sehr grossen Soldaten auf einem etwas hinkenden Goldfuchs?«

»Ja, das ist er, wo hast Du ihn gesehen?«

»Ich habe ihn nicht gesehen, aber ich weiss, wo er hingeritten ist.«

Die Reiter nahmen nun den Jungen fest, weil sie glaubten, dass der Verirrte ermordet und beiseite geschafft worden sei, und dass der Junge Näheres darüber wisse. Dieser erklärte jedoch, dass er nur die Spur gefunden habe und bereit sei, sie zu zeigen. Er führte denn auch die Jäger nach einer Stelle, wo, nach der Fährte zu schliessen, der Mann einen Halt gemacht hatte. Das Pferd hatte sich an einem Baum geschubbert, und dabei waren einige goldbraune Haare an der Borke hängen geblieben. Die Spur liess ausserdem ersehen, dass das Tier lahmte, denn ein Huf war nicht so scharf abgedrückt und blieb in der Schrittlänge etwas zurück. Der Abdruck der Stiefel bewies ferner, dass der Reiter ein Soldat war, denn die Kommisstiefel sind in allen Armeen mit besonderen Eisen und Nägeln beschlagen. Nur eins blieb noch ungeklärt — woher wusste der Junge, dass der Reiter sehr gross war? Statt aller Antwort zeigte der kleine Inder nach einem abgebrochenen Ast, den ein Mann von Durchschnittsgrösse nicht hätte erreichen können!

Der Eingeborene las alle diese Zeichen ab, wie wir die Lettern in einem Buche entziffern. Würde jemand, der nicht lesen kann, uns fragen, wie wir das machen, so würden wir ihm als Auskunft auf einer Druckseite alle Buchstaben zeigen, ihm erklären, dass jeder davon seine Bedeutung hat, dass mehrere solcher Buchstaben sich zu einem Wort vereinigen, und dass eine Anzahl Worte einen Satz bilden, der uns dann schliesslich den Sinn all der Zeichen enthüllt.

Ebenso müssen wir uns beim Spurenlesen aus einer ganzen Menge unbedeutender Merkmale einen Zusammenhang herausschälen, der uns ein gutes Bild derjenigen Vorgänge bietet, durch welche die Spuren entstanden sind. Einem Manne aber, der keine Uebung im Schlüsseziehen besitzt, wird dieser Sinn stets verborgen bleiben!

Auch hierin muss Uebung den Meister machen, sonst kommt man in der Natur, wie beim Lesen, nicht über das Buchstabieren hinaus.

Baden-Powell erzählt: Eines Tages jagte ich mit einem Eingeborenen auf der grossen Steppe bei den Matopohügeln. Plötzlich stiessen wir auf eine ganz frische Spur. Die Richtung war leicht zu erkennen, denn die noch frischen, feuchten Grasbüschel lagen in einem Streifen alle nach einer Seite. Wir folgten der Führte und kamen bald an eine sandige Stelle, wo uns die Fussabdrücke bewiesen, dass hier mehrere Frauen (kleine Füsse, spitze Stiefel, kurze Schritte) und Kinder (kleine Füsse, abgerundete Stiefel, etwas weitere Schritte) ruhig gegangen, aber nicht gelaufen waren. Die Spur führte nach den etwa 8 km entfernten Hügeln, wo nach unserer Annahme der Feind im Hinterhalt stand.

Etwa zehn Schritte von der Fährte lag ein einzelnes Blatt. Weit und breit standen keine Bäume, aber wir wussten, dass in einem 12 km entfernten Dorf, aus dessen Richtung die Spur herführte, diese Baumsorte vorkam. So blieb es denn wahrscheinlich, dass Frauen von dort nach den Hügeln gegangen waren und das Blatt dabei mitgebracht hatten. Ich hob es auf. Es war noch feucht und roch nach dem Bier, welches sich die Eingeborenen brauen. Die auffallend kurzen Schritte bewiesen überdies, dass die Weiber eine Last geschleppt hatten. Nach der Sitte des Landes konnten wir annehmen, dass sie Bierkrüge auf dem Kopfe getragen hatten, deren Oeffnungen mit Blätterpfropfen verschlossen waren.

Eines dieser Blätter war also heruntergefallen. Wir hatten es aber zehn Schritt vom Wege gefunden, woraus sich ergab, dass damals ein Wind geweht hatte. Augenblicklich, um 7 Uhr früh, war es aber windstill, während vor zwei Stunden ein starker Wind geherrscht hatte. Durch Beobachtung waren wir mithin zu folgenden Schlüssen gelangt:

Von einem 12 km entfernten Dorfe hatten Frauen und Kinder in der Nacht dem Feinde nach seinen Schlupfwinkeln auf den Hügeln Bier geschleppt und waren mittlerweile dort eingetroffen.

Wir überlegten weiter: Da das Eingeborenen-Bier in wenigen Stunden sauer wird, machen sich die Männer jedenfalls gleich darüber her und lassen wohl dann in ihrer Aufmerksamkeit nach, da sie schläfrig werden. Wir ritten

Afrika

Unsere Kolonien in Afrika.

daher sofort, der Spur folgend, nach den Hügeln, erkundeten die Stellung und konnten uns unbehelligt wieder zurückziehen.

Der Vorgang beweist, dass mitunter eine Kleinigkeit, wie in diesem Falle ein verwehtes Blatt, zu einer Reihe von wichtigen Schlüssen führen kann.

Ein Herr P. Hopkins berichtet in seinem Werk »Weltarbeit«, wie Detektive manchmal durch unscheinbare Spuren und Anhaltspunkte Verbrechen aufgedeckt haben. In einem Falle lag neben einem Ermordeten ein fremder Rock, der nichts Besonderes aufwies, woraus man auf den Täter hätte schliessen können. Man steckte das Kleidungsstück in einen Sack und klopfte es mit einem Stock tüchtig aus. Der herausgefallene Staub wurde gesammelt und unter Vergrösserungsgläsern sorgfältig geprüft. Er bestand zumeist aus Sägespänen, und dies deutete darauf hin, dass der Besitzer des Rockes entweder ein Zimmermann oder ein Holzsäger oder ein Tischler war. Der Staub wurde nun nochmals unter schärferen Gläsern, einem sogenannten Mikroskop, bedeutend stärker vergrössert, und nun fand man winzige Bröckchen Gelatine und Leim. Das bewies, dass der Eigentümer des Rockes wahrscheinlich ein Tischler war, denn Zimmerleute und Holzsäger benutzen derlei gewöhnlich nicht. Die Polizei konnte sich nun auf die Fährte des Verbrechers setzen.

Auch der Staub von Taschen, Ueberreste in Taschenmessern u. s. w. geben bei genauer Untersuchung manchmal wichtige Aufschlüsse; ebenso Schmutz auf den Stiefeln, Aschenreste, Flecken und Risse im Tuch, Fingerabdrücke u.s.w.

Ein andermal wurde nicht weit von einem Erschlagenen eine fremde Mütze gefunden, die wahrscheinlich dem Mörder gehörte. In dem Hutfutter steckten zwei Haare, die man sorgfältig aufhob und zu dem berühmten Kriminalisten Dr. Pfaff brachte. Dieser besah sich die Haare unter einem Mikroskop und gab daraufhin über den, der die Mütze verloren hatte, folgenden Aufschluss: »Ein Mann in mittleren Jahren, kräftig, mit einer Neigung zum Fettwerden; schwarzes Haar, das grau zu werden und auszufallen beginnt und kürzlich geschnitten worden ist.«

Auf diese Weise wurde ein ungefähres Bild des Mörders gewonnen, das die weitere Verfolgung sehr erleichterte.

Dr. Bell aus Edinburg gilt als das Vorbild, nach dem Conan Doyle seine berühmten Sherlock Holmes-Detektivgeschichten erfunden hat. Dieser Mediziner hielt einst seinen Studenten im Hospital einen Vortrag über ärztliche Behandlung. Es wurde u. a. ein Mann hereingebracht, an dem er zeigen wollte, wie ein verletzter Mensch zu heilen sei. Als der Patient hereinhinkte, wendete sich Dr. Bell an einen Studenten und fragte:

»Was fehlt dem Manne?«

»Ich weiss nicht,« sagte der Student, »ich habe ihn noch nicht gefragt!«

»Das ist auch gar nicht nötig, das können Sie selber sehen, dass sein rechtes Knie verletzt ist, denn er hinkt ja mit dem rechten Bein, und zwar hat er sich verbrannt, denn die Hose ist am Knie angesengt. Heute ist Montag, gestern war schönes Wetter, am Samstag war's nass und schmutzig — die Hosen des Mannes sind ganz dreckig, also ist er am Samstag Abend hingefallen!«

Dann drehte er sich zu dem Patienten um: »Sie haben am Samstag Ihren Lohn ausgezahlt erhalten, haben sich betrunken, haben dann versucht Ihre Hose zu Hause am Kamin zu trocknen, sind dabei ins Feuer gefallen und haben sich dabei das Knie verbrannt, stimmt's?

»Ja, Herr Doktor!« sagte der Mann ganz verblüfft.

Zu einem deutschen Polizeiwachtmeister kam eines Morgens ein Mann und erzählte eine lange Geschichte: Er sei am vorhergehenden Abend überfallen worden; die Räuber hätten ihm all sein Geld genommen, ihm nur Uhr und Ringe gelassen und ihn an einen Baum gebunden; erst gegen Morgen sei es ihm gelungen, sich frei zu machen.

»Wann sind Sie überfallen worden?« frug der Wachtmeister.

»Gestern Abend um zehn Uhr.«

»Also vor zwölf Stunden. Geben Sie mir Ihre Uhr!«

Der Wachtmeister prüfte sie. Sie ging. Er drehte sie vorsichtig auf und merkte sich die Zahl der Umdrehungen. Durch Beobachtung der Uhr stellte sich heraus, dass sie vor acht Stunden, also um zwei Uhr nachts, aufgezogen worden war. Die Erzählung des Mannes erwies sich mithin als unwahr, denn wie hätte sich ein Gefesselter seine Uhr aufziehen können. Wie sich später zeigte, war die Geschichte von dem Ueberfall nur erfunden, um eine Unterschlagung zu bemänteln.

Baden-Powell war einst bei Gericht Zeuge folgender geschickter Schlussfolgerung: Ein Mann war als Schuldner verklagt und suchte sich durch die Behauptung zu entlasten, dass er stellenlos sei und keine Beschäftigung finden könne.

Der Richter fragte: »Wozu brauchen Sie denn den Bleistift, der hinter Ihrem rechten Ohr steckt, wenn Sie keine Stellung haben?«

Der Angeklagte musste zugeben, dass er seiner Frau im Geschäft half, und es wurde festgestellt, dass dieses Geschäft so viel abwarf, dass er sehr wohl seine Schulden zahlen konnte.

Dr. Reiss von der Universität in Lausanne berichtet über einen Fall geschickten Spurenlesens der dortigen Polizei. In einem Haus war eingebrochen worden. Die Spuren des

Diebes wurden im Garten gefunden, aber die Schritte, die vom Tatort wegführten, waren kürzer und tiefer in den Boden eingedrückt als die, welche zum Hause hinführten. Die Polizei zog daraus den Schluss: der Einbrecher hat ein schweres Bündel mit Raub davongeschleppt, das ihn tiefer in den Boden einsinken liess und ihn nötigte, kurze Schritte zu machen.

Wahre Pfadfindergeschichten.

Hauptmann Stigand berichtet in einem Werk über den Kundschafterdienst mancherlei von der Geschicklichkeit der Pfadfinder in der Kunst, aus kleinen Anzeichen richtige Schlüsse zu ziehen.

Als er eines Morgens um das Lager kreiste, fand er die Spur eines im Schritt gehenden Pferdes. Da die Tiere der eigenen Abteilung im Zuckeltrab an dieser Stelle vorübergekommen waren, so konnte dies hier nur die Fährte eines feindlichen berittenen Spähers sein, der in der letzten Nacht das Lager in aller Gemütsruhe beobachtet hatte.

Als Stigand ein andermal in Zentralafrika auf ein verlassenes Dorf stiess, vermochte er zuerst nicht zu erkennen von welchem Stamm es bewohnt gewesen war, bis er in einer der Hütten das Bein eines Krokodils fand. Da in dieser Gegend, nach seiner Beobachtung, nur die Angehörigen des Awisastammes sich von Krokodilfleisch nährten, war die Zugehörigkeit des Dorfes festgestellt.

Auf einen Kilometer Entfernung ritt ein Mann auf einem Kamel vorbei. »Das ist ein Sklavenabkömmling!« sagte ein Eingeborener, der ihn betrachtete.

»Woran siehst Du das?«

»Er schwingt mit den Beinen; ein richtiger Araber sässe mit festem Unterschenkel im Sattel!«

General Joubert, der Oberkommandierende der Buren im Transvalkrieg, erzählte dem General Baden-Powell, dass Frau Joubert die erste gewesen sei, welche die Besetzung des Majubahügels (1878) durch die Engländer erkannt habe. Die Buren lagerten damals dicht am Fusse des Berges und hatten gewöhnlich eine schwache Besatzung als Ausguck auf dessen Spitze gelassen. An dem betreffenden Tage aber war das übliche Späherkommando aus Versehen nicht abgeschickt worden.

Frau Joubert, die vorzügliche Augen besass, sah hinauf und rief auf einmal: »Schau mal an, da oben auf dem Majuba sind ja die Engländer!« Ein Bur erwiderte: »Nein, das werden wohl unsere eigenen Leute sein.« Aber die Frau blieb dabei und sagte: »Sieh doch hin, wie er geht, das ist kein Bur, das ist ein Engländer!«

Tatsächlich hatte eine englische Abteilung in der Nacht die Höhe erklommen, war aber durch die Dummheit dieses einen unvorsichtigen Mannes, dessen Gestalt sich scharf vom Himmel abhob, von den Buren sofort entdeckt worden. Diese liessen sich keineswegs verblüffen, sondern erkletterten ungesehen die steilen Felsen, überraschten die Engländer, fügten ihnen schwere Verluste zu und jagten sie den jenseitigen Abhang hinunter.

Bei den ägyptischen Manövern in der Wüste bei Kairo verlor ein englischer Offizier sein Fernglas und beauftragte mehrere eingeborene Spurenleser, es ihm zu suchen. Die Leute verlangten zunächst die Spur seines Pferdes zu sehen, und liessen sich dieses vorführen, um die Abdrücke der Hufe zu betrachten. Nachdem sie sich die Eigenart der Spur eingeprägt hatten, begaben sie sich nach dem Manöverfeld und fanden dort unter den Hunderten von Fährten die richtige heraus! Sie folgten ihr und fanden tatsächlich das Glas, das wahrscheinlich beim Reiten aus dem Futteral gefallen war.

Diese ägyptischen Spurenleser verstehen sich besonders gut auf Kamelfährten. Wer keine Uebung hat, kann freilich den Fussabdruck des einen Dromedars nicht von dem eines anderen unterscheiden; aber einem geschulten Auge erscheinen sie so verschieden wie zwei Gesichter.

Vor etwa einem Jahre wurde bei Kairo ein Kamel gestohlen. Ein von der Polizei angestellter Pfadfinder sah sich die Spur an und verfolgte sie lange durch die Strassen der Stadt, bis sie sich unter anderen Fussabdrücken völlig verlor. Aber ein Jahr später fand dieser Spurenleser eine frische Kamelfährte und erkannte, dass sie von demselben Tier herstammte, das er damals verfolgt hatte. Daneben lief eine zweite Spur, die von dem Kamel eines berüchtigten Diebes herrührte. Der Späher gab sich gar nicht erst die Mühe, der Spur zu folgen, sondern lief sofort zum nächsten Polizisten, führte ihn nach dem betreffenden Stall, und dort fanden sie das langvermisste, gestohlene Tier.

Baden-Powell berichtete selbst von einem Fall, in dem er aus geringen Anzeichen, lediglich aus Spuren eine Anzahl von richtigen Schlüssen ziehen konnte, die ihm ein Bild des an sich einfachen Vorgangs gaben. Bei einem Spaziergang in den Bergen von Kaschmir sah er neben dem Wege einen meterhohen Baumstumpf und daneben einen faustgrossen Stein, an dem noch ein paar Stücke Wallnusschale hingen.

Dreissig Schritte südlich davon lagen die Schalen von vier Wallnüssen, und zwar am Wege, aber dicht an einem hohen und steilen Felsen. Der einzige Wallnussbaum in der Nähe stand etwa 150 Schritte nördlich des vorerwähnten Baumstumpfes. Am Fusse des Stumpfes lag überdies ein Klumpen feuchter Erde, der deutlich den Abdruck einer Grassandale zeigte.

Was konnte man aus diesen Zeichen erkennen? Baden-Powells Schlüsse waren folgende: Auf einem grossen Marsch war ein Mann, von Norden kommend, vor zwei Tagen auf diesem Wege vorübergegangen; er hatte eine Last getragen und am Felsen Rast gemacht, um Wallnüsse zu essen.

Zu diesem Ergebnis kam er durch die nachstehende Gedankenreihe:

Der Mann hatte eine Last getragen, denn Leute mit Rückenlasten pflegen sich damit gegen Felsen zu lehnen, wenn sie zu ruhen wünschen. Wenn er nämlich keine Last getragen hätte, so wäre er selbstverständlich bei dem Baumstumpf sitzen geblieben, um gleich dort die Nüsse, die er sich aufgeklopft hatte, zu essen, statt dreissig Schritt weiter bis zum Felsen zu gehen. Frauen pflegen in jenen Ländern keine Lasten zu schleppen — folglich war es ein Mann. Die Wallnüsse stammten von dem 150 m weiter nördlich stehenden Baum. Also war der Mann nach Süden gezogen; ausserdem befand er sich auf einem langen Marsche, denn er trug Schuhe, während er andernfalls, wenn er sich nur so herumgetrieben hätte, barfuss gelaufen wäre. Vor drei Tagen hatte es zum letzten Male geregnet; der Erdklumpen, der jetzt trocken war, musste aber losgelöst worden sein als er noch feucht war. Auch die trockenen Nusschalen deuteten die seither verflossene Zeit an.

Ein besonders wichtiges Ereignis ist freilich hier eben nicht geschildert worden, sondern nur eine Alltagsbegebenheit, die aber zeigen soll, wie ein junger Pfadfinder fortwährend durch Beobachtung an sich unwesentlicher Dinge sein Kombinationstalent schärfen kann.

Der Lehrmeister wird in dieser Beziehung praktische Aufgaben stellen müssen, indem er z. B. einzelne Leute vorbeigehen lässt, und nun jeden der jungen Pfadfinder fragt, was er an ihnen beobachtet habe, und welche Folgerungen er daraus ziehe.

Oft wird es möglich sein, aus Anzug, Bewegungen, Gang, aus der Beschaffenheit der Hände, aus der Art zu sprechen usw. auf Stand und Gewohnheiten des Betreffenden zu schliessen. Unendliche Beispiele kann man dafür anführen, wobei sich freilich keine festen Regeln aufstellen lassen, sondern nur mehr oder weniger grosse Wahrscheinlichkeiten. Je mehr Anzeichen zu demselben Schluss führen, um so grösser wird allerdings auch die Gewissheit, mit den Folgerungen auf dem richtigen Wege zu sein. Uebung und Gewohnheit machen hier den Meister. Irrtümer lassen sich nicht vermeiden, aber je mehr ein Pfadfinder seine Sinne schärft, um so seltener wird er sich täuschen.

Jedes Ding an und um einen Menschen redet seine eigene Sprache, jedoch nur für den, der auf sie hört und sie zu verstehen gelernt hat. Welche Rückschlüsse gestattet z. B. braune Gesichtsfarbe bei weisser Stirn? Bleiche Gesichtsfarbe und Kneiferspuren? Tätowierung eines Ankers auf dem Unterarm? Sorgfältig gepflegte Hände, doch kurze Nägel nur an der linken Hand? Sehr bleiche Gesichtszüge mit Narben, die von eingedrungenem Kohlenstaub geschwärzt sind? Bleiche Züge und stark gerötete Augen? Schlechte Haltung und Tintenflecken an den Fingern? Abgeschabtes Tuch an den Unterärmeln? Keine Uhr und doch abgerissenes Tuch an der Westentasche? Starke Einbuchtungen im Oberleder der Stiefel quer zum Fuss? Geradeaus ins Weite gerichteter Blick, mit Augen, die parallel eingestellt scheinen? Schwielen an der Innenseite des Daumens? Harte Haut nur auf den Handballen? Rissige Hände voll Mörtelstaub? Ganz schmutziger Anzug, doch sauberer Kragen? Ein abgeschabter Streifen an der Hose innen über dem rechten Knie? Die linke Gesichtshälfte besser rasiert als die rechte? Dunkelbraune Flecken an Daumen, Zeige- und Mittelfinger der einen Hand? Saubere Stiefel und nur eine äussere Seite des Beinkleids mit Strassenschmutz bespritzt? Tausende solcher Merkmale einfachster Art liessen sich nennen, die alle Schlüssel zum Wesen ihrer Träger sind und doch meist kaum der Beachtung wert gehalten werden. Viele unnütze Fragen lassen sich sparen, wenn man beobachten gelernt hat.

Wer müssig durch die Strassen schlendert, einige Zeit von seinem Fenster aus die Vorübergehenden mustert, oder auf dem Wege zu seiner Berufstätigkeit im Omnibus und im Bahnwagen mit anderen Leuten zubringen muss, hat hier gute Gelegenheit, seine Studien zu betreiben. Der Takt erfordert indessen, dass man dies unbemerkt tut. Unauffälliges Beobachten ist ja auch eine besondere Fertigkeit des Pfadfinders. Diese Beschäftigung verscheucht überdies am besten jede Langeweile und bringt unter Umständen grossen Nutzen. Wer sich erst einmal daran gewöhnt hat zu beobachten und danach Schlüsse zu ziehen, der wird nicht nur bald Fortschritte in dieser schwierigen Kunst machen, sondern allmählich merken, dass sie ihm ganz unbewusst zur Gewohnheit wird. Auf diesem Wege gelangt man zu Menschenkenntnis, und diese muss der junge Pfadfinder besitzen, denn er soll ja seinen Nebenmenschen helfen und sie nach Kräften unterstützen, ihren Wünschen sich anpassen und jedes Unrecht zu verhüten bestrebt sein. Doch all dies kann er nur, wenn er ihre Neigungen und Absichten, ihre Gedanken, Handlungen und Gewohnheiten, also mithin ihren Charakter zu ergründen sich bemüht.

III. Kapitel.

Beobachtung der Natur.

Allgemeine Hinweise für die Lehrmeister.

In grösseren Städten sollte man nicht versäumen, mit den jungen Pfadfindern die Zoologischen Gärten und alle Museen zu besuchen, in denen sich über irgend ein Naturgebiet Belehrung schöpfen lässt.

Auf dem Lande, wo es dergleichen nicht gibt, kann man dafür zeigen, wie ein Pferd gesattelt, gefüttert, getränkt und geputzt wird, wie man einem absteigenden Reiter das Tier hält und führt, wie man ein durchgehendes Pferd am Zügel zum Stehen bringt; wie eine Kuh gemolken wird u. s. f.

Ferner müssen sich die Pfadfinder über die Lebensweise und Gewohnheiten des Wildes, der Kaninchen, der Tauben, der Wasservögel, der Fische u. s. w. unterrichten, indem sie sich möglichst nahe ungesehen heranschleichen, um genau und ungestört beobachten zu können.

I. Abschnitt.

Wie man sich heranschleicht.

In einem Manöver stiessen einmal zwei Patrouillen aufeinander und näherten sich nun gedeckt, bis ein völlig offener Grund zwischen ihnen lag, dessen ungesehenes Ueberschreiten unmöglich schien. Nur an einer Stelle reichte von dem Platze, wo die eine Patrouille lag, ein etwa 70 cm tiefer Graben, dessen Rand mit Büschen besetzt war, ein Stück weit in die Talmulde hinab. Die Patrouille sah, wie zwei Kälber vom jenseitigen Hang her nach dem Ende des Grabens zu liefen, dort hielten und zu grasen begannen.

Einer der Späher schlich nun vorsichtig im Graben zu den beiden Kälbern vor, in der Hoffnung, dort irgendwie Mittel und Wege zu finden, um weiterzukommen; ferner erwog er, dass dort vorn die äusserste Stelle wäre, von der aus er den Feind noch gedeckt beobachten könnte. Halbwegs im Graben bekam er aber plötzlich überraschendes Feuer von einem feindlichen Späher, der schon dort lag!

Ein Schiedsrichter ritt heran, frug den Schützen, wie er denn eigentlich dahin gelangt sei, und erhielt die Antwort, er habe drüben auf der Weide mehrere Kälber gefunden, zwei davon nach dem Ende des Grabens getrieben und sich dabei zwischen ihnen, geduckt laufend, versteckt. Auf diese Weise habe er bis in den Graben ungesehen gelangen können, und dann die beiden Tiere stehen lassen. —

Wenn wir Tiere in der Freiheit beobachten wollen, müssen wir uns so anschleichen, dass sie uns weder sehen noch wittern können. Der Jäger, der ein Wild beschleicht, verbirgt sich dabei vollständig; ebenso muss es ein guter Pfadfinder machen, der sich dem Feinde nähern will. Auch ein Polizist wird kaum einen Langfinger fassen, wenn er in Uniform herumsteht, sondern eher schon, indem er sich in Zivil mit möglichst harmloser Miene unter die Menge mischt und im Schaufenster, das ihm als Spiegel dient, die Vorgänge hinter sich beobachtet.

Wie man sich heranschleicht.

Wer ein böses Gewissen hat und merkt, dass er überwacht wird, ist auf seiner Hut, während ein Unschuldiger sich darüber ärgert. Deshalb darf man auch Menschen, die man beobachtet, nicht auffällig anstarren, sondern muss mit ein, zwei raschen Blicken das, was man wissen möchte, zu erkunden wissen.

Wünscht man mehr zu sehen, so folgt man dem Beobachteten, denn von hinten sieht man gerade so viel wie von vorn, und ein Mensch pflegt selten nach rückwärts zu schauen, er sei denn gleichfalls ein gewandter Pfadfinder.

Kriegskundschafter vor dem Feinde und Jäger, die ein Wild beschleichen, achten auf zwei wichtige Dinge, wenn sie nicht gesehen sein wollen. Das eine ist die Vorsicht, dafür zu sorgen, dass der Hintergrund (Bäume, Büsche, Felsen, Häuser u. s. w.) von ähnlicher Farbe ist wie sie selber, das andere ist die Massnahme, so lange unbeweglich still zu liegen, wie der Gegner oder das Wild in die Richtung blickt, in der sich der Beobachtende befindet.

Ein Pfadfinder, der so verfährt, wird sogar in freiem Gelände oftmals unbemerkt bleiben.

Bei der Wahl des Hintergrundes muss man sich natürlich nach der Farbe der eigenen Kleidung richten. Trägt man z. B. Khaki, wie unsere Truppen in China und in den Kolonien, so darf man sich nicht vor eine weissgestrichene Mauer oder vor einen dunklen Busch stellen. Sand, Heidegras oder Felsen passen besser zur Farbe des Khaki, und wenn sich der Späher bei solchem Hintergrunde ganz still verhält, so wird man ihn selbst in der Nähe kaum erkennen.

Hat man dunkle Kleidung an, so bleibt man besser im Schatten der Büsche, der Bäume und Felsen, wobei immer sorgfältig darauf zu achten ist, dass der Hintergrund, vom Feinde aus gesehen, dunkel bleibt. Gegen helle Stellen hebt sich ein dunkel gekleideter Mensch scharf ab.

Trüge man z. B. rote Kleidung, so hätte man sich vor Ziegelsteinhäuser oder vor Felsen und Sandbrüche mit rötlicher Bodenfarbe zu stellen.

Spähen wir von einem Berge herab, so müssen wir ja vermeiden, dass sich unsere Umrisse vom Himmel abheben; das ist der häufigste Fehler aller Anfänger.

In seinem Buche »Mit dem Hauptquartier in Südwestafrika« berichtet Hauptmann Bayer eine charakteristische Episode aus dem Feldzuge gegen die Hereros. Er hatte mit einer Patrouille einen Teil des Hererolandes zu durchqueren; als Spurenleser war ihm ein eingeborener Bastardsoldat beigegeben. Bayer schreibt:

Wir ritten zwischen den schroffen, kahlen Felshängen, die Okakandya vorgelagert sind. Plötzlich machten mich die Reiter auf eine schwarze Gestalt aufmerksam, die zu unserer Rechten auf einem Felsengrat stand. Mechanisch fassten wir nach dem Gewehr und blickten, während wir die Zügel fallen liessen, unter der vorgehaltenen Hand gegen den blendenden Himmel. Der Bastard, der vor uns ritt, sah auch einen Augenblick hinauf und sagte gleichmütig:

»Is Povian!« (grosse Affenart).

»Woran erkennst Du denn, dass dies ein Pavian ist, das könnte doch auch ein Herero sein?«

Der Bastard drehte den Kopf zur Seite: »Herero liegt immer, schwarzer Minsch steht nicht auf Klippe, wenn Minsch steht, is Affe oder Weisser!«

Besonders viel kann man von einem Zuluspäher lernen, der vor einer Kuppe oder von einer Geländewelle aus beobachten will. Erst kriecht er auf allen vieren hinauf, platt an den Boden gedrückt; oben, auf der Höhe, hebt er den Kopf ganz langsam, Zoll um Zoll, bis er sich umsehen kann. Glaubt er trotzdem, dass ein Feind in seiner Richtung herüberlugt, so bleibt er unendliche Zeit völlig still liegen, damit man ihn für einen Stein oder für einen Baumstumpf hält. Ist er aber nicht entdeckt, so senkt er wieder langsam Zoll um Zoll den Kopf und gleitet ruhig, auf den Boden gepresst, von dem Hügel herab. Er weiss eben sehr wohl, dass jede rasche Bewegung ihn sogar noch auf weite Entfernung verraten würde, da die Umrisse am Horizont scharf sichtbar sind.

Während der Nacht muss man sich aus demselben Grunde soviel wie möglich in der Tiefe halten. Um so besser kann man dafür den Feind beobachten, der sich am hellen Sternenhimmel um so deutlicher abhebt, je näher er kommt.

Baden-Powell erzählt, dass er einmal nachts durch gute Deckung im Schatten der Büsche und durch Stilliegen so wohl verborgen war, dass ein feindlicher Späher bis auf zwei Schritte an ihn herankam, ohne ihn zu sehen, und ihm dann den Rücken drehte, so dass Baden-Powell aufspringen und ihn umklammern konnte.

Selbstverständlich muss man möglichst leise gehen, wenn man nicht entdeckt sein will, besonders des Nachts. Den gewöhnlichen Schritt eines Mannes kann man weit hören; deshalb sollte ein tüchtiger Pfadfinder leicht auftreten, und zwar nicht auf dem Absatz, sondern nur auf den Fussballen. Das muss man stets üben, bei Tag und bei Nacht, zu Hause und im Freien; dann wird es zur völligen Gewohnheit, so leicht und leise wie nur möglich zu gehen. Diese Art zu marschieren ermüdet viel weniger, macht uns ausdauernder, gibt dem Gang etwas flottes, elegantes, elastisches und sieht ganz anders aus als das schwerfällige Auftreten der meisten Menschen. Ueberdies stärkt das Ballengehen die Fuss- und Beinmuskeln und ist gesund, weil das Rückgrat dabei weniger erschüttert wird als beim plumpen Aufpoltern mit dem Absatz.

Ferner muss ein Pfadfinder beim Beschleichen eines Gegners oder eines Wildes stets unter dem Wind bleiben (d. h.

auf der Seite des Gegners oder des Wildes, nach welcher der Wind weht), selbst wenn der Luftzug noch so schwach ist.

Bevor man sich anschleicht, stellt man erst die Richtung fest, aus der der Wind weht, damit man ihn später von vorn behält. Zu dieser Feststellung macht man einen Finger nass, hält ihn hoch und passt auf, von welcher Seite er sich am kühlsten anfühlt. Man kann auch feinen Sand oder Grasbüschel, Laub, Papierschnitzel u. s. w. in die Hand nehmen und dann zu Boden fallen lassen; die Richtung, in der sie zur Seite geweht werden, ist natürlich auch die Windrichtung.

Indianer pflegten sich bei Erkundung eines feindlichen Lagers mit einem Wolfsfell zu bedecken, auf allen vieren zu kriechen und wie Wölfe zu heulen.

In Südwestafrika haben die Eingeborenen, wenn sie von unserer Truppe überfallen waren, mehr als einmal dadurch sich zu retten gesucht, dass sie sich mit Schaffellen verhüllten und gebückt zwischen davonlaufenden Hammelherden verbargen. In Australien gehen die Neger auf die Jagd nach Emus (Straussen ähnliche Vögel), indem sie sich in ein gefiedertes Fell dieser Tiere hüllen und einen Arm mit vorwärts gebeugter Hand hochhalten, so dass er einem Vogelhals mit Kopf gleicht.

Auch amerikanische Pfadfinder setzten sich manchmal einen Wolfsschädel als Kopfbedeckung auf, wenn sie einen Höhenrücken zu überschreiten hatten, bei dem sie befürchten mussten, gegen den Himmel gesehen zu werden. Sie wollten dadurch erreichen, dass der Feind sie für Wölfe hielt und daher unbehelligt liess.

Wenn sich ein Pfadfinder aus dem Grase erhebt, um zu beobachten, so kann er sich ein Band um den Kopf binden, in das er Grasbüschel so steckt, dass sie zum Teil aufwärts stehen, zum Teil das Gesicht bedecken. Er ist auf diese Weise schwer zu entdecken.

Kapitänleutnant Camperio, der als italienischer Militärattaché mit den russischen Truppen den Krieg in der Mandschurei mitgemacht hat, erzählt, dass die japanischen Soldaten, wenn sie in Gegenden kämpften, die mit Gras und Büschen bewachsen waren, sich grüne Schleier über das Gesicht deckten, wodurch sie den Russen auf grössere Entfernung fast unsichtbar blieben.

Wenn man sich hinter Feldsteinen verbirgt, so wird man besser am Stein rechts und links vorbei schauen, als oben über ihn hinweg. Beobachtet man an Baumstämmen vorbei, so legt man sich etwas Strauchwerk als Deckung daneben. (Siehe Bild Seite 69.)

Unterricht im Anschleichen.

Man schickt einen der jungen Pfadfinder etwa 400 m weit hinaus in das Feld und zeigt den anderen nun, wie er sich von dem verschiedenen Untergrund mehr oder weniger deutlich abhebt.

Dann lehrt man jedem Jungen, in welcher Haltung er schleichen muss, um schnell und ungesehen in verschiedenem Gelände (in Gras, im Wald, in Felsgeröll, zwischen schwachen Wellen u. s. w.) vorwärts zu kommen. Auch geducktes Laufen ist zu üben, ebenso das Kriechen auf Händen und Knien. Besonders wichtig ist das »Indianerschleichen« mit an den Boden gedrücktem Leib, wobei nur die Unterarme und die Fussballen den Körper nach vorn schnellen. In unserer Armee wird diese Art des Anschleichens schon längst geübt. Man nennt sie dort »robben«, weil sich der Mensch dabei vorwärts schiebt wie Seehunde (Robben) auf dem sandigen Uferboden.

Nach der Seite kommt man häufig am ungesehensten und schnellsten dadurch weiter, dass man sich um die eigene Achse rollt.

Um den Anzug zu schonen, empfiehlt es sich, aus grobem Tuch oder aus einfacher, billiger Sackleinwand Aermel- und Knieschützer zu nähen.

Zur Uebung im Anschleichen können folgende Wettspiele dienen:

1. »Die Jagd.« Ein Pfadfinder geht voraus ins Feld oder in den Wald und versteckt sich. Die übrigen bemühen sich, ihn zu finden. Er hat gewonnen, wenn er nicht gefunden wird, oder wenn er innerhalb einer festgesetzten Zeit bis zu dem Ausgangsplatze des Spiels zurückkehrt, ohne dass er von den anderen Mitspielenden berührt wird.

2. »Die Meldung.« Einer der jungen Pfadfinder erhält den Auftrag, die Meldung nach einem bestimmten Platz oder Gebäude innerhalb einer vorgeschriebenen Zeit zu bringen. Die feindlichen Späher müssen sich verstecken und verhindern, dass der Bote das Ziel erreicht. Der Bote gilt als »gefangen«, wenn er von zweien seiner Feinde berührt worden ist; andernfalls hat er gewonnen.

3. »Die Relaispost.« Mehrere Pfadfindergruppen versuchen, gleichzeitig einen Brief in möglichst kurzer Zeit nach einem bestimmten Fleck zu bringen, indem sich die Pfadfinder jeder Gruppe auf die ganze Strecke verteilen. Jeder einzelne versucht nun zu Fuss oder zu Rade die ihm zugemessene Strecke recht rasch zu durchqueren, gibt den Brief dem nächsten Pfadfinder seiner Gruppe, der ihn wieder

weiterbringt u. s. f., bis zum Ziel. Die Gruppe, die am raschesten die in bestimmten Zeiträumen abgehende (vorher bekannte) Anzahl von Briefen besorgt, hat gewonnen.

4. »Das Anschleichen.« Der Feldmeister stellt sich als »Wild« aufrecht irgendwo auf, er kann auch dabei ruhig hin und her gehen.

Die Pfadfinder stellen erst fest, wo der Feldmeister sich befindet, und jeder versucht nun für sich, ihm durch Anschleichen ungesehen möglichst nahe zu kommen.

Wenn der Feldmeister einen der Pfadfinder sieht, hat dieser verspielt. Er ruft den Jungen an, worauf dieser sich erheben und stehen bleiben muss. Nach einer gewissen Zeit ruft der Feldmeister »Auf!« dann müssen auch diejenigen sich aufrichten, die bis dahin nicht zu sehen waren. Wer von den letzteren nun dem Feldmeister am nächsten ist, hat gewonnen.

5. »Das Leichtgehen.« Der Unparteiische stellt sich auf, und zwar am besten an einem Platze, wo abgefallene Zweige, Kies u. s. w. liegen. Dann werden ihm die Augen verbunden. Aus einer Entfernung von etwa 100 Schritt schleichen sich nun die Pfadfinder einzeln an, mit dem Auftrage, den Unparteiischen in einer bestimmten ganz kurzen Zeit (1—1½ Minuten) zu berühren, bevor dieser sie hört.

6. »Das Beobachten.« Der Feldmeister stellt sich an einem weit sichtbaren Platz auf und schickt die Pfadfinder einzeln oder zu zweien in verschiedenen Richtungen ab. Wenn sie etwa 800 m entfernt sind, winkt er mit der Flagge, worauf sich die Jungen verbergen und allmählich heranschleichen. Dabei müssen sie ihn immer beobachten! Ein Unparteiischer bleibt neben dem Feldmeister stehen und notiert jedem der Späher, den er sieht, jedesmal zwei Punkte als Verlust auf.

Der Feldmeister macht währenddessen allerlei Bewegungen, holt ein Buch heraus, schreibt sich etwas auf, sieht durchs Glas, kniet nieder, schwenkt den Hut u. s. w. Schliesslich winkt er wiederum mit der Flagge, worauf die Pfadfinder aufstehen, herankommen und einzeln berichten, was sie beobachtet haben. Jede richtige Beobachtung gilt als drei gute Punkte. Die Prüfung wird vereinfacht, und es wird Zeit gewonnen, wenn jeder Pfadfinder ein Zettelchen bekommt, auf dem so viel Rubriken gezogen sind, als der Feldmeister zu beobachtende Bewegungen vornehmen wird, wobei als weiteres Hilfsmittel zum Anzeigen jeder Bewegung vom Unparteiischen mit der Flagge gewinkt werden kann.

Wer die meisten Punkte hat (nach Abzug der für das Gesehenwerden notierten) ist der Gewinner.

7. »Spinne und Fliege.« Ein fest umgrenztes Stück Land oder ein bestimmter Teil der Stadt gilt als »Netz«. Die Endstunde des Spiels wird vorher festgesetzt. Die eine Pfadfindergruppe ist »Spinne«, die andere »Fliege«. Die Spinne sucht sich zuerst ihren Platz im Netz aus und versteckt sich dort. Nun läuft die Fliege vor und sieht nach, wo die Spinne liegt. Die Jungens beider Gruppen können ausschwärmen, müssen aber ihrem Führer alles berichten, was sie sehen. Bei jeder Gruppe befindet sich ein Unparteiischer. Wenn die Fliege in einer bestimmten Zeit, z. B. in zwei Stunden, die Spinne nicht entdeckt hat, so hat letztere gewonnen. Die Pfadfinder beider Gruppen schreiben den Namen derjenigen der Gegenpartei auf, die sie sehen. Die Gruppen müssen sich irgendwie im Anzug unterscheiden (z. B. indem die eine Gruppe in Hemdärmel läuft).

8. »Flaggenlaufen.« Zwei oder mehr Pfadfindergruppen stehen sich gegenüber. Jede Partei stellt innerhalb einer bestimmten Zone Posten aus, welche drei Flaggen beschützen. Diese Flaggen befinden sich etwa 200 Schritt hinter der Postenkette. Die Posten stehen möglichst versteckt in Gruppen zu zweien, etwa in dieser Weise:

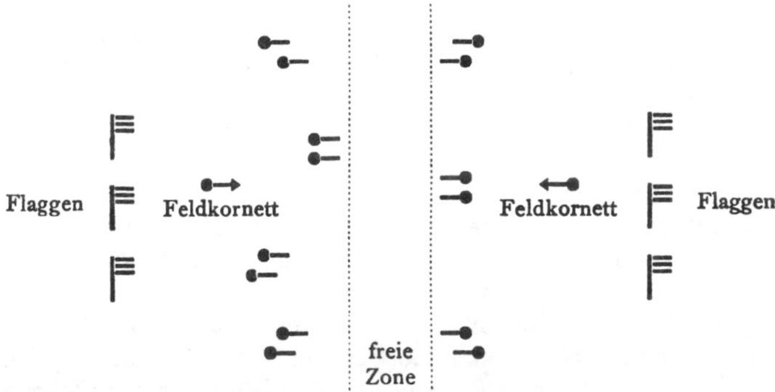

Nun schickt jede Gruppe Pfadfinder aus, um die feindliche Stellung zu erkunden. Sobald diese Späher entdeckt haben, wo die feindlichen Posten stehen, versuchen sie, sie zu umgehen, um an die Flaggen zu gelangen. Jeder Pfadfinder, der die Flaggen erreicht, darf eine rauben und muss versuchen, sie in die eigene Linie zurückzubringen.

Jeder, der näher als fünfzig Schritt an überlegenen Feind kommt und sich sehen lässt, wird ausser Gefecht gesetzt.

Die Posten dürfen ihre Plätze nicht verlassen, aber ihre Stärke gilt im Spiel als doppelt so gross, als sie wirklich ist. Sie dürfen einzelne Boten zu den Nebenposten oder an ihre eigene Partei senden.

Zu einer vorher festgesetzten Zeit wird das Spiel beendet; dann sammeln sich alle beim Feldmeister und berichten.

Als Gewinnergebnisse werden jedem Trupp angerechnet:

Für jede geraubte und zur eigenen Partei gebrachte Flagge: 5 Punkte. Für jede richtige Meldung oder Skizze über die feindliche Aufstellung: bis zu 5 Punkten. Für die Beobachtung feindlicher Späher: 2 Punkte.

Wer die meisten Punkte hat, gewinnt.

Das Spiel kann auch nachts geübt werden, es ist dann sogar besonders lehrreich und interessant. Man nimmt dann statt der Flaggen drei an Stöcke gebundene Laternen, die aber nur hundert Schritt hinter der Postenkette aufgestellt werden dürfen.

II. Abschnitt.

Die Tiere.

In allen Ländern der Welt pflegen Pfadfinder und Kundschafter Tierlaute nachzuahmen, wenn sie sich untereinander geheime Zeichen geben wollen. Am häufigsten wird dieses praktische Hilfsmittel in der Nacht angewendet, sowie bei Nebel, in dichtem Busch und sonst in übersichtlichem Gelände. Auch beim Beschleichen von Tieren ist es mitunter nützlich, wenn man die Fertigkeit besitzt, deren Stimmen und Lockrufe auszustossen.

Um sich zu üben, beginnt man mit leichteren Tierlauten; sehr bald kann man dann das Glucksen und Piepsen einer Henne, die ihre Küchlein ruft, genau nachmachen, oder das Bellen und Heulen, mit dem ein Hund Freude und Schmerz ausdrückt. Auch die Schreie der Eulen und wilden Tauben, das Pfeifen der Amseln und Stare, das Krächzen der Raben und der Ruf des Kuckucks sind nicht schwer zu erlernen, wenn man sie der Natur unmittelbar ablauscht.

In Indien gibt es Zigeunerstämme, die Schakalfleisch essen. Nun ist aber der Schakal bekanntlich das misstrauischste Tier der Welt, und deshalb geht er auch nur selten in eine Falle. Die Zigeuner fangen ihn dennoch, indem sie ihn folgendermassen anlocken:

Rings um ein kleines, freies Feld verbergen sich mehrere Männer mit ihren Hunden in Gras und Busch. Nur ein Zigeuner stellt sich in der Mitte des offenen Platzes auf und ahmt die Stimme von Schakalen nach, die sich wütend anheulen. Die Schreie werden immer lauter und lauter, als ob die Bestien sich einander näherten; dann hört man knurren, belfern, schnappen und fauchen, als ob sich die Tiere angefallen hätten und heftig miteinander kämpften. Nun schüttelt der Zigeuner eine Handvoll dürres Laub, um dadurch glauben zu machen, dass die Bestien sich im dürren Grase jagen, beissen und wälzen. Dann wirft er sich zu Boden, immer noch heulend und schreiend, und wirbelt eine solche Menge Staub auf, dass er von der Wolke ganz eingehüllt wird.

Wie ein indischer Zigeuner die Schakale anlockt.

Wenn sich in Hörweite ein Schakal befindet, so bricht er sicher aus dem Röhricht und springt in die Staubwolke, um sich an der Beisserei zu beteiligen. Findet er dort aber nun den Mann statt eines Schakals, so nimmt er schleunigst Reissaus. Doch zu spät. Von allen Seiten stürzen sich die Hunde auf ihn und würgen ihn zu Tode.

In seinem Buche »Tiere der Wildnis« erzählt William Long, wie er einmal ein Rhinozeros anlockte. Das Rhinozeros ist bekanntlich ein sehr grosser Dickhäuter mit einem hässlichen, aufrechtstehenden Horn auf der Nase; wenn es gereizt wird, kann es sehr gefährlich werden.

Als Long eines Tages in einem Kanoe fischte, hörte er einen Rhinozerosbullen im Walde brüllen. Um sich einen Scherz zu machen, landete Long, schälte sich ein Stück Rinde von einem Baum, rollte sie wie einen Schalltrichter zusammen, der eng am Mund, vorn aber an der Oeffnung weit auseinandersteht, und begann mit diesem Instrument das tiefe Gebrüll des Bullen nachzuäffen. Der Erfolg war furchtbar: das grosse Rhinozeros brach wütend durch das Dickicht und stürzte sich sogar noch in das Wasser, um seinen Widersacher zu erreichen, so dass Long nur mit knapper Not, durch hastiges Rudern, sein Leben retten konnte.

Die Jagd auf Hochwild, wie Elefanten, Löwen, Panther, Leoparden, Eber, Hirsche u. s. w., ist schwierig, und ein junger Pfadfinder müsste schon sehr geschickt sein, um sich an solche Tiere heranwagen zu können. Die Hochwildjagd ist ein aufregendes und gefährliches Geschäft, und alle Listen des Verbergens, Anschleichens, des Spurenlesens und Beobachtens, die bisher erwähnt wurden, kommen dabei zur Geltung. Und auch nur dann ist Aussicht auf Erfolg vorhanden, wenn man die Lebensgewohnheiten der verschiedenen Tiere genau kennt.

Wohlverstanden: hier war immer nur vom Jagen die Rede, nicht aber vom Schiessen und Töten. Denn das Beschleichen eines Tieres ist ja doch bei weitem der grösste Reiz einer Jagd. Wer die Tiere so, wie ich es Euch riet, beobachtet, der wird sie auch lieb gewinnen, und dabei wird ihm der Wunsch vergehen, sie nur zu töten um des Tötens willen, wie das leider manchmal geschieht. Wer sich mit Tieren abgibt, muss in ihnen die herrliche Schöpfung Gottes erblicken und bewundern.

Im frischen Leben in der freien Natur liegt der ganze Zauber des Jagdvergnügens. Der Gedanke bringt die Nerven in Spannung, dass mitunter dabei der Jäger zum Gejagten wird, statt dass er dem Tiere nachstellt. Vor allem aber macht es Freude, die Spur eines Wildes zu verfolgen, es zu beschleichen und dann in seinem Gebaren in freier Natur zu beobachten. Im eigentlichen Töten liegt wenig Reiz.

Niemals sollte ein Pfadfinder ein Tier umbringen, wenn nicht ein dringender Grund dafür vorliegt; und auch in diesem Fall müsste er die arme Kreatur rasch und völlig töten, damit sie nicht unnötig zu leiden hat.

Tatsächlich ziehen viele Hochwildjäger vor, auf die Tiere mit der photographischen Kamera, statt mit der Flinte zu zielen; das Ergebnis einer solchen Jagd ist mindestens ebenso interessant!

Der Bruder des Generals Baden-Powell hat in dieser Weise längere Zeit in der Wildnis Afrikas gelebt und dabei Elefanten, Nashörner und anderes Grosswild aufgespürt, beschlichen und schliesslich photographiert. Eines Tages war er dicht an einen Elefanten herangekrochen, hatte seinen Apparat schon eingestellt und den Kopf unter den Rock gesteckt, der ihm als Dunkelkammer diente, als plötzlich sein Diener schrie: »Aufgepasst!« und eilig davonlief. Als Baden-Powell den Kopf hob, sah er, dass der grosse Dickhäuter gerade auf ihn zukam und nur noch wenige Schritte entfernt war. Der Photograph hatte noch die Geistesgegenwart schnell auf den Knopf zu drücken, liess aber dann den Apparat im Stich und riss aus. Der Elefant stürzte auf das Instrument los, mochte aber nun wohl erkennen, dass es nichts weiter als eine ungefährliche Kamera war, und hat vielleicht selbst über seine unnötige Heftigkeit gelächelt. Jedenfalls liess er das Ding liegen und verschwand wieder im Röhricht.

Das Buch von Schillings »Mit Blitzlicht und Büchse« enthält eine grosse Anzahl sehr interessanter Momentbilder von wilden Tieren. Meist sind sie nachts mit Blitzlicht aufgenommen; es wurden Drähte vom Apparat aus so gespannt, dass sie ihn zum Abknipsen und das Licht zum Aufflammen brachten, wenn ein Tier beim Vorbeilaufen an die Leitung stiess. Löwen, Hyänen, Zebras wurden auf diese Weise photographiert, und eines der Bilder stellt sogar einen Löwen im Sprunge dar, wie er sich auf einen Bock stürzt.

Der Wildeber ist wohl das tapferste aller Tiere; daher ist er der eigentliche »König der Dschungeln«, und die anderen Bestien räumen ihm unbestritten diesen Platz ein. Wenn Ihr nachts einen Sumpf in den Dschungeln beobachtet, so könnt Ihr sehen, wie alle Tiere ängstlich an das Wasser herankriechen, um zu saufen, und wie sie dabei fortgesetzt nach allen Seiten Umschau halten. Nur der Eber kommt geräuschvoll geradewegs ans Wasser getrollt und wiegt dabei nur bedächtig seinen dicken Kopf ein wenig nach rechts und nach links; er fürchtet keinen, aber die anderen fürchten ihn. Selbst wenn der Tiger ihn an der Tränkstelle erblickt, faucht er auf und verschwindet im Dickicht.

Baden-Powell erzählt, dass er selbst die verschiedenen Tiere, und besonders wilde Eber, häufig in den Dschungeln beobachtet habe, und dass dies mindestens ein ebenso köstliches Vergnügen gewesen sei wie das Erlegen eines Wildes. Er hat auch junge Eber und Panther gezähmt und gefunden, dass es possierliche Kerlchen waren. Der Eber lief in seinem Garten herum, wurde aber niemals recht zahm, obwohl er ihn schon ganz jung gefangen hatte. Wenn Baden-Powell rief, so kam das Tierchen näher, aber sehr vorsichtig; zu einem Fremden lief es nie heran; auf Eingeborene stürzte es sogar los und wollte sie mit den kleinen Hauern spiessen. Den Gebrauch dieser Stosszähnchen übte der kleine Eber häufig, indem er mehrere Minuten lang um einen alten Baumstumpf herumrannte, und zwar beschrieb er dabei eine 8; schliesslich warf er sich auf den Boden und keuchte vor Anstrengung.

Auch der junge Panther war ein schönes und reizend spieleriges Tierchen. Er folgte seinem Herrn wie ein Hund, war aber unberechenbar in seinem Benehmen Fremden gegenüber.

Am besten lernt man Tiere kennen, wenn man sie aufzieht und zähmt und dann schliesslich in der Freiheit beobachtet. Jeder junge Pfadfinder sollte sich irgend ein Tier halten, ganz gleichgültig, ob es nun ein Pony, ein Hund, ein Vogel, ein Kaninchen, oder auch nur ein lebender Schmetterling ist. Er sollte die Lebensgewohnheiten aller Tiere kennen; er müsste wissen, wie man ein Pferd pflegt, füttert, tränkt und sattelt oder anschirrt; ebenso darf es ihm nicht entgehen, wenn das Pferd hinkt und daher geschont werden muss.

Ein falsch eingesetztes oder schlecht passendes Zaumzeug, wie man es zuweilen bei Droschkenpferden findet, ist eine Qual für das arme Geschöpf. Wie oft sieht man auch, dass ein Tier unnötig geschlagen wird, zumal wenn sein Herr mehr von ihm verlangt als es leisten kann. Da peitschen dann unvernünftige Menschen auf das müde Tier los, bis es zusammenbricht. Oft sieht man auch im Winter jämmerlich frierende Pferde, denen so leicht mit einer wärmenden Decke zu helfen wäre; aber niemand denkt daran, und dem gequälten Geschöpf fehlt die Möglichkeit, seine Schmerzen verständlich zu machen. In London liest man in jedem Omnibus auf den Rücklehnen der Bänke die einfache Mahnung: »Lasst nicht zu häufig und nicht bergauf halten, es strengt die Pferde sehr an«. Die tierfreundlichen Menschen, die diese Inschrift anbringen liessen, haben mit dem einfachen Satz unterzeichnet: »Wir reden für die, die nicht selber für sich sprechen können!«

Auch an anderen Tieren werden leider viele unnötige Grausamkeiten begangen. Wer z. B. Vögel hält, sollte darauf achten, dass die Käfige nicht gar zu klein sind, dass die Tierchen genug Luft und Licht haben und dass ihnen niemals das Wasser fehlt. Ebenso ist es eine Quälerei, wenn man Goldfische so in die Sonne stellt, dass sie in keiner Weise schützenden Schatten aufsuchen können. Besonders an sehr heissen Tagen muss es eine Tortur für die armen Fische sein, den prallen Sonnenstrahlen im warm gewordenen Wasser stundenlang ausgesetzt zu bleiben. Auch für häufiges Wechseln des Wassers muss gesorgt werden, weil verbrauchtes und faulendes Wasser die Fische quält.

Unverständige Menschen pflegen auch unsere so nützliche und zierliche Hauskatze zu jagen und zu hetzen. Als Entschuldigung hört man dann oft, die Katze sei »falsch«. Wer sich liebevoll und eingehend mit ihr beschäftigt, merkt bald, dass ihr scheues Wesen zum grossen Teil nur der falschen Behandlung durch die Menschen entspringt. In Wirklichkeit ist die Hauskatze ein sehr zutunliches und auch anhängliches Geschöpf; freilich in ihrer Art, denn sie hat ein besseres Gedächtnis für erlittene Kränkung und schlechte Behandlung, als der rasch wieder mit seinem Herrn versöhnte Hund. Man muss die Katze überhaupt nicht mit dem Hund vergleichen wollen, denn sie hat einen ganz anderen Charakter als dieser. Wer sie genau beobachtet und richtig zu behandeln versteht, wird sie in einigen guten Eigenschaften dem Hunde sogar überlegen finden. In England und Italien, wo die Katze weniger verfolgt und nicht so oft von rohen Burschen mit Steinen geworfen wird wie bei uns, ist sie ein ebenso beliebtes, nützliches und treues Haustier wie der Hund.

Der Hund hat freilich in einer bestimmten Weise einen grossen Vorzug allen anderen Haustieren gegenüber: er ist nicht nur im Hause, sondern fast noch mehr draussen im Freien ein zuverlässiger Gefährte des Menschen. Darum ist er der beste Begleiter eines jungen Pfadfinders auf seinen Streifzügen durch Wald und Feld. Ein Späher und Kundschafter mit einem gut dressierten Hunde wird bei weitem die besten Dienste leisten können.

Natürlich hat ein Pfadfinder, der auf dem Lande lebt, viel mehr Gelegenheit, Tiere zu beobachten, als ein anderer, der in einer grossen Stadt wohnt.

Aber auch in jeder Stadt sind die Parkanlagen mit allerlei Vögeln, mit Enten, Schwänen, wilden Tauben, Spechten, Amseln, Drosseln, wohl auch mit Mardern und Eichhörnchen belebt; in den zoologischen Gärten und Aquarien seht Ihr alle Arten von Tieren aus allen Teilen der Welt; in den naturhistorischen Museen findet Ihr das ganze Material über die Tierkunde hübsch übersichtlich und praktisch geordnet. Ein junger Pfadfinder, der in einer grossen Stadt wohnt, kann daher sehr wohl ebensoviel von den Tieren verstehen wie irgend einer vom Lande. Am besten ist es freilich, wenn Ihr mit dem Rade oder mit der Bahn, oder auch einfach zu Fuss Euch auf das Land hinaus begebt und dort, in der freien Natur, die Kaninchen, Hasen, die Feldmäuse und die Vögel beschleicht und beobachtet. Ihr merkt Euch dabei die Namen der verschiedenen Arten, ihre Spuren, die Nester, die Eier u. s. w.

Wenn Ihr das Glück habt einen photographischen Apparat zu besitzen, so könnt Ihr gar nichts Besseres tun, als Euch eine Sammlung von Tierphotographien nach dem Leben anzulegen. Solch eine Sammlung ist zehnmal interessanter als das übliche Markenalbum, obgleich auch dieses ein nützliches Ding ist, und jedenfalls viel besser als eine Kollektion von Ansichtspostkarten, von Siegeln und Monogrammen, die sich auch jeder Schafskopf in seiner Stube zu Hause anlegen kann, wenn er fremde Leute quält, ihm welche zu schenken.

Photographische Apparate kann man heutzutage billig bekommen; Ihr müsst nur eine Zeitlang etwas in Eure Sparbüchse dafür tun.

Als Tiere, die man bei uns in Deutschland hauptsächlich beobachten kann, möchte ich nennen:

Hirsch, Reh, Hase, Kaninchen, Fuchs, Hamster, Wiesel, Marder, Iltis, Maulwurf, Fledermaus, Igel, Eichhörnchen, Wildkatze, Wildschwein, Dachs, Wasserratte, Wald- und Feldmaus, Fischotter.

Junge Pfadfinder, die in unseren Kolonien leben, müssen sich natürlich eine andere Zusammenstellung der dort vorkommenden Tierarten machen.

Die Beobachtung *jedes* Tieres ist interessant, und es ist tatsächlich ebenso schwer, ein Wiesel wie einen Löwen zu beschleichen.

Herr *Millais* gibt folgende Beschreibung des Kampfes zwischen einem Igel und einer Kreuzotter:

»Jeder weiss, dass der Igel ein erbitterter Feind der Schlangen ist; am meisten hasst er indessen die giftige Kreuzotter. Wenige mögen aber wissen, wie er mit diesem gefährlichen Gegner fertig wird. Mein Verwalter ging einmal im Sommer in einen Wald, in dem häufig Kreuzottern vorkommen, und fand dort ein solches Reptil, ein besonders schönes Exemplar, das in der Sonne lag und schlief. Er wollte es gerade mit einer Schrotbüchse erschiessen, als er plötzlich einen Igel bemerkte, der vorsichtig über das Moos heranschlich und sich der Schlange lautlos näherte. Dann war er Zeuge einer seltsamen Szene: Sobald der Igel seine Beute erreicht hatte, packte er sie mit den Zähnen am Schwanzende und rollte sich rasch zusammen. Die Schlange erwachte von dem Schmerz, richtete sich auf und schnappte wütend zu. Der Igel rührte sich nicht. Nun wand und krümmte sich die Kreuzotter vor Qualen und fuhr in verzweifelten Stössen auf den Igel los, so dass in wenigen Minuten ihr ganzer Rachen von den Stacheln des Igels zu einer einzigen blutigen Wunde zerrissen war; dann lag sie erschöpft am Boden.«

»Noch einige Bisse, eine letzte Zuckung, und sie war tot.«

»Als nun der Igel merkte, dass seine Beute nicht mehr lebte, liess er sie los und rollte sich ganz gemächlich auf. Nun wollte er sich gerade an seine Mahlzeit machen, als er des Verwalters, der sich während des Kampfes näher herangeschlichen hatte, ansichtig wurde. Sofort rollte sich der Igel wieder zusammen und blieb als stachelige Kugel liegen, bis der Mann wieder im Walde verschwunden war.«

Wir können annehmen, dass alle Tiere bei ihren Handlungen durch Instinkt geleitet werden, d. h. durch eine Art angeborenen Denktriebes. Wenn wir uns z. B. vorstellen, dass eine neugeborene Fischotter sofort schwimmen kann, wenn man sie ins Wasser wirft, oder dass ein junges Reh aus Furcht davonläuft, wenn es zum erstenmal einen Menschen sieht, so müssen wir an ererbte Eigenschaften und Fähigkeiten glauben.

Der schon angeführte Herr Long erzählt indessen auch, dass die Tiere viel von ihrer Schlauheit der Erziehung durch ihre Eltern verdanken. So sah er z. B., wie eine Seehündin mit zwei ihrer Jungen auf dem Rücken in das Meer hinausschwamm und plötzlich untertauchte, damit die Tierchen sich zappelnd über Wasser halten mussten. Dann tauchte sie wieder in der Nähe auf und half den Kleinen zum Ufer zurück. In dieser Weise brachte sie ihnen allmählich die Schwimmkunst bei.

Baden-Powell sah einst in Afrika eine Löwenmutter mit ihren vier Babies; sie sassen alle in einer Reihe und beobachteten sein Näherkommen. Es sah genau so aus, als ob die Alte ihre Kleinen darüber belehren wolle, wie sie handeln müssten, wenn sich ein Mensch nähere. Ganz offenbar sagte sie zu ihnen: »Passt auf, Kinder, das ist also ein Mensch, ein Weisser. Nun springt einmal einzeln auf

»Passt auf, Kinder, das ist also ein Mensch!«

und lauft davon, wobei Ihr als richtige kleine Löwen einmal kräftig mit dem Schwanze schlagen müsst. Sobald Ihr im hohen Grase verborgen seid, müsst Ihr weiterkriechen, bis Ihr unter Wind von ihm seid. Dann folgt ihm vorsichtig, haltet Euch aber immer noch unter dem Winde, damit Ihr wisst, wo er sich befindet, er Euch aber nicht entdecken kann.«

Long schreibt u. a.: »Beobachtet einmal ein Krähennest! Da werdet Ihr eines Tages sehen, wie die Mutter neben dem Nest steht und ihre Flügel ausbreitet. Die Jungen machen es ihr nach. Das ist die erste Unterrichtsstunde. Vielleicht schon am nächsten Tage könnt Ihr beobachten, wie sich die Alte auf den Zehenspitzen aufrichtet und mit den Flügeln schlägt, um sich so im Gleichgewicht zu halten. Wieder machen es die Jungen nach und merken allmählich, dass die Schwingen ein Mittel sind, um sich zu erheben. Am nächsten Tage springen die Alten flügelschlagend von Ast zu Ast um das Nest herum. Die Jungen folgen ihnen, und schau! — sie haben fliegen gelernt und wissen nicht wie.«

Die Vögel.

Der amerikanische Humorist Mark Twain, der ein herzenswarmes Gemüt besitzt, schreibt in einem seiner Werke: »Es gibt Leute, welche ganze Bände über Vögel verfassen, sie so sehr lieben, dass sie Hunger und Müdigkeit nicht scheuen, um eine neue Art zu finden, und um das Tierchen dann schliesslich — zu töten!«

»Solche Kerls nennt man Vogelsammler (Ornithologen)!«

»Auch ich hätte das Zeug zu einem »Vogelsammler« gehabt, denn ich hatte die Vögel, wie alle Kreaturen, in mein Herz geschlossen. So zog ich denn eines Tages aus, um Ornithologe zu werden. Auf dem morschen Ast eines Baumes sah ich ein Vöglein sitzen, das sang so schön mit zurückgelegtem Köpfchen und aufgesperrtem Schnabel — und ehe ich wusste, was ich tat, hatte ich meine Flinte angelegt und abgefeuert. Da hörte es gleich auf zu singen, fiel wie ein alter Tuchfetzen vom Baum herunter, und ich stürzte hin, um es aufzuheben — und da war's tot. Sein kleiner Körper war noch warm und das Köpfchen hing haltlos herunter, als ob das Genick gebrochen wäre, und ein weisses Häutchen bedeckte die Augen, und an der Seite des Köpfchens rann Blut heraus, und — weiss Gott, mir traten die Tränen so in die Augen, dass ich nichts mehr sehen konnte. Seitdem habe ich kein harmloses, unschuldiges Tier mehr umgebracht.«

Ein junger Pfadfinder muss ein guter Vogelkenner sein, aber er sollte sich damit begnügen, die Vögel zu beschleichen und sie bei all ihrem Tun zu belauschen. Dabei wird er dann entdecken, wo und wie sie ihre Nester bauen.

Er wird nicht, wie gewisse törichte Jungens, den armen Vögeln die Eier rauben, sondern lieber zusehen, wie sie ihre Jungen ausbrüten, füttern und ihnen das Fliegen lehren. Er muss alle Vogelarten an ihrem Gefieder, ihrem Gesang und ihrer Flugweise erkennen; ebenso wird er Bescheid darüber wissen, wo die einzelnen Gattungen sich zu den verschiedenen Jahreszeiten befinden. Ferner hat er darauf zu achten, wovon jede Vogelart sich am liebsten nährt, wie sie ihre Federn wechselt, welche Nestform sie baut und wo, und wie ihre Eier aussehen.

In Deutschland gibt es eine grosse Anzahl von Vogelarten. Einige der häufigsten führe ich hier auf:

Raubvögel: Adler, Falke, Weihe, Habicht, Sperber, Mäusebussard, Eule, Käuzchen.

Singvögel: Würger, Rabe, Krähe, Dohle, Elster, Häher, Star, Drossel, Amsel, Pirol, Bülow, Wasserstar, Nachtigall, Rotkehlchen, Grasmücke, Rotschwänzchen, Rohrsperling, Zaunkönig, Bachstelze, Meise, Lerche, Goldammer, Buchfink, Distelfink, Stieglitz, Zeisig, Sperling, Dompfaff, Kreuzschnabel, Schwalbe, Wiedehopf, Baumläufer.

Klettervögel: Specht, Kuckuck.

Tauben: Wilde Taube, Ringeltaube, Turteltaube.

Hühner: Perlhuhn, Auerhuhn, Haselhuhn, Birkhuhn, Rebhuhn, Wachtel.

Sumpfvögel: Kranich, Fischreiher, Rohrdommel, Storch, Regenpfeifer, Kiebitz, Schnepfe, Wasserhuhn.

Schwimmvögel: Schwan, Wildgans, Wildente, Möwe.

Eine ganze Menge Naturgeschichte könnt Ihr bereits dadurch lernen, dass Ihr selber Vögel haltet, oder dass Ihr, besonders im Winter, die Vögel der Nachbarschaft im Garten und am Fenster füttert! Schon allein ihre verschiedenen Gesänge sind höchst interessant; viele schlagen und locken, um ihren Weibchen den Hof zu machen, einige auch, um ihre Nebenbuhler zum Kampf herauszufordern. Wenn so eine Möwe zu kreischen anfängt, um der Möwin zu gefallen, ist das ein urkomisches Bild, und eine verliebte Krähe ist auch zum kranklachen.

Das Auskriechen der jungen Vögelchen ist recht beobachtenswert. Manche kommen ganz nackt, ohne Federn, mit geschlossenen Augen und geöffneten Schnäbelchen ans Tageslicht, andere dagegen haben schon ihren ganzen zarten Flaum und sind voll Leben und Tatendrang. Junge

Wasserhühner z. B. können sofort schwimmen, wenn sie ausgekrochen sind. Junge Hühner laufen schon nach einigen Minuten herum und machen Jagd auf die Fliegen; ein Spatzenkind aber ist tagelang hilflos und muss von den Alten gepäppelt werden.

Viele Vögel verlassen Deutschland im Herbst, fliegen nach dem Süden und kommen erst etwa im April wieder, wenn es wieder bei uns wärmer zu werden beginnt. Zu den Zugvögeln gehören u. a. die Schwalben, die Nachtigallen, der Kuckuck und die meisten unserer gefiederten Sänger.

Leider kommen viele der Tierchen nicht mehr zurück, denn sie werden von rücksichtslosen Menschen in fremden Ländern massenhaft gefangen und gegessen, oder sie werden gar nur aus dem Grunde ihres frohen Lebens beraubt, um Hüte eitler Damen zu schmücken. Viel wird aber auch von herzlosen Jungen gesündigt, die die Nester ausnehmen. Auf diese Weise stirbt manche Vogelart aus, und in vielen Wäldern hört man nur noch selten das fröhliche Zwitschern der munteren, lieben Singvögel.

Wenn Ihr also Nester findet, so lasst es Euch genug sein, heranzuschleichen und ungesehen das Leben der Tierchen zu beobachten. Kein rechter Pfadfinder zerstört ein Nest und raubt die Eier. Seid Ihr aber wirklich richtige Sammler, so nehmt eins heraus und lasst die anderen liegen, bringt das Nest dabei aber nicht in Unordnung, sonst kommen die Vogeleltern nicht zurück, und all die Eier, aus denen sonst kleine, niedliche Vögelchen gekrochen wären, verderben, weil sie nicht mehr bebrütet werden.

Statt dass Ihr Eier aus dem Nest nehmt, photographiert lieber, oder versucht eine Zeichnung davon herzustellen, wie die Alte auf dem Nest sitzt, und sammelt auf diese Weise möglichst viele Bilder verschiedener Vogelarten und Vogelnester.

Die Gegend bei Aberdeen, an der Küste Schottlands, gilt als besonders reich an Lerchen, und das kam so:

Vor einigen Jahren wurde das Innere Schottlands von heftigen Schneestürmen heimgesucht; infolgedessen war der ganze Boden so mit Eis und Schnee bedeckt, dass die Vögel kein Futter mehr fanden und nach der Küste zu flogen. Dort sassen sie nun in Massen müde auf dem Sand, und die Stadtbewohner zogen mit allerlei Gerät hinaus, um sie zu fangen. Viele der Tierchen wurden getötet, aber auch viele lebend gefangen und nach den grossen Städten zum Verkauf geschickt. Dort fand ein Herr bei einem Händler einen ganzen Käfig voll. Die armen, kleinen

Geschöpfe waren darin furchtbar zusammengedrängt und hasteten voll Entsetzen in dem engen Raum umher. Dem Herrn taten die Vögel so leid, dass er sie alle kaufte, und sie nun so unterbrachte, dass sie reichlich Luft, Licht, Futter und Wasser hatten. Dann machte er bekannt, dass er bereit sei, alle anderen Lerchen zum Marktpreis gleichfalls zu erwerben. Tausende wurden ihm geschickt. Er brachte sie in einem grossen Saale unter, wo sie Platz genug hatten. Ihr munterer Morgengesang soll geradezu betäubend gewesen sein, und über das Haus hin strichen grosse Scharen von Vögeln, die von dem Gesang angezogen wurden.

Schliesslich ging das schlechte Wetter vorüber, die Sonne begann wieder zu scheinen, die Felder wurden grün und schön, und nun öffnete der gutherzige Mann alle Fenster, und die Vögelchen flogen hinaus und zwitscherten und sangen jubelnd, als sie in die helle, warme Luft emporstiegen. In den Bäumen der Umgebung bauten sie ihre Nester, begannen dort zu brüten, und so hört man denn rings um Aberdeen überall den Sang der Lerche.

Viele Menschen sind in der Naturgeschichte so unwissend, dass sie einen Habicht und einen Sperber nicht von einem Bussard unterscheiden können und allen dreien gleichmässig nachstellen. Habicht und Sperber sind dem jungen Wild gefährlich, während sich der Bussard fast ausschliesslich von Mäusen und Insekten nährt, also die Menschen von ihren Plagern befreit. Ihr könnt die Vögel schon am Fluge erkennen. Der Bussard bleibt lange Zeit über derselben Gegend in der Luft und späht nach Mäusen aus; der Habicht hingegen wechselt oft den Platz und streicht um Felsen und Gebäude herum, um seine Beute zu überraschen. Der Sperber ist kleiner als die beiden anderen, dabei aber ein kühner Gesell, der seine Beute in raschem Fluge jagt.

Reptilien und Fische.

Die hauptsächlichsten Reptilien Deutschlands sind:

Ringelnatter, Kreuzotter (siehe Bilder Seite 90), Frosch, Kröte, Blindschleiche, Eidechse, Molch, Salamander.

Die wichtigeren Süsswasserfische:

Forelle, Weissfisch, Barsch, Kaulbarsch, Hecht, Salm (Lachs), Karpfen, Stichling, Aal.

Die Zahl der Meerfische in Nord- und Ostsee ist sehr gross; die bekanntesten sind der Hering und der Schellfisch. Die sogenannten Krustentiere: Krebs, Schnecken,

Ringelnatter.
(Aus »Weichers Naturbilder«, Verlag W. Weicher, Berlin W. 30.)

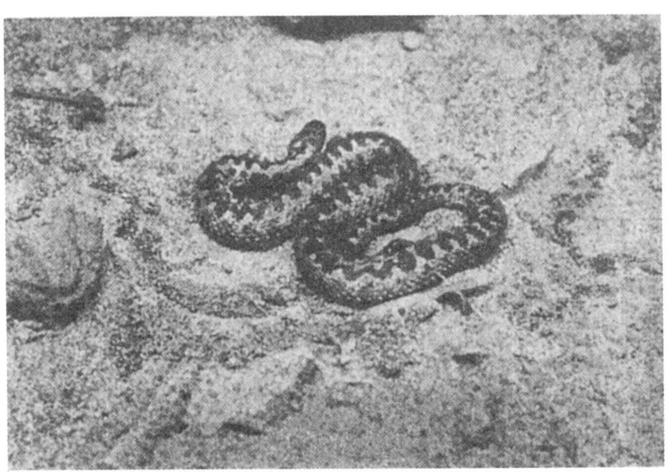

Kreuzotter.
(Aus »Weichers Naturbilder«, Verlag W. Weicher, Berlin W. 30.)

Asseln und Tausendfüssler verdienen noch Erwähnung, da man sie bei uns häufig findet.

Ein guter Pfadfinder muss fischen können, damit er sich dadurch im Notfall ernähren kann; denn ein unbeholfener Mensch, der am Ufer eines fischreichen Wassers verhungert, böte einen recht kläglichen Anblick. Das könnte aber jemand passieren, der nicht weiss, wie man einen Fisch fängt.

Gerade das Fischen übt den Pfadfinder; besonders die Fischkunst mit der »Fliege«, wie man sie hauptsächlich anwendet, um Forellen zu fangen, erfordert viel Geschick. Um beim Fischen Erfolg zu haben, muss man freilich die Gewohnheiten jedes Fisches genau kennen und besonders wissen, worauf er anbeisst, bei welchem Wetter und zu welcher Tagesstunde er sich am besten fangen lässt, in welchen Gewässern und in welchen Strichen er sich aufhält, wann er Euch und wann Ihr ihn sehen könnt u. s. w. Wenn Ihr das nicht alles gründlich versteht und Euch darnach richtet, könnt Ihr fischen bis Ihr schwarz werdet, und Ihr fangt doch nichts.

Meistens halten sich die Fische an ganz bestimmten Stellen des Flusses auf, und wenn Ihr diese kennt, so müsst Ihr Euch vorsichtig heranschleichen, bis Ihr die Tiere beobachten könnt.

Zum Fischen selbst gehört eine unendliche Geduld. Erst bleibt die Angel in Bäumen und Büschen hängen, dann fangt Ihr Euch womöglich noch selbst am Haken, und wenn auch sonst alles gut gegangen ist, so verwickelt sich die Schnur zum schönsten Knäuel. Mit Aerger ist da aber nichts geholfen. Nur zweierlei kann man tun: erstens, das kleine Unglück mit Humor nehmen, und zweitens, sich ganz gemächlich daran machen, die Unordnung wieder zu beseitigen. Schliesslich wird es Euch gar noch passieren, dass die Leine reisst oder dass der Angelstock bricht.

Auch wenn man mit Netzen fischt, hat man zuerst seine liebe Not. Schon allein die Herstellung eines Netzes ist schwierig wegen der besonderen Knoten, mit denen die Leinen zu verbinden sind. Jungens mit ungeschickten Fingern werden lang daran zu tun haben. Ist das Netz aber fertig, dann sieht der Neuling mit Missvergnügen, dass die Maschen stellenweise zu weit sind, so dass die Fische durchschlüpfen; oder das schöne Netz verheddert sich in den Zweigen, so dass es reisst und gar abgeschnitten werden muss.

Durch alle diese kleinen Misshelligkeiten darf man sich aber die Laune nicht verderben lassen. Sie stossen jedem im Anfang zu, und gerade die Ueberwindung dieser Schwierigkeiten macht uns später, wenn man es einmal besser versteht, das Fischen so reizvoll.

Habt Ihr aber das Glück, Fische schliesslich zu fangen, so behaltet nur diejenigen, die Ihr wirklich zur Nahrung oder für Euer Aquarium braucht, und werft die anderen sofort ins Wasser zurück. Der kleine Riss vom Haken schadet ihnen nicht viel, er heilt bald wieder, und die Fischchen schwimmen fröhlich davon und freuen sich ihres Lebens.

Beim Fischen mit der »Fliege« darf der Angelhaken nur tanzend leicht die Oberfläche des Baches berühren, als ob eine Mücke durch ungeschickten Flug aufs Wasser gefallen wäre. Ihr selbst müsst Euch bei dieser Art des Fischens genau so anschleichen und verborgen halten, wie wenn Ihr Euch einem Wild nähern wolltet, denn so eine Forelle hat scharfe Augen und ist sehr scheu.

In vielen Ländern wird auch durch Speerwurf gefischt, doch erfordert das grosse Uebung und Geschicklichkeit.

Ein junger Pfadfinder, der sich mit den Tieren beschäftigt, wird sich bei jeder Gattung auch fragen müssen, welchen Nutzen sie ihm bringen kann, und ob sie als Nahrung verwendbar ist.

In solchen Dingen gibt es keinen allgemein gültigen Geschmack, sondern nur Gewohnheiten. An der Küste werden Schnecken, Tintenfische, Krabben, Seeigel und allerlei Getier, das am Meeresboden lebt, gern gegessen und gelten wohl gar als grosse Leckerbissen, während der Binnenländer solche ihm unbekannte Kost zuerst schaudernd zurückweist. Die Eingeborenen Afrikas halten gebackene Käfer, Würmer und Heuschrecken für Delikatessen, betrachten aber dagegen den Käse für ein ekelhaftes Gericht. In Japan und China werden bestimmte Arten von Vogelnestern gern verspeist, die Eskimos lieben den Seehundtran über alles, und den Bewohnern Samoas gilt der Palolo, ein Meerwurm, als die schönste Mahlzeit.

Die Buschleute Afrikas jagen den Leguan, eine sehr grosse Eidechsenart, um ihn zu verzehren. Er schmeckt gekocht ganz gut, wie ich selber festgestellt habe. Ebenso kennen die in der Wildnis lebenden Eingeborenen eine Menge essbarer Früchte und Wurzeln, die uns fremd sind, so dass sie sich noch ganz bequem in mageren Steppen ernähren können, wo wir Europäer Hungers sterben würden. Ich habe öfters solche Wurzeln gegessen, die mir Eingeborene als nahrhaft bezeichneten und mir nach Form und Wachstum gänzlich unbekannt waren, und ich muss gestehen, dass sie unseren heimischen Rüben und Schwarzwurzeln an Wohlgeschmack kaum nachstanden.

In Deutschland gibt es nur eine Giftschlange: Die Kreuzotter. Diese hat ein besonderes Merkmal, an dem man sie erkennen kann, und zwar trägt sie auf dem Kopf eine schwarze V förmige Zeichnung, sowie eine dunkle Zickzacklinie längs des Rückens. (Siehe Bild Seite 90.)

Die Kreuzotter wird leider häufig mit der ganz harmlosen, ihr aber etwas ähnlich sehenden Ringelnatter verwechselt. Diese Ringelnatter hat einen kleineren, schmaleren Kopf und keine Linie, sondern zwei Reihen schwarzer Flecken auf dem Rücken; sie wird oftmals von Leuten, die diese Unterscheidungsmerkmale nicht kennen, für die Kreuzotter gehalten und erschlagen; das ist bedauerlich, da die Ringelnatter ein nützliches Tier ist, denn sie nährt sich hauptsächlich von Mäusen und Fröschen.

Ein tüchtiger Pfadfinder muss über alle Schlangen Bescheid wissen, denn besonders in fremden Ländern, in die er in seinem Leben leicht einmal kommen könnte, gibt es eine Menge dieser kriechenden Geschöpfe, von denen viele Arten sehr gefährlich sind. Vor allem haben Giftschlangen die widerwärtige Angewohnheit, in die Zelte hineinzukriechen und sich unter den Decken oder in den Stiefeln zu verbergen. Ein alter Trapper pflegt daher stets vorsichtig die Leintücher seines Bettes zu untersuchen, bevor er sich hineinlegt, und morgens schüttelt er sorgfältig die Stiefel aus, bevor er sie anzieht. »Ich tue es heute noch aus alter Gewohnheit in meinem gemütlichen, sicheren Schlafzimmer in England!« schreibt Baden-Powell.

Im allgemeinen vermeiden es die Schlangen, über sehr rauhen Boden zu kriechen. Deshalb schüttet man in Indien rings um die Häuser eine breite Schicht Glasscherben, um die Reptilien des Gartens vom Wohngebäude abzuhalten. Prärie-Jäger pflegen ein recht rauhes Tau rings um ihr Lager an die Erde zu legen, denn ein solches hat viele kleine, scharfe Spitzen, welche die Schlange derartig kitzeln, dass sie nicht hinüberkriechen mag. Baden-Powell erzählt: Als ich noch in die Schule ging, habe ich oftmals Schlangen mit einem Stocke gefangen, an dessen Ende sich eine kleine Gabel befand. Sobald ich eine Natter entdeckt hatte, schlich ich mich heran, klemmte sie mit der Gabel über dem Nacken ein und band sie hierauf mit einem Taschentuch am Stock fest. So trug ich dann meine Beute nach Hause und verkaufte sie an irgend jemand, der sich gerade so ein Haustierchen wünschte. Freilich ist es nicht sehr zweckmässig, sich eine Schlange als Haustier zu halten, denn die meisten Menschen haben davor eine unüberwindliche Abscheu, und das lautlos herumkriechende Reptil erschreckt fortwährend Besucher und Dienstboten.

Die Giftschlangen haben zwei besondere Giftzähne, die für gewöhnlich im Maul flach nach rückwärts am Gaumen liegen. Wenn das Tier gereizt wird und beissen will, stellt es die Zähne senkrecht und hackt damit in den Gegner ein.

Durch eine Höhlung dieser Zähne spritzt das Gift aus einer Drüse im Rachen in die Wunde über und tritt nun ins Blut des Gebissenen. In wenigen Sekunden läuft das Gift durch alle Adern des Körpers und dringt auch ins Herz. Häufig kann man aber die Wirkung eines Schlangenbisses dadurch aufheben, dass man die Wunde schleunigst aussaugt oder mit einer Schnur, einem Taschentuch, mit Wäschefetzen u. s. w. sehr fest abbindet. So kann das Gift nicht in das Blut treten, sondern wird abgeschnürt. Beim Aussaugen muss freilich darauf geachtet werden, dass derjenige, der es tut, keine Wunden im Mund oder an den Lippen hat, sonst gefährdet er sich selbst. Wenn die Wunde abgeschnürt und ausgesaugt ist, wird sie mit Glüheisen, Karbolsäure oder übermangansaurem Kali, (das sind die roten Kristalle, die zum Mundspülen gebraucht werden,) ausgeätzt. Der Biss unserer Kreuzotter wirkt glücklicherweise meistens nicht so rasch, dass man nicht noch Zeit hätte, solche Gegenmittel zu versuchen. In den Tropen aber gibt es eine Anzahl von Schlangen, die ein so scharfes Gift besitzen, dass es fast sofort tödlich wirkt.

Die Insekten.

Das Sammeln, Beobachten und Photographieren der Insekten ist ganz ausserordentlich interessant.

Auch junge Pfadfinder, die sich mehr auf das Studium der Fische, Vögel und Reptilien geworfen haben, müssen eine gewisse Kenntnis derjenigen Insekten besitzen, welche diesen Tieren zu den verschiedenen Jahres- und Tageszeiten als Nahrung dienen.

Im allgemeinen kommen folgende Insektenarten in Deutschland vor:

Heuschrecken, Grillen, Schmetterlinge, Motten, Glühwürmchen, Blattwanzen, Blattläuse, Mücken, Hornissen, Bienen, Wespen, Libellen, Käfer, Schaben, Spinnen, Ameisen.

Ueber das Leben der Bienen sind schon dicke Bücher geschrieben worden, denn ihre Kunst beim Bau der Stöcke und Waben, ihre Gabe, meilenweit die richtigen Blumen zu entdecken, aus denen sie den Honig holen, und ihr Orientierungssinn, mit dem sie dann wieder zum Stock zurückfinden, sind höchst wunderbar.

Das Staatsleben der Bienen ist eradezu mustergültig, denn sie achten ihre Königin und bringen alle um, die nichts arbeiten wollen.

Wenig nützlich und im Gegenteil recht unangenehme Gäste sind die Mücken. Jeder Pfadfinder muss wissen, dass diese ihre Brutplätze in stehenden Gewässern haben und durch ihre Stiche Krankheiten wie Malaria und Gelbfieber übertragen können. Die Mücken stechen am liebsten in den ersten Abendstunden. Ein alter Pfadfinder wird daher niemals sein Lager dicht neben Sümpfen und Teichen aufschlagen.

Es gibt auch mancherlei geniessbare Insekten. Mit Ameisen z. B. kann man das Salz ersetzen. Es wurde auch schon erwähnt, dass die Eingeborenen Heuschrecken gern essen. Wenn sich in Indien und Afrika die mächtigen Schwärme dieser Tiere in dichten Wolken auf das Land niederlassen, kommen die Bewohner mit leeren Säcken und jagen sie mit Schaufeln und Stöcken hinein. Dann trocknen sie die Insekten an der Sonne, zerstampfen sie zu feinem Mehl und essen dieses roh oder zu Kuchen gebacken. Dies Heuschreckenbrot schmeckt gar nicht schlecht, nur etwas scharf.

Die Beobachtung der Ameisen ist von ganz besonderem Interesse. Ein junger Pfadfinder darf nicht versäumen, sich genau anzusehen, wie die kleinen Tiere in wohlgeordneter Gemeinschaft leben, wie sie ihren Wohnhaufen aus Laub und Tannennadeln zusammentragen und kunstvoll bauen, wie sie bestimmte ganz schmale Wege legen und von Erdbröckchen, Laub und Steinchen frei halten, wie sie durch vereinte Kraft selbst mit weit überlegenen Gegnern fertig werden, wie sie sich mit ihren Fühlhörnern verständigen, wie sie verhältnismässig schwere Lasten geschickt schleppen, wie sie sich gegenseitig helfen, sich warnen — kurzum, wie grossartig die Natur dies kleine Wesen mit Gaben und Fähigkeiten ausgestattet hat. Mitunter ziehen zwei Ameisenheere gegeneinander ins Feld und liefern sich richtige Schlachten. Man kann dann sehen, dass einzelne starke Exemplare als Feldherren und Offiziere die anderen führen. Auch Posten stellen die Ameisen auf, und zwar steht gewöhnlich einer am Eingang des Baus, um zu verhindern, dass fremde Insekten oder dass Ameisen eines anderen Staates eindringen. Es ist beobachtet worden, dass sich die Ameisen bestimmte Sorten von Blattläusen ziehen, die eine Flüssigkeit ausscheiden, welche ihnen zur Nahrung dient; sie halten sich also gewissermassen »Milchkühe«.

Wer die Natur genau beobachtet, wird überhaupt finden, dass häufig Tiere verschiedener Arten gesellig miteinander leben, weil sie wissen, dass sie sich gegenseitig nützen können.

Wer Schmetterlinge und Käfer fängt, um sie zu sammeln, muss den Tieren unnötige Qualen ersparen. Lebende Tiere an Stecknadeln zu spiessen ist eine Grausamkeit sondergleichen, die sich ein junger Pfadfinder nie zuschulden kommen lässt. Für ein paar Pfennige erhaltet Ihr in jeder Drogenhandlung die Flüssigkeiten, mit denen man Insekten schnell betäubt. Sehr viel Freude macht das Aufziehen von Schmetterlingen aus Raupe und Puppe, doch gehört dazu eine genaue Kenntnis der Behandlungsart, sonst bleiben die Erfolge aus.

Hinweise für den Unterricht.

Der Lehrmeister schickt die jungen Pfadfinder hinaus ins Freie mit der Weisung, durch Beobachtung verschiedene Gewohnheiten der Tiere festzustellen.

Aufgaben auf dem Lande:

Wie gräbt ein wildes Kaninchen seinen Bau?

Wenn Kaninchen erschrecken, rennen dann alle davon, weil eines läuft, oder schaut vorher jedes sich erst um, und stellt fest, woher Gefahr droht?

Reisst der Specht die Rinde von den Bäumen, um zu den Insekten zu gelangen, oder holt er sie bloss aus den Löchern in der Rinde, oder wie macht er es?

Schwimmt eine Forelle, die durch Annäherung eines Menschen aufgestört wird, flussaufwärts oder flussabwärts? Verschwindet sie dauernd oder kehrt sie wieder an den alten Platz zurück? Wie lang bleibt sie fort? u. s. w.

Wie verhalten sich Ameisen, wenn ein grösserer Stein quer über den schmalen Weg fällt, den sie zu verfolgen pflegen? Umgehen sie ihn oder laufen sie darüber hinweg, oder wie benehmen sie sich?

Aufgaben in der Stadt:

Der Lehrmeister entsendet die jungen Pfadfinder auf die Suche nach Pferden, die lahm sind, blutige Mäuler haben, falsch geschirrt wurden, denen ein Eisen fehlt, die einen Stein im Huf haben u. s. w.

Ein Pfadfindertrupp legt einen Bienenstock an, setzt die Königin oder den ganzen Schwarm hinein und zieht Bienenhonig für den eigenen Bedarf.

Aufstellung von Star-Kästen, von Futterbänkchen für hungrige Vögel u. s. w.

Auszeichnungen

für gute Beobachtung der Natur. (Zur Erwerbung einer Ehrenmedaille. In der englischen Organisation der Boyscouts werden Ehrenabzeichen für besonders hervorragende Leistungen verliehen. Es ist beabsichtigt, solche auch für das deutsche Pfadfinderkorps einzuführen. Vgl. Anhang.)

Richtige, saubere Zeichnung von zwölf verschiedenen Tier- und Vogelspuren: 3 Punkte.

Genaue Beschreibung der Unterschiede, an denen man zwölf verschiedene Fischarten erkennen kann: bis zu 2 Punkten.

Dasselbe, aber mit Zeichnungen oder mit Tonnachbildungen veranschaulicht: bis zu 4 Punkten.

Photographien oder Zeichnungen von zwölf verschiedenen, im Freien von dem betr. Pfadfinder selbst aufgenommenen Tieren, mit kurzem Text (etwa zwanzig Worte): bis zu 5 Punkten.

Die Löwenjagd. (Spiel)

Einer der Jungen stellt den Löwen dar und läuft mit Spureisen an den Füssen etwa eine halbe Stunde weit voraus. Er hat sechs weiche (Gummi- oder Tennis)-Bälle bei sich und trägt überdies ein Säckchen mit Saatkörnern oder mit Erbsen. Nun verfolgt ihn eine Pfadfindergruppe, und zwar hat jeder der »Jäger« einen Ball, den er auf den Löwen abfeuern darf, wenn er ihn findet. Dem »Löwen« ist es erlaubt ganz nach Gutdünken zu kriechen, herumzulaufen oder sich zu verstecken, nur muss er jedesmal, wenn er auf harten Boden oder über Gras kommt, einige Körner (oder Erbsen) ausstreuen, damit man seine Fährte verfolgen kann.

Wenn die Jäger ihn nicht finden, so bleibt der Kampf unentschieden. Nähern sie sich aber seinem Lager, so darf »der Löwe« seine Bälle werfen. Trifft er einen der Jäger, so ist dieser »tot« nnd darf seinen Ball nicht mehr abfeuern. Wird der Löwe ein- oder zweimal getroffen, so gilt er als verwundet. Beim dritten Treffer ist er tot.

Jeder Ball darf nur einmal geworfen und nicht wieder im gleichen Spiel aufgehoben werden. Nach dem Spiel aber hat jeder Junge seinen Ball zu suchen und heimzubringen.

Dies ist auch ein sehr hübsches Spiel für den Winter, weil sich die Spur dann leichter finden lässt, und man Schneebälle zum Werfen verwenden kann.

III. Abschnitt.

Die Pflanzen.

Wenn die Pflanzen auch keine lebenden Wesen gleich den Tieren sind, so muss doch ein tüchtiger Pfadfinder über sie genau Bescheid wissen. Oft hat ein Kundschafter ein Gelände zu beschreiben, das er gesehen hat; und wenn er dann berichtet, dass er es schön »bewaldet« fand, so wäre

es mitunter von grosser Wichtigkeit, dass er auch gleich sagte, mit welcher Art von Bäumen es bestanden war.

Wenn sich z. B. Lärchen in dem Walde befinden, so weiss man, dass daraus Brückenpfähle gehauen werden können. Weidenbäume deuten die Nähe von Wasser an. Die Stärke des Unterholzes gibt einen Anhalt dafür, ob eine Kolonne den Wald mit mehr oder weniger Schwierigkeit durchschreiten kann; Nadelunterholz oder gar Dornbüsche erschweren das Vordringen ausserordentlich. Hohe Eichen eignen sich als Ausguck für Posten und Späher, die, in den starken Kronen verborgen, weit ins Land hinein sehen können. Einzelne Pappeln oder Bäume von eigenartigem Wuchs geben gute Richtungspunkte ab, mit deren Hilfe man sich im Walde zurechtfinden kann.

Bäume, deren Früchte essbar sind, müssen dem Pfadfinder bekannt sein, wie überhaupt alle nützlichen Pflanzen, aus denen Gummi, Kork, Gerbstoff, Farbstoff u. s. w. gewonnen wird.

In erster Linie muss jeder Pfadfinder jedoch die in seiner Heimat vorkommenden Bäume unterscheiden können. Zu diesem Zweck empfiehlt es sich, eine Sammlung der verschiedenen Blattarten anzulegen und sie bei Spaziergängen mit denen der Bäume zu vergleichen, bis man mit Sicherheit jede Abart kennt.

Rosskastanien haben übrigens nicht diesen Namen, weil die Pferde sie gerne fressen, sondern weil sich auf der Rinde der dünneren Aeste eine kleine Zeichnung befindet, die einem Hufeisen, mit allen Hufnägeln darin, ähnelt.

Jede Baumsorte hat ihre besondere Form des Wachstums, an der man sie schon von weitem unterscheiden kann.

Häufig vorkommende Bäume und Büsche Deutschlands:

Weisstanne, Fichte, Lärche, Kiefer, Wacholder, Birke, Erle, Buche (viele Abarten), Haselnuss, Eiche, echte Kastanie, Weide, Pappel, Platane, Maulbeerbaum, Ulme (Rüster), Schneeball, Hollunder, Flieder, Weissdorn, Apfel- und Birnbaum, Esche, Pflaume, Kirsche, Akazie, Wallnuss, Buchsbaum, Ahorn, Rosskastanie, Linde.

Es gibt eine Unmenge von Pflanzen, deren Beeren, Nüsse und Wurzeln, deren Rinde und Blätter essbar sind. Besonders in den Tropen gibt es davon eine grosse Zahl. Wenn Ihr Euch vorstellt, Ihr wäret ohne Nahrung in der Wildnis, wie das ja doch häufig vorkommt, und Ihr wüsstet über die Pflanzen nicht Bescheid, so könnt Ihr einfach verhungern oder Euch durch den Genuss von schädlichen Beeren und Pilzen vergiften. Pilze sind sehr nahrhaft, aber nur derjenige darf sie geniessen, der genau die Unterschiede zwischen essbaren und giftigen Pilzen kennt.

Die verschiedenen Getreidearten müssen Euch ebenfalls bekannt sein, ebenso die Grassorten. Gibt es doch sogar in Schottland, Irland und Island Moos, das essbar ist, und im Innern Afrikas leben Volksstämme, die sich von einer bestimmten Art fettiger Erde nähren!

In Südwestafrika haben die von unseren Truppen verfolgten Hottentotten monatelang in der Wüste von Tschamas (eine Wassermelonenart) gelebt und dadurch den Krieg erheblich in die Länge gezogen, da die deutschen Reiter die Fundstellen dieser Früchte nicht kannten und den Feind daher nur schwer aus seinen Schlupfwinkeln in der wasserarmen Kalahari vertreiben konnten.

Hinweise für die Lehrmeister.

Man schickt die Jungen mit dem Auftrage aus, einzelne Blätter, Früchte oder Blüten der Bäume und Büsche zu suchen und das Aussehen der verschiedenen Baumarten im Sommer und im Winter zu beachten.

Anlage einer Blättersammlung: die jungen Pfadfinder zeichnen die Umrisse und schreiben bei jedem Blatt den Namen des Baumes an den Rand.

Auf dem Lande zeigt man die Getreidearten in den verschiedenen Stadien des Wachstums, so dass die Jungen zu unterscheiden wissen, womit die Aecker bestanden sind.

Wenn es sich machen lässt, ist die Anlage eines Gartens für eine Pfadfindergruppe oder auch für jeden einzelnen Pfadfinder eine gute Uebung. Aus dem Erlös der Früchte und Blumen kann die Ausrüstung beschafft werden, welche für die Feldübungen und die Spiele gebraucht wird.

Essbare, wild wachsende Pflanzen und Pilze sind den jungen Pfadfindern zu zeigen. Die Jungen sind auch öfters auf den Markt zu schicken, um dort die geniessbaren Pilze kennen zu lernen.

Der Lehrmeister stellt eine kleine Liste von Pflanzen zusammen und schickt nun die jungen Pfadfinder zu Rade oder zu Fuss hinaus in den Wald mit dem Auftrage, einen Zweig oder ein Blatt von jeder Sorte zu suchen. Diese Aufgabe ist ein Prüfstein für die Kenntnis der Natur, aber auch dafür, ob die Jungens sich im Gelände umsehen und ob sie sich gemerkt haben, wo die verschiedenen Pflanzenarten wachsen.

Wettbewerb für Punkte zur Ehrenmedaille.

Für eine Sammlung von mindestens 25 sauber gepressten und beschriebenen Blattarten: 3 Punkte; oder für mindestens 25 gezeichnete Blattarten: bis 4 Punkte.

Für das schönste, von jungen Pfadfindern selbst gezogene Blumenfenster wird ein Preis ausgesetzt.

IV. Kapitel.

Das Leben im Felde.

I. Abschnitt.

Pionierdienst.

Pioniere sind Leute, die den Kolonnen vorausgehen, um ihnen durch Wald, Feld und Dickicht, über Flüsse und Ströme, über Berge und Täler, und selbst in der Wildnis den Weg zu bahnen.

Baden-Powell erzählt: Als ich an der Westküste Afrikas im Kolonialdienst stand, befehligte ich eine starke Abteilung eingeborener Kundschafter und versuchte mit diesen, wie es unsere Pflicht als Pfadfinder war, der Haupttruppe so viel wie möglich zu nützen. Wir hielten nicht bloss Umschau nach dem Feinde und überwachten dessen Massnahmen, sondern wir taten auch unser Bestes, um unserer Armee den Vormarschweg zu erleichtern. Das war um so nötiger, als dieser nur aus einem schmalen Pfade bestand, der sich durch dichtes Röhricht und schlammige Sümpfe dahinschlängelte. So bahnten wir unseren Kameraden den Weg, so waren wir als wahre Pfadfinder zu gleicher Zeit Späher und Pioniere. Im Laufe der Zeit schlugen wir für die vordringende Kolonne nahezu zweihundert Pfahlbrücken über grosse und kleine Flüsse. Als ich meine Kundschafter zum ersten Male zu dieser wichtigen Arbeit verwendete, bemerkte ich bald, dass von den tausend Mann meiner Abteilung die meisten keine Ahnung davon hatten, wie man eine Axt gebraucht und Bäume fällt; nur etwa 60 Mann wussten, wie man einen Knoten bindet, und auch diese noch nicht einmal ordentlich. Sie waren daher zu einem Brückenbau, bei dem man Stangen zusammenbinden muss, vorerst nahezu unbrauchbar.

Ein Pfadfinder müsste sich darauf verstehen, wie man Knoten bindet. Das Verknoten scheint zunächst eine höchst einfache Geschichte, das ist sie aber durchaus nicht, denn man kann dabei sowohl richtig, wie auch falsch verfahren.

Schon manches Mal hing ein Menschenleben von einem richtig gebundenen Knoten ab.

Unter einem guten Knoten versteht man einen, der jede noch so schwere Belastung aushält, ohne nachzugeben, und dabei doch wieder leicht zu öffnen ist, wenn das nötig erscheint. Der schlechte Knoten dagegen löst sich, wenn er stark in Anspruch genommen wird, und ist trotzdem so fest verschlungen, dass man ihn gar nicht wieder aufbekommt.

Untenstehend sind einige Knoten abgebildet, die ein Pfadfinder kennen muss.

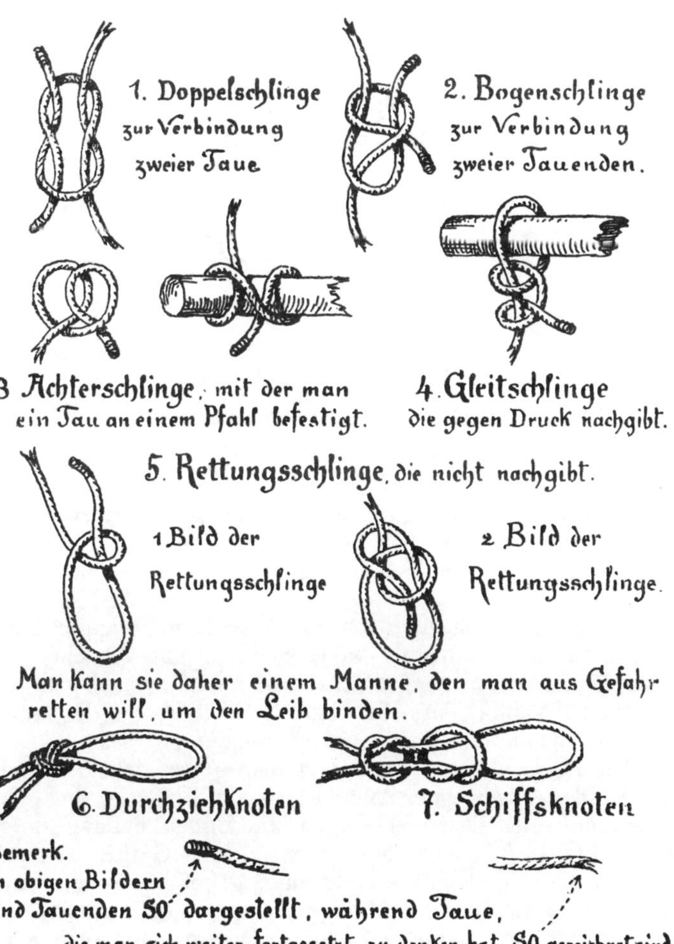

An Stelle der Stricke wurden in Westafrika starke Schlingpflanzen oder lange dünne Gerten verwendet, die dadurch noch biegsamer und besser zum Binden geeignet gemacht wurden, dass man ein Ende mit dem Fusse auf dem Boden festhielt, und dann die Gewächse mit den Händen scharf in einer Richtung rundum drehte. Bei uns zulande kann man mit Weidenarten und Haselnusstauden so verfahren. Man sieht ja auch häufig, dass Holz- und Reisigbündel damit zusammengehalten werden. Mit solchen Ruten darf man nun freilich nicht alle Knoten schlingen wollen, wie mit einem weichen Tau; aber Pfähle kann man schon ganz gut damit befestigen und Weidenknoten wie diesen hier machen.

Weidenknoten.

Hütten- und Zeltbau.

Um im Feldlager gut zu übernachten, muss sich der Pfadfinder ein Schutzdach schaffen können. Bei längerem Aufenthalt lohnt es sogar, sich eine Hütte zu bauen.

Die Art, in der man verfahren muss, hängt lediglich vom Wetter und von der Gegend ab, in der wir nächtigen müssen.

Wenn man sich ein Dach aus Aesten und Stangen baut, legt man es so an, als wolle man es mit Ziegeln oder Schieferplatten belegen, indem man unten anfängt und dabei darauf achtet, dass die obere Schicht immer die untere bedeckt, damit der Regen ablaufen kann.

Die Rückseite der Hütte stellt man gegen den Wind und zündet das Feuer unter Wind, also am Eingang, an. Um zu verhindern, dass der Regen am Boden entlang durch die Hütte läuft, zieht man einen kleinen Graben ringsum und wirft die gewonnene Erde unten gegen die Hüttenwand. Wenn man sich in der Mitte ein Lager zum Schlafen einrichtet, hat man darauf zu achten, dass man mit dem Kopf höher liegt als mit den Füssen, auch muss man vermeiden, dass man schräg zum Abhang liegt, sonst rutscht und rollt man während des Schlafes talab. Schon kleine Unebenheiten des Bodens genügen mitunter, um den Schlummer empfindlich zu stören; deswegen ist der Platz, an dem man nächtigen will, möglichst sorgfältig zu ebnen, wobei es sich empfiehlt, die Stelle, wo die Hüfte aufliegen soll, etwas tiefer zu graben. Um weicher zu ruhen, kann man eine Gras- oder Laubschicht über das Lager breiten. Es empfiehlt sich ferner, die Stiefel auszuziehen und den Kragen zu öffnen, weil sonst der Blutumlauf gehemmt wird.

Unsere Truppen in Südwestafrika haben in dieser Weise oft mehrere hundert Male im Freien auf der blossen Erde genächtigt. Als Schutz gegen die Unbilden der Witterung hatten die Reiter gewöhnlich nur ihren grauen Feldmantel und eine Decke. Wurde aber ein Feldlager für längere Zeit eingerichtet, so bewiesen unsere deutschen Soldaten grosse Findigkeit im Bauen von Hütten. Mit dem einfachsten Material wurde ein hübsches »Heim« eingerichtet. Aus einigen alten Kisten und Proviantsäcken entstanden Bettgestelle, Türen, Tische, Stühle. Aus Lehm wurden Kamine gebaut und aus ein paar Stück Wellblech einfache Oefen konstruiert. Für die schönste Hütte wurden vom Abteilungsführer Preise ausgeteilt. Schien die Zeit ausreichend, so holten die Mannschaften Steine herbei und errichteten Blockhäuser daraus.

Als allereinfachste Unterkunft stösst man zwei gegabelte Aeste fest in den Boden und legt eine Stange quer über die Gabeln. Von der Seite lehnt man nun Stöcke oder Reisig dagegen und verstopft die Zwischenräume mit Gras, Laub oder Stroh. Vielleicht noch schneller geht es, wenn man nur eine Stange gegen den Baum lehnt, sie daran festbindet und nun, wie eben beschrieben, Reisig seitlich daran legt.

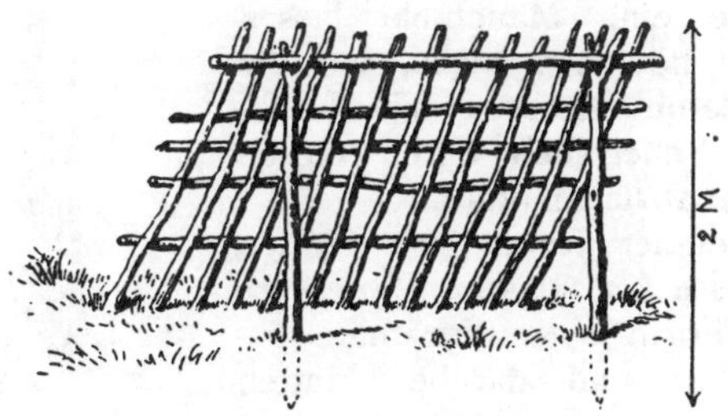

Rahmen für ein Schutzdach.
Wird mit Buschwerk oder Gras gedeckt. Mit zwei solchen Schutzdächern lässt sich eine Hütte erbauen.

Sind keine Stangen zu haben, so kann man wie die Eingeborenen Südafrikas verfahren und Strauchwerk oder Rohr im Halbkreis fest in den Boden stecken, bis auf diese Weise ein schützender Wall gegen den kalten Nachtwind gebildet ist. An der offenen Seite oder auch in der Mitte, aber auf einer Erderhöhung, wird das Wärmfeuer angezündet. Wenn es im Zelt oder in der Hütte durch die Sonnenbestrahlung zu warm wird, so legt man Tücher oder etwas mehr Stroh auf. Je dicker das Dach ist, um so kühler bleibt es darunter. Wird es hingegen zu kalt, so muss man das unterste Stück der Wand verdichten, od. rings um den Fuss der Seitenwände Rasenstücke legen.

Hütte.

Die Zulus bauen ihre Hütten, indem sie in einem Kreise eine Anzahl langer, elastischer Stöcke in den Boden fest eingraben. Dann biegen sie die oberen Enden nach der Mitte zusammen und binden sie miteinander fest. Hierauf legen sie immer mehr Stöcke kreuz und quer von innen und von aussen an dies Gestell, bis es einem Vogelkäfig ähnlich sieht. Darüber decken sie dann Matten oder Bündel aus Stroh und flechten diese in das Holzgerippe ein. Manchmal lassen sie an der höchsten Stelle, wo die Stöcke zusammenstossen, ein Loch, damit der Feuerrauch durch diesen Schornstein abziehen kann.

Die Indianer legen ihre Hütten in der Weise an, dass sie mehrere Pfähle in Form einer Pyramide zusammenstellen und darüber Matten breiten.

Die Hottentotten und die Hereros konstruieren ihre sogenannten

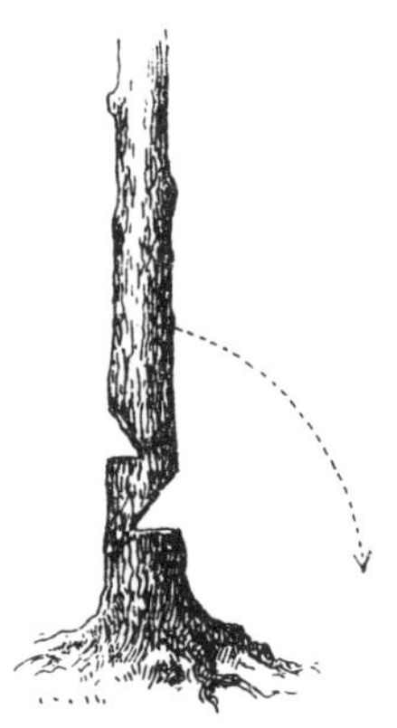
Wie man einen Baum fällt.

»Pontocks« in ähnlicher Form wie die Zulus, nur nehmen sie im Winter, statt des Strohs, Lehm zur Verdichtung der Wände. Fenster bringen sie nicht an, und als Türe dient ein niederes Loch, durch das man auf allen Vieren in die Hütte kriechen kann.

Das Fällen der Bäume. (Siehe Bild Seite 106.)

Der Pfadfinder muss wissen, wie er eine Axt zu handhaben hat, um kleine Bäume zu fällen. Hierzu haut man erst ein Stück Holz unten am Stamm auf der Seite fort, nach der später der Baum fallen soll. Dann geht man auf die entgegengesetzte Seite und schlägt dort einige Zoll höher wieder ein Stück Holz vom Stamm ab, bis der Baum abbricht und umfällt.

Die Kunst des Baumfällens ist Uebungssache. Vorsicht ist dabei am Platze, sonst haut man ins eigene Bein, statt in den Stamm.

Brückenbau.

Wie schon erwähnt, hatten die Aschantis unter Baden-Powells Leitung nahezu 200 Brücken zu bauen, und zwar aus allerlei Material, das sie gerade an Ort und Stelle fanden.

Es gibt unzählige Arten, wie man einen Uebergang herstellen kann. In der Armee werden die Brücken meist aus Balken und Brettern zusammengefügt; als Pfeiler dienen gekreuzte und verstrebte Pfähle (Böcke) oder auf dem Wasser schwimmende Boote (Pontons).

Am Himalayagebirge, in Indien, spannen die Eingeborenen als Brücke drei Taue über den Fluss, die alle paar Schritt mit Stöcken in V-Form verbunden sind. Das eine Tau dient als Fussbelag, die beiden anderen als Geländer. Es sind etwas halsbrecherische Brücken, aber schliesslich kommt man damit auf die andere Seite, und sie sind auch leicht herzustellen. (Siehe Bild Seite 108.)

Die allereinfachste Weise, um einen schmalen, tiefen Wasserlauf zu überbrücken, ist die, dass man einen oder mehrere Bäume so fällt, dass sie sich quer über das Gewässer legen. Dann wird die obere Seite des Stammes mit der Axt geglättet, ein Strick als Geländer gespannt, und ein recht brauchbarer Uebergang ist fertig.

Auch Flösse sind verwendbar. Man baut sie am Ufer zurecht, und zwar im Wasser selbst, falls dieses an der Stelle seicht ist, anderenfalls am Lande. Wenn das Floss bereit ist, haltet Ihr es durch Seile an dem Ende fest, das flussabwärts steht, stosst das obere Ende vom Ufer ab und lasst es nun durch die Kraft der Strömung nach dem anderen Ufer treiben.

Brückenbau in Afrika.

Hängebrücke aus Tauen.

Wie man Zelte baut.

Zur Feldausrüstung unserer Soldaten gehören wasserdichte Zelttücher (»Zeltbahnen«), einige Zeltstöcke aus festem Holz, die sich durch ein einfaches Scharnier aufeinander setzen lassen, und mehrere Zeltschnüre. Wenn der Pfadfinder nur Zeltbahnen und Schnüre besitzt, so kann ihm das genügen, denn die Stöcke kann er sich selber schneiden.

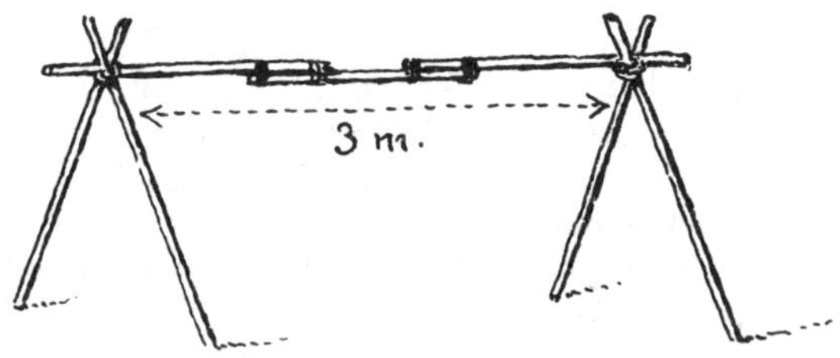

Gestell aus 6 Pfadfinderstäben.

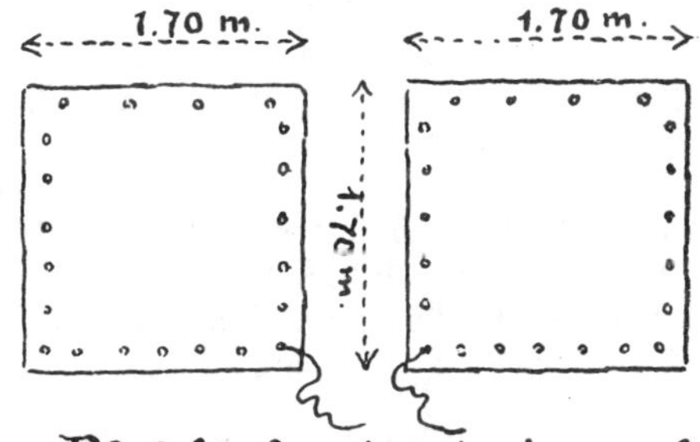

Jeder Pfadfinder trägt eine solche Zeltbahn, die er sich bei Regen als Kapuze über den Kopf und die Schultern ziehen kann.

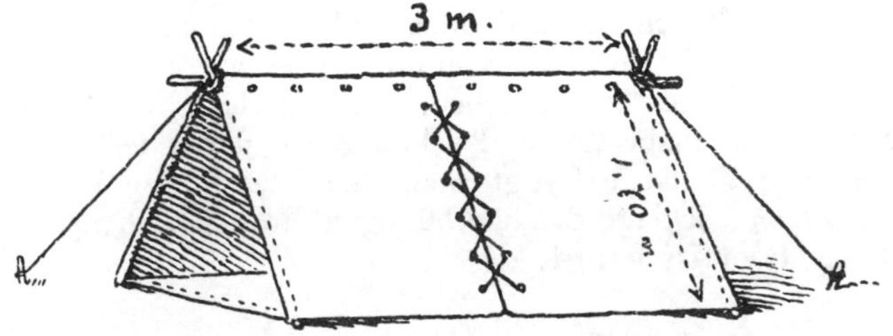

Ein Pfadfinder-Zelt. 4 Zeltbahnen als Seitenwände, 2 als Unterlage oder auch als Vor- und Rückwand.

Wie man ein Zelt baut.

Strickleitern

kann man sich herrichten, indem man kurze Klötze oder Holzbündel in kleinen Abständen fest in einen Strick einknotet. Für die Ausguckposten, die auf Bäumen sassen, haben unsere Soldaten in Südwestafrika Hölzer von etwa 40 cm Länge in geringen Abständen übereinander an die Baumstämme als Leiter genagelt. Ueberflüssige Aeste der Krone wurden abgehauen, doch nur gerade so viele, dass der Posten selber gut sehen konnte, den Spähern des Feindes aber verborgen blieb.

Wie man ein Boot baut. (Bild Seite 111.)

Man nimmt zwei Bretter A und B von 3,5 m Länge, 50 cm Breite und 2 cm Dicke, und schneidet sie so zurecht, wie es die Figur zeigt. Dann nagelt man ein Brettchen C in die Mitte ein, um die Seitenteile festzuhalten, und ein etwas kleineres Brettchen zum gleichen Zweck genau darunter.

Man schneidet dann einen festen Teil D als Bug, sowie ein Brett von 60 cm Länge und 25 cm Breite für den Stern.

Nun biegt man die Enden der Seitenbretter an den Bugkeil und an das Sternstück und macht sie mit Schrauben daran fest.

Dann dreht man das Boot um und schraubt die Bodenbretter F F ein. Die Spalten und Ritzen werden mit Werg verstopft, das man mit einem stumpfen Stemmeisen durch Hammerschläge zusammenpresst. Wenn nötig, schmiert man noch Pech darüber, damit das Wasser ja nicht durchdringen kann.

An den Stellen, wo die Sitze hinkommen sollen, nagelt man an beide Seitenwände von innen Bretter, die bis 30 cm an den Bordrand heraufreichen. Auf diese Unterstützung legt man die Sitzbretter und schraubt sie daran fest.

An den Seiten befestigt man dann die Klötze H H als Ruderpinnen, schlägt die überflüssigen Bretter C heraus — und das Boot ist fertig!

Das Eigenmass.

Jeder Pionier muss die Masse des eigenen Körpers kennen; das erspart ihm Metermass und Zirkel, die man doch nicht immer zur Hand hat. Nachstehend gebe ich die Durchschnittslängen eines mittelgrossen Mannes:

Endglied des Zeigefingers oder Breite des Daumens 2 cm
Spannweite vom Daumen zum Zeigefinger . . 19 „

Spannweite vom Daumen zum kleinen Finger .	21 cm
Handgelenk zum Ellbogen (gleich der Fusslänge)	25 „
Ellbogen bis zum Zeigefinger	44 „
Mitte der Kniescheibe bis zum Boden	50 „

Wenn Ihr die Arme ausbreitet, so entspricht der Abstand von der einen Spitze des Mittelfingers zur anderen, die sogenannte Spannweite, etwa Eurer Körpergrösse.

Das Herz und der Puls schlagen ungefähr 72 mal in der Minute: jeder Schlag folgt dem anderen also in etwas weniger als einer Sekunde.

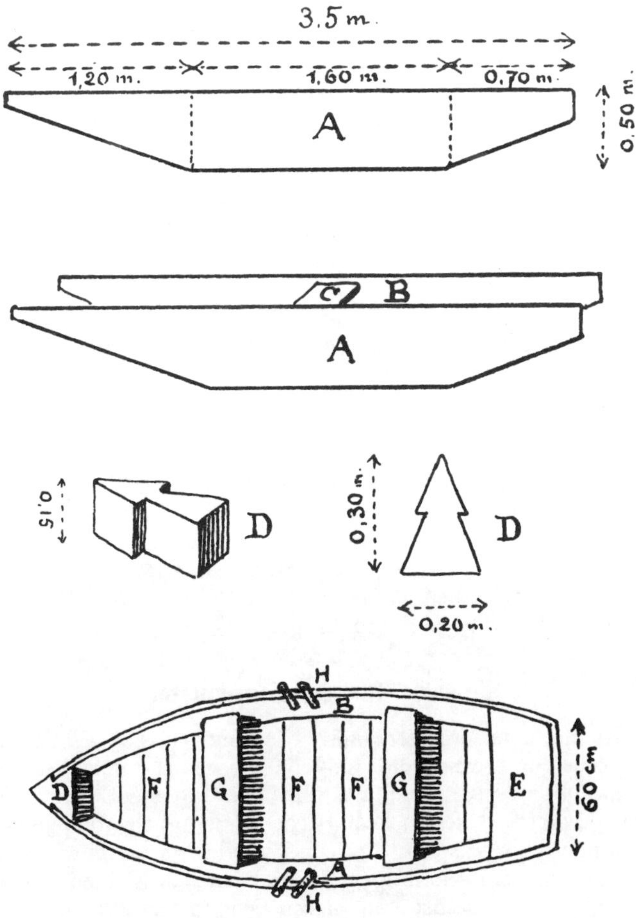

Wie man sich ein Boot anfertigt.

Die Schrittlänge beträgt rund 80 cm. Man braucht mithin etwa 125 Schritte, um 100 m zurückzulegen. Wenn man schnell geht, pflegen die Schritte ein wenig kürzer zu sein als bei ruhigem Gang.

In gutem Marschtempo legt man 100 m in einer Minute, den Kilometer (1000 m) also in 10 Minuten zurück; für Marsch mit Gepäck rechnet man 5 km in der Stunde.

In der Armee hebt man besonders geschickte, anstellige Männer für die Pioniere aus, denn diese sollen im Kriege Brücken, Wege und Bahnen für die eigene Armee bauen, aber dafür die feindlichen Uebergänge und Strassen zerstören, damit der Gegner sie nicht benutzen kann. Die Pioniere legen vor den feindlichen Festungen Annäherungsgräben (Laufgräben) an, beseitigen Drahthindernisse und Verhaue, graben unterirdische Gänge, legen Minen und sprengen die Verschanzungen in die Luft, so dass unsere Truppen stürmend in das Bollwerk des Feindes eindringen können.

Wer sich als tüchtiger Pionier betätigen will, muss irgend ein Handwerk gründlich können. Wenn Euch jungen Pfadfindern Gelegenheit gegeben ist, bei einem Tischler, Zimmermann, Schmied, Klempner, Maurer, Tapezier, Schlosser u. s. w. etwas von deren Können zu erlernen, so versäumt das nicht! Selbst wenn Ihr später einen ganz anderen Lebensberuf erwählen wollt, wird Euch jede Fertigkeit in einem Handwerk von grossem Nutzen sein. Ein Pfadfinder müsste sich z. B. seine Kleider und Schuhe flicken oder, noch besser, selber anfertigen können.

»Ich habe mir Stiefel und Schuhe aus allerlei Material zurechtschustern müssen,« sagt General Baden-Powell, »und dabei habe ich oft bedauert dass ich nicht früher als Junge bei einem Schuhmacher ein bischen in die Lehre gegangen bin.« Auch die Prinzen des Hohenzollernhauses müssen ein Handwerk lernen. Zar Peter der Grosse von Russland war als Schiffszimmermann tätig.

Hinweise für die Lehrmeister.

Richtet eine Zimmermanns-, Klempner- u. s w. Werkstätte ein, oder unterweist die Jungens in den Grundzügen der angewandten Elektrotechnik und der Ingenieurkunst. Gesichtspunkt bei diesem Unterricht ist lediglich, den jungen Pfadfindern praktischen Sinn und allerlei Fertigkeiten beizubringen, die sie im künftigen Leben brauchen können. Wenn der Lehrmeister selbst von diesen Dingen nicht viel versteht, bittet er einen Bekannten oder irgend einen tüchtigen Handwerker, mit Modellen und Werkzeugen an einigen Abenden ihre Kunst zu erklären.

Führt die Jungens in eine Fabrik und zeigt ihnen die Maschinen u. s. w.

Lasst die jungen Pfadfinder kleine, einfache Instrumente selber zurechtzimmern. Belehrt sie darüber, wie man die verschiedenen Werkzeuge handhabt.

Bittet die Truppenteile der nächsten Garnison um einige Zeltausrüstungen (vielleicht ausgemusterte Stücke) oder um Pioniergerät. Erkundigt Euch, wann die Truppen sich im Brückenschlag, im Durchschwimmen von Wasserläufen, im Anlegen von Verschanzungen u. s. w. üben, und führt die Jungens hin, damit sie durch praktische Anschauung etwas lernen.

Veranstaltet einen Wettkampf im Knotenbinden. Der beste Binder scheidet jedesmal aus, bis der ungeschickteste gefunden ist. Der Langsamste bekommt bei solchem Verfahren (das sich auch bei anderen Wettkämpfen häufig empfiehlt) die grösste Uebung. Der Wetteifer, nicht der Schlechteste zu sein, ist mindestens ebenso gross, wie der Ehrgeiz, als Bester einen Preis zu bekommen.

Das Knotenbinden kann man auch im Dunkeln üben. Der Lehrmeister dreht das Licht auf ein paar Sekunden aus und gibt den Knoten an, der zu binden ist.

Lasst eine Hürde bauen, indem Zweige in den Boden gesteckt und mit Weidengerten verflochten werden.

Aus alten Kisten, aus Schnüren und den Pfadfinderstöcken lassen sich die Modelle von Brücken sehr gut herstellen.

II. Abschnitt.

Lagerleben.

Behaglichkeit im Lager.

Man hört so vielfach die Behauptung, dass das Feld- und Lagerleben verrohe. Höchstens ganz unerfahrene Neulinge werden diese irrige Ansicht durch ihr Verhalten wirklich bestätigen.

Ich muss hier zu meiner Beschämung gestehen: man neigt sehr schnell dazu, abseits von Ländern der Kultur den »wilden Krieger« oder den »wilden Jäger« zu spielen. Wenn man dann aber alte erfahrene Pfadfinder mitten in der Steppe trifft, immer mit sauberem, wenn auch geflicktem Rocke, immer rasiert und mit gepflegtem Kopf- und Barthaar, dann schämt man sich doch und bemüht sich doppelt, ihnen auch darin nachzueifern.

Ein richtiger Pfadfinder, z. B. ein alter Hinterwäldler, verroht niemals durch das Leben im Felde; denn er weiss, wie er für sich zu sorgen hat und wie er sich das Feld- und Lagerleben durch hunderterlei kleine Kniffe so bequem wie möglich einzurichten vermag. Wenn er zum Beispiel ohne Zelt ist, so setzt er sich deshalb noch lange nicht auf den Boden und lässt Regen und Hagelschauer über sich ergehen. Er geht vielmehr unverzüglich ans Werk, sich eine Hütte oder wenigstens eine Schutzwand zu bauen. Vor allem sucht er sich die günstigste Stelle dafür aus. Vor allem muss der Platz stets trocken sein. Man soll sich auch vorsehen, dass man nicht von irgend einer Regenflut hinweggeschwemmt wird. Ferner zündet der erfahrene Mann in seinem Unterschlupf oder nahe dabei ein Lagerfeuer an und richtet sich aus Farnkräutern, Buschwerk, Gras oder Stroh eine Matratze als Lager her. Ein alter Pfadfinder weiss sich überhaupt immer zu helfen, er findet stets einen Ausweg aus jeder Schwierigkeit und Unbequemlichkeit.

Immer weiss er einen Kniff, einen Kunstgriff, wie der Junge auf dem nebenstehenden Bild, der mit dem Klopfer an die Tür zu klopfen hatte, aber nicht gross genug war, um hinaufzureichen. Er wusste sich aber, wie Ihr seht, zu helfen.

Ein Biwak nennt man einen Platz zum rasten, an dem man wenige Stunden, etwa einen Nachmittag oder eine Nacht bleibt. Man schläft unter freiem Himmel oder unter kleinen Zelten, die durch Vereinigung mehrerer Zeltbahnen hergestellt werden.

Unter einem Feldlager versteht man gewöhnlich einen Aufenthaltsort, der für längere Zeit bestimmt ist. Hier leben die Leute in festen, grossen Zelten, Baracken oder Hütten. Die Hauptsache ist bei jeder Art von Feldlager stets, dass man sich für die Ruhe ein bequemes Lager herrichtet. Solch ein angenehmes Ruhelager kann man sich nun auf verschiedene Arten herstellen. Sehr wichtig ist dabei, stets darauf zu achten, dass man zwischen Körper und Erde eine Zwischenschicht hat, besonders wenn der Boden nass ist. Abgeschnittenes Gras, Stroh, Zweige oder Farnkräuter legt man daher in möglichst dicker Schicht auf die Stelle, die man sich als Ruheplatz ausgesucht hat. Sollte man ausnahmsweise einmal solches Material sich nicht verschaffen können und auf nacktem Boden schlafen müssen, dann soll man wenigstens zuvor eine kleine Vertiefung in der Grösse eines Suppentellers graben. In diese passt sich dann das Hüftgelenk ein, wenn man sich an der Erde auf die Seite legt. Man sollte gar nicht glauben, wie sehr diese kleine Massnahme zu einem angenehmen Schlaf beiträgt. In Kanada stellen Jäger und Polizeitruppen eine sehr bequeme Lagerstätte, eine Art von Sprungfedermatratze, dadurch her, dass sie eine grosse Anzahl von Spitzen der Tannenzweige abschneiden und sie auf dem Boden so eng wie möglich, wie die Borsten einer Bürste, einpflanzen. Wenn sie sich dann darauf niederlassen, so liegen sie wie in einem äusserst angenehmen, federnden Ruhebette.

Das Geheimnis, sich beim Schlafen auf der Erde warm zu halten, besteht vor allem darin, ebensoviel Decken unter sich zu haben wie über sich. Wenn eine Patrouille ein Feuer schürt, so müssen alle Leute mit den Füssen gegen dieses gerichtet liegen, wie die Speichen eines Rades zur Achse. Sollten die Decken nicht genügend warm halten, so legt man Stroh, Moos, Farnkräuter darauf; auch Zeitungen kann man vorzüglich dabei verwenden. Es kann überhaupt als guter Ratschlag gelten, wenn man bei kaltem Wetter friert und nicht genügend warme Kleidungsstücke hat, Zeitungspapier rings um die Brust, vor allem auf den Rücken, unter den Rock und die Weste zu legen. Das Papier wird so gut wie ein Mantel einen hübschen Wärmezuwachs bringen.

Auch wenn die Stiefel nass sind, oder wenn man schadhaftes Schuhwerk vor Eindringen von Nässe schützen will, legt man Papier hinein, besonders auf die Sohlen. Es ist oft wunderbar, wie behaglich sich dabei die bis dahin frierenden Füsse fühlen.

Ein sehr brauchbares Feldbett stellt man auf folgende Weise her:

Man schneidet sich vier Stangen — zwei davon 2 m, die beiden andern 90 cm lang — und legt sie in Form eines Vierecks auf den Boden, die kurzen als Querstangen auf die beiden Enden der langen Stangen. Dann schneidet man sich vier Pfähle, je 60 cm lang, spitzt sie an und treibt sie an den vier Ecken, wo sich die Längs- und Querstangen kreuzen, in den Boden. Die Stangen werden dadurch in ihrer Lage festgehalten. Jetzt schlägt man von einem Tannenbaum sämtliche Zweige ab und legt sie zwischen die Stangen, und zwar in mehreren Schichten derartig dachziegelförmig übereinander geordnet, dass immer ein Zweig den andern teilweise deckt, bis schliesslich eine gut gepolsterte und federnde Lagerstätte dadurch geschaffen ist. Man braucht dann nur noch eine Decke darüber zu legen.

Feldbett

Um eine dauerhafte Matratze anzufertigen, stellt man erst einen Feldwebstuhl her und webt darauf die Matratze aus Farnkräutern, Heidegräsern, Stroh, Gras, Weiden, Schilf etc. etwa 1,80 m lang und 80 cm breit. (Vgl. Seite 124.)

Mit diesem Behelfswebstuhl kann man auch Matten von Gras oder Stroh herstellen, die man zum Bau von Zelten, von Windschirmen, Wänden oder als Teppiche benutzen kann.

Feld-Kerzenhalter stellt man her, indem man etwas Draht zu einer kleinen Spiralfeder zurechtbiegt und in diese, wie die Abbildung zeigt, das Licht befestigt. Oder man kann die Kerze in einem gespaltenen Stock einklemmen und diesen in eine Spalte der Wand, eines Pfahles oder Baumes stecken.

Ein Windlicht kann man sich sehr leicht anfertigen, wenn man den Boden von einer Flasche absprengt, den Hals in die Erde oder in irgend ein Brett steckt. In den Flaschenhals lässt sich bequem von obenher eine Kerze hineinschieben, die, vor Wind geschützt, eine gute Beleuchtung gibt. Man kann auch in den Hals einen Stock von unten einschieben, der gespalten die Kerze trägt und zugleich als Handgriff dient. Durch einen kleinen aufgesetzten Blechstreifen kann man das Windlicht vor Regen schützen.

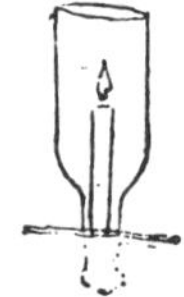

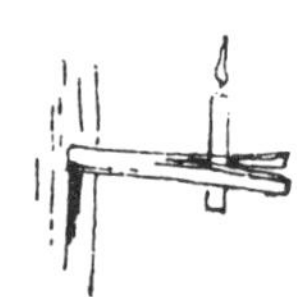

Feldkerzenhalter

Das Absprengen des Flaschenbodens erfordert besondere Kunstfertigkeit: Man kann die Flasche 2,5 bis 3,5 cm hoch mit Wasser füllen und sie dann in die Holzkohlenglut legen, bis das Glas heiss wird und an der Wassergrenze abspringt. Wir wendeten in Afrika gern die Methode an, die wir bereits in Deutschland mit unseren in allen Arten von Behelfsarbeiten im Felde wohl bewanderten Krankenträgern geübt hatten. Ein Stück Bindfaden wird um die Flasche nahe an ihrem Boden herumgelegt und dann schnell hin- und hergezogen, bis der ganze Ring durch die Reibung heiss geworden ist. Stellt man jetzt die Flasche in kaltes Wasser, oder giesst man solches darüber, so wird der Boden an der gewünschten Stelle abspringen. Man benötigt für dieses Verfahren zwei Leute, einen, der die Flasche hält, einen andern, der mit dem Bindfaden hantiert. Ist man allein, so befestigt man das eine Ende der Schnur an einem Haken, einem Baum oder an einem Wagenrad, das andere, wie die bayerische Vorschrift empfiehlt, um den rechten Oberschenkel, spannt den Bindfaden stark an und führt nun die Flasche in sägenden Bewegungen, nachdem man sie einmal mit dem Faden umwickelt hat, daran auf und ab.

Feldgabeln kann man gleichfalls aus Draht herstellen, der an den Enden geschärft wird.

Feldgabel

Es ist wertvoll zu wissen, wie man sich bei nassem Boden niedersetzen kann. Man »kauert«, statt zu sitzen. Die Eingeborenen hocken auf ihren Fersen; aber dies ist recht anstrengend für jeden, der es nicht von Kind auf gewöhnt ist. Man kann sich dies jedoch dadurch erleichtern, dass man einen abgeschrägten Stein oder ein Holzstückchen unter die Absätze schiebt. Buren und andere feldgewohnte Leute kauern auf einem Absatz. Das ist allerdings zuerst etwas ermüdend.

Knöpfe gehen im Lager ständig verloren. Es trägt daher viel zur Bequemlichkeit bei, wenn jeder Pfadfinder weiss, wie man sich Knöpfe aus Schnürsenkeln oder Bindfaden anfertigen kann. Der Pfadfinder muss auch lernen, Kragenknöpfe aus Holz, Stein oder Horn zu schnitzen.

Ein einfacher Leinwandsack, 60 cm lang und 30 cm breit, kann sehr viel zu einer angenehmen Nachtruhe beitragen. Man kann auf dem Marsch alles mögliche darin unterbringen oder man trägt ihn leer und steckt erst bei der Rast Gras oder auch sein Unterzeug hinein und hat dann ein vorzügliches Kopfkissen für sein Nachtlager.

Lagerfeuer.

Wie man Lagerfeuer anzündet.

Bevor der richtige Hinterwäldler sein Lagerfeuer anzündet, entfernt er sorgfältig alles in der Nähe befindliche trockene Gras, Heidekraut, Laub u. s. w.; denn sonst kann das Feuer leicht auf benachbarte Grasflächen oder Büsche übergreifen. Wer die rasende Wut eines solchen verheerenden Buschfeuers erlebt hat, wird doppelt vorsichtig sein. Und doch sind so viele verhängnisvolle Grasbrände nur durch den Leichtsinn unerfahrener Neulinge verursacht worden, die sich in möglichst törichter Weise ihr sogenanntes Lagerfeuer anzumachen suchten.

Man kann das in der Nähe des Feuerplatzes befindliche Gras mit dem Messer abschneiden. Einfacher und schneller kommt man zum Ziel, wenn man sich einen sogenannten Ring brennt. Dies muss jedoch mit grosser Vorsicht geschehen, und man darf nur nach und nach und immer nur eine kleine Grasfläche auf einmal abbrennen, muss dabei aber stets Baumzweige oder alte Säcke zur Hand haben, mit denen man das Feuer sofort ersticken kann, wenn es irgendwie die beabsichtigte Grenze überschreiten sollte. Der richtige Pfadfinder wird überhaupt immer auf der Wacht sein, dass er rechtzeitig ein zufällig entstehendes Buschfeuer möglichst noch im Keime ersticken kann. Damit erfüllt er auch nur die Pflicht des ihm auferlegten täglichen Liebeswerkes; es kommt dem Grundbesitzer zugute, dessen Vieh oder Ernte sonst in schwere Gefahr geraten würde.

Es hat eigentlich nicht besonders viel Wert, jemand das Feueranzünden mit schönen theoretischen Lehren beibringen zu wollen, denn das einzige Mittel, es richtig zu lernen, besteht darin, dass man die hier erteilten Ratschläge praktisch anwendet, sich danach selbst sein Holz richtig zurechtlegt und es dann in Brand zu setzen sucht.

In einem »Die zwei kleinen Wilden« betitelten Buche gibt ein Vers davon Kunde, wie sich die an Feld und Lager gewöhnten Indianer ihr Feuer herrichten:

Zuerst von Rinde der Birke die Späne so trocken wie möglich;
Nimm dann Zweige von dürrem Gehölz, vor allem nicht weich,
Und zum Schluss dann auch der Fichte knorrige Aeste;
Dann bei siedendem Kessel fühlst Du der Heimat Dich nahe.

Daher nimmt man also zuerst ganz kleine Späne von möglichst trockenem Holze, und häuft sie locker aufeinander. Dazu bringt man dann Stroh und Papier. Darüber legt man kleine Hölzer pyramidenförmig aufrecht gegeneinander und über diese wiederum eine Pyramide von grösseren Hölzern oder Zweigen. Dann zündet man das Stroh oder Papier an. Wenn nun das Feuer lustig brennt, werden stärkere Holzstücke hinzugesetzt und schliesslich grosse Holzkloben oder ganze Baumstämme, die jedoch nicht allzu dick sein dürfen. Auf solche Weise erhält man ein vorzügliches Feuer, besonders auch zum Wärmen.

Handelt es sich nur um ein Kochfeuer, so kommt man natürlich mit weit weniger Holz aus. Die Hauptsache ist dabei, dass man eine möglichst grosse Menge glühender Holzkohlen erhält. Man braucht dazu nur drei starke Holzkloben, die sternförmig auf den Boden gelegt werden. Sie liegen dann wie Wagenspeichen gegeneinander. Da wo die drei Holzstücke nahe aneinanderstossen, wird zuerst mit dünnen Holzspänen das Feuer angelegt. Wenn das Feuer erst einmal ordentlich brennt, kann es nicht mehr ausgehen. Man braucht immer nur wieder die Holzstücke gegen die Mitte des Feuers nachzuschieben, und erhält so stets von neuem frische glühende Holzkohlen.

Wagenradfeuer fertig zum Anzünden.

Es gibt dies ein sehr gutes Kochfeuer, das keine sichtbare Flamme und wenig Rauch erzeugt. Dies ist besonders von Wichtigkeit, wenn man unentdeckt vom Gegner abkochen will. Um das Feuer über Nacht im Glimmen zu erhalten, bedeckt man es reichlich mit Asche. Es wird dann die ganze Nacht hindurch schwelen und ist morgens stets gebrauchfertig. Durch einfaches Hineinblasen facht man dann die Glut wieder an. Will man aber das Feuer die ganze Nacht hindurch unterhalten, so legt man eine Anzahl von Holzklötzen sternförmig mit den Enden aneinander. Einer davon muss jedoch so lang sein, dass er leicht mit der Hand aus liegender Stellung erfasst werden kann. Ohne aufstehen zu müssen, kann man damit von Zeit zu Zeit das Holz wieder in die Mitte hineinschieben.

Sollte einmal zu Hause der Holz- oder Kohlenvorrat ausgehen, so ist es immerhin wissenswert, dass alte Stiefel, die man so vielfach auf Müllhaufen herumliegen sieht, ein sehr brauchbares Heizmaterial abgeben.

Man kann daher einer armen alten Frau auch dadurch ein Liebeswerk erweisen, dass man solche alte Stiefel sammelt und sie ihr zum Heizen gibt.

In Südwestafrika lieferte uns in holzarmen Gegenden der getrocknete Dung der Rinder ein gutes Brennmaterial.

Auch die amerikanische Methode liefert ein gutes Kochfeuer. Zwei starke Klötze werden etwa $1^1/_4$ m voneinander entfernt in den Boden getrieben. Ein Baum von ungefähr 5 m Höhe und 25 cm Dicke wird gefällt und in drei gleiche Teile gesägt. Diese drei Klötze werden übereinander gegen die schrägstehenden Pfosten gelegt und bilden die Hinterwand der Feuerstelle. Zwei kurze Holzstücke bilden dann die Seitenwände, ein langes die Vorderwand der Feldküche, die so in der Mitte den »Kochrost« einschliessen. Auf diesem

Rost legt man das Brennholz pyramidenförmig zusammen und zündet es an. Man erhält so ein Feuer, das eine ganz ausgiebige Hitze entwickelt. Der »Kochrost« muss in der Windrichtung gelegen sein; oft wird es nötig sein, zur Herbeiführung eines ordentlichen Durchzuges unter dem untersten Klotz der Rückwand einen kleinen Tunnel zu graben.

Amerikanischer Feldkochherd.

Für das Lagerfeuer ist eine Feuerzange sehr nützlich. Von Buchenholz oder einem andern zähen Holz schneidet man einen Stock, der ungefähr 1,25 m lang und 2—3 cm dick ist. In der Mitte wird er bis zur halben Dicke abgeschabt. Diesen Teil hält man einige Sekunden in glühende Holzkohlen und biegt dann den Stock zusammen, bis sich die beiden Enden vereinigen. Diese flacht man an der inneren Seite ein wenig ab, so dass die Klauen dadurch besser fassen können, und die Feuerzange ist fertig.

Ein Besen ist ein sehr wichtiges Gerät zur Sauberhaltung eines Lagers. Er kann leicht aus einigen Birkenreisern hergestellt werden, die man dicht um eine Stange bindet.

Trocknen der Kleider.

Oft genug wird der Soldat im Dienste nass, und man sieht dann eine ganze Menge Rekruten, die einfach in ihrer nassen Kleidung bleiben, bis sie wieder von selbst trocken wird. Sie bekommen auch meist sehr schnell Erkältungen, Fieber, Grippe, nicht selten auch schwere Lungenentzündungen. Deshalb wird ein alter Feldsoldat, zumal ein richtiger Pfadfinder, es so wie Baden-Powell machen: Wenn er keine anderen Kleider zum Wechseln hatte, hing er seine Bekleidungsstücke über einem Feuer zum trocknen auf und sass währenddessen nackt oder in eine Decke gehüllt unter einem Wagen.

Um seine Kleider über einem Feuer zu trocknen, stellt man einen Holzkohlenbrand her und baut darüber aus Stöcken einen kleinen, bienenkorbartigen Käfig. Darüber hängt man seine Kleider, die dann sehr schnell trocknen.

Aber auch in der Hitze ist es gefährlich, in durchgeschwitzten Kleidern sich hinzusetzen, besonders wenn Wind geht. Dann kann man mitten im Sommer, auch in den Tropen, eine Erkältung mit oft sehr unangenehmen Folgen bekommen.

Baden-Powell trug daher während seiner Dienstzeit an der Goldküste bei Märschen stets ein Reservehemd auf dem Rücken, die Aermel um den Hals gebunden. Bei jedem Halt zog er sein durchgeschwitztes Hemd aus und das andere an, das inzwischen durch die Sonne stets wieder getrocknet war. Er bekam dann auch weder eine Erkältung noch Malaria, während alle seine Begleiter, die weniger vorsichtig waren als er, daran schwer erkrankten. Die deutsche Kriegssanitätsordnung sagt auch sehr treffend: Den Soldaten ist zum Bewusstsein zu bringen, dass sie einerseits Gesundheit und Leben einzusetzen haben, andererseits aber alles tun müssen, um sich gesund und kampffähig zu erhalten.

Ordnungssinn.

Der Boden des Lagers muss stets rein und überhaupt in Ordnung gehalten werden, nicht allein weil die Abfälle Fliegen heranlocken, sondern auch weil der richtige Pfadfinder stets seinen Stolz darein setzt, ein sauberes Lager zu hinterlassen. Denn es ist recht beschämend, wenn andere Leute an dem verlassenen Lagerplatz vorbeikommen und eine dort zurückgebliebene Unordnung sehen. Euer ganzer Ruf würde darunter leiden, und der richtige Pfadfinder soll doch immer ein Vorbild für andere sein. In Kriegszeiten oder in gefährdeten Gegenden kann es zur Gefahr werden, wenn man alles mögliche umherliegen lässt. Die feindlichen Späher der Hottentotten suchten sofort das Lager der Deutschen ab, sobald diese ausser Sehweite waren. Sie schöpften aus dem Zurückgelassenen manche für sie wertvolle Nachricht. Besonders erfreut waren sie natürlich, wenn sie Patronen fanden.

Darum sind richtige Pfadfinder immer ordentlich im Lager wie zu Hause. Es muss dies eben etwas ganz Selbstverständliches für sie sein. Wer nicht ordentlich zu Hause ist, ist auch nicht ordentlich im Lager. Und wer nicht ordentlich im Felde ist, wird niemals ein wirklicher Pfadfinder werden, sondern immer ein Neuling bleiben. Jeder Pfadfinder muss jederzeit darauf gefasst sein, dass er plötzlich auch mitten in der Nacht alarmiert wird, oder dass seine Hilfe verlangt wird. Darum muss er in seinem Zelt oder Quartier immer auf Ordnung sehen, mit einem Handgriff muss er auch im Dunkeln jeden Bekleidungs- und Ausrüstungsgegenstand zu finden wissen, sonst kann er die beste Zeit verlieren, in unkultivierten Ländern auch wehrlos niedergeschlagen werden.

Darum muss man sich schon zu Hause daran gewöhnen, alle seine Sachen auf einem Stuhl am Bett zusammenzulegen, so dass man sie in einem Nu anziehen kann.

Ein Pfadfinder bindet auch seine Schuhschnüre recht ordentlich, d. h. sie brauchen eigentlich nicht gebunden zu werden, sie werden vielmehr durch die Schnürlöcher von oben nach unten derartig geflochten, dass der Schuh mit einem Zug geschnürt ist.

Rechter Schuh, nach Pfadfinder-Weise geschnürt.

Das eine Ende des Schnürbandes wird unterhalb des untersten Loches an der Innenseite festgeknotet, die Schnur durch das Loch hindurchgesteckt und dann auf der äusseren Seite zum gegenüberliegenden Loch geführt. Dann wird sie auf der Innenseite des Schuhes nach oben zu den obersten Löchern geführt, wie es die Abbildung zeigt und weiter erklärt.

Der gestrichelte Teil liegt innerhalb des Schuhes und ist daher in Wirklichkeit nicht zu sehen.

Wander-Biwak.

Statt eines längeren Aufenthalts in einem mit grösserer Bequemlichkeit (wie Zelten, Hütten, Feldbetten) ausgestatteten Lager ist zeitweiliges Biwakieren als Abwechslung zu empfehlen. Man marschiert am Tage und lagert mit Sonnenuntergang an Strassengräben oder in Feldern und Wäldern. Dies ist natürlich für einen Jungen nur bei guter Witterung ratsam, bei schlechtem Wetter nächtigt er überhaupt stets in einer Scheune, bittet aber vorher den Besitzer um Erlaubnis. Zunächst erfordert dies die Höflichkeit, also seine Pflicht, dann aber könnte auch der Eigentümer glauben, dass Diebe und Wegelagerer bei ihm eingebrochen seien und daher vielleicht einen unglücklichen Schuss abgeben.

Feldlatrinen.

Etwas sehr Wichtiges, das in einem Lager nicht versäumt werden darf, ist die Anlage von Feldlatrinen. Viele schwere Seuchen, wie Cholera, Typhus und Ruhr, sind dadurch entstanden, dass dies vernachlässigt worden war. Besonders in Kriegszeiten sind viele stolze Heere, die der Feind nicht besiegen konnte, diesen Seuchen wehrlos erlegen. Denn durch den Kot werden alle Krankheitsstoffe abgeschieden; liegt er frei herum, so setzen sich Fliegen darauf, die die Krankheitskeime auf die Nahrung verschleppen können, oder, wenn er eingetrocknet ist, weht der Wind mit dem Staube Euch Schmutzteile in Mund, Wasser und Nahrung. Darum muss jede Entleerung in Gräben erfolgen und jedesmal sofort mit Erde bedeckt werden. Bei stehenden Lagern mit richtigen Aborten ist Torfstreu als geruchlos machendes Mittel besonders zu empfehlen. Die Fäkalien geben dann einen ausgezeichneten Dünger.

Die Feldlatrinen bestehen aus einfachen Gräben, die etwa 30 cm breit und 75 cm tief sind. Wer sie benutzen will, muss sich über diesen Gräben in der Längsrichtung, die Beine an beiden Rändern gespreizt, niederhocken. So gelangt auch der Urin hinein, das umliegende Erdreich wird nicht beschmutzt, und Schmutzteile können dann nicht durch die Stiefel in das ganze Lager verschleppt werden.

Der Graben wird durch seitlich aufgestellte Strohmatten oder Leinwandschirme in kleine Aborte geteilt, so dass sich keiner durch den andern belästigt fühlt.

Man legt die Latrinen überhaupt immer so an, dass sie möglichst durch Gebüsch verdeckt sind.

Auch wenn ein Pfadfinder seine Notdurft auf dem Marsche ausserhalb des Lagers verrichtet, muss er wenigstens immer ein kleines Loch für seine Ausscheidungen graben, das dann gleich wieder mit Erde ausgefüllt wird; das tut sogar ein Hottentott, trotzdem er das Wort Hygiene nicht gelernt hat.

Uebungen.

Wie man einen Webstuhl herstellt.

5 Pfähle von je 25 cm Höhe werden fest in einer Reihe in den Boden getrieben. In einem Abstand von etwa 2 m werden gegenüber den Eckpfosten weitere 2 Pfähle eingerammt und über diese eine Querstange gelegt. Diese wird in 4 gleiche Teile eingeteilt. Am Kopfe jedes Pfostens der

Pfahlreihe Nr. 1 wird ein Bindfaden befestigt, und dieser zu dem gegenüberstehenden Pfahl, oder Stangenabschnitt (Nr. 2) geführt und dort befestigt. Die Fortsetzung wird dann nach No. 1 zurück und darüber etwa 1,5 m hinausgeführt, sodann an einer beweglichen Querstange oder »Webebaum« in den bisherigen Pfahlabständen befestigt. Dieser Webebaum wird

Feldwebstuhl zum Anfertigen von Matten und Matratzen.

dann in langsamem Tempo von einem Pfadfinder auf und nieder bewegt. Ein zweiter legt Bündel von Farnkraut, von Stroh, oder Zweigen lagenweise abwechselnd über und unter die aufgespannten Fäden, welche auf diese Weise durch das jeweilige Heben und Senken des Webebaumes in ihrer Lage festgehalten werden. Statt der 2 Pfähle auf Reihe 2 mit einer Querstange kann man natürlich auch hier 5 Pfosten eintreiben. Oft wird man jedoch an irgend einer Wand eine Querstange oder eine Leiter fertig zum Gebrauch entdecken können.

Im Lager übt man ferner die Herstellung der verschiedenen Arten von Feldbetten. In geschlossenen Räumen fertigt man Feldkerzenhalter, Lampen, Gabeln, Zangen, Knöpfe, Besen. Im Freien übt man das Zurechtlegen und Anzünden von Feuerholz. Die Pfadfinder müssen auch ihre Schuhe in der angegebenen Art zu binden lernen.

Winke für den Lehrmeister.

Lagerordnung.

Beim Beziehen des Lagers müssen bestimmte Lagervorschriften gegeben werden. Man stellt sie ein für allemal auf und ergänzt sie nach Bedarf. Sie müssen in erster Linie den Feldkornetts genau erklärt werden. Diese sind dann voll dafür verantwortlich, dass die ihnen unterstellten Pfadfinder sie genau ausführen.

Man lässt jede Gruppe für sich getrennt von den andern lagern. So kann man am besten zwischen ihnen einen Vergleich im Punkte der Reinlichkeit und Ordnung in Zelten und Umgebung anstellen.

Wenn auch jede Gruppe ihr Zelt für sich hat, so muss sie sich doch stets in Rufweite von dem Zelt des Feldmeisters befinden. Der Feldkornett darf sich selbst ein kleines eigenes Zelt oder eine Schutzwand aufschlagen, aber stets ganz nahe bei seiner Gruppe. Die Feldkornetts haben täglich zu einer bestimmten Stunde, am besten morgens und abends, beim Feldmeister anzutreten, die Befehle für den Tag in Empfang zu nehmen und ihrerseits Meldung über Gesundheit und Führung ihrer Gruppenangehörigen und sonstige wichtigere Vorkommnisse zu erstatten.

Nach dem Abkochen mittags: 1—2 Stunden Rast. Jede Badegelegenheit in einem Fluss oder See muss benutzt werden. Es sind jedoch strenge Vorschriften zu erlassen, dass kein Nichtschwimmer in gefährliche Strömungen oder tiefes Wasser gelangen kann. Auch gute Schwimmer sind vor Uebertreibungen zu warnen. Die Grenzen des Badeplatzes sind jedesmal genau zu bezeichnen.

Zwei gute Schwimmer müssen ständig als Aufsichtspersonal bestimmt werden; am besten fahren sie dauernd im Boote die äusseren Grenzen des Badeplatzes ab. Sie sind nur mit Badehose bekleidet, haben jedoch einen Mantel, einen Umhang oder ein Tuch umgehängt. Erst wenn alle anderen gebadet und das Wasser verlassen haben, dürfen sie selbst baden.

Vorschriften über Feueralarm müssen stets erlassen werden.

Man darf nicht versäumen, bekannt zu machen, welche Grundstücke nicht betreten werden dürfen, welche Brunnen benutzt und nicht benutzt werden sollen. Vorschriften über Beseitigung der Abfälle, Anlage von Feldlatrinen, Zeit zum Niederlegen und Wecken dürfen gleichfalls nie vergessen werden.

III. Abschnitt.

Die Verpflegung im Feldlager.

Kochen.

Jeder Pfadfinder muss selbstverständlich sein Fleisch und Gemüse auch ohne die gebräuchlichen Küchengeräte zu kochen und sein Brot zu backen verstehen. Zum Wasserkochen hat er für gewöhnlich sein Zinn- oder Aluminiumkochgeschirr. Darin kann er dann sein Gemüse kochen oder sein Fleisch sieden lassen, aber oft wird er es für andere Zwecke nötig haben und muss dann sein Fleisch auch ohne Gefäss braten können. Dies geschieht sehr zweckmässig, wenn man es mit Salz und Pfeffer bestreut, dann auf spitze Stöcke steckt und nahe dem Feuer aufhängt, bis es geröstet ist. Man kann auch, wenn man keinen Kochgeschirrdeckel hat, den Deckel einer alten Cakes- oder Konserven-Büchse als Bratpfanne benützen. Dann muss man Fett oder Wasser zusetzen, damit das Fleisch nicht anbrennt, bevor es gar ist.

Fleisch kann auch, in einen Bogen von nassem Papier eingeschlagen oder mit einer Hülle von Lehm umgeben, in die glühenden Holzkohlen gelegt werden, wo es von selbst braten wird. Vögel und Fische können auf die gleiche Weise zubereitet werden. Dabei ist es nicht nötig den Vogel vorher abzurupfen, wenn man ihn in Lehm einwickelt. Die Federn verkleben nämlich mit dem Lehm, sobald er in der Hitze hart wird. Wenn man dann den Lehm aufbricht, wird der Vogel ohne Federn, wie eine Nuss aus ihrer Schale, gebraten herauskommen.

Eine andere Art der Zubereitung ist, den Vogel sorgfältig auszuweiden, dann einen Kieselstein, der der Grösse der Höhle entspricht, fast bis zum Glühen zu erhitzen und ihn in den Vogel hineinzulegen. Darauf legt man den Vogel auf einen Bratrost oder hält ihn an einem hölzernen Bratspiess über das Feuer.

Vögel rupft man am leichtesten gleich nach dem Töten ab.

Man kann auch Fleisch bei Fehlen von Wasser auf folgende Art zubereiten:

Das Kochgeschirr wird mit würfelförmigen Fleischstücken von etwa 2 cm Durchmesser, mit dazwischen gelegten Pfefferkörnern, Salz und einigen Lorbeerblättern gefüllt, fest geschlossen, in ein mit glühenden Holzkohlen halbgefülltes Loch von etwa 50 cm Breite und Tiefe gestellt, mit glühenden Holzkohlen umgeben und bedeckt; darüber wird eine leichte Schicht Boden gebracht. Nach 2 bis 3 Stunden ist das Fleisch weich, saftig und sehr schmackhaft; auf dem Boden des Kochgeschirrs hat sich der Fleischsaft angesammelt. Bei Zinn-Kochgeschirren kommt es vor, dass Zinn vom Deckel abtropft und so das Fleisch ungeniessbar wird.

Die aus alten Kolonialsoldaten bestehende »Legion of Frontiersmen« hat im Sommer 1908 ihr Mahl, bestehend aus Ente, Schwein, Kartoffeln, Zwiebeln, Kohl und Brot, ohne alle Hilfsmittel auf folgende Weise gekocht:

Es wurde ein grosses Loch in die Erde gegraben und der Grund mit einer Anzahl von Steinen belegt. Ein Holzfeuer wurde in dem Loch angezündet und, nachdem das Feuer etwa eine Stunde gebrannt hatte, wurde die Glut entfernt und etwas Wasser auf die heissen Steine gegossen, dann das Fleisch, rings umgeben von Kartoffeln und Zwiebeln, daraufgelegt. Der Kohl bildete die obere Schichthülle des Fleisches, und über das Ganze wurde ein feuchtes Tuch gelegt. Das Loch wurde mit einem Sack bedeckt, um das Eindringen von Schmutz zu verhüten, und dann mit Erde zugeworfen.

Das hineingegossene Wasser erzeugte Dampf, und nachdem das Mahl für $1^1/_2$ Stunden sich überlassen geblieben war, war es fertig zum Anrichten. Es war auch vorzüglich gekocht, und auch die Kartoffeln und der Kohl sollen Triumphe der Kochkunst dargestellt haben, die jeden Feinschmecker befriedigt hätten.

Aehnlich, gleichfalls ohne alle Hilfsmittel, wird in den deutschen Verpflegsvorschriften die Zubereitung des Kopfes des Ochsen empfohlen. Dieser wird nach Beseitigung der Hörner mit Haut und Haar in eine mit glühenden Holzkohlen gefüllte Grube gelegt, mit solchen umgeben und verdeckt. Es ist dabei darauf zu achten, dass auch ringsum glühende Kohle liegt, sonst bleibt der Kopf an einer Stelle hart. Ueber die Kohlen wird eine leichte Schicht Boden gebracht. Nach etwa 2 Stunden ist der Kopf im eigenen Saft gar geworden, die Haut lässt sich leicht herunterstreifen, das Fleisch und der Brägen sind geniessbar und reichen für etwa 10 Mann.

Wenn wir in Südwestafrika einen Bock erlegt oder eine Ziege geschlachtet hatten, so lieferten uns Leber und Nieren gleich ein köstliches Mahl. Man soll sie möglichst frisch essen, da diese Teile, besonders in heissen Gegenden, am schnellsten verderben.

Die Leber wurde in dünne, etwa $^1/_2$ cm starke Scheiben geschnitten und im Kochgeschirrdeckel in zerlassenem Nierenfett, auch unter Zugabe von Zwiebelscheiben, etwa fünf Minuten gebraten. Die Leute auf Pferdewache bestreuten einfach die Leber mit Salz oder Pfeffer, legten sie in die Asche, so dass sie vollkommen von der Glut umgeben war. Nach 20 bis 30 Minuten war die Leber gar, das ganze Blut und der Saft waren noch darin.

Die Nieren wurden in kleine, dünne Scheiben geschnitten und im Kochgeschirr mit ausgebratenem Nierenfett oder

Fett, das aus dem Schwanz der Fettschwanz-Schafe gewonnen wurde, unter Zusatz von wenig Wasser und unter öfterem Umschütteln geschmort. Nach 15 bis 20 Minuten war das Gericht gar.

Baden-Powell erzählt eine seiner Erfahrungen als Anfänger, als warnendes Beispiel:

Die Reihe zum kochen war an ihn gekommen. Er wollte nun gern Abwechslung in die Mahlzeit bringen und hatte deshalb Suppe auf die Speisekarte gesetzt. Er hatte etwas Erbsmehl, das er mit Wasser mischte, aufkochen lassen und dann als Erbssuppe serviert, ohne Salz oder eine andere Würze oder irgend eine Brühe dazu zu tun. Er wusste nicht, dass dies notwendig war, und dachte auch nicht daran, dass dieser Mangel auffallen würde.

Aber seine Kameraden merkten es sofort, nannten seine schöne Suppe einen nassen Erbsenpudding, den er allein essen möge und sagten ihm dies nicht allein, sondern zwangen ihm die ganze Tunke hinein. Er hat nie wieder einen solchen Fehler gemacht.

Wenn man mit dem Feldkochgeschirr kochen will, kann man es auf die Holzklötze stellen. Es fällt jedoch leicht um, wenn man nicht genügend aufpasst. Daher stellt man es besser auf den Boden mitten in die Glut hinein. Man kann auch einen Dreifuss von drei grünen Holzstangen über dem Feuer dadurch errichten, dass man sie an den Enden zusammen bindet, daran einen Draht oder eine Kette anbringt und den Topf daran anhängt. Ein alter Pfadfinder benützt zu diesem Dreifuss keine Pappeläste als Stützen, wenn diese auch leicht zu schneiden und herzurichten sind.

Eine gute Art von Feldküche ist folgende:

Zwei Reihen von Erdschollen, Mauersteinen, Steinen oder dicken, 2 m langen, oben abgeflachten Balken werden in spitzem Winkel aneinander gestellt, so dass sie 10 cm an dem einen, 8 cm an dem anderen Ende voneinander entfernt

Feldküche.

sind, das weitere Ende nach der Windseite. Darüber wird in zwei Gabeln ein Stock gelegt, an dem die Kochgeschirre aufgehängt werden.

Wenn man eine grössere Anzahl von Kochgeschirren erhitzen will, so stellt man sie in zwei Reihen etwa Handbreit voneinander entfernt auf, und zwar in der Windrichtung. Das Holz legt man in kleinen Stücken zwischen die beiden Reihen, dann stellt man eine dritte Reihe von Kochgeschirren auf die beiden ersten hinauf, so dass ein kleiner Tunnel von ihnen gebildet wird. An dem dem Wind zugekehrten Tunnelende zündet man das Feuer an, der Zug wird die Glut durch den ganzen Tunnel verbreiten und so alle Töpfe erhitzen. Das Feuer muss mit klein geschnittenen Holzstücken unterhalten werden.

Wenn man einen Topf Wasser auf dem Feuer kochen lässt, darf man den Deckel nicht zu stark daraufpressen, denn der Dampf muss irgend einen Ausweg haben, sonst würde er den Topf sprengen.

Um zu erkennen, ob das Wasser anfängt zu kochen, braucht man den Deckel nicht abzunehmen und hineinzusehen, sondern es genügt, das Ende eines Stockes oder Messers an den Topf zu halten. Wenn das Wasser kocht, nimmt man damit eine Erschütterung wahr.

Biltong oder Fleckfleisch. Man schneidet Wildfleisch in 6 cm breite und 1 cm hohe Streifen, reibt sie gut mit Salz und Pfeffer ein und lässt sie nachts im Freien an der Luft, an Schnüren aufgehängt, trocknen. Man kann dann morgens das Fleisch leicht in die Packtasche stecken, und jederzeit zum Kochen verwenden oder auch roh essen. Auch vortreffliche Fleischsuppen kann man damit zubereiten, wie es unsere Truppen in Südwestafrika oft taten.

Kabobs. Fleischschnitte am Spiess. Man schneidet das vorher tüchtig geklopfte Fleisch in etwa 1—2 cm dicke Scheiben, diese wieder in kleine Würfel von etwa 2,5 bis 3,5 cm Länge. Eine Anzahl dieser Würfel reiht man an einem Stock oder eisernen Stab auf, und stellt diesen entweder an das Feuer, oder hängt ihn bei fortwährendem Drehen über starke Glut auf, bis das Fleisch gebraten ist. Ein hölzerner Stock wird am besten zuvor nass gemacht, damit er nicht anbrennt.

Jägerbraten. Man schneidet das Fleisch in kleine Würfel von etwa 2,5—3,5 cm im Quadrat. Dann schabt und zerhackt man etwas Gemüse, wie Kartoffeln, Rüben, Zwiebeln etc., und wirft es in das Kochgeschirr. Man füllt dieses dann bis zur Hälfte mit reinem Wasser oder mit Suppe.

Man mischt darauf Mehl, Salz und Pfeffer zusammen, reibt das Fleisch fest hinein und tut es in den Kessel. Es muss gerade genug Wasser da sein, um die Speisen zu bedecken — nicht mehr. Man lasse das Kochgeschirr in der Holzkohlenglut stehen und etwa $1^1/_4$ Stunde gelinde kochen. Die Kartoffeln müssen am längsten kochen. Wenn diese weich genug sind — man prüfe sie mit einer Gabel — dann ist das ganze Gericht fertig. Alle Arten von Dünsten und Schmoren sind dem Anrösten am Feuer vorzuziehen, denn man muss vor dem Essen stets die geröstete Kruste erst abschaben. Dadurch geht viel Fleisch verloren und oft ist dann das Innere noch ziemlich roh. Aber rösten ist immer noch besser, als rohes Fleisch geniessen oder gar hungern.

Brotbacken.

Zum Brotbacken zieht der Pfadfinder seinen Rock aus, breitet ihn auf dem Boden aus, die Innenseite nach oben damit man die Spuren der Backarbeit später nicht sieht, wenn er den Rock wieder anzieht. Nachdem er sich gründlich seine Hände gewaschen hat, schüttet er die nötige Menge Mehl auf den Rock. Dieses höhlt er in der Mitte aus, und giesst in die Vertiefung warmes Wasser von etwa 45^0 C. hinein. Dann vermengt er den Teig mit ein oder zwei Prisen Salz, wenn möglich mit der doppelten Menge Backpulver, und knetet und mischt nach Bedarf, unter Zusatz von warmem Wasser, das Ganze gut zusammen, bis es einen Klumpen gut durchgekneteten Teig bildet. Jetzt streut er etwas frisches Mehl über die Hände, damit der Teig nicht an ihnen kleben bleibt, schlägt ihn und formt ihn zu einem grossen Fladen oder zu mehreren solchen.

Reinlicher ist die Zubereitung im Kochgeschirr, wie sie im deutschen Heere geübt wird. Hier wird die Mischung von Mehl, Backpulver, das auch Trockenhefe heisst, und Salz — immer doppelt so viel Backpulver wie Salz — im Kochgeschirr mit Löffel oder Stab gründlich gemengt, dann warmes Wasser zugegossen, der Teig tüchtig damit verrührt und allmählich so viel Wasser hinzugesetzt als nötig ist, um den Teig vollkommen zu durchfeuchten. Aus dieser Masse formten wir dann in Südwestafrika gleichfalls Fladen oder Flinsen. Diese Flinsen legt man dann auf einen Bratrost über heisse Asche oder schiebt das Feuer teilweise beiseite, legt den Teig auf den heissen Grund, häuft glühende Asche herum, besonders auch oben, und lässt ihn dann von selbst backen. In 10—15 Minuten sind die Brote fertig. Wenn man weder Backpulver noch Sauerteig hat, muss es auch so gehen.

Auf diese Art können jedoch nur kleine Laibe oder Kuchen gebacken werden.

Die Buren machen aus dem Mehlgemisch ihre Vetkocken, indem sie den Teig löffelweise in ein Kochgeschirr werfen, das etwa bis zur Hälfte mit siedendem Nierenfett gefüllt ist. Sobald die Kuchen, die Pfannkuchen ähneln, an die Oberfläche kommen, sind sie fertig und schmecken warm genossen auch wie solche, besonders wenn man etwas Zucker zum Teig zugesetzt hat.

In Südwestafrika waren die Mehlflinsen eine unserer Leibspeisen. Man briet im Kochgeschirrdeckel flache Stücke des auf obige Art — meist jedoch ohne Backpulver — hergerichteten Teiges in zerlassenem Nierenfett auf beiden Seiten. Konnte sich der Leibkoch den Luxus leisten, Zucker zum Teige zuzusetzen, so war für den afrikanischen Feinschmecker das Omelette fertig.

Um richtiges Brot zu backen, drückt man den Teig in einen vorher mit Mehl bestreuten irdenen Topf, Zinnkochgeschirr oder Aluminiumkochgeschirrdeckel und verschliesst diese Gefässe gut. Gleichzeitig gräbt man eine Grube, in der das Gefäss reichlich Platz hat; mit der ausgehobenen Erde erhöht man die Seitenwände der Grube. In dieser zündet man dann ein Feuer an, lässt das Holz niederbrennen, bis noch glühende Kohlen vorhanden sind, legt dann das Geschirr mitten in die Glut hinein und häuft auch solche ringsherum. Nach etwa einer halben Stunde ist das Brot fertig gebacken.

So buken wir monatelang in Südwestafrika. Wenn man kein Backpulver hat, muss man sich den Sauerteig selbst bereiten. Am Abend vor dem Backen verrührten wir dazu etwa einen halben Liter warmen Wassers mit Mehl, jedoch durfte die Masse nie zu fest werden. Dieser Teig brauchte über Nacht nur an einem warmen Ort — in der Nähe des Lagerfeuers — stehen und der Sauerteig war dann fertig zum Gebrauch. Er konnte auch leicht in einer kleinen Konservenbüchse von den Reitern in der Packtasche mitgeführt werden. Aber auch alle Arten von Backöfen wurden improvisiert, so das feste Lehmgebäude der Thermitenhaufen ausgehöhlt oder aus dem Lehm der trockenen Flussbetten ein Lehmofen gebaut. Darin wurde dann ein Feuer angezündet und, wenn der Ofen ordentlich erhitzt war, das Feuer herausgerissen, der Teig hineingelegt, darauf der Eingang fest zugestopft, bis das Brot je nach der vor handenen Hitze in 1—2 Stunden gebacken war.

Baden-Powell empfiehlt auch, einen starken Knüttel an ienem Ende anzuspitzen, abzuschälen und im Feuer zu erhitzen. Dann zieht man den Teig in einem langen Streifen aus, etwa 5 cm breit und 1 cm hoch, rollt ihn spiralenförmig um den Stock herum, hält diesen unter zeitweisem Drehen über das Feuer und lässt den Teig rösten.

Vorrats-Beutel.

Oft wird es Dir im Felde passieren, dass Du statt Brot oder Zwieback zwei Hände voll Mehl bekommst, ausserdem ein Stück Fleisch, einen Löffel voll Salz, einen solchen voll Pfeffer, ein paar Stück Zucker, etwas Backpulver und eine Hand voll Kaffee oder Tee. Es ist dann oft sehr belustigend, wie ein Neuling seine Portion in Empfang nimmt und zu seinem Lagerplatze bringt.

Wie würdest Du dabei verfahren?

Wahrscheinlich den Pfeffer in die eine Tasche stecken, das Salz in eine andere Tasche, den Zucker wieder in eine andere, das Mehl in den Hut, diesen in der einen Hand halten, das Stück Fleisch in der anderen, und den Kaffee — noch in einer anderen.

Wenn Du aber dazu in Hemdärmeln bist, was besonders in den Tropen nicht selten vorkommen wird, da hast Du nicht soviel Taschen, und wenn Du, wie die meisten Deiner Mitmenschen, nur zwei Hände hast, so ist der Proviantempfang ein schwieriges Kunststück.

Der richtige Pfadfinder hat daher immer seine drei »Vorratsbeutel« — kleine Säckchen, die er aus Stücken von Hemdenden oder Taschentüchern oder ähnlichen (für afrikanische Verhältnisse) Luxusgegenständen anfertigt, und die natürlich ausgewaschen werden müssen. In das eine tut er sein Mehl und Backpulver, in das zweite seinen Tee, Kaffee und Zucker, in das dritte Salz und Pfeffer.

Sehr oft mussten wir schon wieder abmarschieren, kaum dass wir unsere Portionen gefasst hatten. Wie meint Ihr, dass wir unser Mehl in einer Minute in Brot verwandelt haben?

Wir mischten es mit etwas Wasser in einem Becher und tranken es aus! Es erfüllte schliesslich auch so seinen Zweck.

Melken.

Ein Pfadfinder muss wissen, wie er eine Kuh oder eine Ziege zu melken hat, sonst kann er verdursten, wenn er auch noch so grosse Mengen Milch zur Verfügung hätte. Daher schäme er sich nicht, auf seinen Wanderungen von einer Kuhmagd zu lernen, wie man melken muss. Auch eine Ziege ist nicht so leicht zu melken, wie man denken sollte. Man muss dabei ihren Kopf mit der einen, ein Hinterbein mit der andern Hand halten und mit der dritten melken, wenn man im glücklichen Besitz einer solchen ist. Der afrikanische Eingeborene hält daher das Hinterbein zwischen seiner grossen und der zweiten Zehe und hat so eine Hand zum melken frei.

Reinlichkeit.

Erinnere Dich stets im Lager daran, dass, wenn Du krank wirst, Du als Pfadfinder nichts mehr taugst, sondern nur eine Last für Deine Kameraden bist; meistenteils wirst Du durch eigene Schuld krank. Entweder Du ziehst keine trockenen Kleider an, wenn Du nass geworden bist, oder Du lässt Schmutz in Deine Nahrung kommen, oder Du trinkst schlechtes Wasser.

Wenn Du daher Dein Essen kochst, so reinige Dein Kochgeschirr, Teller, Gabel, Löffel, Messer so gründlich wie möglich. Wenn Du sie dann wieder am Rockzipfel oder an einem schmutzigen Tuch abwischst, so hat die ganze Reinigung keinen Wert gehabt. Am besten tauchst Du Dein Essbesteck vor der Benutzung in kochendes Wasser oder in Tee, lässt das Wasser ablaufen und das Geschirr in der Luft trocknen.

Fliegen sind besonders gefährlich, weil sie die Krankheitskeime an ihren Beinen mit sich schleppen. Wenn sie sich dann auf die Nahrung niedersetzen, werden sie oft ihr Gift darauf ablagern, und Du wirst es mit hinunteressen. Dann darfst Du Dich freilich nicht wundern, wenn Du plötzlich Typhus, Ruhr, oder im besten Falle nur einen einfachen Magendarmkatarrh oder Brechdurchfall bekommst. Durch kochen werden alle diese Keime zerstört, daher lasse Dein Essen nicht lange stehen oder decke es wenigstens gut zu, damit keine Fliege und auch kein Staub, der, wenn er mit Unrat vermischt ist, gleichfalls Krankheitskeime mit sich führen kann, in die Speisen gelangt.

Fliegen gedeihen am besten im Schmutz und wo Unrat und Speisereste umherliegen. Darum muss man das Lager peinlich sauber halten, damit die Fliegen nicht herangelockt werden. Alle Abfälle müssen daher in eine eigens dafür gegrabene Grube geschüttet, darin möglichst verbrannt und mit Erde überworfen werden. Sie dürfen niemals im Lager umherliegen. Die Feldkornetts müssen genau darauf sehen, dass dies gewissenhaft geschieht. Vor jedem Zelt muss eine Kiste stehen, in die alle Abfälle, auch die Fetzen Papier, geworfen werden. Wenn recht viel Papier und Stroh dabei ist, kann man dann alles um so leichter verbrennen. In Kalkfontein hatte ich ein eigenes Arbeitskommando von gefangenen Hereros unter Aufsicht von Wachmannschaften für alle diese Reinigungsarbeiten gebildet. Inmitten Hunderter von Typhuskranken blieben wir von der Krankheit verschont.

Wasser.

Gutes Trinkwasser ist eines der allerwichtigsten Dinge im Feldleben, um Dich gesund und leistungsfähig zu erhalten. Jedes Wasser enthält nun eine grosse Anzahl kleiner Lebewesen, zu klein, um sie ohne Mikroskop zu sehen. Einige sind schädlich und krankheiterregend, andere nicht. Du kannst natürlich nicht wissen, welche schädlich sind und welche nicht, daher ist es immer am sichersten, wenn man alle abtötet, bevor man das Wasser trinkt. Und die beste Art sie abzutöten, ist das Kochen des Wassers. Man trinkt das Wasser am besten warm als Tee und Kaffee. Es löscht dann schneller den Durst als kaltes, weil es die trockenen Schleimkrusten im Munde besser löst. Man kann es auch in der Feldflasche schnell abkühlen und braucht dazu nur den Filzüberzug zu befeuchten und die Flasche in den Wind zu hängen.

Es ist in Afrika auch sonst gebräuchlich, die Flaschen mit nassen Strohhülsen und Tüchern zu umwickeln, und sie ebenso wie leinene Wasserbeutel dem Winde auszusetzen, der sie durch Verdunstung kühlt. Merke Dir, dass zu kalte Getränke leicht den Magen verderben, und dass dadurch die Krankheitserreger, die Dein gesunder Magen sonst töten würde, erst Gelegenheit finden, Dich krank zu machen. Daher trinke auch möglichst nur, wenn Du etwas zuvor gegessen hast, am besten ein Stück Brot. Um dieses zu verdauen, sondert der Magen keimtötende Salzsäure ab, und diese wird in vielen Fällen die Krankheitskeime vernichten können. Bei leerem Magen geht das Wasser schnell aus ihm wieder heraus in den Darm, und dort können die kleinen Lebewesen ungeschwächt die Krankheit einpflanzen.

Beim Abkochen des Wassers darf man sich nicht begnügen, wenn es nur aufwallt, um es dann schon vom Feuer zu nehmen, sondern man soll es etwa zehn Minuten kochen lassen, da diese kleinen Lebewesen, Mikroben oder Bazillen, wie man sie nennt, manchmal sehr zähe Gesellen sind und vielfach schon eine Portion Hitze vertragen können. Auch beim Kochen von Kaffee oder Tee ist deshalb gutes Sieden des Wassers erforderlich.

In Städten mit guter Wasserleitung sind diese Vorsichtsmassregeln natürlich unnötig.

Aus dem oben angeführten Grunde ist es äusserst gefährlich, aus Flüssen und besonders aus Teichen zu trinken, wenn man auch noch so durstig ist, denn dabei kann man eine gehörige Menge von Krankheitserregern schlucken. Wenn ein Teich die einzige Wasserversorgung ist, so gräbt man am besten eine kleine Grube, etwa 1 m tief und 3 m von dem Teich entfernt. Das Wasser wird dann in dieses Loch, durch den Boden filtriert, hineinsickern und dadurch weitaus reiner und gesünder auch zum Waschen und Baden sein. Baden-Powell verfuhr so in Mafeking, als die Buren ihm die Wasserleitung abgeschnitten hatten, und daher blieben seine Leute vor Darmkrankheiten bewahrt.

Winke für den Lehrmeister.

Uebe die Teigbereitung und das Backen; es ist dies sehr wertvoll. Wenn möglich, ziehe einen Bäcker zum Unterricht bei. Aber lass jeden Pfadfinder seinen eigenen Teig mischen mit der Menge Wasser, die er für richtig hält. Zuerst soll er ruhig seine Fehler machen, bis er von selbst die nötige Erfahrung bekommt. Deshalb ist auch vermieden, Gewicht und Mengen des erforderlichen Mehles und Wassers anzugeben.

Der Besuch eines Schlachthauses oder auch eines Metzgerladens, um die ausgeschnittenen Stücke zu sehen, empfiehlt sich jedoch nur für ältere Knaben.

Lass die Pfadfinder ihre eigenen leinenen Proviantsäcke anfertigen.

Gib die Rationen im Rohzustand heraus und lass jeden Jungen sein eigenes Feuer machen und sein eigenes Mahl kochen. Lehre ihnen, wie man einen guten Brunnen von einem schlechten unterscheidet, und ermahne sie darauf zu achten, ob Unreinlichkeiten in einen schlecht abgedeckten Brunnen durch Wind oder Regen hineingelangen können.

Lagerspiele.

Fussball und Barlauf. Ferner Korbballwerfen, das nach denselben Grundsätzen wie Fussball gespielt wird. Der Ball wird jedoch mit der Hand geschleudert, ein Korb, 2 m über der Erde, ist das Ziel. Ein kleines Plätzchen, ein Hof oder auch ein Zimmer genügen für dieses Spiel.

Empfehlenswerte Spiele sind weiter: Schlagball, Raffball, Torball (Kricket). Alle diese üben Arm- und Rumpfmuskulatur, erfordern beim Auffangen und Zurückwerfen Entschlossenheit und Mut, wobei mancher Puff schweigend ertragen werden muss, scharfes Aufmerken und genaues Sehen, schnelle Bewegungen und gutes Zusammenspiel (Dr. Kohlrausch, Wehrkraft durch Erziehung). Auch das Tennisspiel übt in hohem Grade Hand und Augen.

Gesänge, Vorträge, kleine Theaterszenen, Akrobatenkunststücke können am Lagerfeuer zum besten gegeben werden. Jeder Pfadfinder muss suchen, etwas dazu beizutragen, gleichviel, ob er sich für einen Künstler hält oder nicht. Abwechselnd kann eine Gruppe für jeden Abend bestimmt werden, eine solche Aufführung zu veranstalten. Sie kann sich dann rechtzeitig darauf vorbereiten.

Solche Aufführungen soll man nicht für unpassend im Felde halten. Gerade wo oft lange, mühsame Märsche in ödem Land ohne Abwechslung vor sich gehen, halten solche Darstellungen die Leute bei Laune, lassen sie Anstrengungen und Entbehrungen vergessen. Auch in den einsamen Feldlazaretten Südwestafrikas brachten ewig heitere, schöpferische Naturen den Kranken Trost auf ihrem einförmigen harten Krankenlager, erhöhten das Gefühl der Kameradschaft, ohne die Disziplin zu schädigen. Das Lachen trug vielfach zur Genesung bei. »Lache und werde gesund« ist auch ein vielbewährter Baden-Powellscher Grundsatz.

Im Feldlazarett 13 auf der einsamen Sanddüne von Kalkfontein entstanden so allerlei Talente, wie sie überall kameradschaftliches, geselliges Leben gerade inmitten von Tod und Gefahr hervorbringt. Ihnen, die uns in trüben Stunden erfreuten, auch hier ein freundliches Gedenken.

Näheres über Jugendspiele: »Wehrkraft durch Erziehung«, E. von Schenkendorff und Lorenz (Leipzig, Voigtländers Verlag). — Dr. Martin Vogt, »Jugendspiele an den Mittelschulen«. (Otto Gmelin, München) — Ullmann, »Jugendspiele für Volks- und Bürgerschulen« (Pichler, Wien). — Raydt, »Spielnachmittage« (Teubner, Leipzig).

V. Kapitel.

Felddienst.

I. Abschnitt.

Das Leben im Freien.

Bevor die Zulu- und Swazi-Stämme Südafrikas ihre Jünglinge als Männer betrachten, lehren sie ihnen die Pfadfinderkunst, und zwar auf folgende Weise:

Wenn ein Knabe etwa 15 bis 16 Jahre alt ist, ergreifen ihn die Männer seines Dorfes, entkleiden ihn völlig, malen ihn vom Kopf bis zu den Füssen weiss an, drücken ihm ein Schild und einen Speer in die Hände, jagen ihn zum Dorf hinaus und drohen ihm den Tod an, falls er sich ergreifen liesse, solange er so weiss beschmiert sei. Der Jüngling schlägt sich nun in die Wildnis und verbirgt sich vor den Männern, bis die Farbe abgegangen ist, was gewöhnlich einen Monat dauert. Während dieser ganzen Zeit hat er ganz allein für sich zu sorgen; um sich zu ernähren, muss er das Wild beschleichen und mit seinem einzigen Speer erlegen. Dann zerlegt er die Beute, macht sich Feuer, indem er Holzstücke aneinander reibt, und kocht sich seine Mahlzeit. Auch seine Bekleidung fertigt er sich selber aus Tierhäuten an. Er muss ferner sehr genau alle Arten von Beeren, Wurzeln und Blättern kennen, die essbar sind.

Wenn er nicht über alle diese Fertigkeiten und Kenntnisse verfügt, kann er vor Hunger sterben oder den wilden Tieren zur Beute fallen. Gelingt es ihm aber, sich durchzuschlagen und zu seinem Dorfe zurückzukehren, nachdem die weisse Farbe abgegangen ist, so wird er mit grosser Freude von seinen Freunden und Verwandten aufgenommen. Von nun ab gilt er in seinem Stamme als Krieger, denn er hat bewiesen, dass er imstande ist, für sich selber zu sorgen.

Ist es nicht schade, dass man mit unseren Jungen nicht auch so verfahren kann? Wäre es nicht gut, wenn jedem

Gelegenheit gegeben würde zu zeigen, dass er selbständig genug ist, sich ohne fremden Beistand durchzuringen? Eure Erziehung zu Pfadfindern soll, soweit es eben möglich ist, einen Ersatz für diese Kraftprobe bieten. Wer sich von Euch mit Fleiss und festem Willen daran macht, all das zu erfassen, was Euch hier gelehrt wird, der kann sich später rühmen, ein tüchtiger Mann und Pfadfinder geworden zu sein.

Er kann sich überall helfen und vermag seinem Vaterlande, in Heimat oder Kolonie, nützliche Dienste zu leisten.

Ein jetzt 80 Jahre alter kanadischer Pfadfinder und Trapper, namens Bill Hamilton, der immer noch rüstig seinem schweren Berufe nachgeht, hat ein interessantes Buch unter dem Titel: »60 Jahre in der Steppe« geschrieben, in dem er von seinem gefahrvollen, abenteuerlichen Leben erzählt. Am meisten wurde er von den Indianern bedroht. Er schreibt: »Von ihnen gefangen zu werden, war gleichbedeutend mit einem Tode unter furchtbaren Qualen; denn das Rösten am langsamen Feuer war noch gar nichts gegen die raffinierten Grausamkeiten dieser Wilden. Man hat mich oft gefragt, weshalb ich mich solcher Gefahr ausgesetzt habe. Ich kann darauf bloss antworten, dass im Leben eines Pfadfinders freier Steppe ein mächtiger Reiz liegt, den keiner missen möchte, der ihn einmal kennen gelernt hat. Schaut doch den Mann an, der in der grossen Natur frei aufwuchs; er ist zuverlässig, unabhängig und voll Selbstvertrauen; er ist edel, steht fest zu seinen Freunden und hält seinem Lande die Treue.«

Dies Urteil ist durchaus zutreffend. Es ist ganz auffallend, dass Männer, die an der Grenze der Zivilisation in fernen Ländern ein rauhes und hartes Leben geführt haben, sich durch hochherziges, ritterliches Wesen auszeichnen, und diese Eigenschaften besonders gegenüber Frauen und Schwächeren hervorkehren. Sie sind zu »gentlemen«, zu Edelleuten, durch ihre Berührung mit der freien Natur geworden.

Roosevelt, der bisherige Präsident der Vereinigten Staaten, ist auch ein grosser Anhänger des ungebundenen Lebens in der Wildnis. Selbst während seiner Amtszeit machte er davon so oft Gebrauch, als ihm seine Pflichten als führender Staatsmann nur irgend erlaubten. Er schreibt:

»Ich glaube an den guten Einfluss der im Freien betriebenen Spiele und bin keineswegs der Ansicht, dass sie zu Roheit verleiten. Wenn dabei hin und wieder einer sich verletzt, so hat das nichts zu sagen. Für die Gefühlsduselei, die unsere Jugend in Wolle einpacken möchte, habe ich nichts übrig. Der in freier Natur erzogene Mann ist besser für den Kampf ums Dasein gerüstet. Wer spielt, spiele mit Anspannung; wer arbeitet, arbeite mit Anspannung. Sorgt aber dafür, dass Spiel und Sport Eure Studien nicht stören.«

Die Buren behaupteten von den englischen und den deutschen Soldaten, dass sie sich ausserordentlich linkisch beim Feldleben in den weiten, öden Steppen Südafrikas benommen hätten: Sie verständen nichts vom Jagen und Kochen, fänden sich nicht zurecht und wüssten nicht zu beobachten, kurzum, sie wären schwerfällig in allen den Dingen, die wir als Pfadfinderkunst bezeichnen. Die Buren haben sogar behauptet, die Deutschen seien in der Eingewöhnung noch langsamer als die Engländer, die doch wenigstens rasch zulernten. Das Urteil ist hart und etwas einseitig, denn die Buren betrachten hierbei unsere Soldaten nur von dem einen Standpunkt aus, auf dem sie selbst von jeher erzogen worden sind, und übersehen dabei die guten Seiten, die unsere deutschen Soldaten wieder voraus haben. Aber das soll uns hier nicht kümmern. In Wahrheit werden in einem zivilisierten Lande, wie Deutschland, die Soldaten, wie überhaupt fast alle Menschen, nicht daraufhin erzogen, in Steppe und Urwald, auf sich allein gestellt, zu sorgen. Deshalb sind sie auch für längere Zeit so gänzlich hilflos, wenn man sie in einen Kolonialkrieg schickt. Erst durch schwere Mühen und durch schlechte Erfahrungen lernen sie dann allmählich zu. Wären sie schon als Jungen zu Pfadfindern ausgebildet worden, so würden sie sich in einem solchen Falle viel weniger als Neulinge gebärden.

Vielleicht hat mancher noch nie selbst ein Feuer angemacht und sich das Essen gekocht, weil fürsorgliche Hände das für ihn besorgten. Wenn er zu Hause Wasser nötig hatte, so brauchte er bloss den Hahn an der Leitung umzudrehen. Wie man aber draussen, in der Einöde, Wasser dadurch findet, dass man die Bewachsung des Bodens untersucht und im Sande gräbt, bis man auf feuchte Stellen stösst, ist den meisten gänzlich fremd. Verläuft sich der Europäer im Heimatlande, so »fragt er den Schutzmann« nach dem Weg. Nie hat ihm ein Haus und ein weiches Bett gefehlt, denn es stand alles für ihn stets bereit, und er brauchte es sich nicht etwa erst herzurichten. Stiefel und Kleider kaufte er im Laden; sie selbst anzufertigen, hatte er nie nötig. Das sind alles Gründe, weshalb der Neuling vom »rauhen Feldleben« spricht. Für einen Pfadfinder, der aus Erfahrung weiss, wie er sich benehmen muss, hat das Feldleben keine Schrecken. Er kennt all die kleinen Hilfsmittel, mit denen er sich's gemütlich machen kann; um so angenehmer empfindet er dann aber den Gegensatz, wenn er wieder in das bequeme Kulturleben zurückkehrt. Und auch in diesem kann er viel besser für sich sorgen als der gewöhnliche Sterbliche, der nie gelernt hat für seine Bedürfnisse selber sich umzutun. Ein Mann, der als Pfadfinder in der Wildnis überall mit Hand angelegt hat und von allem etwas versteht, wird auch leichter Anstellung und Beschäftigung finden, wenn er später wieder in die geordneten Verhältnisse der Heimat zurückkehrt.

Erkundung.

Als gute Uebung empfehlen, wir die jungen Pfadfinder einzeln oder in Gruppen, den fahrenden Rittern gleich, auf die Wanderung quer durchs Land zu schicken, mit dem Auftrage, Menschen, die der Hilfe bedürfen, zu suchen und zu unterstützen. Ob die Reise zu Fuss oder mit dem Rade, mit Schneeschuhen oder gar auf Schlittschuhen über beeiste Seen und Wasserläufe unternommen wird, ist gleich.

Wer eine solche Wanderschaft unternimmt, soll möglichst nicht in Häusern nächtigen, sondern bei gutem Wetter im Freien, bei schlechtem Wetter in Heuhaufen oder Scheunen schlafen.

Auf solchen Ausflügen ist stets eine Karte mitzuführen, nach der man sich möglichst zurechtzufinden hat, ohne die Vorübergehenden nach dem Wege zu fragen. Natürlich ist jeden Tag eine gute Strecke zurückzulegen; aber deswegen dürft Ihr doch nicht versäumen, den Bewohnern, deren Scheunen Ihr benutzt, irgend welche Dienste als Dank für ihre Güte zu erweisen.

Für gewöhnlich sollte jede solche Wanderschaft mit einem, bestimmten Zweck verbunden werden. Eine aus der Stadt kommende Pfadfindergruppe könnte es z. B. unternehmen, ein Gebirge, einen Flusslauf, eine alte Burg oder ein Schlachtfeld zu erkunden. Pfadfinder, die auf dem Lande wohnen, machen sich dagegen auf, um eine grössere Stadt kennen zu lernen, deren Häuser und zoologische Gärten sie sich besehen, und in der sie die Museen und den Zirkus besuchen.

Unterwegs ist auf alles zu achten, und die ganze Wanderstrasse muss Euch mit allen Einzelheiten so in der Erinnerung bleiben, dass Ihr allen, die dieselbe Route zu machen wünschen, genaue Auskunft geben könnt.

Zeichnet Euch selbst eine Karte Eurer Wanderschaft. Schreibt ein Tagebuch, in dem Ihr alle Abend kurz aufzeichnet, was Ihr getan und erlebt habt; dahinein klebt Ihr dann die Zeichnungen und Photographien der Dinge, die Euch besonders gefallen haben.

Die Bootfahrt.

Statt zu gehen oder mit dem Rade zu fahren, könnt Ihr Euch auch ein Boot nehmen und damit auf Flüssen und Kanälen einen grossen Ausflug machen. Allerdings darf sich niemand daran beteiligen, der kein guter Schwimmer ist, denn das Boot könnte kentern. Das hat freilich nichts zu sagen, wenn alle schwimmen können, sondern macht Euch im Gegenteil um eine wertvolle Erfahrung reicher.

General Baden-Powell unternahm einmal mit zweien seiner Brüder eine derartige Kreuzfahrt. Ihr könnt seinen Weg auf der Karte Englands verfolgen. Er nahm sich ein schmales, zusammenlegbares Segeltuchboot und fuhr die Themse aufwärts, bis sie so schmal wurde, dass die drei Ruderer fortgesetzt das Boot über umgestürzte Baumstämme und seichte Stellen des Flussbodens weiterdrücken mussten. Dann trugen die Wanderer ihr Boot nach dem Avon hinüber, der nicht weit von der Quelle der Themse entspringt, aber westwärts fliesst. Hier wurde das Fahrzeug wieder in die ganz schmale Wasserrinne eingesetzt, und allmählich bahnten sich die Ruderer ihren Weg, bis das kleine Flüsschen sich zu einem breiten Strom entwickelt hatte. Sie kamen bei Bath und Bristol vorbei, bogen in den Severn ein und folgten dann dem Laufe des Wye bis in die Landschaft Wales. Die drei Wanderer hatten bei diesem Ausfluge ein Zelt, Essvorräte und einen Kochapparat bei sich, und waren daher während der ganzen Zeit von Unterkunft in Häusern unabhängig. »Eine schönere Fahrt,« schreibt Baden-Powell, »ist gar nicht zu denken, und die Unkosten waren nur sehr gering!«

Auch ich kenne einen solchen Wasserpfadfinder, der auf gleiche Weise von Würzburg aus den Rhein bereiste. Früher war er bayerischer Sanitätsoffizier und ist jetzt Direktor des Gesundheitswesens in Bolivia, ein Pfadfinder deutscher Wissenschaft in fremden Landen.

Wassersport.

Ein Pfadfinder muss unbedingt schwimmen können, denn vielleicht wird er einmal gezwungen sein einen Fluss zu durchqueren, um sich in Sicherheit zu bringen, oder in die Lage kommen sich ins Wasser zu stürzen, um jemand vor dem Ertrinken zu retten. Wer von Euch noch nicht schwimmen kann, müsste es deshalb sofort lernen — es ist ja doch nicht schwer!

Ebenso muss ein Pfadfinder imstande sein, ein Boot so zu lenken, dass es sich richtig an ein Schiff oder an einen Steg anlegt. Er führt das aus, indem er in einem weiten Bogen so rudert oder steuert, dass sich das Boot mit seinem Bug in gleicher Richtung mit dem des Schiffes, oder gegen den Strom stellt.

Ihr müsst ein Ruder in voller Bootsmannschaft zu handhaben verstehen, ebenso wie Ihr ein Doppelruder zu führen wissen müsst. Auch das sogenannte »wricken«, das hin- und herdrücken des Ruders über den Bootsstern, ist zu üben. Wenn Ihr das Ruder aus dem Wasser hebt, müsst Ihr aufpassen, dass von vorn kommender Wind Euch nicht auf das Ruderblatt bläst, sonst hält er Euch auf.

Die Art, wie man ein Tauende so wirft, dass es in ein anderes Boot fällt, muss Euch geläufig sein, ebenso die Kunst, ein Tau aufzufangen und festzumachen. Ihr sollt imstande sein ein Floss aus allerlei Material, wie Bohlen, Klötzen, leeren Tonnen, Säcken und Strohbündeln, zu bauen, denn Ihr könnt in die Lage kommen, einen Flusslauf, an dem Ihr kein Boot findet, mit Nahrungsmitteln und Eurem Gepäck überschreiten zu wollen. Wie nützlich könnte diese Fertigkeit sein, wenn Ihr Euch z. B. auf einem Schiffswrack befindet, auf dem sonst niemand ein Floss anzufertigen versteht. Ihr müsst ferner wissen, wie man einem Ertrinkenden einen Rettungsring zuwirft. Alle diese Dinge sind aber nur durch Uebung zu erlernen!

Als Pfadfinder müsst Ihr auch fischen können, sonst kann es Euch passieren, dass Ihr an einem fischreichen Fluss hilflos verhungert.

Bergsport.

Das Bergsteigen ist ein prächtiger Sport. All Eure Geschicklichkeit ist erforderlich, wenn Ihr Euren Weg richtig finden, und Euch in der freien Natur wohl und behaglich fühlen wollt.

Man kommt bei Bergtouren natürlich leicht aus der Richtung, denn beim fortgesetzten auf- und absteigen durch die tiefen Schluchten des Gebirgsabhanges verliert man die Orientierungspunkte, nach denen man sich sonst zurechtzufinden pflegt, leicht aus dem Auge. Dann bleibt nichts übrig, als sich nach der Sonne und nach dem Kompass zu richten.

Grösser noch ist die Gefahr, sich zu verirren, wenn Ihr in dichten Nebel geratet, der die Orientierung selbst für

Leute schwierig macht, die jeden Zoll des Bodens genau kennen. Baden-Powell erzählt: »Im vorigen Jahre hatte ich ein derartiges Erlebnis, als ich mit einem Bergbewohner, der die Gegend genau kannte, in einen Nebel kam. Da ich annahm, er wisse gut Bescheid, verliess ich mich auf seine Führung. Nachdem wir indessen eine Strecke weit gegangen waren, bemerkte ich, dass der Wind umgeschlagen hatte; beim Aufbruch hatte er von links geweht, nun blies er auf einmal von rechts. Mein Führer schien aber keineswegs in Verlegenheit, sondern schritt rüstig fürbass. Nach einiger Zeit blies der Wind von rückwärts! Ich musste also annehmen, dass entweder der Wind oder das Gebirge oder wir selber rundum liefen. Tatsächlich merkte ich, dass, wie ich gleich vermutet hatte, weder der Wind noch der Berg sich drehten. Wir selbst waren aber in einem wunderschönen Kreis herumgelaufen und befanden uns rückwärts der Stelle, an der wir vor einer Stunde gewesen waren.

Im Hochgebirge müssen die Pfadfinder sich mit einem Tau aneinander seilen lernen, wie es die Bergbewohner in den Regionen des ewigen Eises tun, um sich vor dem Absturz in Gletscherspalten und Abgründe zu bewahren. Wenn man sich so zusammenbindet, und es fällt einer, so rettet ihn das Gewicht der anderen vor dem Sturz in die Tiefe.

Wenn man sich richtig anseilt, befindet sich der eine Bergsteiger vom anderen etwa 5 m entfernt. Das Tau wird mit einer Schlinge fest um die Taille gelegt; der Knoten wird auf der linken Seite geschürzt. Jeder einzelne hält den vor ihm befindlichen Mann von hinten fest und zieht zu diesem Zweck fortgesetzt das Tau stramm an. Rutscht nun einer aus, so stemmen sich alle mit ihrem ganzen Gewicht dagegen und halten seinen Fall auf, bis er wieder festen Fuss fasst.

Patrouillendienst.

Für gewöhnlich gehen die Pfadfinder einzeln oder zu zweien. Sind mehrere zusammen, so bilden sie eine Gruppe. Wenn eine solche Gruppe patrouilliert, so darf sie niemals in dichtem Haufen geschlossen sich bewegen, sondern sie muss weit ausschwärmen, damit sie möglichst viel vom Gelände sieht. Eine solche weit ausgebreitet gehende Patrouille kann vom Feinde nicht leicht abgeschnitten oder überfallen werden, denn wenn es dem Gegner wirklich gelingen sollte, einige der Pfadfinder gefangen zu nehmen, so können die anderen sich noch retten und Meldung zurückbringen.

Eine Patrouille von 6 Pfadfindern würde in freiem Gelände etwa in folgender Ordnung marschieren:

	4	
5	1 6	2
	3	

Sie bildet also die Form eines Drachens, und in der Mitte befindet sich der *Feldkornet als Patrouillenführer*.

Wenn sich die Patrouille auf einer Strasse vorbewegt, gliedert sie sich ähnlich, hält sich aber scharf an die Ränder und schiebt die Nummern 3 und 4 vor den Feldkornet (1) mit seinem Begleiter (6); sie geht dann etwa folgendermassen:

		4	
5	1 6	3	2

Patrouillen, welche offenes Gelände durchqueren müssen, sollten sich so rasch wie möglich vorwärts bewegen, damit sie von Feinden oder von Tieren nicht bemerkt werden. Am schnellsten kommt man im »Pfadfinderschritt« voran, indem man abwechselnd geht und läuft. Ist die Patrouille in einer Deckung angelangt, so kann sie wieder Halt machen, um Atem zu schöpfen, und sich bei dieser Gelegenheit umsehen, wie sie sich nun wohl am besten weiter vorschleicht. Wenn der vorausgehende Pfadfinder (2) seine Patrouille aus den Augen verliert, kann er seinen nachfolgenden Kameraden alle paar Schritte durch geknickte Aeste oder abgerissene Grasbüschel die Richtung kenntlich machen. Auf die gleiche Weise findet er auch selber zur Patrouille zurück. Kommt jemand später desselben Weges, z. B. ein Pfadfinder, der die Patrouille sucht, um ihr eine Mitteilung zu machen, so kann er sie an den zurückgelassenen Zeichen leichter finden und auch aus der Frische der Spuren entnehmen, wie gross der Vorsprung der Patrouille ist.

Man kann auch Bäume »zeichnen«, indem man mit einer Axt oder einem Messer ein Stück Rinde herausschneidet. Dies Mittel ist freilich in unseren heimischen Wäldern nicht zulässig, weil es die Stämme zu sehr beschädigt. Dagegen kann man ein wenig Kalk an Wände oder Steinen streichen, Figuren in den Sand malen, Steinhäufchen legen — wie es die Hottentotten zu tun pflegen — oder sonst auf andere Weise den eigenen Weg bezeichnen und den Nachfolgenden Mitteilungen machen.

Erkundung bei Nacht.

Ein guter Pfadfinder muss sich in der Nacht ebensogut wie am Tage zurechtfinden können. In der Armee ist es schon längst Gebrauch, dass sich Aufklärungspatrouillen unter dem Schutze der Dunkelheit an den Feind heranschleichen. Während der letzten Feldzüge haben Nachtmärsche und Nachtgefechte eine grosse Rolle gespielt. Im Hererokriege pflegten besonders am Waterberg unsere kühnen Reiterpatrouillen in den Mitternachtsstunden quer durch die feindlichen Werften zu streifen, während die Neger in tiefem Schlafe in ihren Hütten lagen.

Auch zu nächtlichen Unternehmungen gehört eine gewisse Uebung, sonst kann man sich leicht verirren, da alle Entfernungen grösser erscheinen, und Richtungspunkte kaum zu sehen sind. Gewöhnlich bewegt man sich nachts mit mehr Geräusch, weil man zufällig auf trockene Aeste tritt, gegen Steine stösst u. s. w.

Wer nachts den Feind beobachten will, muss sich mehr auf seine Ohren als auf seine Augen verlassen. Baden-Powell versichert aus eigener Erfahrung, dass er selbst oftmals durch den Geruchsinn den Feind erkundet habe. Um so scharf riechen zu können, darf ein Pfadfinder freilich seine Geruchsnerven nicht durch vieles Rauchen abgestumpft haben.

Eine Patrouille muss sich in der Nacht enger zusammenhalten als am Tage; an ganz dunklen Stellen, z. B. im Schatten der Büsche, Bäume und Häuser, können die Pfadfinder ihre Stäbe gegenseitig am Ende anfassen, um in Verbindung zu bleiben.

Für einzelne Späher ist der Stab bei Dunkelheit von grossem Nutzen, denn sie können sich damit zurecht fühlen, trockene Zweige beiseite werfen u. s. w.

Kundschafter, die sich getrennt vorwärts bewegen, können sich dadurch verständigen und in Verbindung halten, dass sie den Laut eines Tieres nachahmen, vielleicht des Tieres, das die betreffende Gruppe als Flaggenzeichen gewählt hat. (Vgl. Anhang.)

Durch Tierstimmen wird der Argwohn des Feindes nicht so leicht erregt.

Jeder Pfadfinder muss sich nach den Sternen zurechtfinden können.

Wetterkunde.

Als Pfadfinder müsst Ihr die Wetterzeichen zu lesen verstehen. Ganz besonders ist das bei Ausflügen auf der See oder im Gebirge von Wichtigkeit. Ihr müsst auch die Barometerbeobachtung kennen lernen. Einige der landläufigsten Wetterregeln seien hier angeführt:

Abendrot leuchtet einem schönen Tage voraus.

Bei Morgenrot ist dem Wetter nicht zu trauen.

Gelb leuchtender Sonnenuntergang bedeutet Wind.

Mattgelber Sonnenuntergang zeigt Regen an.

Tautropfen und Nebel am frühen Morgen deuten auf schönes Wetter hin.

Vor oder nach dem Regen pflegt die Luft klar und durchsichtig zu sein, so dass man weit schauen kann.

Rote oder kurze Dämmerung lässt auf schönes Wetter schliessen.

Lang währende Dämmerung, die entsteht, wenn die Sonne schon früh hinter eine Wolkenwand verschwindet, deutet auf Wind.

Kleine Wölkchen, sogenannte »Schäfchen«, zeigen gutes Wetter an.

Scharf gezackte, längliche Wolken (Stratus) bedeuten Wind.

Dicke, schwarze Wolken: Gewitter.

Rauscht schon der Regen vor dem Wind,
So raffe die Segel ein!
Doch bläst der Föhn, eh' der Regen beginnt,
Gibt's bald wieder Sonnenschein!

Winke für den Lehrmeister.

Man lehre den jungen Pfadfindern das Anseilen für Bergtouren. Wo Boote zu haben sind, übe man das Anlegen und Festmachen, das Rudern und Wricken, das Aufwickeln und Werfen der Taue, und was sonst noch zum Rudersport gehört.

Zeigt auch, wie man den Wetterstand vom Barometer abliest.

Um die Pfadfinder im nächtlichen Patrouillendienst auszubilden, stellt sie in der Dunkelheit als Horchposten aus und gebt ihnen Gewehre mit Platzpatronen oder Signalpfeifen. Andere Pfandfinder werden dann als deren Feinde ausgesandt, mit dem Auftrage, die Posten zu beschleichen und zu »töten«. Sobald der Posten ein Geräusch hört, feuert oder pfeift er. Dann müssen die anschleichenden Späher halten und sich still niederlegen. Der Unparteiische geht nun zum Posten und fragt ihn, aus welcher Richtung das Geräusch kam; wenn er dies richtig angibt, so hat er gewonnen. Gelingt es hingegen dem Anschleichenden, sich bis auf 15 Schritt dem Posten unentdeckt zu nähern, so legt er irgend einen Gegenstand dort nieder, z. B. ein Taschentuch, und zieht sich wieder leise zurück. Dann steht er auf und macht absichtlich irgend welchen Lärm, der den Posten zum Feuern veranlasst. Dem nun herbeieilenden Unparteiischen meldet der Späher alsdann seinen Erfolg.

Spiele.

Die Walfischjagd.

Ein dicker Klotz, dem man in einfachster Art einen Fischkopf und Schwanzflossen anschnitzt, stellt den Walfisch dar. Die Jagd wird gewöhnlich mit zwei Booten ausgeführt, wobei jedes Boot mit je einem Trupp bemannt wird. Der Feldkornet spielt den Kapitän, die übrigen rudern. Jedes der Boote gehört zu einem besonderen »Hafen«, und zwar liegen die Häfen gewöhnlich etwa 2 km voneinander entfernt.

Der Unparteiische schleppt den Walfisch in die Mitte zwischen beide Häfen und lässt ihn dort schwimmen. Auf ein Signal nehmen die Boote die Jagd auf. Die Bootmannschaft, die den Wal zuerst erreicht, wirft die Harpune nach ihm, dreht bei und schleppt das erlegte Tier nach seinem Hafen. Das zweite Boot folgt dann dem ersten, harpuniert ebenfalls den Wal, falls es ihn einholt, und versucht ihn nach der andern Seite zu ziehen. Auf diese Weise entsteht ein heftiger Wettstreit zwischen den beiden Booten, der erst entschieden ist, wenn es der besseren Mannschaft gelingt, den Walfisch, oder wohl gar noch das feindliche Boot, dessen

Die Walfischjagd.

Harpune sich im Klotz eingegraben hat, in den eigenen Hafen zu schleppen.

Bei diesem Spiel wird man bald entdecken, dass absolute Ruhe und genaue Befolgung der Befehle des Kapitäns viel zum Gewinn beitragen. Der Wert guter Disziplin lässt sich daran lernen.

Die Bergjagd.

Dieses Spiel wurde oft von den Hochtouristen der schottischen Seegegend geübt, und ähnelt sehr dem anderen, schon beschriebenen Spiel »Spinne und Fliege«.

Drei »Hasen« werden bei Tagesanbruch ausgesandt, mit dem Auftrage, sich im Gebirge zu verstecken; nach dem Frühstück brechen die »Hunde« auf, mit der Aufgabe, bis zu einer bestimmten Stunde (z. B. bis 4 Uhr nachmittags) die Hasen aufzufinden. Wenn sie sie entdecken, sei es auch nur mit Ferngläsern, so gilt dies als Erfolg, vorausgesetzt, dass der »Hund« genau sagen kann wen er gesehen hat. Bestimmte Grenzen des Spielfeldes müssen gezogen werden; wer sie überschreitet, scheidet aus dem Wettbewerb aus.

Jagdrennen.

Der Lehrmeister stellt drei einzelne Pfadfinder oder auch Gruppen von Pfadfindern, welche allerlei Gegenstände (wie Stöcke, Bündel, Papierstücke) an sich tragen, und deren Anzüge möglichst verschieden sind, etwa 300—1200 Schritte vom Ausgangspunkt auf. Wenn noch fremde Leute in der Nähe sind, müssen diese Gruppen eine besondere Stellung einnehmen, indem sie sich z. B. auf ein Knie niederlassen, damit man sie sicher erkennt.

Dann wird eine Rundbahn von ungefähr 500 m Länge, mit Einlegung einiger Hindernisse, abgesteckt.

Die Wettbewerber laufen nun gleichzeitig ab und erreichen den ersten, vorher festgesetzten Punkt. Hier bezeichnet ihnen der Unparteiische die Himmelsrichtung, in der die Gruppe sich befindet, über die gemeldet werden soll. Jeder Teilnehmer schreibt nun nach seiner Beobachtung nieder:

1. wie stark die betreffende Gruppe ist;
2. wie sie bekleidet oder woran sie sonst erkennbar ist;
3. wo sie in bezug auf andere Richtungspunkte steht;
4. wie weit sie sich vom eigenen Standort befindet.

Dann läuft jeder Wettbewerber für sich zum nächsten bezeichneten Punkt, schreibt hier in gleicher Weise eine neue Meldung und setzt dieses so oft fort, bis das Ende der Bahn erreicht ist.

Für jede ganz richtige Meldung werden 5 Punkte gut gerechnet; es können also, bei 3 Stationen, 15 Punkte erreicht werden. Für je 10 Sekunden, um die der Bewerber nach dem ersten eintreffenden Jungen das Ziel erreicht, wird ein Punkt abgezogen. Für Fehler in der Meldung sind, nach Ermessen des Unparteiischen, halbe und ganze Punkte abzustreichen.

II. Abschnitt.

Orientierung.

Bei den Indianern nennt man einen Kundschafter, der die Fähigkeit hat, sich in ganz fremder Gegend zurechtzufinden, einen »Pfadfinder«. Dieser Titel gilt dort als hohe Ehre und Auszeichnung, denn er ist ein Beweis grosser Geschicklichkeit.

Schon so mancher Neuling hat sich in Steppe und Busch verirrt und ist nie wieder gesehen worden. Das ist die Folge davon, dass man in der Jugend die Pfadfinderkunst nicht gelernt hat und kein Auge fürs Gelände besitzt. Dafür lassen sich zahlreiche Beispiele anführen.

Auf einer Fahrt durch das Matabeleland ging ein Mann für wenige Minuten vom Wagen fort, während die Maultiere umgespannt wurden. Offenbar wollte er nur einige Schritt weit ins Dickicht hineinlaufen. Als aber die Weiterfahrt angetreten werden sollte, und man nach allen Seiten den Mann im Gebüsch suchte und nach ihm rief, war er nicht zu finden. Da der Wagen unbedingt weiterfahren musste, wurde die Reise zunächst fortgesetzt. Bald nachher wurde gründlich nach dem Vermissten gesucht. Man folgte seiner Spur, so gut es auf dem ungünstigen Boden jener Gegend möglich war. Doch erst einige Wochen später fand man seine Leiche dicht am Fahrwege, aber etwa 25 km von der Stelle entfernt, an der er den Wagen verlassen hatte.

In Südwestafrika kam es wiederholt vor, dass unsere Reiter, die in das Gebüsch gingen um Holz zu suchen, ihr Lager nicht wieder fanden. Einige von ihnen sind auf diese Weise qualvoll verdurstet, andere fielen in die Hände des Feindes.

Es kommt auch öfters vor, dass jemand, der allein durch das Dickicht (oder vielleicht auch durch die Strassen einer Stadt) in Gedanken versunken vor sich hingeht, nicht genügend auf die Richtung achtet; das passiert besonders leicht, wenn man einem umgestürzten Baum, irgend welchen Felsen oder sonstigen Hindernissen ausweicht und dann nicht wieder genau dieselbe Richtung einhält, in der man sich vorher bewegt hatte. Die meisten Menschen haben die Gewohnheit nach rechts auszuweichen, und die Folge davon ist, dass man durchaus nicht immer in der Richtung bleibt, wenn man sich einbildet, schnurgeradeaus zu gehen. Man kann sich hiervon überzeugen, wenn man den Versuch macht, mit geschlossenen oder verbundenen Augen über einen freien Platz nach einem bestimmten Punkt zu gelangen.

Man muss sich also in unübersichtlichem Gelände nach der Sonne oder nach dem Kompass richten, sonst läuft man bald zwecklos im Bogen.

Ein Neuling, der plötzlich merkt, dass er sich im Walde oder in der Wüste verirrt, verliert gewöhnlich ganz den Kopf und beginnt unsinnig drauflos zu rennen; viel richtiger wäre es, er behielte kaltes Blut und machte sich daran, das einzig Zweckmässige zu tun: auf der eigenen Spur zurückzugehen. Sollte er diese aber verlieren, so bleibe er am besten da, wo er sich gerade befindet, und zünde ein Signalfeuer an, damit er von denen, die ihn suchen, gefunden werden kann. Die Hauptsache ist, dass man nicht gleich verzweifelt, sondern kühlen Mut behält.

Ein tüchtiger, erfahrener Pfadfinder stellt am Morgen zunächst einmal fest, aus welcher Richtung der Wind weht. Wenn er sich dann zur Erkundung aufmacht, muss er seinen Vormarschweg mit dem Kompass in der Hand prüfen. Besitzt er keinen Kompass, so helfen ihm Wind und Sonne zur Orientierung; demnächst sind Richtungspunkte im Gelände wichtig, wie z. B. Berge und Hügel, Türme und auffallende Gebäude, einzelne sonderbar gewachsene Bäume, Felsen, Erdhaufen, Brücken, Windmühlen u. s. w. Auch solche Anhaltspunkte, an denen man sich wieder zurückfindet oder mit deren Hilfe man anderen den Weg beschreiben kann, sind wohl zu merken. Es empfiehlt sich ferner, dass man öfters rückwärts schaut, damit man weiss, wie die Richtungspunkte (Landmarken), an denen man sich wieder heimfinden will, von der anderen Seite aussehen.

Ganz ebenso orientiert man sich in einer fremden Stadt, zumal wenn man gerade mit dem Zuge angekommen ist. Sobald man aus dem Bahnhof heraustritt, merkt man sich wo die Sonne steht oder in welcher Richtung der Rauch weht. In Städten dienen auffallende Gebäude, Kirchen, Fabrikschornsteine, Strassennamen und die Läden als Merk- und Anhaltspunkte; mit ihrer Hilfe findet man sich wieder ganz bequem zum Bahnhof zurück, selbst wenn man zahlreiche Strassen durchlaufen hat. Wenn Ihr diese Art der Orientierung ein bischen übt, so wird es Euch bald ganz auffallend leicht werden, Euch zurechtzufinden, während es Leute gibt, die sich bereits verirren, wenn sie in einer fremden Stadt um ein paar Ecken gegangen sind.

Die Windrichtung findet man, wenn man etwas Gras in die Luft wirft oder feinen Sand ausstreut, oder auch den nass gemachten Finger hochhält und sich merkt, auf welcher Seite er sich abkühlt.

Wenn Ihr eine Pfadfindergruppe führen wollt, so geht voraus und achtet mit voller Anspannung auf jedes kleine Zeichen, das Euch den richtigen Weg weist; denn wenn Ihr statt dessen schwatzt oder an andere Dinge denkt, so könnt Ihr Euch leicht verirren. Alte Pfadfinder sind meistens wortkarg, weil sie aus Gewohnheit die ganze Aufmerksamkeit nur auf ihre augenblickliche Beschäftigung zu richten pflegen.

Ihr könnt häufig beobachten, dass ein Neuling, der zum erstenmal eine Erkundung mitmacht, sich ganz gemütlich zu dem führenden Pfadfinder gesellt und ihn durch Gerede stört, bis dieser ihm durch Worte oder auf andere Weise zu verstehen gibt, dass ihm das nicht sonderlich angenehm sei. Auf den Schiffsbrücken der Dampfer und auf den vorderen Trittbrettern der elektrischen Wagen liest man die Bitte, mit dem Führer nicht sprechen zu wollen; ein gleiches gilt für den Pfadfinder, der einer Gruppe den Weg erkundet. Ein richtiger Pfadfinder konzentriert alle seine Gedanken fest auf die Aufgabe, die ihm gerade obliegt.

Höhen- und Entfernungsschätzen.

Die Fähigkeit, irgend eine Grösse und Entfernung — von einem Zentimeter bis hinauf zu mehreren Kilometern — mit dem Auge richtig schätzen zu können, ist für jeden jungen Pfadfinder von besonderem Wert. Als Anhaltspunkte müsst Ihr die Weite Eurer Handspannen, die Breite des Daumens, die Länge des Unterarms, die Grösse der Füsse, die Spannweite Eurer Arme genau kennen. Als Hilfsmittel kann man sich einen Masstab am Pfadfinderstock anbringen, indem man ein Messband daneben hält und sich die wichtigsten Längen, wie 1, 5, 10, 20, 50 cm, 1 und 2 m mit dem Messer leicht einkerbt.

Die schwere Kunst des Entfernungsschätzens ist nur durch fortgesetzte Uebung zu erlernen! Bei grösseren Strecken gibt die Zeit, die man braucht, um sie zurückzulegen, einen Anhalt für deren Länge. Wenn Ihr z. B. in lebhaftem Schritt für gewöhnlich in der Stunde 6 km marschiert, so werdet Ihr wohl in 10 Minuten 1 km, in $1^1/_2$ Stunden 9 km zurückgelegt haben. Es empfiehlt sich, die Geschwindigkeit des Ganges öfters auf grossen Landstrassen nachzuprüfen, wo Ihr an den Chausseesteinen ganz genau den in einer bestimmten Zeit zurückgelegten Weg feststellen könnt. Jeder Pfadfinder muss ganz genau wissen, wieviel Schritte er auf 100 m macht. Wenn man spazieren geht, kann man nebenher sehr leicht das Entfernungsschätzen üben. Man stellt sich z. B. an einem übersichtlichen Punkt auf und überlegt sich nun, wieweit es nach verschiedenen anderen Objekten, wie Bäumen, Häusern u. s. w. sein mag. Dann schreitet man diese oder jene Entfernung ab und prüft dadurch die vorher aufgestellte Schätzung nach. Sehr bald schon wird man merken, wie ausserordentlich die Fähigkeit, Strecken richtig einzuschätzen, durch beharrliche Uebung zunimmt.

In der Armee wird dem Entfernungsschätzen sehr grosser Wert beigelegt, denn man kann den Feind nur mit Erfolg beschiessen, wenn man die Entfernung bis zu ihm kennt und danach das Visier am Gewehr richtig einstellt. Besonders gewandte Mannschaften, die gut zu beobachten verstehen und scharfe Augen haben, werden bei der Infanterie vom Kompagnie-Chef als »Entfernungschätzer« ausgewählt. Sie befinden sich im Gefecht neben den Offizieren, machen diese auf jede Bewegung beim Gegner aufmerksam und prüfen rasch die Entfernung nach dem Ziel.

Grössere Entfernungen zerlegt man sich in zwei oder drei gleiche Teile, schätzt nun den nächstliegenden allein und multipliziert ihn alsdann mit 2 oder 3, um die ganze Entfernung zu erhalten. Es ist auch angebracht, sich zu überlegen, wieweit ein Gegenstand höchstens und mindestens entfernt sein kann, das Mittel zwischen den beiden Entfernungen gibt dann ungefähr die richtige Schätzung.

Man schätzt leicht zu kurz:

1. wenn die Luft klar ist;
2. wenn der Gegenstand hell beschienen wird;
3. über Wasserflächen oder Schnee hinweg;
4. bergauf oder bergab;
5. wenn das dazwischenliegende Gelände nicht zu sehen ist.

Zu weit wird meistens geschätzt:

1. bei Dämmerung oder wenn der Gegenstand im Schatten steht;

2. über ein Tal hinweg, in das man hineinsehen kann;
3. wenn der Hintergrund von gleicher Farbe wie der betreffende Gegenstand ist;
4. wenn der Beobachtende liegt oder kniet;
5. durch Nebel oder heissflimmernde Luft;
6. gegen die Sonne.

Der Schall legt in der Sekunde rund 330 m zurück; man kann daher öfters auch mit seiner Hilfe eine Entfernung ermitteln. Wenn man z. B. ein feindliches Geschütz aufblitzen sieht, so zählt man die Sekunden, bis der Schall unser Ohr erreicht, und multipliziert diese Zahl mit 330. Die Entfernung eines Gewitters kann man in gleicher Weise messen, indem man den Zeitraum zwischen Blitz und Donner mit der Uhr oder durch langsames Zählen misst. Man kann auf diese Art gleichfalls leicht feststellen, ob sich ein Gewitter allmählich nähert oder ob es abzieht, indem man die Entfernung der Blitze mehrmals hintereinander prüft.

Ein Pfadfinder soll auch die Höhen von ganz kleinen, wie von grossen Gegenständen zu beurteilen wissen. Ihr müsst also lediglich durch Schätzung (ohne Messung) feststellen können, wie hoch ein Zaun, wie tief ein Graben, wie hoch ein Damm, ein Haus, ein Baum, ein Turm, ein Hügel oder ein Berg ist. Nicht durch Bücher, sondern nur durch Uebung lässt sich diese Kunst erlernen.

Auch die richtige Schätzung von Gewichten ist von Wert, einerlei ob es sich um einen Brief, ein Stück Fleisch, einen Fisch, ein Pfund Kartoffeln, einen Sack Getreide oder um einen Karren voll Kohlen handelt. Aus dem Aeusseren eines Menschen kann man auch ziemlich gut auf sein Körpergewicht schliessen. Nur Erfahrung und Uebung kann Euch auch hier zu einer gewissen Fertigkeit bringen. Wie Ihr sie gewinnen wollt, möchte ich Euch, als gewandten Pfadfindern, überlassen.

Das Schätzen einer Anzahl von Personen oder Gegenständen ist gleichfalls wichtig. Wer sich darin übt, kann bald mit ziemlicher Sicherheit nach einem kurzen Blick sagen, wieviel Menschen ungefähr in einer Gruppe zusammenstehen, wieviel in einer Strassenbahn sitzen, oder wieviel sich in einer Volksmenge befinden, wieviel Schafe eine Herde enthält, wieviel Stämme zu einer Baumgruppe, wieviel Waggons zu einem Eisenbahnzug gehören. Es ist unterhaltend und lehrreich, wenn man sich in den Strassen der Stadt wie auch draussen im freien Gelände häufig mit solchen Fragen beschäftigt.

Orientierung nach Norden.

Ein guter Pfadfinder muss die Einteilung des Kompasses und sämtliche Himmelsrichtungen so genau wie ein Seemann kennen. In diesem Buche ist bisher schon so viel vom Nordpunkt die Rede gewesen, dass Ihr ohne weiteres begreifen werdet, wie wichtig es sein muss, ihn stets beim Pfadfinderdienst in Wald und Feld aufsuchen zu können.

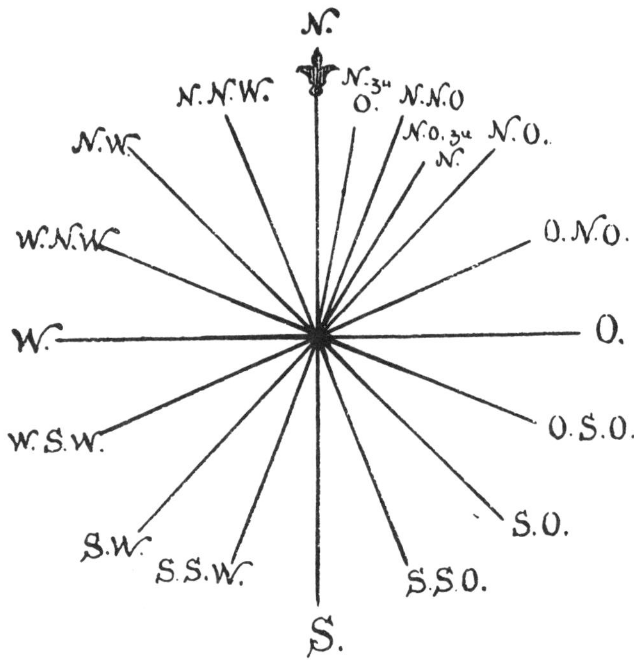

In Ermangelung einer Magnetnadel könnt Ihr mit Hilfe der Sonne, oder nachts durch den Mond und die Sterne, die Nordrichtung leicht feststellen.

Um 6 Uhr morgens steht die Sonne genau im Osten, um 9 Uhr im Südosten, um 12 Uhr mittags im Süden, um 3 Uhr nachmittags im Südwesten und um 6 Uhr abends genau im Westen. Im Winter geht die Sonne schon vor 6 Uhr abends unter, hat dann aber natürlich den Westpunkt noch nicht erreicht.

Als die Phönizier, im Altertum, Afrika umsegelten, sahen sie, dass während ihrer Reise die Sonne immer zu ihrer Linken aufging — solange sie nämlich südwärts fuhren.

Aber dann berichten sie auf einmal, sie seien in ein seltsames Land gekommen, wo die Sonne auf der falschen Seite, zu ihrer Rechten aufzugehen pflege. In Wirklichkeit hatten sie das Kap der guten Hoffnung umsegelt und waren, an der Ostküste Afrikas, in nördlicher Richtung weitergefahren!

Um den Südpunkt am Tage zu finden, legt man seine Taschenuhr, mit dem Glas nach oben, flach auf die Hand und lässt die Sonne darauf scheinen. Dann dreht man die Uhr so lange, bis der kleine (Stunden-) Zeiger genau nach der Sonne gerichtet ist. Nun legt man, ohne die Uhr noch zu bewegen, einen Bleistift so auf die Uhr, dass er vom Mittelpunkt des Zifferblatts gerade in die Mitte zwischen der Spitze des kleinen Zeigers und der Zahl XII gerichtet ist. Die Linie des Bleistifts fällt alsdann mit der Nord-Süd-richtung genau zusammen. (Der Lehrmeister zeigt den Jungen praktisch, wie sie den Südpunkt in dieser Weise finden können.)

Orientierung nach den Sternen.

Wenn man in der Nacht zum Himmel emporsieht, so scheint es, als ob die Sterne sich im Kreise um uns herumbewegen, während sich in Wirklichkeit die Erde um sich selber dreht.

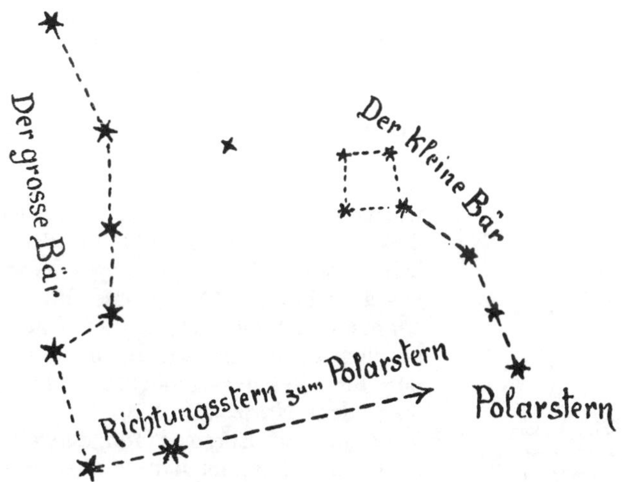

Es gibt sehr viele Sternbilder, deren Umrisse wie Menschen oder bestimmte Tiere aussehen, so dass man sie dementsprechend bezeichnet hat.

Der grosse Bär (oder grosse Wagen) ist wegen seiner auffallenden Form leicht zu finden. Ein Pfadfinder muss dies Sternbild unbedingt kennen, denn er kann mit dessen Hilfe die Nordrichtung genau feststellen. Verlängert man nämlich den Zwischenraum der letzten beiden Sterne fünfmal, so erreicht man den sogenannten Polarstern! Dieser ist der letzte Stern im Schwanz des kleinen Bären. Nebenbei gesagt sind dies die einzigen Bären mit langen Schwänzen, die ich kenne.

Alle Sterne scheinen sich um uns zu drehen; nur der Polarstern steht fest im Nordpunkt des Himmels. Den Sternenhimmel kann man mit einem Schirm vergleichen, und zwar steht der Polarstern da, wo der Stock durch das Schirmtuch geht. Man hat einmal zum Vergleich einen solchen Schirm mit allen Sternen darauf hergestellt. Wenn man ihn über sich hielt und ihn zu drehen begann, sah man alle Sterne kreisen, und nur der Polarstern blieb ruhig in der Mitte an seinem Platze.

Der Orion.
Sein Schwert zeigt stets in Nordsüdrichtung.

Ein anderes, auffallendes und sehr schönes Sternbild ist der Orion. Er gleicht einem Manne, der einen Gürtel und ein Schwert trägt. An den drei Gürtelsternen kann man den Orion leicht erkennen. Die drei kleineren, schräg dazu stehenden Sterne sind das Schwert. Je zwei Sterne ober- und unterhalb des Gürtels stellen die Arme und Füsse dar, während eine kleine Gruppe von drei Sternen als Kopf gilt. Der Orion ist deshalb ein so wichtiges Sternbild, weil man durch ihn ohne weiteres feststellen kann, wo der Nordstern liegt und wo sich der Südpunkt befindet. Ueberdies ist der Orion sowohl auf der südlichen, wie auf der nördlichen Erdhalbkugel sichtbar. Der grosse Bär steht dagegen fast nur für die Bewohner der nördlichen, und das »Kreuz des Südens« nur für die der südlichen Halbkugel über dem Horizont.

Wenn Ihr Euren Pfadfinderstab so gegen den Himmel haltet, dass er eine Linie vom mittleren Stern des Oriongürtels zum mittleren Kopfstern des Orion bildet, so habt Ihr genau die Nord-Südrichtung. Wenn man diese Linie nach Norden verlängert, so führt sie zwischen zwei grösseren

Sternen hindurch bis zu einem dritten — das ist der Polarstern. Verlängert man die vorhin bezeichnete Stablinie nach Süden, so gelangt man erst zum Endstern des Orionschwertes und dann zu einer Sterngruppe, die ungefähr ein L bildet. Geht man noch um ein ebenso grosses Stück weiter, so kommt man zum Südpol, der indessen leider nicht durch einen Stern gekennzeichnet ist.

Man kann also ungefähr sagen, dass das Schwert des Orion mit seinen drei kleinen Sternen nach Norden und Süden zeigt.

Die Zulu-Pfadfinder nennen die Sterne des Oriongürtels und des Orionschwertes »Ingolubu«, d. h. drei Schweine, die von den drei Hunden gehetzt werden. Die Massai Ostafrikas hingegen sagen, dass die drei Sterne des Schwertes drei Junggesellen sind, die von drei alten Jungfern verfolgt werden. Jedenfalls kennen die Pfadfinder aller Länder den Orion, wenn auch unter verschiedenen Namen.

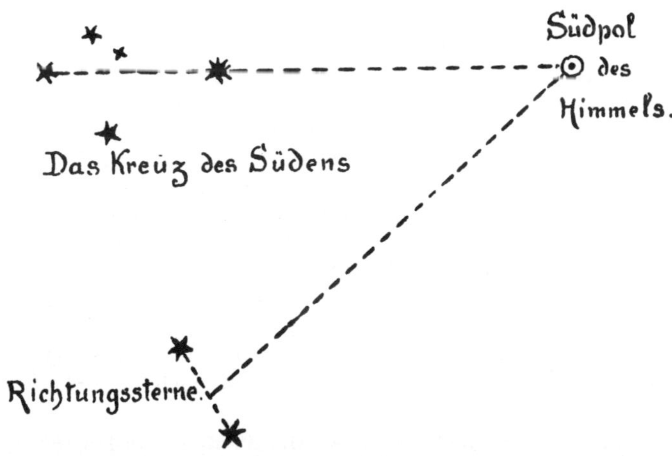

In Südafrika, Südamerika und Australien kann man nur das Kreuz des Südens, nicht aber den grossen Bären sehen. Durch dieses südliche Kreuz lässt sich leicht der Südpol feststellen; es leistet also den Pfadfindern der südlichen Halbkugel dieselben Dienste, wie der grosse Bär denen der nördlichen.

Anhaltspunkte für die Lehrmeister.

Orientierungs-Uebungen.

Zeige den Jungen den grossen Bären, den Polarstern und den Orion. Lasse nach dem Stande der Sonne die

Zeit bestimmen. Uebe die jungen Pfadfinder im Aufsuchen des Südpunktes mit der Uhr. Lehre sie, wie man eine Karte liest und sich damit zurechtfindet; lasse sie eine Gegend auf den Boden zeichnen.

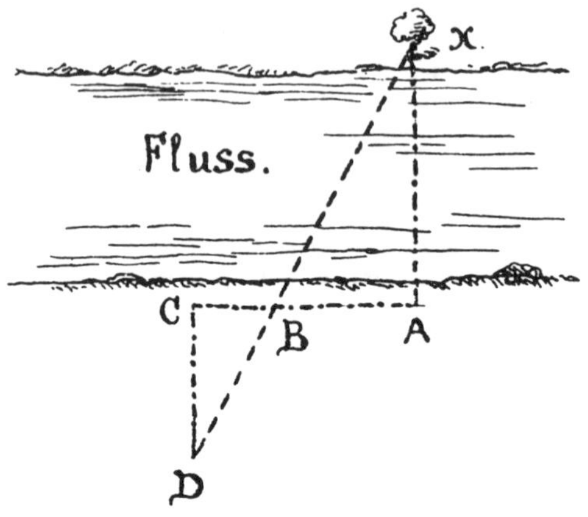

Ueber einen Fluss hinüber schätzt man auf folgende Weise: Man wählt irgend einen Gegenstand (Bäume, Felsen etc.) auf der anderen Seite des Wasserlaufs, stellt sich bei A senkrecht dazu auf, und geht dann im rechten Winkel etwa 90 Schritt weit am eigenen Ufer entlang nach C. Beim 60. Schritt steckt man einen Zweig in den Boden (B). Bei C angekommen, also 90 Schritt von A entfernt, macht man links um und geht im rechten Winkel zu A—C so lange weiter, bis man (also bei D) den Gegenstand über den Stock B hinweg sieht. Die Entfernung von C nach D ist halb so gross wie die Flussbreite von A nach dem Gegenstand X.

Um die Höhe eines Objekts, wie des Baumes X, festzustellen, misst man mit dem Pfadfinderstab von A eine Anzahl von Metern ab, z. B. 8, und steckt dort einen vielleicht 2 m hohen Stock bei B in die Erde. Dann misst man in derselben Richtung so lange weiter, bis man (bei C) die Spitze des Stockes mit dem Wipfel des Baumes in einer Linie sieht. Die ganze Strecke A—C verhält sich dann zur Höhe des Baumes A X, wie die Strecke B—C zur Höhe des Stockes B. Wäre also die ganze Strecke A—C 11 m lang, das Stück B—C 3 m lang, und der Stock 2 m hoch, so würde der Baum $7^1/_3$ m hoch sein müssen. (Siehe Bild Seite 159.)

Das Entfernungschätzen lehrt man auf folgende Weise: Zunächst misst man an einem ebenen Platz im Gelände 100 m ab und lässt die Pfadfinder diese Strecke

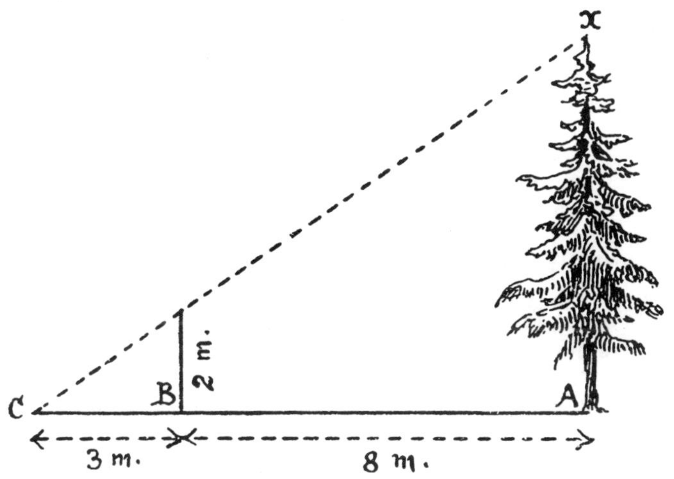

öfters abschreiten, damit sie genau wissen, wieviel Schritte sie auf 100 m zu machen pflegen. Nun stellt man den Jungen die Aufgabe, sich die 100 m-Strecke von verschiedenen Seiten anzusehen und fest einzuprägen, damit sie diese Entfernung mit Sicherheit als Grundmass kennen.

Alsdann führt man die Pfadfinder an einen übersichtlichen Platz und gibt jedem einen Zettel in die Hand mit dem Auftrage, die Entfernungen nach bestimmten Punkten, die man genau bezeichnet, nach ihrer Schätzung niederzuschreiben. Es empfiehlt sich, diese Punkte vorher schon abzumessen; dann lässt man die Entfernung von den Pfadfindern abschreiten und nachprüfen.

Damit die Jungen genau wissen, wie gross ein Mensch auf verschiedene Entfernung aussieht, und was man dann jeweils an ihm noch unterscheiden kann, lässt man von dem Standort der Pfadfindergruppe aus jemand in das Feld hineingehen, und nach 100, 150, 200, 250 m etc. Halt machen.

Da grosse Entfernungen schwer zu schätzen sind, überlegt man sich, welcher Punkt halbwegs liegen mag, und schätzt diese halbe Entfernung. Erscheint diese auch noch zu gross, so halbiert man nochmals und vervielfacht dann das Ergebnis mit 4.

Es empfiehlt sich ferner sowohl stehend wie knieend und liegend zu schätzen, sowie über verschiedene Bodenformationen hinweg, besonders auch über Strecken, die unübersichtlich sind (über tote Winkel), und gegen die Sonne.

Zum genauen Abmessen der Entfernungen kann sich der Feldmeister eines Strickes bedienen, an dem die Masse mit Knoten oder Bändern bezeichnet sind; ferner ist zum Abmessen auch ein Fahrrad praktisch, dessen Radumdrehungen die Entfernung ergeben.

Orientierungs-Spiele.

Der Lehrmeister geht mit einer Gruppe, die sich in Patrouillenformation bewegt, nach einer fremden Stadt oder nach einem stark durchschnittenen Gelände. Karten sind mitzunehmen. Dann gibt er das Ziel an und lässt die Patrouille abwechselnd durch die einzelnen Pfadfinder etwa 15 Minuten lang führen (zu Rad ungefähr 7 Minuten lang). Die Führung darf nur nach der Karte erfolgen. Für gute Leistungen werden Punkte gutgeschrieben; das kann man in der Weise machen, dass jeder Pfadfinder zehn Punkte beim Abmarsch erhält, von denen bei jedem Fehler ein Punkt abgezogen wird. Irrt er sich gar nicht, so rechnen die zehn Punkte nachher zusammen als einer für die Erringung der Ehrenmedaille.

Die Sternwarte. Gehe mit den Pfadfindern in einer klaren Nacht hinaus ins Freie, stelle sie getrennt auf, lasse sie den Polarstern, den Orion u. s. w. suchen und Dir zeigen, wenn Du der Reihe nach zu ihnen kommst.

Entfernungschätzen. Stelle die Pfadfinder einer Gruppe an verschiedenen Orten sowie bei verschiedenem Hintergrund auf, unter Berücksichtigung der Farbe ihres Anzuges. Lasse eine andere Gruppe nach ihnen die Entfernungen schätzen. Zwei Bewerber werden dann zusammen nach drei Punkten im Gelände geschickt. An der ersten dieser Stationen wird ihnen bloss die Himmelsrichtung zur zweiten Station gesagt, die etwa 300 Schritt entfernt liegt, u. s. w. An allen Stationen stellt das Pfadfinderpaar fest:

1. wieviel Feinde sichtbar sind,
2. wieweit entfernt,
3. in welcher Richtung diese stehen,
4. und wie sie bekleidet sind.

Wer innerhalb der vorgeschriebenen Zeit die beste Auskunft gibt, hat gewonnen. Als Durchschnittszeit für jede Station ist eine Minute zu rechnen.

Auffindung der Nordrichtung. Die Pfadfinder lagern sich in Abständen von etwa 30 Schritt an den Boden und legen ihren Stab so, dass er nach ihrer Ansicht genau nach Norden zeigt. Wer die Richtung am besten trifft, hat gewonnen. Dies nützliche Spiel ist nicht nur an sonnigen Tagen, sondern auch bei bedecktem Himmel und in der Nacht zu üben.

III. Abschnitt.

Das Nachrichtenwesen.

Die Uebermittelung geheimer Nachrichten hat im Kriege wie im Frieden eine so grosse Bedeutung, dass ein Pfadfinder all seine Geschicklichkeit darauf verwenden muss.

Die Kunst, wichtige Nachrichten auf geheime Weise zu übermitteln, ist schon recht alt. So bediente sich auch der Perser Histiaeus vor mehr als 2000 Jahren eines solchen geheimen Verfahrens. Als er von seinem Bruder, dem König Darius, in Susa unter strenge Aufsicht gestellt war, gelang es ihm trotzdem, eine geheime Botschaft an seinen Schwiegersohn Aristagoras nach Milet gelangen zu lassen. Er schor seinem treuesten Sklaven alle Haare vom Kopfe weg und ätzte auf der glatten Kopfhaut die Worte ein, die er an Aristagoras zu richten hatte. Darauf behielt er den Sklaven so lange bei sich, bis ihm die Haare wieder gewachsen waren. Dann erst schickte er ihn nach Milet mit dem einzigen mündlichen Auftrag an Aristagoras, er solle dem Boten den Kopf scheren und diesen ansehen. Dies geschah, und es kamen die Worte zum Vorschein: »Histiaeus spricht zu Aristagoras: ‚Lass Jonien aufstehen'.« Diese Botschaft hatte wichtige Folgen. Sie bewirkte den jonischen Aufstand. Aus diesem entstanden die für die Geschichte der damaligen Zeit so bedeutsamen Perserkriege.

Baden-Powell erzählt aus seiner Erfahrung folgende Beispiele:

»Bevor die Belagerung von Mafeking begann, bekam ich von einem unbekannten Gewährsmann aus Transvaal eine geheime Mitteilung, welche genaue Angaben über den Angriff der Buren gegen unsere Stadt sowie über die Stärke des Feindes an Männern, Pferden und Geschützen enthielt. Alle diese wichtigen Nachrichten standen auf einem kleinen Fetzen Papier, der als Ball, etwa in Grösse einer Pille, zusammengerollt war. Diese kleine Kugel lag in der Höhlung eines Spazierstockes und war dort mit Wachs befestigt und verklebt. Den betreffenden Stock hatte man einem Eingeborenen ausgehändigt, dem bloss mitgeteilt worden war, er solle damit nach Mafeking gehen und ihn mir als Geschenk überreichen. Als mir der Schwarze diesen Stock gab und dabei sagte, er sei ihm von einem weissen Manne für mich übergeben worden, ahnte ich natürlich gleich, dass in dem Holz etwas versteckt sein müsse. Als ich nun sorgfältig nachsah, entdeckte ich das wichtige Schriftstück.«

»Ein andermal erhielt ich von einem Freunde einen Brief, der in hindostanischer Sprache, aber mit englischer Schrift abgefasst war. Wer das Schreiben etwa abgefangen hätte, würde sich vergeblich darüber den Kopf zerbrochen haben. Für mich dagegen war es leicht verständlich.«

»Wenn wir während der Belagerung von Mafeking Briefe durch die Einschliessungslinie der Buren zu senden wünschten, gaben wir sie Eingeborenen, die sich damit an den Vorposten des Feindes vorbeischlichen. Die Buren nahmen meistens keine Notiz von ihnen, da sie die Späher für Angehörige ihres eigenen Eingeborenenkorps hielten. Die Briefe waren auf dünnem Papier geschrieben, in schmale Umschläge gesteckt und von so geringem Umfang, dass man unschwer über ein halbes Dutzend zu einem kleinen Ball zusammenrollen konnte, der dann in ein Stückchen Stanniolpapier eingewickelt war. Der Eingeborene nahm eine Anzahl solcher Bälle in die Hand oder hängte sie sich mit einer Schnur lose um den Hals. Wenn er merkte, dass ihm die Gefahr drohte in die Hände der Buren zu geraten, so liess er die Kügelchen einfach zu Boden fallen, wo sie sich kaum von den kleinen Kieselsteinen unterschieden. Der Eingeborene merkte sich aber mit Hilfe von Landmarken den Platz genau, wo die Papierbälle lagen, und ging dann ganz ruhig auf die Buren zu, die ihn nun noch so sorgfältig untersuchen konnten, ohne etwas Verdächtiges zu finden. Schien dem Eingeborenen nach ein bis zwei Tagen die Luft rein, so suchte er die Stelle wieder auf, wo die kleinen Kugeln lagen und schlich sich mit ihnen weiter an den feindlichen Linien vorbei.«

Wie Ihr Euch erinnern werdet, versteht man unter »Landmarken« irgend welche besonders auffällige Punkte im Gelände, wie Bäume, Erdhügel, Felsen u. s. w., durch die sich ein Pfadfinder orientieren kann.

Der Signaldienst.

Der Kapitän John Smith, einer der ersten Kolonisatoren Amerikas, hat schon vor dreihundert Jahren mit Erfolg versucht, durch Lichtsignale ganze Wörter und Sätze auf grosse Entfernung zu übermitteln Er zog damals mit den Oesterreichern gegen die Türken ins Feld. Er war nämlich der Ansicht, dass es eines Christen unwürdig sei, gegen Christen zu kämpfen, falls sich dies irgendwie vermeiden liess. Dagegen hielt er es für seine Pflicht, den Christen gegen die Heiden zu helfen. So focht er denn, wie gesagt, auf österreichischer Seite gegen die Türken.

Er erfand eine Lichtverbindung, die darin bestand, dass in der Nacht brennende Fackeln hochgehalten wurden, mit denen, je nach ihrer Stellung zueinander, bestimmte Worte ausgedrückt werden konnten. Dieses Signalsystem wurde von mehreren österreichischen Offizieren so lange geübt, bis es ihnen völlig geläufig war.

Die betreffenden Offiziere wurden später von den Türken eingeschlossen. John Smith rückte mit einer Abteilung zu ihrem Entsatz heran und erreichte nachts einen Hügel in der Nähe der Stadt. Von hier aus verständigte er sich durch Fackelzeichen mit den Belagerten, machte ihnen Mitteilung von seinem Angriff gegen den Rücken des Feindes und ermöglichte es dadurch der Besatzung, einen glücklichen Ausfall zu machen.

Die Pfadfinder aller Länder wenden Signalfeuer an, mit denen sie sich am Tage (durch die Rauchsäule) und in der Nacht (durch den Feuerschein) verständigen.

Rauchsignale. Drei dicke, in kurzen Zwischenräumen aufsteigende Wolken bedeuten: »Vorwärts!« Eine Anzahl von kleinen Rauchwolken: »Sammeln! Hierher!« Eine ununterbrochene Rauchsäule: »Halt!« Abwechselnd grosse und kleine Wolken: »Es droht Gefahr!«

Um starken Rauch zu entwickeln zündet man zunächst ein gewöhnliches Feuer an und wirft, sobald es ordentlich brennt, feuchtes Laub, Gras oder dumpfiges Heu darauf. Dann legt man eine feuchte Decke über das Ganze und zieht sie jedesmal weg, wenn man wünscht, dass eine Rauchwolke aufsteigen soll. Die Grösse der Rauchsäule hängt von der Zeit ab, während deren man das Feuer offen schwelen lässt. Für kleine Wolken deckt man den Holzhaufen rasch auf, zählt bis zwei, legt die Decke wieder darüber, zählt dann bis acht, deckt wieder auf, zählt abermals bis zwei, deckt zu u. s. f. Für eine grosse Wolke bleibt das Rauchfeuer jedesmal sechs Sekunden lang aufgedeckt.

Feuer-Signale. An die Stelle der Rauchsignale treten nachts die Feuersignale, und zwar werden lang oder kurz andauernde Flammenzeichen im gleichen Sinne wie die grossen und die kleinen Rauchwolken gegeben.

Zunächst entfacht man mit recht trockenem Holz und Buschwerk ein möglichst helles Feuer. Währenddessen halten zwei Pfadfinder ein Tuch vor das Feuer, d. h. also zwischen die Flammen und denjenigen, dem man Mitteilungen zukommen lassen möchte. Man verhindert dadurch, dass dieser die Flamme zu früh sieht, was leicht zu Irrtümern Veranlassung geben könnte. Für ein kurzes Flammenzeichen nimmt man das Tuch zwei Sekunden lang fort, für ein langes Flammenzeichen sechs Sekunden lang; nach jedem Zeichen bleibt das Feuer wieder vier Sekunden lang verdeckt.

Im amerikanischen Bürgerkriege beabsichtigte der Pfadfinder-Hauptmann Lowry, seiner Armee mitzuteilen, dass sie der Feind unvermutet in der Nacht angreifen werde. Er konnte aber nicht zu seiner Truppe gelangen, weil ein angeschwollener Fluss dazwischen lag, und es überdies stürmte und regnete. — Was hättet Ihr an seiner Stelle da wohl gemacht?

Plötzlich kam ihm ein guter Gedanke. Er ging zu einer alten Lokomotive, die verlassen auf den Schienen stand, machte Feuer darin an, und begann mit der Dampfpfeife nach dem Morsealphabet (von dem gleich noch die Rede sein wird) kurze und lange Signale zu geben. Bald verstanden seine Freunde, um was es sich handelte, und antworteten mit einer Trompete. Nun schickte er Ihnen, Wort für Wort, eine Nachricht über die Absichten des Feindes zu, und rettete auf diese Weise die 20000 Mann seiner Armee aus schwerer Gefahr.

Leutnant Boyd-Alexander beschreibt in seinem Buche »Vom Niger zum Nil«, wie mehrere Eingeborenenstämme sich durch Schläge auf einer grossen Trommel verständigen. Ebenso liest man in Büchern deutscher Forschungsreisender, dass es auch an der Westküste Afrikas Negervölker gibt, die sich auf gleiche Weise fernhin Mitteilungen machen.

Jeder Pfadfinder sollte das Morse-Alphabet kennen, denn er kann es überall verwenden, wo es sich darum handelt mit Winkerflaggen eine Verständigung zu erzielen, wie es bei uns in der Armee und bei der Marine schon längst geschieht. Das Morse-Alphabet ist auch für jeden wichtig, der Telegraphist werden will; es ist, bei etwas Fleiss und gutem Willen, nicht schwer zu erlernen.

Baden-Powell erzählt, dass ihm die Kenntnis des Morsesystems während des Burenkrieges einmal sehr nützlich gewesen sei. »Meine Kolonne,« schreibt er, »versuchte einmal an einer Burenabteilung vorbeizukommen, die einen Gebirgspass besetzt hielt. Da wir merkten, dass der Gegner zu stark war, gaben wir den Versuch, mit Gewalt vorzudringen, am Abend auf. Während wir alle Feuer brennen liessen, damit die Buren denken sollten, wir befänden uns ihnen noch gegenüber, zogen wir in raschem Nachtmarsch im Bogen um das Gebirge herum und standen am frühen Morgen des nächsten Tages genau im Rücken des ahnungslosen Feindes. Dort fanden wir eine Telegraphenlinie, die offenbar nach dem 80 km entfernten Hauptquartier der Buren führte. Wir stiegen vom Pferde, befestigten einen kurzen Draht unseres Apparates an die Leitung des Feindes und begannen dessen Telegramme mitzulesen. Auf diese Weise bekamen wir vorzügliche Nachrichten; aber ohne Kenntnis des Morse-Alphabets wäre uns dieser Erfolg nicht möglich gewesen.«

Wollt Ihr innerhalb Eurer Pfadfindergruppe eine Geheimsprache haben, so lernt Esperanto. Es ist nicht schwer, und ein Lehrbuch darüber kostet nicht viel.

Esperanto wird bereits in allen Ländern von einer recht beträchtlichen Anzahl von Menschen gesprochen, so dass es Euch auf Reisen überall von Nutzen sein kann. Esperanto kann so vielleicht einmal die Verständigungssprache zwischen den Pfadfindern aller Länder werden.

Der Signaldienst mit Spiegeln, Lampen und Winkerflaggen.

Das Morse-Alphabet besteht nur aus Strichen und Punkten. Wir haben bereits gesehen, wie man diese Striche und Punkte durch grosse und kleine Rauchwolken, sowie durch lange und kurze Feuerzeichen ausdrücken kann. Im südwestafrikanischen Kriege haben unsere Truppen mit grossem Erfolg auch von besonderen Signalapparaten Gebrauch gemacht. Diese bestanden aus einem Gestell (Stativ), einem Spiegel und einer Lampe. An geeigneten, weit sichtbaren Punkten, meist auf Bergkuppen, wurden die Apparate aufgebaut. Am Tage bediente man sich der Spiegel. Man stellte hierzu einen Stock so auf, dass man vom Spiegel aus (der dazu ein kleines Loch zum Durchschauen hatte) über die Stockspitze hinweg die Station sah, mit der man sich verständigen wollte. Drehte man den Spiegel nun derartig, dass die Sonnenstrahlen hineinfielen und gegen die Stockspitze geworfen wurden, so konnte man auch annehmen, dass die ferne Station das Blitzen des Sonnenlichts im Spiegel sah. In Afrika, wo die Sonne sehr hell und klar scheint, konnte man auf diese Weise mit einem kleinen, einfachen Handspiegel bis über 50 km weit signalisieren! Auch bei uns in Deutschland wird man an sonnigen Tagen mit diesem System noch auf grosse Entfernungen eine Verbindung herstellen können. Nachts bediente man sich in Südwest der Azetylen-Lampe, die durch die Glaslinsen eines Scheinwerfers nach der anderen Station hinüberleuchtete. Je nachdem man das Licht der Lampe bedeckte oder frei hinausstrahlen liess, sahen diejenigen, denen man signalisieren wollte, einen hellen Punkt plötzlich im Dunklen aufleuchten. Die Morsezeichen wurden durch lange (Strich) und kurze Belichtung (Punkt) ausgedrückt. In Südwestafrika haben die deutschen Truppen mit den Azetylenlampen der Signalapparate noch auf 100 km Entfernung Nachrichten und Befehle erhalten. Es war aber ein sehr schwerer Dienst, den die Signalabteilung dort zu versehen hatte.

In seinem Buche »Mit dem Hauptquartier in Südwestafrika» schreibt Hauptmann Bayer u. a. darüber:

»Die Bedeckung der Stationen bestand nur aus zwei bis sechs Mann. Viele Monate lagen die Leute auf einsamer Höhe, von aller Hilfe abgeschnitten, den Unbilden der Witterung, den Anschlägen des Feindes ausgesetzt, auf sich selbst angewiesen, dürftig verpflegt, knapp an Wasser und ohne ärztlichen Beistand! Viele Signalisten litten an Uebermüdung der Sehnerven.«

»Häufig waren die Signalapparate in den schwankenden Kronen hoher Bäume auf einer improvisierten Plattform aufgestellt.«

»Ununterbrochene Arbeit ohne Ablösung und ohne genügende Ruhe stellte die höchsten Anforderungen an die Leute. 30 Lichtsprüche in 24 Stunden waren nichts Seltenes. Legten sich die Signalisten müde an die Erde, um zu schlafen, so weckte sie der Posten zu neuer Tätigkeit, sobald das Licht der Gegenstation sichtbar wurde und eine neue Meldung ankündigte.«

»Die Station Falkenhorst war zehn Tage lang eingeschlossen. Die Mannschaften sassen bei Hitze und Durst im Dunkeln und versuchten schliesslich mit Rum zu kochen, als kein Tropfen Wasser mehr vorhanden war. — Auf Signalstation Duurdrift starb der eine Signalist an Typhus, während sein Kamerad, neben ihm am Apparat stehend, Telegramme befördern musste. Er hatte keine Zeit, dem Sterbenden in der letzten, schweren Stunde beizustehen. — Oefters wurden schwache Stationsbesatzungen überfallen und erschlagen.«

»Die vom Signalnetz überspannten Entfernungen waren bedeutend: die Linie Windhuk—Keetmanshoop—Ramansdrift war 800 Kilometer lang — das ist soweit wie von Berlin bis zum Genfersee! Die gesamten südwestafrikanischen Signallinien hatten im Juli 1905 eine Länge von 2560 Kilometer, was der Luftlinie von Posen bis Lissabon entspricht!«

»Die Signallinien arbeiteten langsamer, aber zuverlässiger als die Telegraphenlinien, deren frei am Boden liegende Kabel häufig vom Feinde durchschnitten oder durch weidende Tiere, Wild, Termiten und Witterung beschädigt wurden.«

Das Morsealphabet. In Klammern sind hinter jeden Buchstaben Merkworte nach dem System des Leutnant v. Horix eingefügt, deren Betonung mit den Strichen und Punkten übereinstimmt.

1. Buchstaben:

a ·—(Armee)	n —·(Nase)
ä æ ·—·—	o ———
b —···(Bahnbilleten)	ö œ ———·
c —·—·	p ·——· (Patrontasche)
ch ————	q ——·—(Quartalsbeginn)
d —··(Damian)	r ·—·(Revolver)
e ·	s ···
f ··—·(Futterale)	t —
g ——·(Grenzpfähle)	u ··—(Unterhaid)
h ····	ü ue ··——(Übermüdung)
i ··	v ···—(Ventilation)
j ·———(Jerusalem)	w ·——(Willkommgruss)
k —·—(Kriegsgesang)	x —··—
l ·—··(Lappalie)	y —·——
m ——	z ——··(zum Schluss! Fertig!)

2. Ziffern:

1 ·————	6 —····
2 ··———	7 ——···
3 ···——	8 ———··
4 ····—	9 ————·
5 ·····	0 —————

3. Interpunktionszeichen:

(.) Punkt ······
(,) Komma ·—·—·—
(?) Fragezeichen ··————··

Um die Morsezeichen rasch zu lernen, merkt man sich zunächst die beiden Buchstabengruppen, die nur Striche und nur Punkte enthalten, also: e . i .. s ... h .... (eish), sowie t — m — — o — — — ch — — — — (tmoch!). Im übrigen ist Uebung das beste Mittel, um auch in dieser Kunst zu einer gewissen Fertigkeit zu gelangen. Es ist somit sehr praktisch, wenn die jungen Pfadfinder untereinander schriftliche Mitteilungen in Morsezeichen wechseln; solche Briefe sind für Fremde und Nichttelegraphisten unverständlich.

Wenn man signalisieren will, gibt man zunächst das Anrufzeichen · · — · — so oft, bis die Gegenstation — · — antwortet und damit ausdrückt, dass man mit dem Telegramm beginnen soll. Hat die Gegenstation augenblicklich keine Zeit, um die Mitteilung aufzunehmen, weil sie z. B. schon von anderer Seite angerufen ist, so signalisiert sie · — · · · (warten!)

Hat man sich beim Geben geirrt, so signalisiert man Punkte . . . .; will man das Geben unterbrechen, so wiederholt man dieses Irrungszeichen mit kleinen Pausen mehrmals hintereinander.

Die Zeichen mit der **Winkerflagge** werden aus der »Fertigstellung« gegeben; dabei steht der Flaggenstock schräg vor dem Körper, die Spitze etwa 30⁰ nach der linken Schulter geneigt. Die rechte Hand fasst die Flagge, etwa handbreit unter dem Tuch, während die linke Faust mit dem Flaggenstock vor der Mitte der Brust steht.

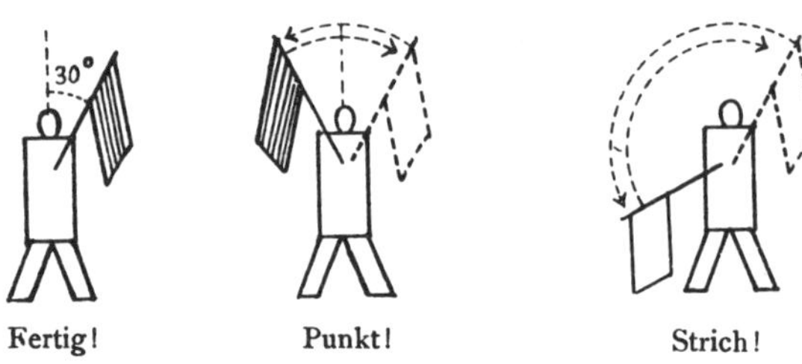

Fertig! Punkt! Strich!

Zum Punkt wird die Flaggenspitze kurz bis nach der rechten Schulter geführt, wobei die Flagge bei der Hin- und Herbewegung ein lateinisches S beschreibt, damit das Tuch sich nicht verfängt.

Zum Strich wird die Flagge aus der Fertigstellung nach rechts durchgeschlagen, bis sie fast den Erdboden berührt. Nach kurzer, aber bestimmter Pause kehrt die Flagge wieder zur Fertigstellung zurück.

Am Ende jedes Wortes wird die Flagge scharf nach unten herabgeschlagen, worauf der Signalist der Gegenstation mit der Flagge einen grossen Kreis vor dem Körper beschreibt, womit er »verstanden« ausdrückt.

Schlagen dreier grosser Kreise vor dem Körper bedeutet: Schluss des Telegramms.

Zu einer Winkerstation gehören gewöhnlich drei Signalisten, von denen der eine die Zeichen gibt, während der zweite die Winke der Gegenstation (eventl. mit Fernglas) abliest und laut ansagt und der dritte die gegebenen Depeschen aufschreibt.

Ausser den Buchstaben des Morsealphabets kann man sich noch bestimmte Zeichen verabreden, z. B.: Feind im Anmarsch; — wir werden angegriffen; — Vorsicht u. s. w. Auch darf sich jede Gruppe ein besonderes geheimes Winker-Erkennungszeichen wählen.

Pfeifsignale.

Jeder Feldmeister und jeder Feldkornett trägt eine Signalpfeife an einer schwarzen Schnur.

Ein langer Pfiff bedeutet: »Ruhe, Achtung!«

Mehrere lange Pfiffe: »Marsch« oder »Schwärmen!«

Eine Anzahl kurzer Pfiffe: »Sammeln, in Linie antreten!«

Abwechselnd kurze und lange Pfiffe: »Alarm! Haltet Euch bereit!«

Drei kurze und ein langer Pfiff (· · · —): »Die Feldkornetts zum Feldmeister!«

Jedem Pfeifsignal ist sofort und so schnell Ihr könnt zu gehorchen!

Kommandos.

Die meisten der militärischen Exerzierkommandos sind für Pfadfinder überflüssig, da deren Aufgaben ja doch nur im Kundschaften und Melden bestehen und sie nicht Soldat spielen sollen. Es genügen daher folgende Befehle:

»Stillgestanden!« (Die Pfadfinder nehmen die Absätze zusammen, nehmen die Arme an die Seite, richten sich auf und stehen still.)

»Rührt Euch!« (Die Pfadfinder stehen bequem.)

»Nieder!« (Jeder setzt sich oder legt sich hin, ohne seinen Platz in Reih und Glied zu verlassen.)

»Rechts um, — links um!«

»Mit Gruppen rechts schwenkt marsch, — mit Gruppen links schwenkt marsch!«

»Marsch!« (Ruhiges Gehen im gewöhnlichen Tempo.)

»Laufschritt — marsch marsch!« (Laufen auf den Ballen, 170--180 Schritt in der Minute. Mund geschlossen.)

»Pfadfinderschritt!« Abwechselnd 50 Schritt gehen und 50 Schritt laufen. Die Gangart, mit der man weite Strecken am schnellsten zurücklegt.

»Wegtreten!« (Die Pfadfinder verlassen Reih und Glied.)

Zeichen mit dem Pfadfinderstab.

Die Feldkornets müssen ihre Gruppen durch Winke leiten können. Besonders wichtig ist dies, wenn die Gruppe als Patrouille ausgeschwärmt ist, oder wenn man befürchten muss, dass laute Rufe und Kommandos vom Feinde gehört werden. Als Winksignale des Feldkornets sind zu merken:

Senkrechtes Hochhalten des Stabes: Achtung!

Mehrmaliges Hochheben des senkrechten Stabes: Laufschritt!

Schwenken des Stabes nach einer Seite: Richtung in der gegangen oder gelaufen werden soll!

Rechts und links Schwenken des hochgehobenen Stabes: Schwärmen!

Kreisschlagen des Stabes vor dem Körper: Halt!

Rundum Schwenken des Stabes über dem Kopf: Sammeln!

Alle diese Zeichen können, auch ohne Stab, mit dem Arm gegeben werden.

Die einzelnen Pfadfinder können ihrem Feldkornet folgende Winkzeichen geben:

Hochheben des Armes: Ich habe den Befehl verstanden!

Wagerechtes Hochhalten des Stabes: Schwacher Feind in Sicht.

Mehrmaliges ruhiges Hochstrecken des Stabes: Feind in Sicht, aber weit weg.

Mehrmaliges rasches Hochstrecken des Stabes: Feind in Sicht, dicht vor uns.

Senkrechtes Hochheben des Stabes: Nichts vom Feinde zu sehen.

Anhaltspunkte für die Lehrmeister.

Zeigt den jungen Pfadfindern, wie man ein Rauch- oder Leuchtfeuer anlegt.

Uebt sie im Signal- und Winkerdienst.

Lehrt ihnen im Rahmen der oben angeführten Kommandos die allereinfachsten Exerzitien, soweit sie für Pfadfinder nötig erscheinen.

Scharfer militärischer Drill verträgt sich jedoch nicht mit der Erziehung der Pfadfinder zu hoher Gewandtheit, Entschlussfähigkeit und Selbständigkeit. Die Wichtigkeit der Disziplin lässt sich ebensogut beim freien Patrouillendienst im Gelände zeigen und üben.

Gebt den Pfadfindern Unterricht im Lesen der Morsezeichen — vielleicht auch in Esperanto.

Verschafft ihnen Gelegenheit, ihre Findigkeit bei der Ueberbringung von geheimen Nachrichten zu beweisen.

Bei sämtlichen Spielen und Uebungen ist darauf zu halten, dass möglichst alle Pfadfinder daran teilnehmen, denn es hat keinen Zweck, wenn nur einige von ihnen ihre Sache vorzüglich machen, während die anderen in ihren Leistungen zurückbleiben. Alle müssen sich üben und etwas Gutes zustande bringen. Wenn bei einem Wettbewerb genug Teilnehmer vorhanden sind, müssten die Verlierer öfter daran kommen als die Gewinner, und der Zweck sollte sein, den schlechtesten Konkurrenten, statt den besten, zu ermitteln. Wer Ehrgeiz besitzt, wird sich ebenso eifrig bemühen, nicht der schlechteste zu sein, wie er sich anstrengen wird, den ersten Preis zu gewinnen. Bei dieser Art der Wettspiele bekommt der ungeschickteste und langsamste unter den Pfadfindern die meiste Gelegenheit, sich zu üben.

Punkte zur Erringung der Ehrenmedaille.

Für Erbauung eines guten Brücken Modells — bis zu vier Punkten.

Für das Anlegen und Anzünden von drei verschiedenen Feuern mit sechs Streichhölzern (und zwar 1. eines Kochfeuers, an dem eine Erbsensuppe gekocht wird, 2. eines Rauchfeuers, mit dem Signale gegeben werden, 3. eines Leuchtfeuers, mit dem signalisiert wird) — im ganzen bis zu drei Punkten.

Für Messen ohne Instrumente mit höchstens 10 Proz. Fehlern können im ganzen bis zu fünf Punkten gutgerechnet werden, und zwar für folgende Leistungen: Feststellung der Breite eines Flusses oder eines ungangbaren Geländes; Messung der Höhe von verschiedenen Bäumen und Gebäuden; Schätzung der Anzahl von Schafen in einer Herde, von Steinen auf einem Tisch u. s. w.; Beurteilung des Gewichts von leichten und schweren Gegenständen, von einem Gramm bis zu einem Zentner; Längen- und Entfernungschätzen von 1 cm bis zu 2 km.

Spiele.

Ueberbringung von Nachrichten.

Ein Pfadfinder hat einen Brief zum Gouverneur einer belagerten Stadt zu bringen und soll mit einer Quittung zurückkehren. Als »Stadt« gilt eine wirkliche Ortschaft, ein Dorf oder ein Gehöft u. s. w. Der Bote trägt ein buntes, zwei Fuss langes Tuch, das an der Schulter festgesteckt ist, und sein Auftrag beginnt von einem Punkt aus, der 6 km vom Ziel abliegt. Die Belagerer, die ihn abfangen sollen, können sich aufstellen, wo sie wollen, dürfen sich aber dem als Gouvernement geltenden Gebäude nicht unter 300 Schritt nähern. Am besten bezeichnet man genau die Grenzen, innerhalb deren sich keiner der Belagerer zeigen darf; wer dennoch dort vom Unparteiischen gefunden wird, gilt als von den Belagerten erschossen und scheidet aus dem Spiel. Der Bote kann zu jeder List seine Zuflucht nehmen, nur darf er sich nicht als Frau verkleiden und das Tuch nicht von der Schulter nehmen. Er gilt als gefangen, wenn es dem Feinde gelingt, ihm das Tuch abzunehmen. Man gibt dem Depeschenträger im allgemeinen zehn Stunden Zeit, innerhalb deren er seinen Brief nach dem Gouvernement bringen und mit der Quittung wieder an den Ausgangspunkt zurückkehren muss.

Wenn ein Pfadfinder aus irgend einem Grunde seines Abzeichens verlustig gehen sollte, so kann man ihm durch dieses Spiel die Möglichkeit geben sein Ehrenzeichen und seine Stellung im Pfadfinderkorps zu retten. Gelingt ihm der Botengang, so bleibt ihm das Abzeichen; andernfalls verliert er es für immer, auch wenn er im Verbande bleiben darf.

Wenn es sich um einen solchen Fall handelt, werden jedem Belagerer drei Punkte gutgeschrieben, falls er den Boten fängt, und drei Punkte abgerechnet, falls diesem die Ausführung seines Auftrages gelingt. Als Bedingung gilt ferner, dass mindestens zwei Gruppen als Belagerer sich betätigen.

Wenn das beschriebene Spiel in einer grösseren Stadt angelegt wird, muss man es je nach der Oertlichkeit abändern.

Auf dem Reisemarsch. Annahme: Wir befinden uns auf einem Zuge (Treck) durch Zentral-Afrika; jeder Pfadfinder trägt ein Bündel mit Gepäck und Proviant auf dem Kopf. Alle marschieren in einer langen Reihe hintereinander; etwa 200 Schritt voraus geht ein Kundschafter, der den Weg feststellt und den Zug durch Winke leitet. An einem Wasserlauf angekommen, wird eine Brücke oder ein Floss gebaut. An sumpfigen Stellen wird mit Reisigbündeln ein Knüppeldamm gelegt; für nachfolgende Abteilungen werden Zeichen am Pfade zurückgelassen.

Um den Pfadfindern einen Begriff von Zeit und Entfernungen zu geben, werden sie einzeln nach verschiedenen

Richtungen entsendet, mit Aufträgen, wie z. B. »Gehe 5 km nordöstlich, schreibe dort eine Meldung, aus der genau ersichtlich ist, wo Du gewesen bist (möglichst mit einer erklärenden Skizze), bringe diese Meldung dann so rasch als Du kannst, zurück.« An einer Karte wird festgestellt, wie weit er in Wirklichkeit von dem Punkte noch entfernt war, an dem er eigentlich gewesen sein sollte.

Schicke zwei Pfadfinderpaare gleichzeitig aus, mit dem Auftrage, auf verschiedenen Wegen und nach der Karte einen bestimmten Platz zu erreichen, ohne von dem anderen Paar gesehen zu werden. — Diese Aufgabe übt im Kartenlesen, in der Beurteilung des Geländes, in der Kunst sich zu verbergen u. s. w.

Um die Pfadfinder im richtigen Einschätzen der Zeit zu üben, schicke sie mit der Weisung fort, erst nach einem bestimmten Zeitraum (7 oder 10 Minuten etc.) zurückzukehren. Schreibe ihnen genau auf einen Zettel, wann sie fortgegangen sind, und vermerke ebenso die Zeit der Rückkehr. Die Pfadfinder werden dabei auf Wort verpflichtet, nicht nach der Uhr zu sehen.

Die meisten dieser Spiele lassen sich in der Stadt ebensogut wie auf dem Lande durchführen.

Robinsonspiel. Annahme: Schiffbrüchige befinden sich auf einer einsamen Insel. Sie machen sich Feuer an, suchen Gräser und Wurzeln, die sie kochen, formen sich Töpfe aus Lehm, flechten Grasmatten, bauen ein Floss, das sie mit Mast und Segeln versehen und womöglich in einem Gewässer schwimmen lassen. Schliesslich zünden sie Signalfeuer an und werden von einer in Sicht kommenden Schiffsmannschaft gerettet.

VI. Kapitel.

Wie erwirbt der Pfadfinder Willensstärke und Kraft. Grundzüge der persönlichen Hygiene.

Winke für den Lehrmeister, wie er zu einem grossen nationalen Werke beitragen kann.

Die Erfahrungen der letzten Jahrzehnte zeigen, dass trotz aller hygienischer Verbesserungen der Neuzeit die Volksgesundheit nicht in dem erwünschten Masse vorwärts geschritten ist.

Bei den Aushebungsgeschäften müssen wir die traurige Tatsache erkennen, dass nur die Hälfte der zur Stellung gelangenden jungen Leute den Anforderungen des militärischen Dienstes genügen, und dass gerade in den Grosstädten die Zahl der wegen allgemeiner Schwächlichkeit untauglichen eine erschreckend hohe ist.

Schon bei den Schulkindern sehen wir Kurzsichtige, Kinder mit schlechten Gebissen, mit Hühnerbrust, Plattfüssen, Rückgratsverkrümmungen in bedauerlich grosser Zahl.

Und dies sollen einmal die Verteidiger, Väter und Mütter des Landes werden!

Die so segensreichen hygienischen Einrichtungen in den Grosstädten haben infolge des vielfach herrschenden sozialen Elends noch nicht allen die Himmelsgabe von Licht und Luft schenken können. Wo letztere auf dem Lande überreich vorhanden, macht wieder mangelnde Hygiene, vor allem geringes Verständnis für Reinlichkeit, unzweckmässige Ernährung von Kindheit auf, diesen Vorzug zunichte.

Und doch sind alle diese Uebel zum grossen Teil vermeidbar. Vielfach ist auch der Unverstand der Eltern daran schuld, wenn so viele Gebresten in dem heranwachsenden Geschlecht Wurzel fassen können.

Einen grossen Teil der Schuld daran, dass wir überall so viel schwächliche und ungesunde Menschen sehen, sowie dass die Widerstandsfähigkeit gegen Krankheiten vielfach so gering ist, tragen Ausschweifungen aller Art, Geschlechtskrankheiten und der Alkohol, sowie mangelnde Körperpflege.

Die Erziehung des Pfadfinders würde daher unvollkommen sein, wenn sie nicht auch darauf hinzielen würde, diesen unheilvollen Einflüssen abzuhelfen.

Schon als Kinder müssen sie die Grundzüge und die Wichtigkeit einer geregelten Körperpflege, der persönlichen Hygiene, genau erfassen. Es ist hinlänglich bewiesen, dass die Engländer im Burenkriege, ebenso wohl auch die Deutschen im südwestafrikanischen Aufstand, die Hälfte ihrer Verluste an Krankheiten hätten vermeiden können, wenn Offiziere und Mannschaften mehr Kenntnis von der Lehre der persönlichen Gesundheitspflege gehabt hätten!

Daher wissen auch die neuen deutschen militärischen Vorschriften die Rolle der Gesundheitspflege wohl zu würdigen. Es gilt nicht als unmännlich, vielmehr als Pflicht des Soldaten, für seine Gesundheit zu sorgen.

Es steht da geschrieben:

»Den Soldaten ist zum Bewusstsein zu bringen, dass sie Gesundheit und Leben einzusetzen haben, andererseits alles tun müssen, um sich gesund und kampffähig zu erhalten. Vor unmässiger Lebensweise, insbesondere Trunkenheit und Ausschweifungen sind sie zu warnen.«

Aber auch in Friedenszeiten werden in allen Berufen grosse Mengen von Leuten durch Krankheiten arbeitsunfähig, die sie hätten vermeiden können, wenn sie gelernt hätten, richtig für ihre Gesundheit zu sorgen und vernünftige Vorsichtsmassregeln zu treffen. Leider verstehen sich bis jetzt in Deutschland nur die wenigsten darauf, etwa vier Fünftel unserer Jugend im Alter von 14—18 Jahren wächst ohne jede Leibesübung heran!

Da die meisten Fälle körperlicher Hinfälligkeit durch geregelte Körperpflege zu verhüten sind, so hat hier der Lehrmeister Gelegenheit, ein wahrhaft nationales Werk zu tun, ein geistes- und charakterstarkes, dabei körperlich gesundes und leistungsfähiges Geschlecht heranziehen zu helfen.

Das vorliegende Kapitel soll daher Anleitung dazu geben, wie in die Jungen das Verständnis zu bringen ist, dass sie sich Kraft, Gesundheit und gesunde Umgebung selbst zu schaffen vermögen, und dass sie daher persönlich die Verantwortung dafür tragen, da der Erfolg von ihrem Willen und ihrer Charakterstärke abhängig ist.

I. Abschnitt.

Wie man kräftig wird.

Ein Pfadfinder lag an der tückischen Cholera schwer krank in Indien im Spital. Er hörte halb benommen, wie der Arzt den eingeborenen Krankenwärter belehrte, dass die einzige Möglichkeit, das Leben des Kranken zu retten, darin bestände, durch fortgesetztes Reiben das Blut im Körper in Bewegung zu halten. Kaum hatte aber der Arzt den Rücken gekehrt, als der Eingeborene auch schon mit dem Reiben aufhörte, sich niederhockte und behaglich seinen Tabak schmauchte. Obwohl er nicht sprechen konnte, verstand der arme Kranke alles, was vor sich ging. Das Verhalten des eingeborenen Wärters versetzte ihn in eine derartige Wut, dass er den festen Entschluss fasste, auf alle Fälle gesund zu werden, nur um dem Kerl die ihm gebührende Lektion zu erteilen. Nur durch den Willen, gesund zu werden, wurde er gesund.

Ein Wahlspruch des Pfadfinders muss sein: »Sprich niemals vom Sterben, bis Du tot bist.« — Wenn er nach diesem Vorsatz handelt, wird er aus mancher Patsche sich herauswinden, auch wenn sich alles gegen ihn verschworen zu haben scheint, und er keinen Ausweg mehr zu sehen glaubt. Der Wahlspruch verlangt daher eine Mischung von Schneid, Geduld und Kraft, die wir als unverzagte Beharrlichkeit und Willensstärke bezeichnen können.

Der grosse südafrikanische Jäger und Pfadfinder F. C. Selous gab gelegentlich einer Jagdexpedition im Barotseland, nördlich von Zambesi, ein grossartiges Beispiel von solcher unverzagter, zäher Willensstärke. Mitten in der Nacht wurde sein Lager plötzlich von einem feindlichen Stamm angegriffen, der aus nächster Nähe hineinfeuerte und zu stürmen versuchte. Selous und seine kleine Schar von Eingeborenen schwärmten sofort in der Dunkelheit auseinander und suchten in dem hohen Grase Deckung. Er selbst hatte noch schnell sein Gewehr nebst einigen Patronen ergreifen können, vermochte aber in der Dunkelheit und im hohen Grase keinen seiner Leute zu finden. Als er sah, dass der Feind Besitz vom Lager genommen hatte, und dass nur noch wenig Nachtstunden übrig blieben, die er zur Flucht benützen musste, wandte er sich nach Süden, die Sterne und das »Kreuz des Südens« als Führer benutzend.

Er kroch ganz nahe an einem Aussenposten des Feindes vorbei, so dass er das Sprechen der Leute hörte, durchschwamm dann einen Fluss und gelangte glücklich aus dem Bereich der Feinde, nur mit Hemd, Hosen und Schuhen bekleidet. Die nächsten Tage und Nächte wanderte er weiter südwärts. Oftmals musste er sich verbergen, um feindlichen Eingeborenen zu entgehen. Er schoss sich Antilopen zur Nahrung und schützte sich so vor dem Hungertode. Als er aber eines Nachts in ein ihm anscheinend freundlich gesinntes Dorf kam, wurde ihm auch noch sein Gewehr gestohlen. Wieder musste er sich durch die Flucht retten, nunmehr aller Mittel zur Verteidigung oder zur Erlegung von Wild entblösst. Aber Selous war nicht der Mann, zu verzweifeln, solange noch ein Hoffnungsschimmer zur Rettung blieb, und er schlug sich tagelang unter grossen Entbehrungen und Gefahren durch, bis er schliesslich unterwegs einige seiner Leute traf, die sich gleichfalls gerettet hatten. Gemeinsam mit ihnen gelangte er nach weiteren Irrfahrten endlich glücklich in sicheres Gebiet. Aber welche schreckliche Zeit hatte er überstehen müssen!

Drei Wochen waren seit dem Ueberfall vergangen, und den grössten Teil dieser Zeit war Selous allein umhergeirrt, hungernd, in nächtlichen Frösten vor Kälte zitternd, am Tage in der Sonnenglut bratend.

Nur ein wirklicher Pfadfinder mit ganz ausserordentlich zäher Ausdauer konnte dies überwinden. Aber Selous ist ein Mann, der sich schon als Knabe durch Körperpflege und Uebung stark gemacht hat. Er trinkt auch keinen Alkohol und raucht nicht. Seinen Mut und seine Geistesgegenwart hat er noch nie einen Augenblick verloren.

Dies zeigt Euch, dass wenn Ihr dereinst als Männer derartige Abenteuer unbeschädigt bestehen wollt, Ihr schon als Knaben darauf hinarbeiten müsst, Euch stark, gesund und gewandt zu machen.

Ich kann mich nicht mit Selous vergleichen, das Schicksal hat es mir nicht vergönnt, mich auf gleiche Proben zu stellen. Aber auch ich war als Kind schwächlich, hinfällig, dauernd Lungenkrankheiten unterworfen. Aber ich wollte nicht unterliegen. Turnen, Reiten, Schwimmen, Rudern, Nichtrauchen, Wenigtrinken machten mich zum gesunden Menschen, der trotz mannigfacher Strapazen und Entbehrungen im südwestafrikanischen Feldzuge keine Minute durch Krankheit behindert war. Auch Roosevelt, der grosse Pfadfinder und Rauhreiter, war ein schwächliches Kind.

Ein Leitspruch für die Erziehung zur Willensstärke seien Euch die Goetheschen Worte:

Feiger Gedanken
Bängliches Schwanken,
Weibisches Zagen,
Aengstliches Klagen
Wendet kein Elend,
Macht Dich nicht frei.

Allen Gewalten
Zum Trotz sich erhalten,
Nimmer sich beugen,
Kräftig sich zeigen,
Rufet die Arme
Der Götter herbei.

Körperliche Uebungen und gesundheitliche Gewohnheiten.

Körperliche Uebungen werden vielfach höchst unverständig betrieben. Viele Leute glauben anscheinend, dass deren einziger Zweck sei, starke Muskulatur zu erzeugen. Um jedoch stark und gesund zu werden, muss der ganze Körper in Uebung erhalten und »durchgearbeitet« werden. Dabei muss man auch stets auf die Kräftigung der inneren Organe bedacht sein. Das Blut muss durch den ganzen Körper gut verteilt, darum vor allem das Herz zu regelmässiger und allmählich gesteigerter, leistungsfähiger Arbeit erzogen werden, ohne dass es dabei durch Ueberanstrengung geschwächt werden darf. Das ist das ganze Geheimnis, und körperliche Uebungen dürfen nur unter diesem Gesichtspunkt betrieben werden. Nachstehend sei eine kleine Anleitung gegeben:

a) Mache das Herz stark, damit es das Blut gleichmässig zu allen Teilen des Körpers pumpt, und so Knochen, Sehnen und Muskeln nährt, erhält und mit neuer Kraft versorgt.

Uebungen: Widerstandsübungen, z. B. Ristdrücken, Zieh- und Schiebekämpfe, Liegestützübungen, Laufen, Spiele (vgl. Seite 212 u. ff.).

b) Mache die Lunge stark, um dem Blut frischen Sauerstoff zuzuführen. Lerne Deinen Brustkorb erweitern, damit die frische Luft in alle Lungenästchen dringt, und sich Krankheitserreger nicht darin festsetzen können.

Uebungen: Tief atmen, Armkreisen, Trichterkreisen, Laufen, Spannbeugen.

c) Stärke die Hautatmung, die die verbrauchten Schlacken des Blutes im Verein mit Nieren und Lungen aus dem Körper herausschaffen hilft.

Uebung: Fleissiges Baden oder wenigstens gründliches Abwaschen des ganzen Körpers mit nassem Schwamm oder Handtuch.

Merke: Nach kaltem Bade mache Dir stets Bewegung. Nach kurzer Einwirkung des kalten Wassers erweitern sich die zuerst verengten Blutgefässe der Haut; die dabei entstehende wohltätige Wärme wird am besten durch mässige Bewegung unterhalten. Bei Sitzen oder Stehen geht das Wärmegefühl leicht in Frösteln über und schafft Erkältungen Eingang.

d) Kräftige den Magen, der dem Blute neuen Nährstoff zuführen soll, und stärke dabei die Unterleibsorgane, um die unverdaulichen Speisereste aus dem Körper zu schaffen.

Gesundheitliche Gewohnheiten: Kräftiges Essen, keine unnötige Anfüllung des Magens, lieber mehrmals kleine Mengen als auf einmal grosse. Gut kauen. Nie auf vollen Magen turnen. Tägliche Stuhlentleerung zu regelmässigen Zeiten. Obst essen, besonders abends. Morgens gutes frisches Wasser — nicht zu kalt — langsam trinken; auch heisses Wasser oft von Vorteil.

Uebungen: Rumpfbeugen: vorwärts, rückwärts, seitwärts, Rumpfkreisen, Axthauen, tiefe Kniebeugen, Drehschwingen (Schnitterbewegung), Stützhocke.

e) Uebe die Muskeln eines jeden Körperteiles, damit das Blut jeden dieser Teile versorgt und kräftigt.

Uebungen: Spaziergänge, Bergsteigen, Hantelübungen, Keulenschwingen, Stabübungen, Schwimmen, Rudern.

Wichtige Bedingung: Turne nur in guter Luft, am besten im Freien.

Anweisung für den Lehrmeister.

Gib kurzen Unterricht über die wichtigsten Organe des menschlichen Körpers und ihre Aufgaben, unter Benutzung von Fessler, Taschenbuch der Krankenpflege (Otto Gmelin, München), Unterrichtsbuch für Sanitätsmannschaften.

Das Geheimnis, kräftig und gesund zu bleiben, besteht darin, das Blut rein, das Herz kräftig, die Verdauungsorgane in geregelter Tätigkeit zu halten.

Die erwähnten Uebungen und Gewohnheiten bringen dies zustande, wenn sie regelmässig geübt werden. Ein erfahrener Sportsmann hat einmal behauptet: »Wenn Du jeden Morgen körperliche Uebungen betreibst, wirst Du niemals krank werden. Und wenn Du jeden Abend ein Glas heisses Wasser trinkst, wirst Du niemals sterben.«

Das Blut bleibt am besten gesund bei einfacher, gut gekochter, kräftiger Nahrung, (besonders frischem, grünem Gemüse), geregelter körperlicher Uebung, reichlicher frischer Luft und Sonne, bei Reinlichkeit des Körpers und der Kleidung. Gehörige körperliche und geistige Erholung zur richtigen Zeit ist gleichfalls eine Bedingung um gesund zu bleiben.

Die Japaner sind trotz ihrer geringen Körpergrösse besonders stark und gesund, wie sie es vor allem im letzten siegreichen Kriege gegen Russland bewiesen haben. Sie hatten nur sehr wenig unter Krankheiten zu leiden, und die Verwundeten genasen gewöhnlich sehr schnell, weil ihre Haut sauber und ihr Blut gesund und rein war. Sie bieten das beste Vorbild, das wir nur nachahmen sollten. Ganz besondere Sorgfalt verwenden sie auf die Reinlichkeit des Körpers und baden täglich mehrere Male, so auch besonders vor jeder Schlacht.

Sie essen ganz einfache Nahrung, hauptsächlich Reis und Obst, und zwar nicht viel davon auf einmal.

Sie trinken viel Wasser, aber keine Spirituosen. Sie betreiben fleissig körperliche Uebungen. Sie halten sich stets bei guter Laune und plagen ihr Hirn nicht mit trüben Gedanken. Sie leben Tag und Nacht in frischer Luft. Ihre Hauptübung ist das »Ju-Jitsu«, das eigentlich mehr Sport als turnerischer Drill ist und gewöhnlich paarweise geübt wird. Die Schüler gewinnen diesen Sport so lieb, dass sie ihn meistens auch nach Beendigung der Unterrichtszeit für sich weiter betreiben.

Durch Ju-Jitsu werden sämtliche Muskeln und die inneren Organe auf natürliche Weise zu hoher Kraft und Leistungsfähigkeit gebracht. Es beansprucht keinen Apparat, und wenn die Muskeln einmal dadurch entwickelt sind, dann sollen sie nach Baden-Powells Ansicht in ihrer Kraftfülle bleiben, auch wenn man diese Uebungen aufgeben sollte. Bei den gewöhnlichen Turnübungen ist dies nicht der Fall. Da ist dauernde Erhaltung in der Uebung erforderlich.

Der siegreiche japanische Admiral Kamimura empfiehlt allen jungen Leuten und Knaben vornehmlich auch aus dem Grunde das Ju-Jitsu, weil es nicht nur den Körper kräftig macht, sondern ganz besonders auch zur Geistesgegenwart erzieht.

Wer einmal Ju-Jitsu gesehen und geübt hat, wird es weiter zu lernen und zu betreiben suchen.

Leider ist es in Deutschland zurzeit nur in grossen Städten möglich, einen guten Lehrer des Ju-Jitsu zu erhalten. Und doch ist diese Kunst schon deshalb so wertvoll, weil sie den Schwächsten instand setzt, sich auch des gefährlichsten bewaffneten Gegners mit Erfolg zu erwehren.

Die kleinen japanischen Schutzleute sind dadurch imstande, die oft baumlangen Matrosen europäischer Flotten, wenn sie Ausschreitungen verüben, mit Leichtigkeit zu überwältigen.

Auch die Londoner Polizei verschmäht es nicht, trotzdem sie durchweg aus grossen, starken Leuten besteht, sich im

Ju-Jitsu auszubilden. In deutschen Städten ist gleichfalls ein Anfang gemacht. Es kann so nicht mehr vorkommen, dass, wie in München, ein Schutzmann in berechtigter Notwehr zur Pistole greifen muss, um sich der Angriffe eines betrunkenen Studenten zu erwehren.

Aber auch das deutsche Turnen macht kräftig, gewandt, geistesgegenwärtig. Wenn Ihr das Gute vom Ausland seht, vergesst nie, dass auch Euer Vaterland Euch Grosses schenkt.

Die Nase.

Ein Kundschafter muss einen guten Geruchsinn besitzen, um einen Feind auch nachts entdecken zu können. Der Pfadfinder atmet immer durch die Nase und nicht durch den Mund. Dies trägt ganz besonders auch zur Stärkung der den Geruchsinn vermittelnden Nervenenden in der Schleimhaut der Nase bei. Aber noch andere, weit wichtigere Gründe erfordern ein ständiges Atmen durch die Nase.

Vor fünfzig Jahren schrieb ein Amerikaner, Mr. Catlin, ein Buch unter dem Titel: »Schliesse Deinen Mund und erhalte Dein Leben«. Er zeigte darin, wie die Indianer schon seit langer Zeit diesen Brauch bei ihren Kindern eingeführt hatten. Sie gingen darin so weit, dass sie ihnen nachts die Kiefer zubanden, um sie so zu zwingen, ausschliesslich durch die Nase zu atmen.

Wenn man durch die Nase atmet, können Krankheitskeime, wie sie meist im Staube enthalten sind, nicht unmittelbar in den Mund und von da aus in Hals, Lunge und Magen gelangen. Sie werden vielmehr in der Nasenschleimhaut zurückgehalten, und die Luft gelangt »filtriert« zu Kehlkopf und Lunge. Auch im Winter wird die Luft auf dem Wege durch die Nase gewärmt in die Atmungsorgane gebracht. Dadurch wird besonders bei kaltem Wind manche Erkältung und schwere Krankheit vermieden.

Manche Leute, besonders Kinder, bekommen keine Luft durch die Nase, weil die Mündung der Nasengänge in den Rachen durch Wucherungen verstopft ist. Diese Wucherungen können dabei auch den Ausgang der Ohrtrompete verschliessen und so Schwerhörigkeit, ja sogar Taubheit erzeugen. Der richtige Pfadfinder scheut die kleine Operation nicht, die ihn von diesem Leiden befreien und erst zu einem kräftigen Menschen machen kann.

Für einen Pfadfinder hat die Nasenatmung noch einen weiteren Vorteil.

Bei geschlossenem Munde wird man auch bei schweren Anstrengungen nicht so schnell durstig werden wie bei offenem. Die Luft kommt dann nicht mit der Mundschleimhaut in unmittelbare Berührung und trocknet sie daher auch weniger schnell aus. Durch die Trockenheit der Schleimhaut des Mundes entsteht ja hauptsächlich der Durst.

Wenn Ihr Euch daran gewöhnt habt, durch die Nase zu atmen, so wird dadurch auch das Schnarchen v rhindert. Und Schnarchen ist beim Schlafen in feindlichen Gebieten äusserst gefährlich, da es den Schläfer einem aufmerksamen eingeborenen Späher schnell verraten würde. Daher übe jederzeit darin, durch die Nase zu atmen und den Mund Dich geschlossen zu halten.

Ohren.

Ein Pfadfinder muss gut hören können. Die Ohren sind ein empfindliches Organ, und wenn sie einmal Schaden gelitten haben, können schwer heilbare Zustände von Taubheit dadurch entstehen. Vielfach bohren die Leute beim Reinigen der Ohren mit den Ecken ihrer Taschen- und Handtücher, mit Haarnadeln und Ohrlöffeln in den Gehörgängen herum und stopfen sie dann mit ungereinigter Watte fest zu. Durch all diese gefährlichen Manipulationen kann das empfindliche Trommelfell, welches als feine Haut den Gehörgang von der Paukenhöhle, in der die Gehörknöchelchen liegen, abschliesst, leicht beschädigt werden.

Augen.

Ein Pfadfinder muss aber vor allem besonders gute Augen haben. Alles muss er schnell mit einem Blicke erkennen und erfassen können, sowohl in der Nähe zu sehen als auch ganz besonders weit in die Ferne zu blicken verstehen.

Wenn man sich darin übt, Gegenstände in der Ferne zu beobachten, werden die Augen besser und leistungsfähiger werden. Besonders in der Jugend muss man sie so sehr als möglich schonen, sonst werden sie im Mannesalter nicht mehr kräftig genug sein. Darum vermeide man soweit wie möglich das Lesen bei Lampenlicht, besonders bei schlechter, ungenügender Beleuchtung. Auch am Tage soll man beim Lesen und Schreiben mit dem Rücken oder mit einer Seite dem Lichte zugewendet sitzen. Wenn man sich aber dabei mit dem Gesicht gegen das Licht setzt, strengt man die Augen an.

Die Ueberanstrengung der Augen ist ein ganz verbreiteter Schaden bei der heranwachsenden Jugend, wenn es auch oft nicht gleich zum Bewusstsein kommt. Vor allem rühren auch vielfach Kopfschmerzen von dieser Ueberanstrengung her. Augenzwinkern ist auch oft ein Zeichen von Uebermüdung der Augen. Wer daher viel am Schreibtisch arbeiten muss, der bemühe sich wenigstens bei seinen Spaziergängen möglichst in die Ferne zu blicken. Dadurch werden die Augen gekräftigt und vor Kurzsichtigkeit bewahrt.

Ein Pfadfinder muss ausser im Besitze einer guten Sehkraft auch imstande sein, die Farbe aller Gegenstände richtig zu erkennen. Farbenblindheit ist eine grosse Unannehmlichkeit für Leute, die daran leiden.

Mancher Genuss in Natur und Kunst geht ihnen dadurch verloren. Für mancherlei Gewerbe und Berufe werden sie dadurch untauglich. Z. B. ist ein Lokomotivführer, überhaupt ein Eisenbahnbeamter oder ein Matrose nicht zu brauchen, der nicht »Rot« und »Grün« voneinander unterscheiden kann. Farbenblindheit ist jedoch nicht selten bis zu einem gewissen Grade heilbar, man kann die Augen durch Uebung erziehen.

Ein einfaches Mittel dafür ist, wenn der Farbenblinde sich eine Sammlung von kleinen Wollfäden, Stoffresten oder Papierstückchen von verschiedener Farbe anlegt, und nun daraus aussucht, was nach seiner Meinung »rot«, »blau«, »gelb« u. s. w. ist. Ein Freund muss ihm dabei helfen, und ihm immer sagen, ob er die richtige oder die falsche Farbe ausgesucht hat.

Dies muss man unermüdlich immer wieder versuchen, allmählich wird dann der Farbenblinde merken, wie sein Fehler langsam sich ausgleicht, bis er schliesslich ohne Schwierigkeit die Farben richtig als solche benennt, wenn er auch nicht die deutliche Farbenempfindung hat. Eine sehr wertvolle Hilfe für Farbenblinde ist es auch, farbige Laternen, z. B. an Wirtshäusern, Geschäften oder Eisenbahnstrecken, für diese Augenübungen zu verwenden.

Zähne.

Ein Soldat wollte, wie so viele andere, gerne freiwillig in die Schutztruppe für Südwestafrika während des Aufstandes übertreten. Der Stabsarzt, der ihn untersuchte, befand ihn als gesunden und kräftig gebauten Mann. Zum

Schlusse untersuchte er seine Zähne. Diese waren jedoch schlecht, einige waren früher einmal gezogen worden. Hier klafften Zahnlücken, andere Zähne wieder waren abgebrochen und nur noch faule Wurzeln übrig geblieben. Der Stabsarzt bedeutete ihm daher, dass er für den Dienst in den Kolonien nicht brauchbar wäre.

Der arme Kerl, der im Geiste sich bereits als Besieger von Hottentotten und Hereros gesehen hatte, stammelte ganz entsetzt: »Aber Herr Stabsarzt sind doch ein wenig zu streng. Wir brauchen doch nicht gleich die Hereros aufzufressen, die wir umgebracht haben!«

Ein Pfadfinder, der schlechte Zähne hat, ist jedoch für sein Geschäft nicht zu gebrauchen. Denn bei seinen Wanderungen und Zügen wird er nicht immer Brei oder Pasteten zu essen bekommen. Oft kann er froh sein, wenn er harten Eierzwieback und zähes Fleisch zum Essen hat. Und dies kann er nur dann ordentlich beissen und verdauen, wenn er tadellose Zähne hat. Diese kann man sich nur unversehrt erhalten, wenn man sie von Kindheit an sorgsam pflegt und gewissenhaft reinigt.

Man muss sie mindestens zweimal täglich, morgens wie abends, mit Zahnbürste und Zahnpulver oder Zahnpasta bürsten, und zwar stets von oben nach unten, die Aussenseite wie die Innenseite.

Wenn man, wie es gewöhnlich zu geschehen pflegt, die Zähne nur von der Seite her bürstet, so dringt man nicht in die Zwischenräume der Zähne ein und kann so auch nicht die darin zurückgebliebenen Speisereste entfernen. Diese gehen in Fäulnis über und machen den Zahn faul. Heftige Zahnschmerzen sind dann die Folgen fehlender oder unrichtiger Mundpflege. Auch nehme man nie zu kaltes Wasser. Dieses schädigt den Schmelz der Zähne. Warmes Wasser löst auch besser die besonders bei Hitze auf der Mundschleimhaut eintrocknenden Schleimkrusten. Diese tragen viel dazu bei, das Durstgefühl zu erzeugen. Durch Reinhaltung und Ausspülen des Mundes wird der Durst weit weniger sich geltend machen.

Der Pfadfinder hat dann auch viel weniger Flüssigkeitsmenge nötig, die ja bei unvernünftigem Trinken das Herz unnötig belastet, den Magen anfüllt und die Verdauungssäfte schwächt. Vor jeder Mahlzeit spüle man den Mund aus, damit der Staub, den man auf der Strasse oder auf dem Marsche in den Mund bekommen hat, wieder herausgespült wird. Zum Mundspülen darf man nur ganz reines Wasser, im Notfall auch Tee oder Selterswasser nehmen. Im Busch und in der Steppe gehen Zahnbürsten leicht verloren. Erfahrene Pfadfinder stellen sich daher selbst Behelfszahnbürsten aus trockenen Baumzweigen her, die sie an dem einen Ende ausfransen.

Feldzahnbürste

Auch während des Essens warmer Speisen soll man nie zu kalt trinken, denn man schädigt dadurch die Zähne. Viele Soldaten mussten aus dem südwestafrikanischen Krieg nur aus dem Grunde zurückgesandt werden, weil ihre Zähne so schlecht geworden waren, dass sie nicht mehr den harten Zwieback und das zähe Ziegen- und Konservenfleisch geniessen konnten, worauf sie monatelang angewiesen waren. Die Cowboys in Wildwest gelten allgemein als recht rauhe Gesellen, aber tatsächlich sind sie Pfadfinder ersten Ranges.

Sie führen ein hartes Dasein, haben einen schweren und gefährlichen Beruf fern von den Stätten der Zivilisation zu erfüllen, sind daher auch unbeobachtet von musternden Blicken.

Aber einer Pflicht der Zivilisation kommen sie gewissenhaft nach. — Sie reinigen täglich ihre Zähne, morgens und abends!

Baden-Powell machte vor Jahren zu Pferd eine Reise durch Natal. Als er sich eines Abends nach einer Unterkunft für die Nacht umsah, bemerkte er im Vorbeireiten eine Hütte, die augenscheinlich einem Weissen gehörte. Er trat ein, aber niemand war darin. Der einzige Innenraum der Hütte war recht einfach ausgestattet. Auf einem Gerüste, das als Waschtischständer notdürftig hergerichtet war, aber lagen mehrere Zahnbürsten. Daraus schloss Baden-Powell, dass ein anständiger Mensch hier wohnen müsse und machte es sich in der Hütte bequem.

Als dann später der Bewohner des Hauses hereinkam und den Eindringling begrüsste, sah dieser, dass er sich in seiner Annahme nicht geirrt hatte.

Winke für den Lehrmeister.

Masskarten für die Jugend.

Es ist ausserordentlich wichtig, dem jungen Staatsbürger die Ueberzeugung beizubringen, dass er für die Entwicklung seines Körpers und seiner Gesundheit Gott, der ihm das Leben gab, seinen Eltern, seinen Vorgesetzten, dem Staate und sich selbst gegenüber ganz allein die Verantwortung trägt. Körperliche Uebungen sind vorzüglich geeignet, die Entwicklung des Leibes zu fördern. Aber es ist sehr wertvoll, die Fortschritte dieser Entwicklung kontrollieren zu können.

Daher muss man jedem Pfadfinder eine Tabelle aushändigen, in der die normalen Zahlen für Gewicht, Grösse, Brustumfang je nach dem Alter verzeichnet sind.

Bei seiner Einstellung muss jeder Junge gemessen und gewogen werden, damit er sieht, wo er etwa in der Entwicklung zurückgeblieben ist.

Etwa alle drei Monate müssen die Masse neu genommen und auf der Masskarte eingetragen werden. Das normale Körpergewicht in Kilogramm beträgt

$$\frac{\text{Körperlänge in Zentimeter} \times \text{Brustumfang in Zentimeter}}{240}$$

Die Körperlänge minus (Körpergewicht + Brustumfang) soll $>$ 25 sein. Der Brustumfang soll bei Ausatmung mindestens die Hälfte der Körperlänge betragen.

Masskarten können vom Verleger des Pfadfinderbuches, Otto Gmelin, München, Liebherrstrasse 8, bezogen werden. Diese geben die normalen Zahlen für Körperlänge, Körpergewicht und Körpergrösse für die verschiedenen Altersklassen wieder. Ausserdem sind Spalten vorhanden, in die das Ergebnis der regelmässigen Messungen und Wägungen einzutragen ist. Am besten ist es auch, wenn alle sechs Monate durch einen Arzt die Beschaffenheit des Herzens und der Lungen, die Zahl der Pulsschläge und der Atemzüge geprüft und in die Masskarten eingetragen werden.

Uebungen des Gesichtssinnes.

Sehen in die Ferne. Man teilt mehrere kleine Pappkarten mittels Lineals und Bleistifts in etwa zwölf kleine Vierecke ein und verteilt diese unter die Pfadfinder. Jeder von ihnen geht nun mit Bleistift bewaffnet im Freien einige hundert Meter zurück, im Zimmer, soweit es der Raum gestattet. Der Unparteiische nimmt dann ein grosses Pappschild, das wie die kleinen in zwölf Vierecke geteilt ist. Bei Uebungen im Freien beträgt ihre Seitenlänge je 7,5 cm, im Zimmer je 3,5 cm. Er hält ferner eine Anzahl schwarzer Papierscheiben, von etwa 1,25 cm Durchmesser, nebst Reissnägeln bereit und steckt ungefähr ein halbes Dutzend dieser Scheiben nach Belieben über die ganze Karte zerstreut auf. Er hält sein Schild hoch, dass jeder es erblicken kann.

Die jungen Pfadfinder nähern sich allmählich, und sobald sie in die Entfernung gelangt sind, in der sie die Einzelheiten erkennen können, bleiben sie stehen und zeichnen in die Vierecke ihrer Karten genau die Lage der schwarzen Papierscheiben ein. Wem dies in der grössten Entfernung vom Unparteiischen gelingt, bleibt Sieger.

Jede Scheibe, die richtig gesehen wurde, gilt fünf Punkte. Für je $^1/_4$ m, die ein Teilnehmer näher an den Unparteiischen herangehen muss, als der am entferntesten stehende Junge, wird wieder ein Punkt davon abgezogen.

Schnellsehen. Dies kann mit dem gleichen grossen Schild geübt werden. Man lässt die Pfadfinder in die geeignete Nähe kommen, zeigt ihnen das Schild fünf Sekunden lang und lässt sie dann in ihre kleinen Karten das, was sie erblickt haben, aus dem Gedächtnis einzeichnen.

Wer dies am genauesten fertiggebracht hat, der bleibt Sieger.

II. Abschnitt.

Gesundheitliche Lebensführung.

Halte Dich sauber — rauche nicht — vermeide den Alkohol — stehe früh auf — ärgere Dich nicht — sei stets vergnügt.

Wie man sich gesund erhält.

All die grossen Friedenspfadfinder, die auf ihren Forschungs- oder Jagdzügen in wilden Gegenden so bewundernswerte Erfolge errangen, gelangten nur dadurch glücklich zum Ziel, dass sie genau Bescheid wussten, wie sie sich und die Ihren gesund zu erhalten hatten.

Waren Krankheiten trotzdem nicht immer zu vermeiden, kamen Verwundungen oder Unglücksfälle vor, so fiel ihnen selbstverständlich die Aufgabe zu, hier mit ärztlicher Kunst persönlich helfend einzugreifen. Viele dieser Pfadfinder waren nun auch selbst von Beruf Aerzte. Ich erinnere nur an Nachtigal, Emin Pascha, der mit richtigem Namen Ed. Schnitzer hiess, Rohlfs, Livingstone und viele andere. Aber für gewöhnlich findet der Pfadfinder im Busch und in der Steppe nur selten einen Arzt oder eine Apotheke, wenn er ärztliche Hilfe benötigt. Darum muss jeder Pfadfinder, der in fremde Länder zieht, sich möglichst vielseitig mit ärztlichen Kenntnissen zu versehen suchen.

Deshalb strebe man in erster Linie darnach, durch geregelte, vernünftige Lebensführung sich selbst gesund zu erhalten. Dann erst hat man die Fähigkeit und die Berechtigung, den anderen zu zeigen, wie sie es zu machen haben. Wenn man z. B. selbst den Mantelkragen stets hochgeschlagen trägt und tagsüber in rauchigem Zimmer bei geschlossenem Fenster sich aufhält, aber anderen Leuten die Notwendigkeit der Abhärtung und den Segen der frischen Luft lehren will, so werden sie einen solchen Ratgeber höchstens auslachen. Die Regeln, die zu einer gedeihlichen, gesundheitlichen Lebensführung erforderlich sind, lehrt uns die Wissenschaft, die die Gesunderhaltung und Kräftigung der Menschheit, sowie die Verhütung von Krankheiten zum Ziele hat, die Hygiene. Diese leitet ihren Namen her von der griechischen Göttin Hygieia, der Tochter des Heilgottes Aeskulap. Schon die alten Griechen verehrten diese Gottheiten. Ihnen zu Ehren veranstalteten sie Leibesübungen und athletische Wettkämpfe, die in den olympischen Spielen ihren Höhepunkt fanden. Die jungen Griechen setzten ihren Stolz darein, edel und schön zu werden an Körperbau und Kraft. Die alten Statuen geben uns von ihrer edlen Körperbildung noch heute Zeugnis. Die Uebungsstätten der Griechen waren die Gymnasien, die unseren heutigen Turnhallen glichen. Viele Jahrhunderte hindurch waren der deutschen Jugend diese Freuden vorenthalten, jetzt aber hat jeder deutsche Junge Gelegenheit, durch turnerische Uebungen und Sportspiele den Körper zu stählen. Diese nehmen auch in der Ausbildung der englischen Scout Boys eine wichtige Stellung ein.

Aber diese Leibesübungen haben nur dann einen Wert, wenn alle schädlichen Angewohnheiten vermieden, alle gesundheitlichen Massregeln genau befolgt werden.

Darum muss auch jeder Pfadfinder die Grundsätze der Hygiene kennen. Anders ist es mit der Behandlung von Krankheiten. Das Studium der Medizin ist eine schwere und ernste Aufgabe. Sechs Jahre mühsamer Arbeit sind erforderlich, und auch dann kann erst langjährige Erfahrung den wirklichen »Praktiker« machen. Wie unvernünftig sind doch daher die Leute, die irgend einem ungebildeten Kurpfuscher ihr Geld opfern und meist dadurch nur eine Schädigung der Gesundheit erkaufen, vor allem aber oft die Zeit versäumen, wo ärztliche Kunst noch Hilfe bringen kann.

Darum überlasse man die Behandlung der Krankheiten den berufenen Aerzten, die in die Natur des gesunden, wie kranken Körpers Einblick zu gewinnen gelernt haben. Jeder Pfadfinder muss aber die Massregeln beherrschen, die notwendig sind, um bis zur Ankunft des Arztes lebensgefährliche Zustände zu beseitigen. Die erste Hilfe in Unglücksfällen gehört somit zu den Aufgaben der Pfadfindertruppe; sie wird Euch in einem anderen Kapitel näher gezeigt werden. Wer jedoch in fremde, unkultivierte Länder zieht, muss auch die notwendigsten ärztlichen Kenntnisse besitzen. Vor allem wird der Missionar, wenn er den Eingeborenen auch Hilfe in körperlichen Leiden bringt, es doppelt leicht haben, sie nun auch von dem Kultursegen der Religion zu überzeugen. Deshalb wird auch jeder deutsche Missionar, bevor er hinausgesandt wird, in der Heilkunde unterrichtet, so die evangelischen im Institut für ärztliche Mission in Tübingen.

All die grossen Afrikaforscher, die Aerzte waren, gewannen sich das Vertrauen der eingeborenen Bevölkerung auch durch ihre ärztliche Kunst, so dass sie dadurch auch ihre politischen Zwecke um so leichter zu fördern vermochten. Darum sind in der letzten Zeit, wie schon früher in fremden, so auch in den deutschen Kolonien Aerzte, meist frühere Sanitätsoffiziere, als Chefs der Verwaltungsdistrikte mit grossem Erfolge tätig. Daher soll aber auch jeder Kaufmann, jeder Ingenieur, jeder Verwaltungsbeamte in den Kolonien seinen eingeborenen Arbeitern ärztliche Hilfe zu leisten imstande sein. Sie werden für diese Fürsorge durch doppelte Arbeit sich dankbar erweisen.

Wer einem anderen aber Gesundheitsregeln geben will, der wird selbst erst beweisen müssen, dass er sie befolgt. Wenn er sich nun aber selbst durch Befolgung der hygienischen Lehren gesund zu erhalten weiss, wird er für sich keinen Arzt und keine Medizin brauchen.

Halte Deinen Körper sauber.

In unserem südwestafrikanischen Krieg verloren wir eine ausserordentlich grosse Anzahl von Leuten durch Krankheiten; dasselbe Schicksal hatten die Engländer im Burenkrieg und überhaupt die meisten Völker in früheren Kriegen. Die Japaner dagegen verloren in ihrem Kriege gegen die Russen äusserst wenig Leute an Krankheiten. Auch ihre Wunden heilten schneller als die der Russen. Worin war diese auffallende Erscheinung begründet? Wahrscheinlich trugen mehrere Umstände gemeinschaftlich dazu bei. Unsere Mannschaften waren nicht so vorsichtig in der Wahl und der Unschädlichmachung des Trinkwassers, wie es die Japaner waren. Ferner waren sie von Jugend auf mehr an Fleischgenuss und Alkohol gewöhnt als die genügsamen, mehr von Pflanzen lebenden Japaner. Dann aber war das Wasser in Südwestafrika schon zum Trinken und Kochen sowie zum Tränken der Tiere oft recht knapp. So konnten sie ihren Körper, ihre Wäsche und ihre Kleider nicht immer sauber halten. Die Japaner dagegen hielten sich und ihre Kleidung tadellos rein, nahmen auch im Felde täglich ein Bad.

Besonders sorgsam badeten sie vor jeder Schlacht und legten saubere Wäsche an. Dadurch wurden ihre Wunden niemals durch Schmutz verunreinigt und heilten daher sehr schnell.

Die Russen dagegen litten schwer unter den Folgen der Unreinlichkeit. Geradeso wird, wenn man sich in einen sauber gehaltenen Finger schneidet oder einen Dorn hineinsticht, die Wunde glatt heilen. Ist die Hand dagegen schmutzig, so kommt es zur Eiterung und es bilden sich die schmerzhaften Fingergeschwüre.

Wenn man seine Haut reinigt, reinigt man auch sein Blut. Die Japaner sagen, dass jede körperliche Uebung nur halben Wert hat, wenn man nicht unmittelbar darauf ein Bad nimmt, und sie haben recht. Denn die Poren der Haut schaffen mit dem Schweiss auch verbrauchte, dem Körper schädliche Stoffe hinaus. Sind die Poren durch angetrockneten Schweiss oder gar durch Schmutz verstopft, so gehen diese Stoffe wieder in den Körper zurück, und die ganze körperliche Uebung hat ihren Zweck zum grossen Teil verfehlt.

Alle Sportsleute nehmen daher schon längst nach Beendigung ihrer Arbeit ein Bad. Das Verdienst jedoch, zuerst die Notwendigkeit eines Bades bei turnerischen Uebungen weiten Kreisen bekannt gemacht zu haben, gebührt dem Dänen J. P. Müller. In dem Buch »Mein System«, das in Hunderttausenden von Exemplaren seinen Weg über den ganzen Erdball gemacht hat, empfiehlt er jeden Morgen nur 20 Minuten zu turnen und mitten hinein ein kaltes Bad zu nehmen. Einer seiner Grundsätze besteht darin, dass der Körper stets gut von Blut durchströmt und durch vorangegangene Uebungen erwärmt sein muss, wenn er das Bad nimmt. Ebenso muss er nach der schnellen Abkühlung im Bade durch Uebungen wieder warm werden. Es kommt dabei gar nicht darauf an, dass diese Uebungen genau so gemacht werden wie sie Müller verlangt. Die Hauptsache ist, dass sie niemals einseitig einzelne Muskeln in Tätigkeit setzen dürfen, sondern, dass die Muskulatur des ganzen Körpers »durchgearbeitet wird«. Setzt man sich dagegen nach kaltem Bade ruhig hin, womöglich im Freien, so wird man auch im Sommer ein Frostgefühl verspüren, weil dann die Hautporen nicht ordentlich von Blut durchspült sind.

Kalte Bäder mit nachfolgenden Turnübungen härten vor allem den Körper ab, d. h. er wird widerstandsfähiger gegen alle Erkältungen. Sehr gut sind auch heisse Bäder mit nachfolgenden kalten Uebergiessungen. Wenn man vor Gebrauch der kalten Bäder aus irgend einem Grunde nicht turnen will, so reibe man die Haut, am besten verbunden mit gleichzeitiger Einseifung hräftig ab. Dann kann man gleichfalls mit erwärmter Haut sein Bad nehmen.

Kalte Bäder muss man überhaupt möglichst kurz nehmen. Besonders schädlich ist es, wie man es in Schwimmbädern so vielfach sieht, wenn junge Leute stundenlang dort verweilen und mit nassem Körper und fröstelnd herumlaufen. Blutarmut und Nervosität sind die Folgen. Dagegen ist Lagern des Körpers in der Sonne eine vorzügliche Vorbereitung zum Bade.

Niemals soll man auf vollen Magen baden, vor allem keine Schwimmbäder dabei nehmen. Oft war ein Herzkrampf oder plötzliche Blutleere des Gehirns die Folge.

Im Felde und auf dem Marsche hat man nun nicht immer Gelegenheit, ein richtiges Bad zu nehmen. Ein Pfadfinder weiss sich jedoch immer zu helfen. In Südwestafrika dienten Kisten mit Blecheinsatz, auch Löcher in der Erde, die mit Zeltbahnen ausgelegt wurden, als Badewannen. Die Kriegssanitätsordnung empfiehlt eine sehr praktische Behelfsbadewanne. Vier in die Erde eingeschlagene Pfähle werden durch angenagelte Bretter zu einer, einer Badewanne ähnlichen Kiste vervollständigt, deren Grund der Erdboden bildet, und in welche ein grosses Stück wasserdichtes Segeltuch (Wagenplan) eingehängt wird. Sägt man die Pfähle dicht über der Erde ab, so kann man den Kasten auch in einen gedielten Raum bringen.

Jeder Pfadfinder hat aber die Pflicht, wenn er nicht baden kann, sich den ganzen Körper vom Kopf bis zu den Füssen täglich zu waschen. Er braucht im Notfall nur mit einem nassen Handtuch darüberzufahren. Wenn er sich auf dem Marsch nicht hat gründlich waschen können, so holt er es bei der nächsten Gelegenheit nach.

Es ist, ausser dem gesundheitlichen Vorteil, ein Gebot der Selbstachtung für jeden Menschen, den Leib, den ihm Gott vor allen Geschöpfen als vollkommensten geschenkt, auch würdig und rein zu bewahren. Wer von anderen Leuten Achtung verlangt, muss in erster Linie sich selbst achten können. Ebenso soll der Pfadfinder stets auf Sauberkeit der Kleidung und der Wäsche achten.

Es gibt nichts, was mehr den Snob verrät, als unter eleganter Kleidung ein schmutziges Hemd zu tragen. Der Pfadfinder klopft auch täglich nach dem Marsche den Staub mit einem Stocke aus den Kleidern heraus. Er nimmt stets zwei Wäscheausstattungen auf dem Marsche mit, eine, am Leibe, die andere im Rucksack. Mindestens aber muss er ein Reservehemd und ein Paar Reservestrümpfe mit sich führen.

Aber auch innerlich muss man sein Blut rein und gesund erhalten.

Dies geschieht durch tiefes Atmen in frischer, reiner Luft, deren Sauerstoff das Blut stets wieder von neuem reinigt, durch gesunde, kräftige Nahrung ohne viel Gewürz und durch geregeltes Herausschaffen der Abfälle aus dem Körper. Daher ist es sehr wichtig, für regelmässigen Stuhlgang mindestens einmal am Tage zu sorgen, am besten gleich nach dem Aufstehen. Bei trägem Stuhlgang sind Rumpf-Beuge- und Drehübungen von gutem Erfolge. Ein Glas Wasser oder frisches Obst morgens und abends sind gute Mittel, eine geregelte Stuhlentleerung herbeizuführen. Nach jedem Stuhlgang wasche man sich die Hände, besonders auch vor jeder Mahlzeit. Durch unreine Finger sind mit den Speisen schon viele Krankheitsstoffe in den Körper gelangt.

Niemals trete man einen Marsch mit leerem Magen an, man wird sonst leicht Ohnmachten bekommen und ist auch von Hitzschlag sehr gefährdet. Im Notfall trinkt man wenigstens warmes Wasser, Tee oder Kaffee, möglichst jedoch mit Brot oder Zwieback.

Wenn man diese Vorschriften befolgt, dann braucht man keine Blutreinigungs-Pillen, Abführmittel oder Kraftmedizinen, die so reklamehaft angepriesen werden. Urteilslos genommene Abführmittel schaden meist auf die Dauer.

Rauchen.

Der richtige Pfadfinder raucht nicht. Jeder Bub kann rauchen, das ist gar keine so grosse Kunst. Aber ein Pfadfinder raucht nicht, weil er eben nicht so töricht ist. Er weiss, dass wenn ein Bursch raucht, bevor er ausgewachsen ist, dies unfehlbar sein Herz schwächt. Und das Herz ist das wichtigste Organ im jugendlichen Körper. Es pumpt das Blut durch ihn hindurch und führt Muskeln, Knochen und Nerven Kraft zu. Wenn das Herz nicht richtig seine Arbeit verrichtet, so kann der im Wachsen begriffene Körper sich auch nicht gesund entwickeln. Jeder alte Pfadfinder weiss genau, dass das Rauchen seine Sehschärfe beeinträchtigt und seinen Geruchsinn abstumpft. Und diese Sinne sind für jeden Pfadfinder, der in unkultivierten Ländern tätig sein muss, von ausserordentlicher Wichtigkeit.

Die bedeutendsten Gelehrten der medizinischen Wissenschaft haben vor den Schädigungen der Gesundheit durch Tabak gewarnt. Besonders schädlich wirkt der darin enthaltene Giftstoff, das Nikotin, auf die Gesundheit von heranwachsenden Jungen ein. Zahlreiche berühmte Sportsleute, Jäger, Gelehrte, Soldaten haben darum auch den Tabakgenuss aufgegeben, weil sie herausfanden, dass sie ohne Tabak gesünder und frischer für ihren Beruf waren.

Generalfeldmarschall Graf Haeseler, Vizeadmiral v. Müller, Chef des Marinekabinetts, weiter viele deutsche Offiziere in China und Südwestafrika, wie Oberstleutnant von Estorff, Hauptmann Bayer, Stabsarzt Kuhn, der Verteidiger von Omaruru, rauchen gar nicht oder nur sehr wenig. Auch die bedeutendsten englischen Offiziere, die in den Kolonien tätig waren, wie Lord Roberts, Lord Wolseley, General Baden-Powell, ebenso der berühmte Jäger Selous sind Nichtraucher. Auch König Oskar II. von Schweden, der ein hohes Alter erreichte, rauchte nicht.

Ein Knabe, der im Rauchen einen Erwachsenen nachäfft, wird es niemals zu etwas bringen.

Ein Knabe, der durch Ballspiel stark und gesund geworden ist.

(Originalzeichnung von General Baden-Powell.)

Die Bahn- und Postbehörden der Vereinigten Staaten stellen keinen Jungen, der raucht, in ihren Betrieben an.

Ein grosser Fabrikherr in England versicherte General Baden-Powell gegenüber, dass er jeden Jungen unter 18 Jahren, der raucht, sofort entlässt. Das gleiche sollen viele andere Geschäftsinhaber tun. In Deutschland habe ich leider noch nichts Aehnliches gehört, trotzdem es gewiss solche Lehrherren gibt. Aber schon den Lehrern wird es ja als Barbarei ausgelegt, wenn sie den schädlichen Unfug bei ihren Schülern nicht dulden wollen. Viel Geld wird durch Rauchen unnötig in die Luft verpafft. Als der amerikanische Kohlengrubenbesitzer Kingsley, der durch seine grossartigen Stiftungen für wohltätige Zwecke bekannt ist, gefragt wurde, weshalb er nicht rauche, sagte er: »Ich rauche nicht, weil ich mir immer vorgestellt habe, dass jede gerauchte Zigarre wenigstens so viel bedeutet als das Verbrennen des Wertes eines Brötchens.« (Aus: »Wenn ein Knabe raucht.« Jugendbund-Buchhandlung Friedrichshagen. Berlin). Tatsächlich wurden im Jahre 1905 in Deutschland über $^1/_2$ Milliarde Mark für den Rauchgenuss ausgegeben.

In Japan ist das Rauchen bis zum 20. Jahre gesetzlich verboten. Die Eltern werden bei Uebertretungen dafür haftbar gemacht und müssen Strafe zahlen. In England ist ein ähnliches Gesetz in Einführung begriffen.

In einer Rede gegen den Tabak sagte Professor Osler, dass es eine Wohltat sein würde, wenn alle in England vorhandenen Vorräte von Bier oder sonstigen Spirituosen an einem Tage in das Meer geschüttet würden. Könnte man am zweiten Tage noch allen vorhandenen Tabak nachwerfen, so wäre dies für jeden Engländer ein doppeltes Glück — den einzigen Schaden hätten dabei die Fische.

Kein Junge fing mit dem Rauchen an, weil es ihm schmeckte, sondern nur, weil er fürchtete, von gleich unvernünftigen Kameraden als unmännlich geneckt zu werden. Was für eine Heldentat doch das Rauchen ist!

Mancher Gernegross glaubt auch wirklich, mit einer Zigarre oder Zigarette im Mund verteufelt fesch und schneidig wie ein grosser Herr auszusehen — und sieht dabei nur aus wie ein kleiner Esel.

Daher lass' das Rauchen sein, lieber junger Pfadfinder, wenigstens solange Du nicht erwachsen bist. Wenn Dich dann jemand dazu verleiten will, und Dich vielleicht verspottet, weil Du fest bleibst, dann frage ihn doch, was denn so männlich beim Rauchen sei. Er wird es dann nicht wissen oder Ausflüchte machen. Dann sage Du ihm, was männlich ist: einen starken, gesunden Körper zu haben, der allen Anstrengungen und Gefahren gewachsen ist, jederzeit bereit, seinem Mitmenschen zu helfen.

Dann wird der Spötter sich im stillen schämen, vor Dir aber doppelte Achtung gewinnen und zuerst ganz im Geheimen, später aber offen vor aller Welt Deinem Vorbilde nachfolgen.

Dann hast auch Du ein gutes Werk getan, und aus diesem einen Vorbilde können weitere wertvolle Erfolge entspriessen.

Trinken.

Ein Geistlicher, der im Osten Londons, dem ärmsten und verrufensten Stadtteile, seelsorgerisch tätig war, stellte fest, dass von tausend ihm bekannten Fällen von Not und Elend nur zwei oder drei ihre Ursache nicht in der Trunksucht fanden.

Ein militärisch aussehender Mann kam eines Abends zu Baden-Powell und zeigte ihm seine Entlassungspapiere, aus denen hervorging, dass er unter ihm in Südafrika gedient hatte. Er klagte, dass er keine Arbeit finden könne und am verhungern sei. Alle Leute seien gegen ihn voreingenommen, wahrscheinlich, weil er Soldat in den Kolonien gewesen wäre. Dies klang schon nicht sehr glaubhaft, denn überall in der Welt ist der Soldat geachtet, der für sein Vaterland gekämpft hat. Nase und Augen hatten aber Baden-Powell in einem Moment eines Besseren belehrt und ihm die wahre Ursache der Notlage des Mannes geoffenbart. Ein dumpfer Geruch von Tabak und Bier lagerte in dessen Kleidern, die Zähne und Fingernägel waren gelb vor Zigarettendampf. Sein Atem roch nach Whisky, trotzdem er versucht hatte, den Geruch durch Einnahme von Pfefferminzplätzchen zu verdecken.

Da war es natürlich kein Wunder, dass niemand ihn anstellen oder ihm Geld geben wollte, weil jeder von vornherein wusste, dass er es doch gleich wieder vertrinken würde. Solche Beispiele habe leider auch ich, und wohl auch manch anderer Feldzugsoffizier, selbst mehrfach erlebt.

Viel Armut und zerstörtes Familienglück ist dadurch über die Welt gekommen, dass Menschen ihre Zeit und ihr Geld im Wirtshaus verschwenden. Verbrechen, Krankheiten, Geistesstörungen sind weitere Folgen der Trunksucht. Mancher brave Soldat, der bis dahin stets seine Pflicht treu erfüllt hatte, wurde durch den Teufel Alkohol zur Gehorsamsverweigerung oder gar zu Tätlichkeiten gegen einen Vorgesetzten verführt und für sein Leben unglücklich gemacht. Besonders im Felde müssen solche Vergehen, die die Disziplin und damit auch die Kraft des Heeres schwächen können, doppelt schwer bestraft werden. Ich erinnere mich eines Falles, in dem ein alter verdienter Feldwebel in Südwestafrika in der Trunkenheit einem Kameraden, der gerade sein Vorgesetzter war, einen leichten Stoss versetzte. Die Mindeststrafe nach dem Gesetz war 10 Jahre Gefängnis. Mich dauerte der Mann; als sein Verteidiger suchte ich, den Teufel Alkohol, der ihn zum willenlosen Werkzeug gemacht, und nicht ihn vor den Richterstuhl zu fordern.

Aber die Disziplin verlangte ihr Recht, ein Jahr Gefängnis unter Berücksichtigung aller Milderungsumstände musste die Schuld sühnen. Ein Familienvater, der ausgezogen war, um seinem Kaiser zu dienen und seiner Familie eine glückliche Zukunft zu sichern, hatte seine Existenz vernichtet!

Der Alkohol trägt bei Gewohnheitssäufern auch die Schuld, dass ihre Begriffe von Ehre und Pflicht schwinden, dass sie in ihrem gesellschaftlichen Verkehr von Stufe zu Stufe sinken, dass ihnen alle sittlichen Begriffe verloren gehen. Sie kümmern sich dann nicht mehr um Familie, Eltern oder Kinder, verfallen den niedrigsten Ausschweifungen und gehen früher oder später an schrecklichen oder ekelhaften Krankheiten zugrunde. Man sage nun nicht, das geschieht ja nur bei Gewohnheitssäufern. Auch sie fingen vielleicht mit wenig Alkohol an, hatten aber nicht die Willensstärke, Mass zu halten.

Früher war ja die Ansicht ziemlich allgemein verbreitet, dass der Alkohol, das ist der Weingeist oder Spiritus, der in Bier, Wein und Branntwein enthalten ist, Kraft und Stärke zu verleihen imstande wäre. Jetzt weiss man, dass er zwar am Krankenbette, besonders bei Fieber, in der Hand des Arztes ein gutes und wertvolles Heilmittel sein kann, sonst aber für das Wohlbefinden des Menschen durchaus entbehrlich ist und eher schwächt als stärkt.

Ein Bergsteiger wird niemals vor seinem Aufstieg Alkohol trinken, ebensowenig ein Radfahrer, Ruderer oder Sportsmann überhaupt. Der Alkohol wird ihn nur ermüden und weniger leistungsfähig machen. Jeder Sportsmann, wie auch jeder, der geistig zu arbeiten hat, weiss dies ganz genau. »Starke Getränke schaffen schwache Männer«, lautet ein altes englisches Sprich- und Mahnwort.

Zwei Milliarden und achthundert Millionen Mark, in Zahlen: 2800000000 Mk., werden in Deutschland jährlich für alkoholhaltige Getränke ausgegeben. Jede Familie im Lande hätte — auf zwei Köpfe im Alter über 15 Jahre berechnet — über 300 Mk. gespart, wenn sie Wasser getrunken hätten. In England werden in einem Jahre sogar über drei Milliarden für alkoholartige Getränke ausgegeben, doch hat in den letzten Jahren die gegen das Trinken gerichtete Enthaltsamkeitsbewegung besonders in den besseren Kreisen und beim Militär grosse Fortschritte gemacht. Die Anhänger dieser Bewegung werden Teetotaler (spr. Titóteler) genannt.

Es ist für einen Menschen, der trinkt, einfach unmöglich ein richtiger Pfadfinder zu sein oder zu werden. Enthalte Dich daher von Anfang an berauschender Getränke und bleibe trotz allem Spotte unvernünftiger Leute diesem Grundsatze treu. Wenn Du einmal studierst, so tritt niemals einer Studentenverbindung bei, die von Dir verlangt, auf Kommando zu trinken. Verbringe Deine kostbare, freie Zeit statt in rauchigen Kneipen lieber in Gottes schöner Natur auf Spaziergängen, bei Spiel oder Sport.

Der Trinkzwang, auch in den Restaurants, ist eine hässliche, leider deutsche Unsitte, gegen die jeder schon im Namen seiner persönlichen Freiheit ankämpfen sollte. In England und in den Vereinigten Staaten von Nordamerika reicht kein Kellner dem Gaste die Weinkarte, wenn er sie nicht selbst verlangt. In Deutschland wird einem schon die Weinkarte in die Hand gedrückt oder das Bier gebracht, bevor man das Essen bestellt hat. Vernünftige Leute, die hungrig sind, wollen doch zuerst essen, und sich nicht vorher den Magen anfüllen. Bei leerem Magen führt der Alkohol auch viel schneller zum Rausch.

Ueberhaupt soll der richtige Pfadfinder sich darin üben, mit so wenig Flüssigkeit auszukommen wie möglich. Denn auch gewöhnliches Wasser füllt, in Uebermass genossen, den Magen unnötig an, verdünnt den Magensaft, und stört so die Verdauung. Auch das Herz hat dann erschwerte Arbeit, die Flüssigkeitsmengen durch den Körper zu treiben. Ferner schwitzt er bei Anstrengungen viel stärker; das durch den Schweiss ausgeschiedene Wasser wird dem Wanderer oder Sportsmann ausserordentlich lästig. Auch ist jeder durchschwitzte Körper, wenn er nicht trocken abgerieben und mit trockener Wäsche bekleidet wird, gegen Erkältungen doppelt empfindlich.

Das viele Trinken ist überhaupt vielfach nur Sache der Gewöhnung und der Gewohnheit. Das Bedürfnis steigt, je mehr man ihm nachgibt. Es ist z. B. höchst verkehrt, wenn man beim Essen fortwährend die Speisen durch Wasser hinunterspült. Sie sollen vielmehr im Munde ordentlich zerkaut und mit dem Speichel, der auch Verdauungssäfte enthält, innig vermischt werden. Durch das unsinnige Trinken aber kommen die Speisen oft ungekaut und wenig eingespeichelt in den Magen, dessen Verdauungssäfte dann gleichfalls geschwächt sind. Kein Wunder, wenn auch die kräftigste Kost nicht anschlägt.

»Gut gekaut ist halb verdaut!« sagt ein treffliches deutsches Sprichwort.

Man übe sich also darin, die Flüssigkeitszufuhr möglichst einzuschränken. Vor allem soll man beim Gehen, Radeln, Laufen, Turnen etc. den Mund stets geschlossen halten, dann trocknet die Mundschleimhaut nicht so schnell aus.

Und diese Trockenheit erzeugt ja den Durst. Baden-Powell empfiehlt, um den Mund geschlossen zu halten, einen Kiesel darin zu kauen. Andere Sportsleute rühmen Zitronenscheiben oder die Drops genannten Bonbons mit Zitronensäure. Wer gut trainiert ist, d. i. feste Muskulatur, einen starken Herzmuskel und Sehnen ohne Fettauflagerung besitzt, wird überhaupt viel weniger an Durst leiden, als der Fettleibige, der jeden Augenblick zu trinken verlangt, furchtbar schwitzt und durch das Wasser immer durstiger wird. Fettleibigkeit ist meist ein Zeichen ungenügender körperlicher Uebung. Aber wer damit behaftet ist, darf nun nicht mit Gewalt durch körperliche Uebungen sich des Fettes zu entledigen suchen. Gerade er muss, am besten unter ärztlicher Aufsicht, ganz behutsam und allmählich zu Werke gehen, sonst wird er sein Herz schwer schädigen.

Wenn der gut trainierte Mensch erst einmal gelernt hat, dem Durst zu widerstehen, dann wird er auch von ihm nur noch wenig geplagt werden. Auf dem Marsche nimmt man am besten Wasser mit Zitronensaft, Zuckerwasser, Tee oder Kaffee mit. Die Thermosflaschen sind dabei sehr zu empfehlen, sie enthalten im Innern einen luftleeren Raum. Dadurch bleiben heisse Getränke heiss, kalte Getränke kalt. Im Winter wie im Sommer kann man dann je nach Wunsch seine Getränke in dem Wärmegrade in die Flaschen einfüllen, wie man sie geniessen will.

Manchmal fällt es tatsächlich schwer, einem guten Freunde, der uns in bester Absicht zu einem Glas Bier oder Wein einladet, den Wunsch abzuschlagen. Oftmals ist es ihm allerdings wirklich lieber, wenn der Eingeladene ablehnt, weil er dann sein Geld spart. Besteht aber jemand trotzdem darauf, Dich einzuladen, so wird er, wenn er Dein Freund sein will, auch damit sich zufrieden geben müssen, wenn Du Limonade oder Tee mit ihm trinkst. Er will doch Deine Gesellschaft und nicht die des Bierkruges. Zieht er diese vor, nun so kann er ja allein mit diesem Freunde bleiben.

Aber es ist eine ganz blödsinnige Mode, wenn jemand Dir seine Freundschaft dadurch zu beweisen sucht, dass er mit Dir trinkt. Glücklicherweise stirbt diese Angewohnheit mehr und mehr aus. Gerade die besten Männer sträuben sich dagegen, weil sie wissen, dass es eine üble und schädliche Sitte ist.

Tagediebe haben den ganzen Tag über Zeit, an Schenktischen zu stehen, zu schwätzen und Spirituosen zu schlürfen — oft auf fremde Kosten. Sie sind eben Tagediebe und man hält sich am besten von ihrer Gesellschaft zurück, wenn man das Streben hat, ein tüchtiger Mensch und Pfadfinder zu werden.

Frühaufstehen.

Die frühen Morgenstunden sind für den Pfadfinder die beste Zeit zum Beginn seiner Tätigkeit. Es ist dies auch die Zeit, wo die Tiere des Waldes ihr Lager verlassen und Nahrung suchen. Auch im Kriege greift der Feind gewöhnlich kurz vor Sonnenaufgang an. In der Dunkelheit kann er ungesehen an den Gegner heranschleichen und dann in der Dämmerung den Angriff überraschend eröffnen, während der Gegner oft noch im tiefen Schlafe liegt. Auch im südwestafrikanischen Kriege ging es den Deutschen anfangs mehrmals so, bis sie schliesslich den Spiess umkehrten und oft genug die Eingeborenen im Schlaf überraschten. So schoss im Gefecht bei Nubib Oberleutnant von Boetticher als Morgengruss eine Granate in die Kochtöpfe der schlafenden Hottentotten, die am Abend zuvor eine Hochzeit gefeiert hatten und betrunken waren.

Ein Pfadfinder gewöhnt sich daher an das frühe Aufstehen. Ist er es einmal gewohnt, so fällt es ihm gar nicht mehr schwer, abgesehen vielleicht von einigen fettleibigen Burschen, die sich nicht von ihrem Bette trennen können, bevor die Sonne hoch am Himmel steht. Sie versäumen, besonders im Sommer, die schönste und erfrischendste Tageszeit und werden niemals richtige Pfadfinder werden. Karl der Grosse, der mächtige deutsche Kaiser, gleichfalls ein Pfadfinder alter Zeiten, stand bereits mitten in der Nacht auf. Der Herzog von Wellington, der, vereint mit Marschall Blücher, die Franzosen bei Waterloo schlug und, wie Napoleon und Kaiser Wilhelm I., auf einfachem Feldbett zu schlafen gewohnt war, pflegte zu sagen: »Wenn es Zeit ist, sich im Bett umzudrehen, ist es auch Zeit, aufzustehen.«

Viele Leute bringen es nur dadurch fertig, mehr als andere während des Tages zu leisten, dass sie eine oder zwei Stunden früher aufstehen. Dadurch gewinnt man auch Zeit zu Körperpflege, Körperübungen und Sport.

Wer jeden Morgen eine Stunde früher aufsteht als die anderen Leute, lebt in einem Monat bereits 30 Stunden länger als die anderen. In einem Jahre macht dies bereits 365 Extrastunden oder 15 Tage aus. Uebt man dies vom 10. bis 70. Jahre, so hat man $2^1/_2$ Jahre länger gelebt. Denn leben tut man nur, wenn man Bewusstsein hat.

So birgt der alte englische Spruch viel Wahrheit, der da lautet: »Früh zu Bett und früh heraus, macht gesund

Dich, reich und weise!« Den gleichen Sinn hat das deutsche Sprichwort: »Morgenstund hat Gold im Mund!«

Lachen und vergnügt sein.

Wer nicht lachen kann, ist auch nicht gesund. Lache und sei vergnügt, so viel wie möglich. Es ist Dir gesund. Also lache, wenn Du nur irgend Grund dazu hast. Dann werden es auch die anderen Dir nachmachen, und es wird Dir wie ihnen gut tun.

Eine gute Laune, eine frohe, heitere Miene ist überhaupt Goldes wert, sie wird Dich beliebt bei Gott und den Menschen machen. Oft habe ich es auf Krankenlagern gesehen: wer ruhig und heiter war, der wurde schneller gesund als derjenige, der viel über sein Leiden klagte und sich vor dem Tode fürchtete. Wer vergnügt ist, verliert nie die Hoffnung, ist stets Optimist, d. h. er hofft immer auf guten Ausgang und wird daher auch viel mehr Freude an den Schönheiten des Lebens empfinden als der griesgrämige Pessimist, d. h. der Mensch, der in allem nur die möglichen schlechten Folgen oder Begleiterscheinungen sieht und niemals seines Lebens froh sein kann. Es ist nunmehr bewiesen, dass bei Aerger der Magen schlechter verdaut als bei heiterem Sinn. Darum sieht man auch den verärgerten Menschen ihre Leidenschaften an den hageren, eingefallenen Wangen an.

Auch an Krankenlagern sei heiter und freundlich, Du nimmst dann niemals einem Kranken die Hoffnung, die man dem Menschen bis zum letzten Augenblick nicht rauben darf.

In glücklichen Stunden zu lächeln und vergnügt zu sein, ist keine Kunst. Aber gerade wenn Dir etwas Unangenehmes passiert, Du einen Misserfolg erlebst, so gebe Dich nicht irgendwie verbissenem Aerger hin. Du machst die Sache dadurch nicht besser, und wenn Du Gegner oder Nebenbuhler hast, haben sie die grösste Freude daran. Nein, überwinde Deine Misstimmung, überlege, was Du falsch gemacht hast, nimm Dir vor, diesen Fehler abzustellen — und lächle wieder. Gerade die grossen Pfadfinder ihres Volkes waren fast durchweg gemütliche, lustige, offenherzige Menschen. Ein Junge, der nicht die Ehre hat, zum Pfadfinderkorps zu gehören, mag seufzen und jammern, wenn er einmal bei einer Bergtour, einem langen anstrengenden Marsch schwitzen und dursten muss. Der sich aber mit Stolz einen Pfadfinder nennt, der wird bei allen Mühen lächeln, ein Liedchen pfeifen und frisch ans Ziel kommen.

Aufgaben.

Tiefatmen ist ausserordentlich wichtig, um frische Luft in die Lunge zu bringen, die ihren Sauerstoff wieder an das Blut abgibt und es dadurch reinigt. Durch regelmässig betriebenes Tiefatmen wird auch der Brustkorb erweitert. Aber man darf diese Uebungen nicht übertreiben, sonst kann man leicht das Herz schädigen. Die beste Atemgymnastik wird eben durch die Turnübungen gegeben, die am Schlusse dieses Kapitels Euch näher beschrieben werden. Diese müsst Ihr täglich etwa 10—15 Minuten machen, dann wird der Brustkorb bereits so gekräftigt werden, dass eigene Atemübungen nicht erforderlich sind. Die Japaner haben besondere Uebungen in der Atemgymnastik und betreiben sie täglich einige Minuten lang gleich nach dem Aufstehen natürlich immer in frischer Luft. Man soll dabei die Luft stets durch die Nase langsam einsaugen, mit luftgefüllter Brust eine kurze Pause machen, und dann langsam die Luft durch die Nase wieder herauslassen. Die Erweiterung des Brustkorbes kann man dadurch ausserordentlich begünstigen, dass man während des Einatmens langsam die Arme nach rückwärts und oben führt und sie während des Ausatmens langsam sinken lässt. Auch Singen ist eine gute Art von Atemgymnastik.

III. Abschnitt.

Krankheitsbekämpfung.

Aerztliche Hilfeleistung im Felde.

Baden-Powell erzählt, wie eines Tages in Kaschmir, im Norden von Indien, mehrere Eingeborene einen jungen Mann auf einer Trage zu ihm brachten. Sie erzählten jammernd, dass er von einem hohen Felsen abgestürzt sei, sein Rückgrat gebrochen habe und nun im Sterben liege. Baden-Powell erkannte aber bald, dass der Verunglückte nur die Schulter ausgekugelt hatte, und auch, dass er kein richtiger Pfadfinder war. Denn wegen einer solchen Verrenkung und ein paar Abschürfungen denkt ein wirklicher Pfadfinder noch lange nicht ans Sterben. Solange er nicht tot ist, glaubt er auch nicht daran. Baden-Powell zog einen Schuh aus, setzte sich, das Gesicht gegen den Kranken gewendet, auf den Boden, brachte den Fussabsatz in die Achselhöhle, erfasste den ausgerenkten Arm und zog ihn mit aller Kraft an. Und siehe da! Die Oberarmkugel schnappte mit hörbarem Ruck wieder ins Gelenk ein. Der Verunglückte wurde bei dieser Operation vor Schmerz ohnmächtig, und seine Landsleute glaubten bereits, dass Baden-Powell ihn vollends getötet hätte. Aber nach wenig Minuten erwachte der Indier wieder aus seiner Ohnmacht — und welches Staunen! Er lebte noch, und Arm und Schulter waren wieder in ihr altes Freundschafts- und Anhänglichkeitsverhältnis zurückgekehrt.

Da staunten die biederen Leute den wackeren Offizier an, glaubten steif und fest, dass der Himmel ihnen einen grossen Arzt gesandt habe, um all ihre Kranken und Gebrechlichen zu kurieren. Diese Ehre war nun nicht besonders angenehm für unsern Baden-Powell. Zwei volle Tage hindurch hatte er von früh bis spät zu tun, um sich aller seiner Patienten zu erwehren. Alle möglichen Krankheitsfälle wurden seiner Behandlung anvertraut. Obgleich er nur mit einem dürftigen Arzneivorrat ausgerüstet war, tat er sein Bestes. So konnte er die Ueberzeugung mit sich nehmen, dass er einigen elenden Mitmenschen wirklich Hilfe gebracht hatte, weniger durch seine Kuren, als dadurch, dass die Leute fest an seine Wunderkraft glaubten. Und solch fester Glaube trägt geradeso wie fester Wille, gesund zu werden, oft tatsächlich zur Genesung bei. Aber bei vielen von den indischen Patienten Baden-Powells war ihre eigene Unreinlichkeit schuld an der Krankheit. Viele litten an Blutvergiftung, weil sie ihre Wunden hatten verschmutzen lassen. Andere verdankten die Entstehung ihrer Krankheiten der eigenen Nachlässigkeit, indem sie z. B. die Sümpfe in der Umgebung ihrer Wohnhäuser nicht abgeleitet hatten und sich durch Vermittelung der im Sumpf brütenden Insekten das Sumpffieber, die Malaria, zugezogen hatten. Weitere Kranke litten an der Ruhr, die sie sich durch den Genuss schlechten Wassers erworben hatten. Baden-Powell konnte nun nicht mit einem Schlage alle diese Leute gesund machen, das hätte der grösste Arzt nicht vermocht. Aber eins tat er, was ebenso segensreich für sie war und sie und die Ihren für die Zukunft vor Krankheiten bewahren konnte. So legte er ihren Dorfoberhäuptern die Ursachen der Krankheiten dar, ermunterte sie zur Sauberkeit, zur Ableitung aller Sümpfe und Pfützen, zur Anlage gesunder Brunnen und ermahnte sie zur sorgfältigen Beseitigung aller Abfälle.

Es sind dies tatsächlich die Hauptbedingungen, um in heissen Ländern gesund zu bleiben. Die Leute waren ihm denn auch sehr dankbar für diese Lehren und suchten sich ihrem Helfer in jeder Weise erkenntlich zu zeigen. Baden-Powell hatte sich schon als Knabe mit den Grundlagen der ärztlichen Kunst eingehend beschäftigt. Dadurch konnte er elenden Menschen Hilfe bringen, wie auch seinem Vaterlande einen grossen Dienst erweisen. Die Eingeborenen sahen bei solchen Gelegenheiten, dass der fremde, weisse Mann nicht nur herrschen will, sondern ihnen auch Hebung ihrer Gesundheit und damit ihres ganzen Wohlstandes bringt. Jeder, der in die Kolonien geht, muss dessen eingedenk sein! Aber auch in der Heimat sind solche Kenntnisse nie von Schaden. Oft hat man Gelegenheit, zu raten und zu helfen.

Krankheitskeime und ihre Bekämpfung.

Viele Krankheiten werden durch winzige, nur mit dem Mikroskop sichtbare Lebewesen hervorgerufen, die man Bakterien, je nach ihrer Form auch als Bazillen (Stäbchen) und Kokken (Kügelchen) bezeichnet. Die Bakterien sind kleinste Pilze, also Pflanzen; einige Krankheiten werden aber auch durch winzige Tierchen verursacht, die man Protozoen (Urtierchen) nennt. Sie halten sich überall gern auf, wo Schmutz ist, besonders in Aborten und Misthaufen. Von dort aus können sie in das Wasser, in den Staub und damit oft auch durch Vermittelung der Fliegen an die Nahrung gelangen. Man verschluckt die Krankheitskeime dann mit dieser oder mit Getränken, oder atmet sie mit dem Staub ein. In dem Körper entwickeln sie sich allmählich weiter, gehen ins Blut über und machen den Menschen krank. Ist der Magen gesund, so tötet oft schon sein Verdauungssaft die eingedrungenen Krankheitserreger. Ebenso besitzt das gesunde Blut Schutzkräfte, welche die kleinen Lebewesen und ihre Gifte abtöten. Gesunden Magen und gesundes Blut erhält man sich durch vernünftige Lebensweise. Ihr seht hier wieder einen Beweis, von welcher Wichtigkeit die Befolgung der Grundsätze einer hygienischen Lebensführung ist.

Die Hauptsache ist nun, wenn irgend möglich, die Bakterien an ihren Brutplätzen zu vernichten. Und diese eben sind, wie gesagt, überall da, wo Schmutz ist. Immer wieder muss man dies sagen. Wenn man oftmals den Schmutz auch nicht sieht, so riecht man ihn doch schon von weitem. Die Sauberkeit ist die grösste Feindin aller Krankheitskeime. Darum, ich wiederhole es, muss jeder Pfadfinder sein Zimmer, das Feldlager und seine Kleider rein, trocken und gut gelüftet halten, und möglichst dem Sonnenlichte aussetzen. Denn die Sonne trocknet mit ihrer Wärme und tötet mit ihren Strahlen schnell alle schädlichen Lebewesen. Das Sonnenlicht erzeugt auch frisches, neues Blut. Ihr seht dies an den gebräunten Gesichtern aller derer, die sich im Freien aufhalten.

Sonnenbäder sind daher ein vortreffliches Mittel, das Blut gesund zu erhalten. Kopf und Nacken müssen dabei aber vor der direkten Einwirkung der Sonnenstrahlen durch Hüte geschützt werden. Darum haben die Hüte aller Pfadfinder einen breiten Rand, der sich nach allen Richtungen umbiegen lässt. Vor jeder Nahrungsaufnahme muss man sich die Hände und besonders auch die Nägel, die der Pfadfinder sich so kurz als möglich halten soll, sorgsam reinigen, am besten mit Seife und Bürste. Gerade die Nägel bieten den besten Unterschlupf für Bakterien. Wenn man tagsüber viel angefasst hat, wie z. B. Geräte bei der Gartenarbeit oder auch nur Türgriffe von Strassenbahnen und von Häusern, ist man nie sicher, dass man mit den Fingern nicht auch Krankheitserreger mitschleppt. Man darf sich nie ganz auf seinen gesunden Magen oder sein gesundes Blut verlassen. Man kann zufällig, einmal nicht ganz wohl, erkältet sein, und die Bakterien können sich gerade dann sehr leicht in dem Körper festsetzen. In Strassenbahnen und öffentlichen Anstalten sieht man oft Anschläge, dass das Spucken auf den Boden verboten ist. Erstens ist dies unappetitlich und zweitens will man verhüten, dass lungenkranke Menschen ihren Auswurf dahin befördern, wo er eintrocknen und dann mit dem Staube in die Lungen oder auf die Nahrungsmittel gesunder Menschen gelangen kann. Diese werden dadurch gleichfalls der Gefahr einer Erkrankung ausgesetzt. Es gibt ja Menschen, die gar nicht wissen, dass sie krank sind, und doch durch ihre Ausscheidungen, vor allem durch den Auswurf Gesunde anstecken können. Daher darf der Pfadfinder, der doch immer ritterlich gegen seine Mitmenschen sein soll, niemals herumspucken. In England wird ein solcher unerzogener Mensch, der ausspuckt, beim erstenmal mit 40 Mk., das zweite Mal mit 100 Mk. Geldstrafe bestraft. Bei uns wagen viele Leute trotz der Heiligkeit des Ortes sogar in der Kirche auf den Boden zu spucken. An bewohnten Orten benutzt der gesittete Mensch dazu die aufgestellten Spucknäpfe oder sein Taschentuch. Sehr zu empfehlen sind auch Taschentücher aus Papier, die man nach Gebrauch verbrennen kann. Aber ein Pfadfinder braucht vor Krankheiten keine Angst zu haben, wenn er nur Magen und Blut gesund hält, sowie zum Schutze der Lungen die Vorsicht gebraucht, durch die Nase zu atmen. Es ist dies besonders angebracht, wenn man mit einer grösseren Menschenmenge an irgend einem Platze zusammenkommt. Diese wirbelt ja überall, im Freien wie auch im Theater, Konzertsaal, Staub auf. Auch ist es gut, sobald man aus solchen Räumen in die freie Luft kommt, tüchtig auszuhusten und die Nase zu schneuzen. Damit entfernt man gleich wieder etwa mit dem Staub eingedrungene Krankheitserreger.

Etwa jeder 30. Mensch beherbergt die Erreger der Schwindsucht (Tuberkulose) in sich, und diese Krankheit ist ziemlich ansteckend, dabei aber doch vermeidbar. Sie entsteht meist bei Leuten, die in schlechter, staubiger Luft leben und ihre Fenster stets geschlossen halten. Darum müssen solche Lungenleidende in den Heilanstalten in offenen Liegehallen oder wenigstens stets bei offenem Fenster schlafen.

Ein Pfadfinder muss viel im Freien nächtigen, und er schläft zu Hause bei offenem Fenster, sonst fühlt er sich nicht wohl. Wer aber gewohnt ist, im warmen Zimmer zu schlafen und dann im Biwak eine Nacht zubringen muss, der trägt gleich die schönste Erkältung davon. Und dies würde einen Pfadfinder als rechtes Muttersöhnchen kennzeichnen. Wer daher einmal zum Pfadfinderkorps zu gehören gedenkt, der gewöhne sich frühzeitig daran, bei offenem Fenster zu schlafen und er wird sich dann auch im Freien nicht so leicht mehr erkälten. Wer bisher sein Lebtag im warmen Zimmer geschlafen hat, darf nun nicht auf einmal mitten im Winter die Fenster aufreissen. In der warmen Jahreszeit muss er damit anfangen und so ganz allmählich in die kältere Zeit übergehen.

Ernährung.

Viele Krankheiten entstehen durch unmässiges Essen oder ungeeignete Nahrung.

Ein richtiger Pfadfinder muss daher auch darüber Bescheid wissen, welche Ernährung für ihn am zuträglichsten ist. Sonst ist es leicht möglich, dass er den körperlichen, an ihn gestellten Anforderungen nicht gerecht werden kann.

Er muss sich derartig mit dem Essen einrichten, dass er nie seinen Magen überladet und jederzeit unbehindert eine anstrengende Aufgabe auf sich nehmen kann.

Wenn er sich richtig und vernünftig ernährt, und dabei die Muskeln erst einmal in einen durchgearbeiteten, leistungsfähigen Zustand gebracht sind, wird er sich sehr leicht auf der Höhe seiner »Form« halten können, ohne dass er grosse Muskelübungen vorzunehmen braucht.

Die meisten Sportsleute verlieren im Winter, wo sie weniger Gelegenheit haben, ihrem Lieblingssport nachzugehen, ihre »Form«, d. h. sie werden beleibter und ihre Muskeln setzen Fett an. Durch allmählich gesteigerte Uebung müssen sie dann wieder das überflüssige Fett von den Muskeln wegbringen und sie wieder stark und elastisch machen. Dieses Verfahren nennt man »Training«. Es darf niemals übertrieben werden, weil sonst das Herz, das auch oft bei allgemeinem Fettansatz gleichfalls von Fett umgeben ist, geschädigt werden könnte.

Als bei der Belagerung von Mafeking die Verpflegung knapp und knapper wurde, hat Baden-Powell so recht den Unterschied zwischen den Leuten, die nur Wohlleben und üppige Mahlzeiten gewohnt waren, und denen erkennen können, die stets Mässigkeit in Speise und Trank gepflegt hatten.

Erstere litten ganz besonders unter der Not des kargen Proviants, wurden schwach und widerstandsunfähig an Körper und Nerven. Für die anderen dagegen war diese Entbehrung ein Kinderspiel. Und dabei war zum Schluss die ganze Tageskost auf etwa ein kleines Brot von zerstossenem Hafer in der Grösse einer Semmel, ein Pfund Fleisch und zwei Lot saurem Haferbrei beschränkt, welch letzterer noch obendrein wie verdorbener Kleister schmeckte.

Auch in Südwestafrika mussten unsere Reiter mit einer Tagesportion oft genug 5—6 Tage auskommen, dabei unverdrossen die anstrengendsten Märsche bewältigen und trotz Hunger und Erschöpfung mit dem behenden Gegner schwer kämpfen.

Im allgemeinen wird in Deutschland viel zu viel Fleisch gegessen, wenn auch nicht ganz so viel wie in England. Geht nur in ein Restaurant und lasst Euch die Speisekarte geben. Immer stehen Fleischgänge obenan. Wenn Ihr überhaupt Gemüse als Beilage erhaltet, so sind es meist nur ganz winzige Portionen. Und doch kann man ganz ohne Fleisch auskommen und dabei gesund und kräftig bleiben. Die Japaner sind gewiss mindestens gerade so kräftig und leistungsfähig wie die Deutschen und leben dabei hauptsächlich von Reis und Gemüse. Ich selbst habe im Felde etwa zehn Monate hindurch fast nur von Reis, Kakao und Erbsmehl gelebt und mich dabei wohl und gesund gefühlt.

Durch das Konservenfleisch hatte ich allerdings zuvor eine Schwellung und Entzündung des Zahnfleisches bekommen, eine Erkrankung, die man Skorbut nennt. Die Zähne werden dabei gelockert und man kann nichts Festes mehr beissen. In der Tat wirkt die Gemüse-Ernährung, die man bekanntlich als »vegetarische« bezeichnet, sehr wohltätig. Im Fleisch, besonders in den Fleischkonserven befinden sich immer gewisse Giftstoffe. Sie sind zwar gewöhnlich nicht so gefährlich, dass sie den Menschen krank machen, doch bewirken sie immerhin eine gewisse Ermüdung und Erschlaffung. Darum sind die meisten Menschen nach dem Genuss grösserer Fleischmengen vielfach schläfrig und nicht imstande, gleich danach körperliche oder geistige Leistungen auszuführen. Die nahrhaftesten Speisen, die noch dazu den Vorzug der Billigkeit haben, sind getrocknete Linsen und Erbsen, die nur 40—50 Pfennige das Kilogramm kosten, Grünkern oder Hafermehl zu 80 Pfennig, Kartoffeln zu 6 Pfennig, Käse zu 80 Pfennig für das gleiche Gewicht. Andere gute Nährmittel sind Früchte, die auch gleichzeitig den Durst löschen, ferner Gemüse, besonders Spinat, Rosenkohl, Edelkastanien, Eier sowie Milch, am besten mit Reis (kg = 68 Pfg.) oder mit Kartoffelbrei zusammen gekocht. Von Früchten sind Nüsse und Bananen besonders nahrhaft. Ich habe einmal den Versuch gemacht und den ganzen Tag bei einer Radtour nur Bananen gegessen, und dabei weder Hunger und Durst noch Ermattung gespürt. Leider ist diese schöne Frucht in Deutschland noch viel zu wenig bekannt. Auch Schokolade, besonders Milchschokolade, ist ein vorzügliches Nahrungsmittel auf Märschen und beim Bergsteigen.

In England findet man an jeder Strassenecke Bananenverkäufer. In den Militärkantinen werden Bananen haufenweise von den Soldaten gekauft, die lieber mit dem saftigen Fleisch dieser Früchte ihren Durst löschen als mit Bier. Eine ganze Flotte von Schiffen ist unterwegs, um die britischen Inseln mit Bananen zu versorgen. Auch unsere Kolonien könnten sie ebenso wie die köstlichen Ananasfrüchte in Massen liefern. Die Bananen besitzen auch noch die wertvolle Eigenschaft, dass eine starke Hülle sie vor dem Eindringen von Krankheitskeimen schützt. Diese Hülle kann mit den Fingern, ohne Zuhilfenahme von Messern, sauber derart entfernt werden, dass die Finger gar nicht mit dem Fleisch der Frucht in Berührung zu kommen brauchen.

Baden-Powell berichtet, dass die Eingeborenen der englischen Gebiete an der Guineaküste sich vielfach fast ausschliesslich von Bananen ernähren, und dabei doch einen wohlgenährten Eindruck machen. Die Kulturvölker essen überhaupt viel zu viel. Man kann mit bedeutend geringeren Nahrungsmengen gut auskommen, und dabei bis ins hohe Alter leistungsfähig bleiben, während Leute, die üppiges Leben gewohnt sind, oft schon früh an Gicht oder Verkalkung der Schlagadern leiden. Dies hat man schon vor vielen Hunderten von Jahren gewusst. Ein venetianischer Edelmann, mit Namen Andrea Cornaro, der im 16. Jahrhundert lebte, war gewohnt, täglich nur etwa 400 Gramm feste Nahrung und knapp einen halben Liter Flüssigkeit zu sich zu nehmen. Er wurde dabei über 100 Jahre alt. Im Alter von etwa 90 Jahren verfasste er mehrere Schriften, in denen er die mässige Lebensweise dringend empfahl.

Natürlich will ich niemandem im Entwicklungsalter den Rat geben, geradezu Hunger zu leiden. Man muss das Gefühl der Sättigung haben, bevor man aufhört. Aber die meisten Leute essen noch weiter, wenn sie auch vollkommen satt sind. Das ist Schlemmerei, die nicht gesund ist.

Wenn man mässig in der Nahrung ist und stark gewürzte Speisen vermeidet, wird auch der Magen gesund bleiben, und man braucht keine Magentropfen und Abführmittel. Besonders die gewürzten Fleischspeisen regen böse Begierden an, die jeder bezwingen muss, der seine Pflichten und seinen Eid als Pfadfinder treu erfüllen will.

Kleidung.

Die Kleidung des Pfadfinders soll, soweit als möglich, aus Flanell oder Baumwolle bestehen, weil diese Stoffe leicht trocknen und die Feuchtigkeit verdunsten lassen. Leinene Hemden sind für einen Pfadfinder überhaupt nicht zu gebrauchen. Sie werden schnell von Schweiss durchnässt, können diesen aber weder ordentlich aufsaugen noch verdunsten lassen, sondern bleiben wie ein nasser Umschlag am Leibe kleben. Solange man in Bewegung ist, hat man nur dieses nasskalte, unangenehme Gefühl darin, sobald man sich aber irgendwo lagert oder ausruhen will, so hat man schnell eine böse Erkältung weg.

Gute und gewissenhafte Fusspflege muss eine Hauptsorge eines jeden Pfadfinders sein. Soll er doch jederzeit in der Lage sein, grosse und beschwerliche Märsche auszuführen. Und da gibt es nichts Jämmerlicheres als einen kräftigen und gesunden Burschen, der sich mit wehmütigem Gesicht mühsam mitschleppt oder ganz zurückbleiben muss, weil er sich die Füsse wundgelaufen hat. Solche Jungen sind als Pfadfinder natürlich nicht zu brauchen.

Darum müsst ihr für feste, gut passende und bequeme Stiefel sorgen. Sie müssen möglichst der Form des Fusses entsprechen und nicht so spitz zulaufen, wie man sie auf dem »Bummel« sieht. Pfadfinder haben keine Zeit zum »Bummel« und können solche Stiefel für ihr Geschäft nicht brauchen.

Man muss die Füsse auch stets möglichst trocken halten. Sobald sie nass werden, wird die Haut weich, reibt sich beim geringsten Stiefeldruck auf und wird dann wund.

Die Füsse können sowohl durch Nässe von aussen als auch durch den Schweiss feucht werden. Darum muss man gute, feste Strümpfe tragen, die den Schweiss aufsaugen. Nasse Füsse sind häufig Ursache von Erkältungen.

Für Gesellschaften und Bälle sind seidene Strümpfe sehr schön und angenehm, aber der junge Pfadfinder hat auch dazu keine Zeit und Lust, er geht lieber ins Freie und kann dazu solche Salonstrümpfe nicht brauchen.

Gerade in den Tropen laufen sich Neulinge besonders schnell wund, bis sie durch eigene Erfahrung gelernt haben, ihre Füsse richtig zu pflegen. Vor allem ist peinlichste Sauberkeit die Grundlage jeder Fusspflege.

Wer empfindliche Füsse hat, kann sie mit Salbe leicht einfetten, ebenso wie die Innenseite der Strümpfe.

Schweissfüsse sind ein besonders unangenehmes Uebel. Sie werden sehr schnell beim Marschieren wund und belästigen nicht nur den wenig beneidenswerten Besitzer sondern auch seine Umgebung. Leute mit Schweissfüssen müssen mit allen Mitteln trachten, dieses Uebel zu beseitigen. Durch tägliche 1—2malige Bäder mit lauwarmem Wasser, dem man Alaun oder Kochsalz zusetzt, und durch daran anschliessende Einreibungen mit Franzbranntwein muss man die empfindliche Fusshaut kräftigen. Danach streut man Borzinkpuder oder Vasenol-Armee-Streupulver auf die Füsse, besonders sorgfältig zwischen die einzelnen Zehen. Hier reibt man das Pulver am besten mit den Fingern hinein, um die Bildung von kleinen Ballen zu verhindern, die dann einen Druck ausüben könnten.

Ebenso streut man die Innenseite der Strümpfe damit ein.

Das Stiefelleder muss jeder Pfadfinder durch Einfetten mit Schuhfett stets geschmeidig erhalten, besonders wenn die Stiefel vom Regen oder sonstwie nass geworden sind, sonst wird das Leder hart und reibt dann sogar gesunde Füsse auf.

Körperhaltung.

Pfadfinder müssen sich darin üben, in guter Haltung und Ordnung von einem Ort zum andern sich zu bewegen. Dies lernen sie beim Turnen und Exerzieren.

Eine gute Haltung stärkt die Muskeln, die den Körper stützen. Bei aufrechter Körperhaltung haben Lunge und Herz ausgiebigen Platz zur Arbeit, ebenso werden die Unterleibsorgane nicht zusammengedrückt und können frei ihre Tätigkeit entfalten.

Eine krumme Haltung dagegen presst die inneren Organe zusammen und hindert sie an ihrer freien Betätigung. Manche Schwäche des Unterleibes und der Brust rührt davon her.

Besonders junge Leute im Entwicklungsalter sieht man oft zusammengebückt daherschleichen. Sie müssen sich diese Untugend durch Turn- und Haltungsübungen unbedingt abgewöhnen.

Beim Stehen bleibe man in gerader Haltung stolz aufgerichtet, beim Sitzen halte man sich gleichfalls peinlich gerade, den Rücken parallell an die Stuhllehne gelehnt und nicht zusammengebeugt.

Gewandtheit und Frische des Körpers beim Gehen, Stehen und Sitzen ist auch ein Zeichen eines frischen Charakters. Dieser ist im Leben sehr viel wert, denn mancher Arbeitgeber und Vorgesetzte wird lieber einen jungen Menschen annehmen, der einen frischen Eindruck macht, als einen, der gebückt heranschleicht.

Auch nicht bei der Arbeit am Schreibtisch, ebensowenig wie beim Binden der Schuhbänder darf man den Rücken krümmen, sondern man muss stets bestrebt sein, den Rumpf in möglichst gestreckter Haltung zu lassen.

Körperliche Uebungen.

Von H. Steinmetz, Bamberg.

Die Leibesübungen haben vor allem den Zweck, nicht etwa den Menschen zum Muskelprotzen zu erziehen, sondern ihn gesund und widerstandsfähig, kräftig und gewandt zu machen, ihm eine schöne, edle Haltung anzuerziehen, durch welche die Kraft und der Adel des ihm innewohnenden Geistes zum unzweideutigen Ausdrucke kommt, den Leib unter die Herrschaft des Willens zu bringen, Mut und Selbstvertrauen, sowie namentlich zähe Ausdauer und unbeugsame Willenskraft zu wecken.

Für unsere Zwecke, für die Erziehung des jungen Pfadfinders, kann es sich zunächst bloss um jene Uebungen handeln, welche ohne viele Umstände und Geräte immer und überall ausgeführt werden können, also hauptsächlich um Frei- und Handgeräte-Uebungen, Atemübungen Laufen, Springen, volkstümliche Uebungen und Spiele, zu denen noch Schwimmen, Rudern und Wandern kommen.

Um eine gewisse Uebersicht und Ordnung in die Mannigfaltigkeit der möglichen Uebungen zu bringen, kann man diese einteilen nach ihrem Zwecke, und zwar in solche, welche

a) eine schöne, edle und feste Körperhaltung erstreben und zugleich die Atmung und Verdauung fördern helfen durch Kräftigung der beteiligten Muskelpartien (zugleich aber auch den Körper vorbereiten und stählen zu den anstrengenderen Schnelligkeits- und Dauerübungen).

(Rumpfübungen, besonders langsame, nach deutschem und schwedischem Muster, Gleichgewichtsübungen, Atemübungen.)

b) Die Gewandtheit, Kraft und Ausdauer vermitteln und erhöhen: Freiübungen nach deutschem Muster, Handgeräteübungen, Widerstandsübungen, Zieh- und Schiebekämpfe, Trageübungen, japanische Uebungen, volkstümliche Uebungen.

c) Den Kreislauf des Blutes und insbesondere die Atmung anregen, also Herz und Lunge stärken.

(Schnelligkeits- und Dauerübungen: Laufen, Springen, **Spielen**, Wandern, Schwimmen, Rudern, Eislaufen.)

Es ist natürlich sehr schwer, die Grenze zu ziehen, wo die Haltungs- bezw. Gesundheitsübung aufhört und Gewandtheits- bezw. Kraftübung beginnt, denn die gleiche Uebung kann je nach den Verhältnissen, nach dem Grade der turnerischen Ausbildung oder dem Zeitmasse der Ausführung Haltungs- oder Gewandtheitsübung sein oder zu einer Kraftübung werden. Ebenso wird es oft schwer sein, zu bestimmen, ob eine Uebung lediglich der Erzielung einer guten Haltung oder Unterstützung der Lungen- oder Darmtätigkeit dient. Nicht selten sind Uebungen zu gleicher Zeit nach allen drei Richtungen wirksam.

Wichtige Vorbedingungen: Nie mit vollem Magen turnen! Möglichst in frischer Luft turnen! Möglichst leicht bekleidet turnen! (Eingehende Behandlung der einzelnen Uebungsgebiete im demnächst erscheinenden Heftchen des Lehrers Steinmetz, Bamberg, weshalb hier nur einige wenige durchgreifende Uebungen erwähnt werden sollen.)

Rumpfübungen.

Rumpfbeugen vorwärts.

a) 1. Arme zum Hüftstütz. — 2. Langsames Kopf- und Rumpfbeugen vorwärts mit stark gebeugtem Rücken. — 3. Rumpf- und Kopfstrecken. — 4.—7. Wechsel zwischen Beugen und Strecken des Rumpfes. — 8. Arme ab.

b) 1. Arme seithochheben. — 2. Rumpfbeugen vorwärts und Arme vortiefsenken. — 3. Rumpfstrecken. — 4. Arme seittiefsenken.

c) Wie b, oder mit Seitschreiten *l (r)*, das Rumpfstrecken erfolgt mit Armkreisen rückwärts.

Rumpfbeugen mit gestrecktem Rücken.
(Kinn angezogen, Kopf zurück.)

a) Rumpfbeugen halbvorwärts mit Hüftstütz in der Seitschrittstellung.

b) 1. Seitschreiten *l* und Arme seithochheben. — 2. Rumpfbeugen halbvorwärts.[1]) — 3. Rumpfstrecken mit Armkreisen rückwärts. — 4. Grundstellung.

Rumpfbeuge rückwärts. (Spannbeuge.)

a) 1. Spannbeuge und Arme langsam seithochheben. — 2. Rumpfstrecken und Arme seittiefsenken. (Die Spannbeuge ist ein Rumpfbeugen rückwärts, wobei das Kreuz möglichst gestreckt ist. Die Bauchmuskeln sind angespannt, die Schulterblätter sind einander möglichst genähert, die Brust ist im oberen Teile stark herausgewölbt. Durch die Spannbeuge soll der Brustkorb ausgeweitet und beweglich gemacht werden.)

b) 1. Seitschreiten *l* und Arme seitheben. — 2. Spannbeuge, Arme seittiefsenken und vorhochheben. — 3. Rumpfbeugen halbvorwärts. — 4. Rumpfstrecken und Arme mit Rückwärtskreisen hochschwingen. — 5. Grundstellung.

c) Aehnlich wie b, aber mit Anlegen der Hände hinter dem Kopf (Armkreisen fällt da selbstverständlich weg).

d) 1. Seitschreiten *l* und Arme seitheben. — 2. Kniebeugen *l*, Spannbeuge, Arme seittief und vorhoch. — 3. Kniestrecken, Rumpf tiefbeugen vorwärts. — 4. Rumpfstrecken mit Armkreisen rückwärts. — 5. Grundstellung.

e) Spannbeuge mit Zehenstand und Seitheben der Arme schulterhoch (Fig. 1, Seite 213).

---

[1]) **Anmerkung:** Oder Rumpfbeugen vorwärts bis zur wagrechten Haltung, oder: Rumpfbeugen vortief (bis die Fingerspitzen den Boden berühren).

Fig. 1.

Fig. 2.

f) Spannbeuge an einer Wand: a) im Sohlenstand, b) im Zehenstand.

(Spannbeugen, Arme langsam seithochheben bis zur Berührung der Wand, Brust im oberen Teile stark vorgewölbt. Je weiter man sich von der Wand entfernt, desto schwieriger. Durch Erheben in den Zehenstand wird die Uebung erschwert und wirkungsvoller.)

g) Spannbeuge am Reck. (Als Ersatz hiefür wird von zwei Turnern [Pfadfindern] eine Stange auf die Schultern gelegt und festgehalten. Fig. 2, Seite 213.)

Rumpfkreisen.

(Im Rumpfkreisen sind die verschiedenen Arten des Rumpfbeugens vereinigt.)

Seitschreiten *l* und Arme seithoch, Hände gefaltet und im Handgelenk straff gebeugt. Rumpfkreisen *l* vorwärts (der Rumpf wird *l* seitwärts, vorwärts, *r* seitwärts und rückwärts gebeugt und beschreibt so samt den Armen einen umgekehrten senkrechten Kegel).

Rumpfdrehbeugen. (Fig. 3, Seite 215.)

a) 1. Seitschreiten *r* und Arme seithochheben. — 2. Rumpfdrehbeuge *r* (Rumpfdrehen *r* mit Seitsenken der Arme schulterhoch und Seitbeugen *l*, bis die Fingerspitzen den Boden berühren). — 3. Zurückdrehen zur vorigen Stellung — 4. Grundstellung. (Fig. 3a.)

b) Dasselbe mit an den Hinterkopf angelegten gefalteten Händen, aber dem Seitbeugen *l* folgt noch das Seitbeugen *r*.

c) 1. Seitschreiten *l* und Arme seitheben und sofort gefaltet an den Hinterkopf. — 2. Rumpf mit $^1/_8$ Drehung *l* rückwärts beugen (Spannbeuge rückwärts mit $^1/_8$ Drehung *l*) (Fig. 4; 3b). — 3. Rumpf schräg *l* vorneigen (mit gestrecktem Rücken) (Fig. 3c). — 4. wie 2, 5 wie 3, 6 wie 2. 7. Rumpfstrecken mit $^1/_8$ Drehung *r*. — 8. Grundstellung. — 9.—16. widergleich.

Schnitterbewegung. (Spielart des Rumpfdrehens.)

1. Seitschreiten *l* und Arme *l* seitheben. — 2.—7. Rumpfdrehen *r* und *l* und Arme vorne vorüber abwechselnd *r* und *l* schwingen (in ruhiger, gleichmässiger Ausführung — ohne Halt). — 8. Grundstellung.

c *a* *b*

Fig. 3.

Fig. 4.

Liegestützübungen. (Fig. 5, Seite 217.)

1. Stützhockstand (= tiefe Kniebeuge mit Auflegen der Hände. Fig. 5a). — 2. Rückwärtsstrecken beider Beine zum Liegestütz vorlings (Fig. 5b). — 3.—7. Wechsel zwischen Stützhockstand und Liegestütz. — 8. Grundstellung. (Beim Liegestütz ist der Rumpf, namentlich im Kreuz und in den Schultern, zu strecken; Hals und Kopf zurücknehmen, Brust heraus, Bauch einziehen.)

Standwage.

a) 1. Beinheben *l* rückwärts und Arme vorhochheben. — 2. Rumpfbeugen vorwärts mit langsamem Kniebeugen des Standbeines und Heben des *l* Beines bis zur wagerechten Haltung (Standwage vorlings. Fig. 6, Seite 217)

b) 1. Beinheben *l* und Arme seithochheben. — 2. Rumpfneigen *r* seitwärts und Seitheben des *l* Beines (ähnlich wie bei a) Standwage seitlings.

c) Aehnlich der Standwage. 1. Rückheben des *l* Beines und Arme vorhochheben (Körper schön überstrecken, Brust heraus, Kopf zurück). — 2. Kniebeugen *r* und Armbeugen (Fig. 24, Seite 221). — 3. Knie- und Armstrecken. — 5—7 wie 2 und 3 —8. Grundstellung. Widergleich.

Armkreisen.

a) 1. Beide Arme seitheben. — 2. Trichterkreisen (beide Arme beschreiben einen Trichter von höchstens 40 cm Durchmesser, dieses Trichterkreisen lässt sich in verschiedenen Stellungen mit Vorteil ausführen, Grundstellung, Vorneigen des gestreckten Rumpfes etc.)

b) Armkreisen eines Armes aus der Hochhebhalte vor- oder rückwärts, z. B. Armkreisen vorwärts (der Arm wird vorwärts tiefgesenkt und rückwärts hochgehoben), Armkreisen rückwärts (der Arm wird rückwärts tiefgesenkt und vorwärts hochgehoben). (Der andere Arm hat unterdessen Hüftstütz.)

c) 1. Beidarmiges Armkreisen: vor- und rückwärts (aus der Hochhebhalte). Armkreisen vorwärts (die Arme bewegen sich vorwärts tief und rückwärts hoch). — 2. Armkreisen rückwärts (die Arme bewegen sich rückwärts tief und vorwärts hoch).

(Armkreisen und Spannbeugen sind sehr gute Uebungen zum Erweitern des Brustkorbs. Als tägliche Uebungen morgens und abends, besonders vor und nach kalten Bädern, sind die vorhergehenden Uebungen, die nur wenig Zeit beanspruchen, überall vorgenommen werden können und sehr wirksam sind, besonders zu empfehlen.)

a *b*

Fig. 5.

Fig. 6.

Weitere gute Uebungen sind:

Kniebeugen mit Arm vorwärts und seitwärts stossen. (Fig. 7.)

a) 1. Zehenstand und Arme zum Stoss beugen. — 2. Kniebeugen und Arme vorwärts stossen. — 3. Wie 1. — 4. Grundstellung.

b) Wie a), aber mit Seitstossen in der zweiten Zeit.

Fig. 7.

Kniebeugewechsel mit Armschlagen.

1. Auslagetritt *l* und Arme in Risthaltung seitheben. — 2. Kniebeugewechsel und Arme beugen. — 3.—7. Kniebeugewechsel mit abwechselndem Beugen und Seitstrecken der Arme (Armschlagen). — 9. Grundstellung.

Axthauen.

1. Seitschreiten *l* und Arme seithochheben. — 2. Rumpfbeugen vorwärts rasch mit Vortiefschwingen der Arme. — 3. Rumpfstrecken mit Vorhochschwingen der Arme. — 4.—7. wie 2. und 3. — 8. Grundstellung.

Widerstandsübungen, Zieh- und Schiebekämpfe.

a) Ristdrücken. 1. Beide Arme werden straff gestreckt mit geballter Faust vorgehoben, die *r* Hand drückt auf den Rist der *l* Hand und sucht diese niederzudrücken, wobei der *l* Arm Widerstand leistet. (Langsam.) — 2. Die *l* Hand drückt von unten nach oben, die *r* leistet Widerstand. — 3.—4. Wie 1 und 2 aber widergleich.

b) Ziehkampf im Sitzen (altgriechische Uebung). Zwei Spieler setzen sich mit gestreckten Beinen auf den Boden, Füsse gegeneinander gestemmt, erfassen beide Hände oder Handgelenke oder einen vorgehaltenen Stab und fangen an, kräftig zu ziehen. Dabei suchen sie einander zum Beugen der Knie oder zum Erheben vom Sitze zu bringen. (Sehr wirksame Uebung.)

c) Ziehen am Langtau. Die Teilnehmer stehen in zwei gleich starken Parteien in Vorschrittstellung da, Gesicht nach der Taumitte, in gleicher Anzahl auf beide Hälften verteilt (jede Partei hat das Tau auf der *r* Seite) und erfassen das Tau mit Speichgriff. Auf Befehl des Lehrers fangen sie an, langsam zu ziehen. Das Hinüberziehen über eine Linie entscheidet den Sieg. (Dieser Ziehkampf kann auch mit Wettlauf der gleich weit von den Tauenden entfernt stehenden Parteien ausgeführt werden.)

d) Schiebekampf mit verschränkten Fingern. Zwei Knaben stehen einander auf zwei Schritt Abstand gegenüber, nehmen Vorschrittstellung *r*, fassen die Hände mit verschränkten Fingern und suchen sich, entweder den Abstand wahrend oder Brust an Brust, Kopf an Kopf (die *r* Kopfseiten berühren sich) gegenseitig über eine Grenzlinie zu schieben. Merke: »Die Uebenden sollen abwechselnd die Verteidigung und den Angriff übernehmen. Der Verteidiger soll immer nur, auch wenn er der Stärkere, so viel Widerstand entgegensetzen, als nötig ist, um die grösste Kraftanstrengung aus dem Angreifer herauszuholen.« (Schmalc.)

Volkstümliche Uebungen und Spiele.

I. Das Laufen.

a) Der Dauerlauf ist ein Laufen auf die Dauer, von 1 Minute bis 10 Minuten und darüber, je nach Alter und Uebung. Die Schrittzahl beträgt 180 in der Minute. Er erfolgt auf den Befehl: Laufen—lauft! oder: Laufschritt—marsch, marsch! Der Dauerlauf wird unterbrochen durch gewöhnliches Marschieren auf den Befehl: Marschieren—marsch! Der Dauerlauf kann erfolgen im Viereck, im Kreis, in der Achte, in der Spirale, im Zickzack. Er kann auch sehr zweckmässig mit Ordnungsübungen verbunden werden, wie namentlich die Maulsche Schule sie am Anfange einer jeden Turnstunde treibt.

b) Während der Dauerlauf die beste Form des Laufes ist, um die Masse der Knaben ans richtige Laufen sowie an Ausdauer im Laufen zu gewöhnen, so ist der Wettlauf die geeignetste Form, um den Jungen zu Höchstleistungen anzuspornen. Die Länge der zu durchlaufenden Wegstrecke richtet sich auch hier nach dem Alter und der Uebung der Schüler. (Herz- und lungenschwache Kinder sind vom Wettlauf auszuschliessen.) »Die Strecken können betragen von 50—600 m. Letztere ist für Knaben von 13—17 Jahren geeignet. Das Herz ist in diesem Alter leistungsfähiger als beim Erwachsenen.« (Nach Broschinski.)

c) Eine besondere Form des Laufes ist der Stafettenlauf. Die Läufer sind in zwei Parteien, z. B. jede zu vier Mann, eingeteilt. Die Läufer, die zu einer Partei gehören, haben ein besonderes Abzeichen. Jeder Läufer hat die Aufgabe, dem nächsten Läufer seiner Partei ein Fähnchen zuzubringen. Gesiegt hat die Partei, die ihr Fähnchen zuerst beim Lehrer abgibt.

d) Hürdenlauf, Hindernislauf (Mischung von Lauf und Sprung). Hindernisse sind: Hürde, Graben, Planke. Statt der Planke werden oft auch die Geräte für den gemischten Sprung benutzt. Die Pfadfinder können sich auf folgende Weise behelfen: In gewissen Abständen stellen sich Knaben auf, welche ihre Stäbe wagrecht in die Laufbahn halten, oder es wird zum Ersatz für das Lattengestell von 2 Knaben ein Stab quer und fest gehalten, der dann entweder frei oder in der Form des Flankensprungs zu übersetzen ist.

II. Das Springen.

Vorbereitet wird es durch den Schluss-, Schritt- und Anlaufsprung (Maul, II. Teil). Der Hoch- und Weitsprung setzt ein Abmessen der erzielten Höhen voraus. Sprunggeräte können nicht immer mitgeführt werden. Man versieht daher einige Stäbe in Entfernungen von je 10, bezw. 5 cm mit Strichen. Zwei Pfadfinder halten mit der Hand die auf den Boden senkrecht gestellten Stäbe so, dass der Daumen der haltenden Hand vorne wagrecht hinaussteht und die Stelle des Zapfens vertritt. Darauf wird die Schnur gelegt, so dass diese bei der leisesten Berührung hinunterfällt. Bei zunehmender Sicherheit können auch Stäbe als Sprunghindernisse in verschiedenen Höhen wagrecht gehalten werden. Die Niedersprungstelle sei weich.

Springen über den Stab.

Der Turner schwingt den Stab vorhoch, sofort vortief und hockt, die Knie rasch an den Leib reissend, zwischen den Armen über den Stab. Sehr gewandte Turner vermögen dies auch rückwärts zu machen.

Stabübungen, wie solche im deutschen Turnen sehr beliebt sind (Eisenstab von 1 m Länge, 18—20 mm Dicke).

I. 1. Ausfall *l* seitwärts und Stab *l* schräg seithochschwingen (Fig. 25, Seite 221). — 2. Auslagetritt *l* hinten vorüber und Stab durch die Tiefhaltung *r* schräg über den Kopf. — 3. Zurück zur vorigen Stellung. — 4. Grundstellung. — 5.—8. Widergleich.

II. 1. Ausfall *l* seitwärts, Rumpfbeuge *r* und Stab *l* seithochschwingen (Fig. 26, Seite 221). — 2. Kniebeugewechsel, Rumpfbeuge *l* schräg vorwärts und Stab unter dem *r* Arm tiefsenken (Stab parallel zum *l* Bein). — 3. Zurück zur vorigen Stellung. — 4. Grundstellung. — 5.—8. Widergleich.

III. 1. Auslagetritt *l* seitwärts, Stab durch die Hochhebhalte senkrecht an die *r* Seite (Fig. 27). — 2. Kniebeugewechsel, Stab über den Kopf hinweg senkrecht an die *l* Seite.

Auch die verschiedensten Recküblungen lassen sich an dem von zwei Turnern auf die Schultern gelegten und festgehaltenen Langstabe der Pfadfinder ausführen z. B.: Felgaufschwung, Nest, Wechsel zwischen Streck- und Knickstütz etc.

Bildliche Darstellung verschiedener turnerischer Uebungen.

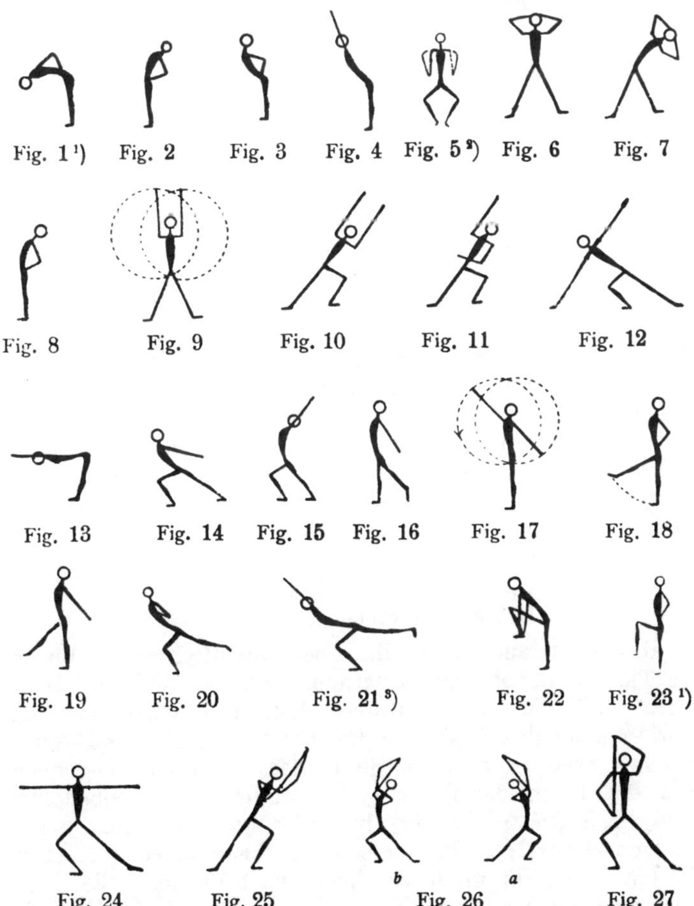

Fig. 1[1]) Fig. 2 Fig. 3 Fig. 4 Fig. 5[2]) Fig. 6 Fig. 7

Fig. 8 Fig. 9 Fig. 10 Fig. 11 Fig. 12

Fig. 13 Fig. 14 Fig. 15 Fig. 16 Fig. 17 Fig. 18

Fig. 19 Fig. 20 Fig. 21[3]) Fig. 22 Fig. 23[1])

Fig. 24 Fig. 25 *b* Fig. 26 *a* Fig. 27

[1]) Das Zurücknehmen der Ellbogen beim Hüftstütz ist »übertrieben« gezeichnet, um den Hüftstütz gut veranschaulichen zu können. [2]) Schwedische Form des Armbeugens. [3]) Etwas »übertrieben« gezeichnet, um die straffe Spannung der Rückenmuskulatur zu veranschaulichen.

VII. Kapitel.

Der Ritterspiegel.

Von Prof. Dr. Ludwig Kemmer, München.

Von den Rittern und ihren Taten lesen und hören die jungen Deutschen nicht mehr viel. Das ist schade. Grosses und Schönes droht dadurch in Vergessenheit zu geraten oder unverständlich zu werden: die Gewinnung eines grossen Teiles des vaterländischen Bodens, der Nachglanz einer grossen kriegerischen und kolonisatorischen Tätigkeit in Symbolen unsers Vaterlandes und in Ehrenzeichen und der Nachhall hohen, wohlverdienten Ruhmes in der modernen Verwendung der Wörter Ritter und ritterlich. Wenn Ihr heute in alten Kirchen Standbilder oder Grabsteine von Rittern seht, muten Euch die gepanzerten Gestalten fremd an wie eine Merkwürdigkeit. Die Rüstungen, die Ihr in Sammlungen seht, wirken nicht viel anders auf Euch als die Schutz- und Trutzwaffen wilder Völker. Und doch solltet Ihr mit innerm Anteil vor diesen Waffen aus der Vergangenheit unsers Volkes stehen, so voll Teilnahme wie Chamisso, als er sich in das Schloss seiner Väter und an das Grab seines Ahnherrn heimträumte:

> Dort ist's, dort hängt vom Pfeiler
> Das alte Gewaffen herab.

Ihr müsst, auch wenn Ihr Euer Geschlecht nicht bis in die Tiefe der Zeit des Rittertums und bis auf eine Burg verfolgen könnt, in den Rittern Ahnherren sehen und mit Ehrfurcht an ihre Gräber und vor die Spuren ihres Daseins treten. Unsere Sprache hat die Erinnerung an die Tugenden und die Taten der Ritter getreu aufbewahrt. Selbstloses, mutiges Eintreten für den hilfbedürftigen Nächsten nennt sie eine ritterliche Tat, den, der so handelt, einen Ritter.

Ich weiss, Ihr greift viel lieber nach Büchern, die Euch von der Gegenwart erzählen, als nach solchen, die Euch in die Zeit des Rittertums führen. Eure Phantasie verweilt lieber in der Gegenwart als in der Vergangenheit. Vielleicht hat Euch auch ein Zerrbild des Rittertums, wie die Geschichte von Don Quixote, die Freude am Rittertum verleidet. Wie ein Klang aus der Heimat, so vertraut ist Euch dagegen der Name Winnetou. Von dem Träger dieses Namens hört Ihr lieber als von den längstverstorbenen Helden Eurer Rasse und Eures Volks. Euer Lieblingserzähler nennt Euern Lieblingshelden den roten Gentleman. Er hätte ihn besser den roten Ritter genannt. Aber das arme deutsche Wort ist daran, sein Leben zu verlieren und steinern und kalt zu werden wie die Standbilder der alten Helden in den Kirchen. Darum lautet der Titel eines Eurer Lieblingsbücher Winnetou, der rote Gentleman, nicht Winnetou, der rote Ritter.

Der rote Ritter? Klingt Euch das nicht bekannt? Habt Ihr nie von einem roten Ritter gehört oder hat der rote Gentleman die Erinnerung daran ganz getilgt?

Der rote Ritter war Parzival, Gachmurets und Herzeloydens Sohn. Kurz vor seiner Geburt erhielt seine Mutter die Nachricht vom Tode des Gatten. Gachmuret war auf einem Kriegszug im Morgenland gefallen. Durch den ritterlichen Tatendrang des Gatten war Herzeloyde Witwe geworden. Um nicht auch das Kind zu verlieren, wollte sie es ohne Kenntnis des ritterlichen Lebens aufwachsen lassen. Aber eines Tages begegnete ihr Sohn einem Ritter und seinen Mannen, die Räubern nachsetzten. Nun wollte der Knabe auch ein Ritter werden und er ruhte nicht, bis ihn seine Mutter ziehen liess. Durch eine List suchte sie ihn zur baldigen Rückkehr zu bewegen. Sie rüstete den hochaufgeschossenen, aber kindlich unerfahrenen jungen Mann so aus, dass er draussen in der Welt Spott ernten musste. Dadurch, hoffte sie, würde er wieder zur Mutter heimgetrieben.

Aus Sacktuch schnitt in einem Stück
Sie Hos' und Hemd; das hüllt' ihn ein
Bis mitten auf sein blankes Bein,
Mit einer Gugel obendran.
Zwei Bauernstiefel wurden dann
Aus rauher Kalbshaut ihm gemacht.

Aber der junge Vogel flog nicht mehr zum Nest zurück. Parzival kam infolge seiner kindlichen Torheit mit einem Ritter von der Tafelrunde des Königs Artus in Streit und streckte seinen Gegner im Kampfe durch einen Speerwurf nieder. Den Gefallenen, Ither von Gahevies, hiess man den roten Ritter.

Denn all sein Harnisch glänzt so rot,
Dass des Beschauers Auge loht.
Rot war sein Ross von edlem Stamm,
Rot auf des Rosses Kopf der Kamm;

Die Decke war von rotem Samt;
Sein Schild war rot, wie Feuer flammt,
Und rot, die ihn umwallten,
Des Wappenrockes Falten;
Rot war sein Schaft und rot sein Sper;
Auch war sein Schwert auf sein Begehr
Vom Schmiede ganz mit Rot bemalt,
Dass nur die Schneide stählern strahlt . . .

Der junge Sieger legte die Rüstung des Gefallenen an und hiess von nun an der rote Ritter. Aber er war zunächst nur äusserlich ein Ritter. Die Rüstung fügte sich prächtig an seine Glieder, aber der törichte Knabe wurde durch das Stahlgewand noch nicht zum ritterlichen Mann. Dazu machte ihn durch weise Lehren erst der greise Gurnemanz. Der riet ihm wohl:

Dass Euer Adel sich nicht neige,
Nein, hoch und immer höher steige,
Lasst Euch der Dürftigen erbarmen
Und helft in ihrer Not den Armen
Mit Milde und mit Gütigkeit.
— — — — — — — — —
Der Würd'ge, der in Armut kam,
Ringt oft sich ab mit stolzer Scham.
Wollt Ihr die Drangsal ihm versüssen,
So wird Euch Gottes Gnade grüssen.
Denn ihm geht's schlimmer als den andern,
Die bettelnd vor die Fenster wandern.
Prägt fest Euch diese Vorschrift ein:
Lernt weislich arm und reich zu sein.
Denn wirft der Herr sein Gut dahin,
Das ist nicht echter Herrensinn;
Doch nur den Schatz zu mehren,
Das wird ihn auch nicht ehren.
Gebt jedem Ding sein rechtes Mass.
Ich kann nicht leugnen, denn ich sah's,
Dass Ihr des Rats bedürftig seid.
Was sich nicht ziemt, das lasst beiseit.
Vor allem sollt Ihr nicht viel fragen,
Doch wohlbedächtig Antwort sagen,
Dass, was der Frager ihr entnimmt,
Auch recht zu seiner Frage stimmt.
Gebrauchet aller Eurer Sinne,
Dass Ihr des Wahren werdet inne.
Folgt meinem Wort und übt im Streit
Bei kühnem Mut Barmherzigkeit.

So ward Parzival auch innerlich zum Ritter und er bewährte sein Rittertum, indem er Bedrängten half, wie er konnte. Aber es fehlte ihm noch an Lebenserfahrung, daher befolgte er eine von den Lehren seines Meisters, die Weisung: »Vor allem sollt Ihr nicht viel fragen«, wörtlich und fragte, als er auf einer Burg den Burgherrn, seinen

Gastfreund, schwer leiden sah, nicht nach dem Grunde dieser Leiden. Er schwieg nicht aus Mangel an Mitgefühl, sondern weil er die Mahnung seines Lehrers Gurnemanz zu wörtlich fasste und aus Anstand schweigen zu müssen glaubte. Aber sein Schweigen ward als Mitleidlosigkeit gedeutet und trübte seine Ritterehre. Durch eine teilnehmende Frage hätte er den kranken Fürsten von seinem Siechtum befreien können; da er die Frage unterliess, litt der Kranke weiter unter seiner Qual. Als der allzu gehorsame Schüler erfuhr, welche Wohltat er dem Gastfreund durch eine Frage hätte erweisen können und welche Leiden er infolge seiner Zurückhaltung auf einem Hilfsbedürftigen lasten liess, fühlte er sich seiner Ritterehre beraubt. Er schied aus der Tafelrunde des Königs Artus:

Als Freunde gabt Ihr mir die Hand,
Solang mein Ruf in Ehren stand,
Des seid entbunden, bis ihr hört,
Gesühnt sei, was mein Glück zerstört.

Und er ruhte nicht, bis er die Burg, in der er durch eine Frage so viel Qualen hätte verhüten können, wieder gefunden und die erlösende Frage an den kranken Burgherrn gestellt hatte.

Das ist nur eine Sage, die Sage von Parzival und dem Gral, aber ein Ritter, Wolfram von Eschenbach, erzählt sie, und aus seiner Erzählung ergibt sich, mit welcher Strenge die ritterliche Sitte von den Rittern Teilnahme und Hilfe für Bedrängte, Schwache, Kranke forderte und mit welcher Gewissenhaftigkeit die Ritter diese Forderung erfüllten.

Im Geschichtsunterricht habt Ihr schon gelernt oder lernt bald, dass diese Forderung der Sitte nicht von einem ritterlichen Dichter als ein Ideal erdacht war, sondern in drei Ritterorden das Band war, das die Ordensangehörigen verknüpfte, und der Faden, an dem sie sich durch die Irrgänge des Lebens emporarbeiteten zu höheren Stufen der Menschlichkeit. Ihr habt von den Tempelherren, den Johannitern, den Deutschherren gehört. Geht mit mir ein bisschen zu den Anfängen des deutschen Ritterordens zurück. Wir werden von dort, von den Orden geleitet, einen Weg in unsere Zeit finden.

Der deutsche Orden der Herren zu St. Marien entstand im Jahre 1189 während des dritten Kreuzzugs vor Akkon. Wie die Johanniter und die Tempelherren erfüllten die Deutschherren zwei Aufgaben: sie pflegten kranke Pilger und kämpften gegen die Feinde des christlichen Glaubens. Sie erwarben im Morgenlande reichen Besitz und hohen Ruhm, aber es kam eine Zeit, wo die kriegerische Kraft des Ordens sich nicht im Kampfe gegen die Sarazenen betätigen konnte. Da drohte dem Orden die Gefahr des »Verliegens«. So nannten die Ritter das erschlaffende Zuhausesitzen. Um diese Gefahr abzuwehren, suchte der Hochmeister Hermann von Salza seinen Rittern einen neuen Schauplatz zur Erhaltung ihrer Tätigkeit. Er fand ihn an der Nordostgrenze der Heimat, in Masovien und Pommerellen, wo die christlichen Polen unter den Einfällen der zwischen Weichsel und Memel wohnenden heidnischen Preussen schwer zu leiden hatten. Der Herzog Konrad von Masovien überliess dem Orden das Grenzgebiet Masoviens gegen Preussen und Pommerellen und erkannte ihn als Herrn der preussischen Landschaften an, die er erobern sollte. Von der Burg Vogelsang aus rekognoszierte eine kleine Schar ritterlicher Pfadfinder das feindliche Gebiet. Dann überschritt eine grössere Schar die Weichsel und erbaute am anderen Ufer auf einer Höhe die erste Festung des Ordens, die nach dem Hauptort ihrer Besitzungen in Palästina Toron genannt wurde. Aus dieser Deutschritterburg entstand Thorn. Im Jahre 1234 erfocht der Orden den ersten grossen Sieg an der Sorge. Dann begann die planmässige Eroberung des Landes an der untern Weichsel. Dabei verfuhr der Orden so: Unter dem Schutze eines Heeres, das durch Kreuzfahrer aus Deutschland verstärkt war, wurde in der Landschaft, die unterworfen werden sollte, auf einem strategisch wertvollen, die Gegend beherrschenden Punkte ein Fort aus Erde und Holzwerk errichtet. Die Besatzung eines solchen Forts übernahm und erfüllte die Aufgabe, allmählich die Gegner ringsum niederzukämpfen und durch einen ununterbrochenen kleinen Krieg in jahrelangem Ringen die feindliche Wehrkraft zu brechen. So wurde von Thorn, Kulm und Rheden aus das Kulmer Land, von Marienwerder aus Pomesanien, von Elbing aus Pogesanien, von Bolga aus Ermeland, von Königsberg aus Samland niedergekämpft und Memel bildete einen starken Grenzschutz gegen die wilden Samaiten. Ein vierjähriger und ein mehr als zwanzigjähriger Aufstand der unterworfenen Preussen führte in schweren Kämpfen zur Vernichtung des slavischen Volksstammes, der den Namen Preussen getragen hatte, und zur Entvölkerung des Landes.[1])

Durch die Einrichtungs- und Verwaltungskunst des Ordens blühten einige günstig gelegene Forts wie Knospen im warmen Sonnenschein rasch zu Städten auf, deutsche Adelssitze und Bauernsiedelungen entstanden, ein neuer deutscher Stamm erbte mit dem Lande auch den Namen des untergegangenen

---

[1]) Prutz, Staatengeschichte des Abendlandes im Mittelalter, I. Band.

Slavenstamms. Und dieses neue deutsche Land, Preussen, war, obwohl es jahrhundertelang schwer mit den slavischen Nachbarn zu ringen hatte, bestimmt, der Keim des neuen Deutschen Reiches zu werden. Daher kommt es, dass die Farben und die Abzeichen der Deutschherren zu den Symbolen unsers lieben Vaterlands gehören. Die Deutschherren trugen auf einem weissen Mantel in der Höhe des Herzens ein schwarzes Kreuz. Das schwarze Kreuz auf weissem Grund, besinnt Euch, meine lieben Jungen, wo Ihr das schon gesehen habt. Denkt nicht an Museen, an alte Ritterbilder, die ernsten Farben der deutschen Ritter leben noch. Wenn Ihr sie gesehen habt, dann habt Ihr sie in hohen Ehren gesehen, in höhern Ehren, als sie in der Zeit der Ritter genossen. Dann saht Ihr sie von der Gaffel stolzer, starker, deutscher Schiffe, schwimmender Burgen mit ritterlicher Besatzung leuchten oder auf der Brust tapfrer Männer in grauen und weissen Haaren schimmern. Ihr wisst nun, was ich meine: ein schwarzes Kreuz auf weissem Grunde zeigt unsere Kriegsflagge als Hauptzeichnung und ein schwarzes Kreuz mit weissem silbernem Rand ist unser wertvollster, durch das Heldentum eines Jahrhunderts geweihter Kriegsorden. Und beide, das Symbol des Vaterlands und das Zeichen bewährten Heldentums, gehen wirklich auf das Ordenszeichen der Deutschritter zurück.

Das Land, das die Ordensritter deutsch gemacht hatten, war die Pforte, durch die vor bald hundert Jahren die Freiheit ins geknechtete Vaterland kam. Damals, als sich das preussische Volk zum Kampf gegen die Fremdherrschaft erhob, stiftete König Friedrich Wilhelm III. ein Ehrenzeichen von schlichtem Metall und schlichten Farben, den Orden des eisernen Kreuzes. Der Künstler, der den Orden zeichnete, verlieh ihm Adel durch die Schönheit und Feinheit der Form, höhern Adel verliehen ihm die Tage, an denen er gestiftet und später erneuert wurde, der Geburtstag und der Todestag der Königin Luise, die höchste Weihe aber erhielt er durch das Heldentum, das in zwei grossen Kriegen dieses Ritterzeichen errang. Und als im ersten Drittel des vorigen Jahrhunderts eine preussische Kriegsflotte gegründet wurde, erhielt sie zur Flagge das schwarze Kreuz der Deutschritter auf weissem Grund, die Farben und das Zeichen des Landes, das die Deutschritter deutsch gemacht hatten und das lange das einzige Gebiet war, wo der brandenburgisch-preussische Staat »Seepforten« hatte und seine Pfadfinder über das Meer schicken konnte, um nach dem Vorbilde der Kolonisatoren Preussens neues Land zu gewinnen. Die deutschen Herren hatten als Pfadfinder und Pioniere ein neues Land geschaffen, das die Wiege der neuen Macht unsers Vaterlandes wurde. Was war natürlicher, als dass die deutschen Pfadfinder und Pioniere, die im vorigen Jahrhundert die unerforschten Teile Afrikas rekognoszierten und die ersten Pfade durch Wälder, Wiesen, Wüsten und Wasser bahnten, die Farben der Deutschherren an ihrer Flagge trugen und dass die tapfern deutschen Soldaten, die in schwerem, lebhaft an die Kämpfe der Deutschritter in Preussen erinnerndem Ringen, unsre afrikanischen Gebiete festhielten, unter den Farben der Deutschritter kämpften? Viel edles Blut hat der Sieg gekostet, der Preis für das neue Land war hoch. Aber die Opfer waren nicht umsonst gebracht, das Blut der deutschen Pfadfinder versickerte nicht in fremder Erde. Die da kämpften und fielen, hatten es besser wie in Jahrhunderten deutscher Schwäche ihre Väter. Die zogen auch von dem germanischen Tatendurst getrieben in die Ferne, aber ihren Schweiss und ihr Blut tranken fremder Sand und fremde Erde und sie schlummern in der Fremde.

Ein schönes Gedicht von Jakob Horsch, »Die Gräber der Ferne«,[1]) beklagt ihr Los:

Von Alaskas weisser Wüste
Zu Kap Horns umstürmten Scheren,
Weit, wie sich von Pol zu Pole
Reckt der Grat der Kordilleren;

Von des Westmeers goldnen Küsten
Zu Neu-Englands lautem Strande
Schlafen deutsche Pioniere
Unterm Schnee und unterm Sande.

An der Brust der Silberberge
Inkas toter Feuerriesen;
In dem Grasmeer der Savanne,
Wo die gelben Ströme fliessen;

In der Nacht des Tropenwaldes,
Wo die Fiebersümpfe sieden,
Fanden in der fremden Erde
Deutsche Kämpfer Grab und Frieden.

Traum im Haupte, Trotz im Herzen,
Zogen sie in weite Welten,
Flog die Falkenbrut der Freien
Zu der Wildnis armen Zelten.

Von den Schlachten, die sie schlugen,
Von der Not, die sie bezwungen,
Ist zum grossen Vaterlande
Kaum ein leiser Laut gedrungen.

---

[1]) »Jugend«, Jahrgang 1903, Nr. 36.

Nicht in Sicht der Panzerboote,
Nicht im Schatten deutscher Fahnen:
Vogelfrei, verlorne Haufen,
Brachen sie uns neue Bahnen;

Rangen sterbend sie zu Boden
Feindes Hass und Neiders Lüge.
— Ueber die vergessnen Gräber
Rauscht der Flug der deutschen Siege.

So arm und verlassen war früher, wer von dem deutschen Vaterland schied. Nirgends in der weiten Welt grüsste ihn ein Zeichen, dass der Schutz der Heimat für ihn erreichbar sei. Das ist nun anders geworden. Die Gräber der neuen Deutschritter, die unter der Flagge mit dem schwarzen Kreuze in Afrika, in Asien, in Polynesien starben, sind nicht vergessen und nicht verwachsen und verweht, sondern von deutschen Händen gepflegt und geschmückt.

Daher kann ich auch von ihnen schlichte Aufschriften lesen, die mit ehrlicherer Bescheidenheit als das Epigramm vom Denkmal der Thermopylenkämpfer von Heldentum erzählen. Sie sollen Euch mit anderen Beispielen der Ritterlichkeit zeigen, wie Ihr Pfadfinder die Lehren des Generals Baden-Powell auffassen sollt und befolgen könnt.

Die Gesetze der Ritter.

»Die Ritter lebten nach folgenden Gesetzen:

Sei allzeit bereit, immer in Waffen, ausser wenn Du zur Ruhe gehst.

Hilf dem Armen und dem, der sich nicht selbst verteidigen kann.

Tu andern nichts zu Schaden oder zuleide.

Sei bereit, das Vaterland zu verteidigen.

In allem, was Du tust, bewähre und gewinne Ehre und erwirb Dir einen guten Namen.

Brich nie ein Versprechen.

Tritt für die Ehre Deines Vaterlandes mit Deinem Leben ein.

Zieh' einen ehrenvollen Tod einem schmachvollen Leben vor.

Wer ein Ritter werden will, der muss als Knappe sich üben, die mühsamsten und niedersten Dienste unverdrossen und gewandt zu verrichten und anderen Gutes zu tun.

Dies sind die Hauptregeln, nach denen die alten Ritter lebten und von denen die Satzungen der Pfadfinder abgeleitet sind. Ein Ritter (oder ein Pfadfinder) ist zu allen Zeiten ein Gentleman. Viele Leute scheinen zu glauben, dass ein Gentleman Haufen Goldes haben müsse. Das macht den Menschen nicht zum Gentleman. Der ist ein Gentleman, der die Gesetze der Ritterlichkeit beobachtet.

Ein Londoner Schutzmann z. B. ist ein Gentleman, denn er ist an militärische Zucht gewöhnt, dem König treu, höflich, mutig, immer freundlich und hilfreich gegen Frauen und Kinder.«

So erläutert General Baden-Powell den Begriff Gentleman, den wir in unserer Sprache am besten mit Edelmann oder Ritter bezeichnen können.

Lernt von dem englischen Offizier die vielen ehemaligen Unteroffiziere schätzen, die Euch bei uns in den verschiedensten bescheidenen und doch oft sehr wichtigen Stellungen begegnen. Auch sie sind an militärische Zucht gewöhnt, mutig, dem König treu und hilfreich gegen Frauen und Kinder, allerdings nicht immer höflich und freundlich. Auch über jene, die nicht höflich und freundlich sind, weil man sie in ihrer Jugend nicht dazu angeleitet hat, urteilt milde. Die aber, die auch diese ritterlichen Eigenschaften haben, müsst Ihr als Gentlemen ehren, Pfadfinder, Ihr ehrt Euch dadurch selbst.

Nun hört, wie der englische Gurnemanz seine Pfadfinder Ritterlichkeit lehrt. Ich werde Euch seine Lehren erläutern und aus den Beispielen, die ich zur Beleuchtung dieser Lehren aus dem Leben unseres Volkes anführe, werdet Ihr sehen, dass die Deutschen und die Engländer einander nicht nachstehen, sondern ebenbürtig und nahe verwandt sind.

Freigebigkeit.

Baden-Powell sagt zu seinen Pfadfindern: »Es gibt Leute, die darauf versessen sind, ihr Geld aufzuhäufen und es nie auszugeben. Es ist recht, wenn man sparsam ist, aber es ist ebenso recht, Geld auszugeben, wo es nötig ist; geben zu können, wo es nötig ist, gehört ja auch zum Zweck des Sparens. Um mildtätig zu sein, braucht Ihr nicht reich zu sein. Manche Ritter waren arm. Einst trugen einige von ihnen als Helmzier zwei Ritter auf einem Pferde zum Zeichen, dass sie zu arm seien, ein Ross für sich allein zu unterhalten.«

Der alte Gurnemanz mahnte seinen Zögling Parzival:

Dass Euer Adel sich nicht neige,
Nein, hoch und immer höher steige,
Lasst Euch der Dürftigen erbarmen
Und helft in ihrer Not den Armen
Mit Milde und mit Gütigkeit.

Geben ist nicht leicht, weil es eine stolze, schüchterne Armut gibt, die sich verbirgt. Diese Armut wird am besten gepflegt durch die freie, nur vom Herzen gelenkte Kunst des Gebens. Früh muss sich in dieser Kunst des Gebens üben, wer darin ein Meister werden will. Wer ritterlich auch die verschwiegenste Armut lindern können will, der muss aus Blicken, Mienen und Gebärden, aus einem Gewande, das die Flickkunst der Armut geschmückt und weit über die gewöhnliche Dauer erhalten hat, aus überraschender Enthaltsamkeit und hundert andern Dingen wie aus Runen stille, nie zum Worte werdende Bitten lesen können. Der muss so geben können, dass er mit einer Schwester oder mit einem Bruder zu teilen scheint. Der muss vor allem teilen können. Das Teilen lernt sich aber am leichtesten und am besten unter Kameraden in der Pfadfindertruppe und im Heere. Arme Ritter ritten einst zu zweien auf einem Rosse. Kameraden nennt man die, die das Zelt miteinander teilen. Sie müssen den letzten Bissen und den letzten Schluck miteinander teilen und auch in jedem Mitmenschen, der nicht ihre Farben trägt, einen Kameraden sehen lernen. Ein Kind, das erst gelernt hat, die Hälfte seines Apfels einem Spielkameraden zu schenken, wird bald die Bitte um einen Bissen auch aus einem Blick lesen und den ganzen Apfel verschenken können. Kann es dies aber, dann ist ihm eine Glücksquelle erschlossen, die es sein Leben lang laben wird.

Ich führe hier für die Erzieher an, was der deutsche Sozialpolitiker und Ethiker Karl Jentsch über das Betteln und das Almosengeben sagt. Er verurteilt in Uebereinstimmung mit dem schweizerischen Philosophen Hilty den modernen Eifer gegen das Betteln, der dem Geiste und dem Buchstaben der Bibel durchaus widerspreche: »Die Sozialpolitiker, Armenpfleger und Obrigkeiten haben ja mit allem Recht, was sie wider den Bettel sagen, tausendmal Recht, aber mit ihrer vortrefflichen und ganz unanfechtbaren Praxis, und obwohl sie in ganz Nordeuropa von der öffentlichen Meinung unterstützt werden, haben sie auch in den reichsten Ländern noch nirgends die unverschuldete Not ausgerottet. Als am Jubiläum der Königin Viktoria die verkrüppelten Kinder gespeist wurden, sind manche von den Damen, die den Saal betraten, bei dem schrecklichen Anblick ohnmächtig geworden. Solange also die wohl organisierte Armenpflege diesen auch nach Hilty wünschenswerten Erfolg, der das obrigkeitliche Verbot des Bettelns rechtfertigen würde, nicht erzielt hat, wird es zartfühlenden Leuten immer so gehen, wie dem alten Holtei. Dieser, ein echtes Künstlerblut, hatte ein weiches, weites Herz und eine offne Hand, die denn auch gehörig ausgenutzt wurde. Eines Tages fand er einen Schnorrer, den er ein paar Stunden vorher durch ein paar Taler vom angeblich beabsichtigten Selbstmorde gerettet hatte, bei einem üppigen Abendmahl und nahm sich vor, fortan jeden, der ihn anbettle, hinauszuwerfen. Das tat er gleich am andern Tage, obwohl der Abgewiesene schwur, er gehe in die Oder; ein paar Stunden darauf zog man ihn wirklich aus der Oder, und Holtei sagte sich nun: Von jetzt ab weise ich keinen mehr ab, gleichviel, was es für ein Lump ist. Hilty meint, die Würdigkeitsfrage dürfe man gar nicht aufwerfen, und rät, das Geld nicht im Portemonnaie zu tragen, das herauszuziehen und zu öffnen zu viel Mühe mache, sondern in der Westentasche . . . Er empfiehlt, einen gewissen Teil des Einkommens fürs Almosengeben zu bestimmen. Wer einen solchen ihm gar nicht mehr gehörenden Fonds besitze, der sehe sich leichter nach solchen um, für die er verwandt werden könne, und komme oft, wenn er die stumme Bitte des Auges sehe, der Bitte des Mundes zuvor.«

Sicher steht es der Jugend nicht an, die Frage, ob ein Bettler einer Gabe würdig ist, aufzuwerfen und zu entscheiden. Und wichtiger als andere Lesekünste, die sie üben muss, ist für sie die Kunst, die stumme Bitte des Auges mit raschem Blick zu lesen und mit rascher Hand zu erfüllen.

Selbstlosigkeit.

»Kapitän John Smith, der vor dreihundert Jahren seinem englischen Vaterlande in Virginien Pfadfinderdienste leistete, war ein recht schwieriger Herr, mit dem nicht gut Kirschen essen war. Er hatte in der ganzen Welt gekämpft, und trug die Spuren der Kämpfe am ganzen Körper. Aber er hatte dabei ein gutes, freundliches Herz in der Brust. Einen bessern Pfadfinder, als er war, findet Ihr nicht. Einer von seinen Lieblingsaussprüchen war: »Wir werden nicht für uns selbst geboren, sondern für andere, damit wir anderen Gutes tun.« Er lebte treu nach diesem Grundsatze, denn er war der selbstloseste Mensch, den es gab.«

Der englische Pfadfinder, von dem General Baden-Powell so Rühmliches erzählt, hat die Herrschaft Englands in Virginien befestigen und Nordamerika der europäischen Kultur erschliessen helfen. Dankbar bewahrt sein Vaterland seinen Namen im Gedächtnis. Auch deutsche Pfadfinder haben an der Begründung der Kultur mitgearbeitet, die jetzt in Gestalt der Vereinigten Staaten von Nordamerika »von des Westmeers goldnen Küsten zu Neu-Englands lautem Strande« blüht. Die deutschen Pioniere standen Kapitän Smith nicht nach. Wenn Ihr Euch der Menschlichkeit und Ritterlichkeit des Pfadfinders freut, der unter dem Namen Lederstrumpf sicher Euch allen bekannt und lieb geworden ist, dann dürft Ihr mit Stolz annehmen, dass dem amerikanischen Dichter, der Euch von Lederstrumpf, Chingachgook und Unkas erzählt, bei der Schilderung des schlichten, edlen, Tier- und Menschenleben nur in dringender Not vernichtenden Jägers und Kriegers Erinnerungen an Deutsche vorschwebten. Unter der Regierung Wilhelms III. und der Königin Anna von England begann man für die englischen Kolonien an der amerikanischen Ostküste ausländische Ansiedler zu werben. Das Parlament bewilligte grosse Summen, um protestantische Flüchtlinge aus Frankreich und Deutschland in Neu-England anzusiedeln. Die englischen Werber hatten besonders in Deutschland Erfolg. Im Anfang des 18. Jahrhunderts gründeten Pfälzer Ansiedler im Staate New York eine Niederlassung, die sie nach der Residenz ihres Fürstenhauses Neuburg nannten. Vor zweihundert Jahren, nach dem strengen Winter von 1709, erschienen durch leibliche Not und Unduldsamkeit aus ihrer Heimat vertrieben 13000 Pfälzer und Schwaben aus Pfalz-Neuburg in London. Die Königin Anna und die Londoner Bevölkerung boten Alles auf, die Not der Deutschen zu lindern Ein Teil wurde in Irland, die Hauptmasse in den amerikanischen Kolonien, und zwar hauptsächlich in New-York angesiedelt.

In den ersten Jahrzehnten des 18. Jahrhunderts wurden sie, indem sie sich der drückenden, an Leibeigenschaft grenzenden Abhängigkeit von den englischen Kolonialbeamten entrangen, aus Holzknechten und lebenden Pallisaden gegen die Franzosen und die Indianer freie Ansiedler im Mohawktale und dann in Pennsylvanien. Sie schufen das Mohawktal zu einem Garten um. Als sich die amerikanischen Kolonien von dem Mutterlande losrissen, fochten die Schwaben und Pfälzer in den ersten Reihen für ihr neues Vaterland. Der Deutsche Herkheimer, ein Nachkomme der Pfälzer im Mohawktale, brachte an der Spitze von 800 Mann bei Oriskany der doppelten Uebermacht von Engländern und Indianern eine Niederlage bei, die auf den Freiheitskrieg einen starken, fast entscheidenden Einfluss übte. Als ihm ein Bein zerschmettert worden war, leitete er, auf dem Sattel seines getöteten Pferdes an einem Baumstamm sitzend, in voller Ruhe das Gefecht, ohne seiner Schmerzen zu achten. Der Führer des nordamerikanischen Freiheitskrieges, Washington, hat ihm das schöne Denkmal gesetzt: »Der Held des Mohawktales war der erste, der in das fortgesetzte Unglück des nördlichen Feldzugs den Umschwung zum Siege brachte. Er diente seinem Lande aus reiner Liebe, nicht mit dem Wunsche nach einem höheren militärischen Kommando, geschweige denn um pekuniärer Vorteile willen.« Also war er ein Ritter, selbstlos wie Kapitän John Smith. Nicht nur in NewYork, sondern auch in den übrigen amerikanischen Kolonien der Engländer waren die Deutschen an der Indianergrenze angesiedelt worden. Sie waren eine lebende Grenze und wurden, als die Kultur vorrückte, natürlich Pfadfinder und Führer auf dem Zuge nach dem Westen. »Auch hier, wo es galt das Land in Besitz zu nehmen, das der Indianer mit Recht sein eigen nannte, zeichneten sich unsere Landsleute . . . . durch Menschlichkeit, Milde und Gerechtigkeit aus.« Diese edlen Eigenschaften der deutschen Ansiedler hatten schon früher eine wertvolle Frucht getragen. Als sich die Pfälzer aus der Knechtschaft, in der sie der englische Gouverneur von NewYork hielt, in das Mohawktal flüchteten, wurden sie von den Indianern vor dem Verhungern und Erfrieren gerettet. In dieser Grenzansiedelung, im Verkehr mit den Indianern wuchs auch Konrad Weiser, der erste Pfadfinder bei der Eroberung des Westens, auf. »Auf Grund seiner Vertrautheit mit der Sprache, den Sitten und dem Charakter der Indianer wurde er im Jahre 1728 amtlicher Dolmetsch in den Verhandlungen zwischen der Provinz Pennsylvanien und der mächtigen Konföderation der sechs Indianerstämme. In dieser Stellung hat er jahrzehntelang das Geschick sämtlicher englischen Kolonien in seiner Hand gehalten und es diesen durch seine Friedenspolitik ermöglicht, sich zu der wirtschaftlichen Selbstständigkeit zu entwickeln, ohne die die Revolution fehlgeschlagen wäre. Er war es, der zuerst die Gefahr erkannte, die den englischen Kolonien in einem Bündnis zwischen Franzosen und Indianern drohte, und um dieses zu verhindern, bot er seinen ganzen, weitreichenden Einfluss unter den Indianern auf. Und vor seinem staatsmännischen Blick enthüllte sich zuerst die grosse Bedeutung des Ohiotales und des dahinterliegenden Westens für die Zukunft Amerikas.

Auf einer unsäglich schwierigen Reise in die Wildnis des Ohio gelang es ihm, mit den Indianerstämmen des Westens einen Vertrag abzuschliessen, der der Provinz Pennsylvanien den Pelzhandel bis zum Mississippi sicherte und damit den ungeheueren Bereich der Kultur erschloss. Will man den Angstschrei eines vergewaltigten, dem Untergang bestimmten Volkes hören, dem die Jagdgründe entrissen wurden und das seine Kraft unter dem Fluche des Schnapshandels schwinden sah, dann lese man die Berichte über Weisers Verhandlungen mit den Indianern. Dass es aber ein Deutscher war, der diesen Angstschrei hörte und dem Indianer zum Rechte verhalf, . . . das erfüllt uns noch heute mit Stolz.«[1])

Herkheimer und Weiser gehören nicht zu den deutschen Pionieren, die zwischen dem Atlantischen und dem Stillen Ozean »unterm Schnee und unterm Sande« vergessen schlafen. Sie sind nur in ihrer deutschen Heimat vergessen. Vergesst sie nicht mehr. Denkt an diese Lederstrumpfnaturen, wenn Ihr die edeln Gestalten der Lederstrumpfgeschichten, Lederstrumpf selbst, Chingachgook und Unkas begegnet, lernt von den Urbildern der Helden des amerikanischen Romans Selbstlosigkeit und Menschlichkeit, und freut Euch, dass diese Vorbilder Deutsche waren.

Selbstaufopferung.

»König Richard I., einer der ersten Ritter des Reichs, verliess sein Land, seine Familie und alles, was ihm lieb war, und zog in den Kampf gegen die Feinde der christlichen Religion. Fast hätte er dadurch sein Reich verloren, denn er war einige Jahre abwesend und in der Zwischenzeit versuchte sein Bruder sich des Thrones zu bemächtigen. Auf dem Heimwege wurde er vom Herzog von Oesterreich gefangen genommen und zwölf Monate gefangen gehalten. Er wurde von seinem Sänger Blondel aufgefunden, der in der Ueberzeugung, dass sein König irgendwo gefangen sei, durch Europa zog, indem er aussen an den Burgverliessen dessen Lieblingslieder sang, bis er von innen Antwort erhielt. So fand er ihn und sorgte für seine Befreiung.

Beispiele von Selbstaufopferung finden sich aber heutzutage unter unseren Zeitgenossen gerade so häufig wie früher. Ich will nur einen Fall anführen: Vor einiger Zeit sah ein junger Mann von 18 Jahren namens Currie ein kleines Mädchen auf dem Bahngeleise bei Clydebank spielen, als ein Zug in Sicht und schon nahe war. Er versuchte das Kind zu retten, aber er war lahm infolge einer Verletzung, die er beim Fussballspiel erlitten hatte, und dies

---

[1]) Prof. Dr. Julius Goebel, Das Deutschtum in den Vereinigten Staaten von Nordamerika, München, J. F. Lehmann.

hielt ihn bei dem Versuche, das gefährdete Leben in Sicherheit zu bringen, auf. Der Zug ging über beide weg und beide wurden getötet. Aber Curries tapferer Versuch ist ein Beispiel von Ritterlichkeit, dem Pfadfinder nacheifern sollten. Er brachte das Opfer des eigenen Lebens bei dem Versuch, das eines schwachen, hilflosen Wesens zu retten.«

Currie starb tapfer wie John Maynard und Schön Suschen. Wer ist John Maynard? Wer ist Schön Suschen? Diese Namen klingen so leise und bescheiden, so alltäglich. Retternamen klingen meistens so. Darum ist es gut, dass mancher von ihnen auf einem Denkmal steht, das ein Dichter dem Helden errichtet hat. Wer ist John Maynard? Theodor Fontane gibt uns die Antwort:

»John Maynard war unser Steuermann,
Aus hielt er, bis er das Ufer gewann,
Er hat uns gerettet, er trägt die Kron',
Er starb für uns, unsre Liebe sein Lohn.«

Wie John Maynard aushielt, das Ufer gewann, alles Leben auf dem Schiffe rettete und selber starb, kann niemand so gut erzählen wie Fontane. Lest darum sein Gedicht:

Die »Schwalbe« fliegt über den Erie-See,
Gischt schäumt um den Bug, wie Flocken von Schnee,
Von Detroit fliegt sie nach Buffalo —
Die Herzen aber sind frei und froh,
Und die Passagiere, mit Kindern und Frau'n
Im Dämmerlicht schon das Ufer schau'n.
Und plaudernd an John Maynard heran
Tritt alles: »Wie weit noch, Steuermann?«
Der schaut nach vorn und schaut in die Rund':
»Noch dreissig Minuten . . Halbe Stund'.«

Alle Herzen sind froh, alle Herzen sind frei —
Da klingt's aus dem Schiffsraum her wie ein Schrei,
»Feuer!« war es, was da klang,
Ein Qualm aus Kajütt' und Luke drang,
Ein Qualm, dann Flammen lichterloh,
Und noch zwanzig Minuten bis Buffalo.

Und die Passagiere, buntgemengt,
Am Bugspriet steh'n sie zusammengedrängt,
Am Bugspriet vorn ist noch Luft und Licht,
Am Steuer aber lagert sich's dicht,
Und ein Jammern wird laut: »Wo sind wir? wo?«
Und noch fünfzehn Minuten bis Buffalo.

Der Zugwind wächst, doch die Qualmwolke steht,
Der Kapitän nach dem Steuer späht,
Er sieht nicht mehr seinen Steuermann,
Aber durchs Sprachrohr fragt er an:
»»Noch da, John Maynard?««

»Ja, Herr. Ich bin —«
»»Auf den Strand. In die Brandung««
»Ich halte drauf hin,«
Und das Schiffsvolk jubelt: »Halt aus! Halloh!«
Und noch zehn Minuten bis Buffalo.

»»Noch da, John Maynard?«« Und Antwort schallt's
Mit ersterbender Stimme: »Ja, Herr, ich halt's.«
Und in die Brandung, was Klippe, was Stein,
Jagt er die »Schwalbe« mitten hinein,
Soll Rettung kommen, so kommt sie nur so.
Rettung: der Strand von Buffalo.

* * *

Das Schiff geborsten. Das Feuer verschweelt.
Gerettet alle. Nur einer fehlt!

* * *

Alle Glocken geh'n; ihre Töne schwell'n
Himmelan aus Kirchen und Kapell'n,
Ein Klingen und Läuten, sonst schweigt die Stadt,
Ein Dienst nur, den sie heute hat:
Zehntausend folgen oder mehr
Und kein Aug' im Zuge, das tränenleer.

Sie lassen den Sarg in Blumen hinab,
Mit Blumen schliessen sie das Grab,
Und mit goldner Schrift in den Marmorstein
Schreibt die Stadt ihren Dankspruch ein:
»Hier ruht John Maynard. In Qualm und Brand
Hielt er das Steuer fest in der Hand,
Er hat uns gerettet, er trägt die Kron',
Er starb für uns, unsre Liebe sein Lohn.
John Maynard.«

Nun wendet von diesem Bilde den Blick in die Heimat, zu Suschen, zu Johanna Sebus. Wer sie war, sagt Euch ein Grösserer als Fontane, Goethe: »Zum Andenken der siebzehnjährigen Schönen, Guten aus dem Dorfe Brienen, die am 13. Januar 1809 bei dem Eisgange des Rheins und dem grossen Bruche des Dammes von Cleverham, Hilfe reichend, unterging«, hat der Dichter eine Ballade geschaffen, in der er schildert, wie ein Mädchen furchtlos mit dem entfesselten Element um ein paar Menschenleben kämpft, und in dem Kampfe, eine schlichte Heldin, stirbt. Es wäre vermessen, anders erzählen zu wollen, als Goethe.

Der Damm zerreisst, das Feld erbraus't,
Die Fluten spülen, die Fläche saus't.
»Ich trage Dich, Mutter, durch die Flut,
Noch reicht sie nicht hoch, ich wate gut.«
»Auch uns bedenke, bedrängt wie wir sind,
Die Hausgenossin, drei arme Kind!
Die schwache Frau! . . Du gehst davon!« —

Sie trägt die Mutter durch's Wasser schon.
»Zum Bühle da rettet Euch! harret derweil;
Gleich kehr' ich zurück, uns allen ist Heil.
Zum Bühl ist's noch trocken und wenige Schritt;
Doch nehmt auch mir meine Ziege mit!«

Der Damm zerschmilzt, das Feld erbraus't,
Die Fluten wühlen, die Fläche saus't.
Sie setzt die Mutter auf sichres Land;
Schön Suschen gleich wieder zur Flut gewandt.
»Wohin? Wohin? Die Breite schwoll;
Des Wassers ist hüben und drüben voll.
Verwegen ins Tiefe willst Du hinein!«
»Sie sollen und müssen gerettet sein!«

Der Damm verschwindet, die Welle braus't,
Eine Meereswoge, sie schwankt und saus't.
Schön Suschen schreitet gewohnten Steg,
Umströmt auch gleitet sie nicht vom Weg,
Erreicht den Bühl und die Nachbarin;
Doch der und den Kindern kein Gewinn!

Der Damm verschwand, ein Meer erbraust's,
Den kleinen Hügel im Kreis umsaust's.
Da gähnet und wirbelt der schäumende Schlund
Und ziehet die Frau mit den Kindern zu Grund;
Das Horn der Ziege fasst das ein',
So sollten sie alle verloren sein!
Schön Suschen steht noch strack und gut:
Wer rettet das junge, das edelste Blut!
Schön Suschen steht noch wie ein Stern;
Doch alle Werber sind alle fern.
Rings um sie her ist Wasserbahn,
Kein Schifflein schwimmt zu ihr heran,
Noch einmal blickt sie zum Himmel hinauf,
Da nehmen die schmeichelnden Fluten sie auf.

Kein Damm, kein Feld! Nur hier und dort
Bezeichnet ein Baum, ein Turm den Ort,
Bedeckt ist alles mit Wasserschwall;
Doch Suschens Bild schwebt überall. —
Das Wasser sinkt, das Land erscheint,
Und überall wird schön Suschen beweint.
Und dem sei, wer's nicht singt und sagt,
Im Leben und Tod nicht nachgefragt!

So tief hat das Schicksal der jungen Retterin einen Dichter ergriffen, dass er dem Namen der bescheidenen Heldin Klang und Dauer gab. Aber es gibt noch schlichtern Opfermut, der noch leichter übersehen und vergessen werden kann, da ihn nicht die Flammen eines verbrennenden Schiffes beleuchten oder eine Naturkatastrophe durch ihre eigne Grösse hoch erhebt und weithin sichtbar macht. Lasst Euch von solchem Opfermut erzählen.

Ein Leutnant des 2. Seebataillons hatte am Ende des Jahres 1905 nach Weihnachten von Kilwa in Ostafrika eine Safari, das heisst einen Kriegszug zu unternehmen, um mehrere weit landeinwärts wohnende Farmer gegen die Aufständischen zu schützen. Um möglichst wenige von seinen Leuten den Anstrengungen und den Krankheiten auszusetzen, die die Safari infolge plötzlich eintretender Regengüsse und Ueberschwemmungen mit sich zu bringen drohte, nahm er statt der ursprünglich dazu bestimmten zehn Seesoldaten nur zwei Mann mit und ersetzte die übrigen durch Askaris, eingeborne Soldaten. Ein deutscher Zivilbeamter schloss sich ihm noch an. Die kleine Schar hatte Anstrengungen und Wetterunbilden zu überwinden, die auch die mit der wilden Natur vertrauten, tropenwetterfesten Eingebornen auf eine schwere Probe stellten. Aber der Leutnant brachte seine Leute glücklich heim. Nach kurzer Zeit erkrankte er. Er raffte sich auf, aber bald musste er schwer krank nach Dar-es-Salaam gebracht werden. Am 4. Februar 1906 starb er. Das klingt alles so einfach. Und doch ist es ein Heldenlied. Der junge Offizier hat nicht nur das getan, was seine Pflicht war, sondern das, was sein ritterliches Herz für seine Pflicht hielt. Er schonte seine deutschen Kameraden und lud sich dadurch, dass er fast lauter eingeborne Soldaten mitnahm und sich nicht auf die verlässige Mitarbeit deutscher Soldaten stützte, an Führermühe und Verantwortung eine Last auf, der seine Kraft erlag, da sie durch das Klima schon geschwächt war. Auf dem Grabstein, den ihm die Offiziere der Marine-Infanterie und der Ostafrikanischen Station errichtet haben, stehen nur die schlichten Worte: Dem Andenken des in treuer Pflichterfüllung am 4. Februar 1906 in Dar-es-Salaam, während der Expedition in Deutsch-Ostafrika, verstorbenen Freiherrn von Stengel, Leutnant im 2. Seebataillon.

Güte

»Güte und Milde sind grosse Tugenden«, sagt ein altes spanisches Sprichwort; und ein andres lautet: »Hilf jedem und sieh nicht erst, wem Du hilfst, das heisst, sei gütig und hilfreich gegen jedermann, ob hoch oder nieder, reich oder arm«.

Das Grosse, Charakteristische an den Rittern war, dass sie allzeit den Mitmenschen Freundlichkeit und gute Werke erwiesen. Sie dachten dabei an den Tod, an den Wert guter Werke vor Gott; Ihr sollt nach ihrem Vorbild Euch vornehmen, etwas Gutes zu tun, bevor Eure Stunde schlägt. Verschiebt das nicht, denn Ihr wisst ja nicht, wann Ihr abberufen werdet.

So fordert auch bei uns Pfadfindern eines von unsern Gesetzen, dass wir jeden Tag irgend ein Liebeswerk tun. Es kommt nicht darauf an, ob dieses Werk klein oder gross ist, es kann sich darauf beschränken, dass man einer alten Frau ihr Bündel aufheben hilft, oder ein Kind über die Strasse mit starkem Verkehr führt, oder ein paar Pfennige in die Armenkasse legt. Irgend etwas Gutes solltet Ihr an jedem Tage Eures Lebens tun und Ihr solltet heute anfangen, dieses Gebot zu beobachten und das nicht mehr unterlassen Euer ganzes Leben lang. Denkt an den Knoten in Eurem Halstuch und an Euer Pfadfinderzeichen — die mahnen Euch, ein gutes Werk zu tun. Und zeigt Euch nicht nur gegen Eure Freunde gütig, sondern auch gegen Fremde und selbst gegen Eure Feinde.«

Während des Feldzugs gegen Dänemark schrieb Moltke an seinen Bruder Ludwig: »Es gibt wohl kaum ein gutmütigeres Volk als unsere Soldaten Sowie der letzte Schuss gefallen ist, tragen die langen Westfälinger wie Kinderfrauen die dänischen wie ihre eigenen Verwundeten in das nächste Lazarett, wo alle gleich sorgsam behandelt werden.« Den langen Westfälingern gaben in den beiden grossen Kriegen, die auf den ersten Einigungskrieg folgten, die andern deutschen Stämme nichts nach. Es ist Jungenart mehr aus Furcht, gut und weich zu erscheinen, als aus Gleichgültigkeit gegen die Not des Nächsten oder aus Abneigung gegen die Mühe des Helfens manches gute Wort ungesprochen und manche gute Tat ungetan zu lassen. Ueberwindet diese Scheu, gewöhnt Euch ans Helfen, damit man von Euch im Frieden und im Krieg das gleiche rühmen kann wie von den langen Westfälingern.

Höflichkeit.

»Die Ritter pflegten als Beispiel von Höflichkeit unter anderm folgende Geschichte von Julius Caesar zu erzählen: Als der grosse Feldherr und Staatsmann bei einem armen Landmann zum Abendessen eingeladen war, ass er aus Höflichkeit die Essigfrüchte, die ihm der Mann in der Meinung, den Geschmack des vornehmen Offiziers zu treffen, vorsetzte, ganz auf und behauptete, er esse sie gern, obgleich sie ihm den Mund verbrannten und ihm gar nicht zusagten.

Fragt Ihr einen Spanier nach dem Weg, so zeigt er ihn Euch nicht nur, sondern er greift an seinen Hut, verneigt sich und sagt, dass es ihn sehr freuen wird, Euch den Weg zu zeigen. Und er geht mit Euch, bis Ihr nicht mehr fehl gehen könnt. Eine Belohnung nimmt er nicht an. Ein

Franzose wird an seinen Hut greifen, wenn er einen Fremden anspricht, Ihr könnt das überall oft sehen, ebenso wenn er einen Schutzmann nach dem Weg fragt.

Wenn die holländischen Fischer eine Strasse entlang gehn, nehmen sie mit ihren grossen, starken Gestalten die ganze Breite ein. Wenn aber ein Fremder des Weges kommt, treten sie zur Seite und machen ihm Platz, indem sie freundlich lächelnd an ihre Mützen greifen.

Eine Dame erzählte, sie habe sich, als sie in einer Stadt im fernen Westen Kanadas eine Schar wild aussehender Cowboys sich entgegenkommen sah, sehr gefürchtet. Aber als die Leute herankamen, hätten sie ihr Platz gemacht und mit der grössten Höflichkeit ihre Hüte abgenommen.«

Denkt künftig an die Cowboys, wenn Ihr, eifrig über Eure Erlebnisse in der Schule sprechend, in breiten Reihen das Trottoir einnehmt und durch diese Unhöflichkeit die Entgegenkommenden, selbst Frauen, zum Ausweichen zwingt. und lasst Euch von keinem Spanier oder Franzosen an Höflichkeit übertreffen, wenn Ihr eine Auskunft erbittet oder erteilt.

Ritterlichkeit gegen Frauen.

Unsere Vorfahren, die alten Germanen, ehrten in der Frau den guten Kameraden, »die Genossin des Mannes in Mühen und Gefahren, bereit, im Frieden und im Kriege das gleiche zu wagen und zu tragen« — weite Wanderungen und heisse Kämpfe, Wetter und Wunden, Not und Tod. Sie sahen in den Frauen die heiligsten Zeugen ihrer Tapferkeit, das Lob dieser Zeugen galt ihnen als reichlicher Lohn für jede gute, tapfere Tat und wog ihnen das schwerste Opfer an Blut auf. Sie nahmen an der Frau eine Eigenschaft wahr, die sie bei ihren Göttern suchten, die Güte, und darum umgab in ihren Augen die ratende, helfende, mit ihrer wachen Sorge durch den Schleier der Zukunft schauende Genossin göttliche Glorie, sie glaubten, den gütigen, hilfreichen Wesen wohne Heiligkeit und Seherkraft inne. Die Ritter des Mittelalters erbten von den Germanen das lange Schwert, die Spatha, und mit der Reckenwaffe die Reckenkraft und mit der Reckenkraft an Leib und Seele die Nahrung, durch die sie erhalten und erhöht wurde, die Achtung vor den Frauen. Eine Sage aus der Ritterzeit, die ein ritterlicher Sänger, Hartmann von Aue, in einem schönen Gedichte erzählt, zeigt Euch, dass diese Achtung auf dem Gefühl treuer, opfermutiger Kameradschaft begründet war: Ein schwäbischer Ritter wird vom Aussatz befallen, ein Arzt in Salerno kann ihm nur ein unerreichbar scheinendes Heilmittel nennen, das freiwillig geopferte Herzblut einer Jungfrau. Hoffnungslos kehrt der Kranke heim. Ein Kind, das Töchterlein seines Meiers, bringt ihm spielend und plaudernd Sonne in seine dunklen Tage, wächst heran und entschliesst sich, dem geliebten Herrn das Opfer zu bringen, von dem ihm Heilung verheissen ist. Der Arzt in Salerno ist schon daran, den Schnitt nach dem Herzen der heldenmütigen Helferin zu führen, da dringt der Ritter ein und hält die Hand des Arztes zurück. Das Leid um das Leben, das für ihn vernichtet werden soll, hat in dem Kranken den Entschluss erzeugt, auf die Heilung zu verzichten und sich in sein Schicksal zu ergeben. Und Gott belohnt den Opfermut der Jungfrau und die Ergebung des Siechen, indem er ihm die Heilung schenkt. Das tapfere Mädchen aber wird die Lebensgefährtin des Ritters. Aus der Kameradentreue, der Dankbarkeit und Ehrerbietung gegenüber den Frauen, wovon diese Sage zeugt, ergab sich natürlich jenes Verhalten, das wir heute noch nach den Rittern benennen, die Ritterlichkeit. Ihr müsst Euch diese schöne Tugend zu eigen machen, sie üben und bewähren. Auch wenn Ihr mit Eueren jungen Augen noch nicht sehen könnt, dass die Frauen auch heute noch wie bei unseren Vorfahren, »Genossinnen des Mannes in Mühen und Gefahren sind, bereit im Frieden und im Kriege das gleiche zu wagen und zu tragen«. Auch wenn sich weder Euere Mutter noch Euere Schwester bereit erklärt hat, Euch das Leben oder die Gesundheit mit ihrem Herzblut zu erhalten. Aber denkt doch einmal nach. Ist die Dankesschuld, die Ihr Eueren Müttern und Schwestern abzutragen habt, nicht auch, ohne dass sie dieses höchste, äusserste Opfer brachten, schwer genug? Wer hat, vom Arzt geleitet, so manchen von Euch durch treue Pflege dem Tode entrissen oder vor langem Siechtum bewahrt? Die Mutter, die Schwester. Wer hat, wenn Ihr aus der Nacht der Krankheit am Morgen der Genesung erwachtet, an Euerem Lager gesessen und Euch mit frohem Lächeln wie die liebe Sonne selbst begrüsst? Die Mutter, die Schwester. Wer hat im Ueberfluss und im Hunger am willigsten den Bissen mit Euch geteilt? Die Mutter, die Schwester. Wer hilft Euch die Sorgen und Mühen der Schulzeit tragen, wer hat mit manchem von Euch in der ersten Gymnasialklasse Latein, in der vierten Griechisch, in der sechsten Französisch gelernt, als »Genossin in Mühen«, um Euch die Last des Lernens zu erleichtern und Eure Schritte auf dem langen Wege durch die Schule zu beflügeln? Die Mutter, die Schwester. Wer geht zu Euern Lehrern, um nach Euern

Fortschritten zu fragen und Mittel zu Eurer Förderung zu erfahren, wer hört so oft mit Schmerzen, immer gleich auf Hilfe sinnend, immer zu Eurer Verteidigung bereit, an, was Eure Lehrer an Euerm Fleiss und an Euerm Betragen zu rügen haben? Die Mutter, die Schwester. Erkennt Ihr nun, dass die Frauen auch Eure »Genossinnen in Mühen und Gefahren« sind, dass sie Euch Herzblut opfern, wenn Ihr es auch nicht fliessen seht? Ahnt Ihr nun, was Ihr den Frauen schuldig seid? Eure Dankesschuld ist gross und Ihr könnt sie nur mit kleinen Diensten abzutragen suchen. Darum lasst keine Gelegenheit zu solchen Diensten vorübergehn und hört, wie Euch General Baden-Powell in diesen Diensten unterweist:

»Wenn ein Pfadfinder mit einer Dame oder mit einem Kinde geht, soll er immer an der rechten Seite der Dame oder des Kindes gehn, damit er selbst die Rechte zur Verteidigung seines Schützlings frei hat.

Diese Vorschrift wird beim Passieren von Strassen den Verhältnissen entsprechend geändert. Ein Mann wird da natürlich auf der Seite gehen, die dem Verkehr am nächsten ist, um seinen Schützling vor einem Unfall oder vor Schlammpfützen und dergleichen zu bewahren.

Bei einer Begegnung mit einer Frau oder mit einem Kinde muss der Mann selbstverständlich immer Platz machen, selbst wenn er auf den Fahrdamm in den Schmutz treten muss. Ebenso wird auf einem vollbesetzten Trambahn- oder Eisenbahnwagen kein Mann, der diese Bezeichnung verdient, zugeben, dass eine Frau oder ein Kind stehen, wenn er selbst einen Sitzplatz hat. Jeder wird sofort seinen Platz der Frau abtreten und selbst stehen. Als Pfadfinder sollt Ihr dabei mit gutem Beispiel vorangehen, indem Ihr vor den andern Fahrgästen auf Eure Plätze verzichtet. Und Ihr sollt das freundlich lächelnd tun, damit die Dame nicht denken muss, die Gefälligkeit sei Euch eine Last. Unterwegs haltet immer scharf Ausguck, ob Ihr einer Frau oder einem Kinde helfen könnt. Gute Gelegenheit dazu findet Ihr, wenn sie eine Strasse überschreiten wollen oder einen Weg suchen oder einen Wagen brauchen. Wenn Ihr sie in dieser Lage seht, helft Ihnen sofort — und lehnt jede Belohnung ab.

Vor einigen Tagen sah ich einen Jungen einer Dame beim Aussteigen helfen. Als er die Türe hinter ihr schloss, wandte sie sich um und wollte ihm etwas Geld geben, aber er griff an seine Mütze und sagte lächelnd: »Ich danke Ihnen, ich kann das Geld nicht nehmen, ich habe nur ein Gebot der Höflichkeit erfüllt.« Damit ging er. Ich schüttelte ihm die Hand, denn ich fühlte, dass er ein geborner Pfadfinder war.

Selbstverständlich werden bei Unfällen Männer und Knaben immer darauf achten, dass Frauen und Kinder ausser Gefahr und geborgen sind, bevor sie an ihre eigene Rettung oder Sicherung denken. Bei zwei Schiffbrüchen, die sich im Jahre 1907 an der Südküste von England ereigneten, dem der »Jebba« und dem des »Suevic«, war es sehr bemerkenswert, mit welcher Sorgfalt die Rettung der Frauen, Kinder und alten Leute ausgeführt wurde, bevor man auch nur einen Gedanken an die Rettung der Männer wandte.«

Wie Pfadfinder mit ganz geringer Mühe Schaden, Schmerzen und Unglück verhüten können.

Eines unsrer liebsten Haustiere, das Pferd, ist durch die Glätte im Winter Verletzungen durch Ausgleiten und Fallen noch mehr ausgesetzt als wir, da es sich seinen Weg nicht wählen kann. Findet Ihr im Bereich Eures Elternhauses, wo Ihr Streumaterial zur Hand habt, eine durch Glätte gefährliche Stelle, dann denkt daran, dass Ihr mit ein paar Händen voll Sand oder Asche einem guten, sanften Tier vielleicht Misshandlungen und Schmerzen erspart oder sein Leben fristet, an dem es trotz seiner Mühsal hängt. Seht Ihr in der Grosstadt irgendwo auf den glatten Asphaltflächen ein Pferd am Boden liegen und den Fuhrmann bemüht, es durch Schläge auf die Beine zu bringen, dann sagt dem Fuhrmann, dass die Feuerwehr ihm sein Pferd unentgeltlich mit einem Apparat hebt und aufstellt. Und zeigt ihm die nächste Stelle, wo er nach der Feuerwehr telephonieren kann. Schaut nur einmal einem Pferde in die Augen, wie gut und sanft es blickt, dann werdet Ihr diesem vielen Leiden ausgesetzten Tiere gern helfen, wo Ihr könnt. Auch Menschen könnt Ihr vor Schmerzen bewahren. Nicht alle Leute sind so flink und sicher auf den Füssen wie Ihr. Das Alter und Gebrechen bewirken, dass viele ängstlich und unsicher gehen und durch Kleinigkeiten zu Fall gebracht und Verletzungen ausgesetzt werden. Ihr selbst seid gewiss schon auf Obstkernen und -Schalen ausgeglitten und nur durch die jugendliche Weichheit und Geschmeidigkeit Eurer Glieder vor Verletzungen bewahrt worden. Schiebt darum auf der Strasse Drähte oder Obstschalen auf die Seite, dass sie niemand gefährden können. Oft werdet Ihr auch in Euerm Schulhaus Gelegenheit haben, Unfälle dadurch zu verhüten, dass Ihr Orangen- oder Kastanienschalen und sonstige den Boden schlüpfrig machende Speisereste, die ohne jemands

Schuld unbemerkt auf den Boden gefallen oder auch rücksichtsloser Weise einfach weggeworfen worden sind, von dem Parkett der Gänge und von den Platten des Stiegenhauses entfernt. Schon durch solche kleine Wohltaten könnt Ihr Eure Pfadfinderpflicht, täglich mindestens ein Liebeswerk zu tun, gut erfüllen.

Denn die Mühe, wodurch Ihr einem Tiere sein armes Leben erhalten und Menschen vor schwerem Schaden bewahren könnt, ist nicht nennenswert.

Ehrgefühl.

»Lykurg sagt, die Macht eines Staates sei nicht auf dem Reichtum begründet, sondern auf einem an Leib und Seele gesunden Geschlecht, das abgehärtet und ausdauernd sei, sich selbst in strenger Zucht halte und mit klaren, scharfen Augen alle Dinge sehe und messe.«

Als Mittel zur Selbsterziehung weiss auch General Baden-Powell nur die alten, längstbewährten zu nennen: Ehrgefühl, Gehorsam, Mut.

»Ein echter Ritter stellte seine Ehre höher als alles; sie war ihm heilig. Und wer ritterlich handeln will, der wird nie etwas Unehrenhaftes tun, nie eine Unwahrheit sagen oder seine Vorgesetzten täuschen. Ein ehrenhafter Mensch ist immer vertrauenswürdig und immer von seinen Kameraden geachtet. Seine Ehre ist sein Leitstern in allem was er tut. Ein Kapitän bleibt auf dem Schiffe bis zuletzt. Warum? Das Schiff ist nur ein Klumpen von Eisen und Holz; und das Leben des Kapitäns ist ebenso wertvoll als das irgend einer Frau oder eines Kindes, aber er sorgt dafür, dass alle in Sicherheit gebracht werden, bevor er daran denkt, sein eigenes Leben zu retten. Warum handelt er so? Weil eben das Schiff *sein* Schiff ist, und weil er gelernt hat, dass es seine Pflicht ist, auf seinem Schiff auszuhalten, und weil er es für unehrenhaft hält, anders zu handeln; so stellt er seine Ehre über seine Rettung. Wie ein solcher Mann, sollte auch ein Pfadfinder seine Ehre höher schätzen als alles, auch höher als sein Leben.

Die Ehrlichkeit ist eine Aeusserung des Ehrgefühls. Einem ehrenhaften Mann kann man einen Geldbetrag oder andere Wertgegenstände anvertrauen, ohne zu fürchten, dass er sie unterschlägt.

Betrügen ist jederzeit ein Kriechen, um etwas heimlich zu erreichen.

Wenn Ihr fühlt, wie in Euch der böse Wunsch zu betrügen keimt, sei's auch nur, um in einem Spiel zu gewinnen, oder wenn Ihr den drohenden Verlust eines Spiels, an dem Ihr beteiligt seid, sehr schmerzlich empfindet, dann sagt zu Euch: Es ist ja nur ein Spiel. Es wird mich nicht umbringen, wenn ich es verliere. Man kann nicht immer gewinnen, doch ich will weiterspielen, vielleicht tritt eine günstige Wendung ein.

Wenn Ihr so Euern Kopf nicht verliert, werdet Ihr sehr oft die Erfahrung machen, dass Ihr zuletzt gewinnt, weil Ihr nicht überängstlich waret oder verzweifeltet. Vergesst auch nicht, dass Ihr als gute Pfadfinder und Kameraden nach dem Verlust eines Spiels dem Sieger sofort die Hand schütteln und dem Kameraden, der Euch besiegt hat, Glück wünschen müsst. Diese Regel muss bei allen Spielen und Wettkämpfen der Pfadfinder beobachtet werden. Lieber ehrlich verlieren als unrechtmässig gewinnen, sei Euer Leitsatz.«

Gehorsam.

»Diese Tugend war es vor allem, die das Rittertum auszeichnete und adelte. Die Ritter waren immer ihrem König und ihrem Lande treu ergeben und immer mit Freuden bereit, für König und Vaterland zu kämpfen und zu sterben. So sollen auch die, die sich die alten Ritter als Vorbild erkoren haben, gehorsam und treu sein, und zwar nicht nur ihrem König, sondern auch ihren Offizieren, Vorgesetzten, Dienstherren, jedem, der über sie gesetzt ist. Sie sollen mit ihren Vorgesetzten durch dick und dünn gehen und in dieser Treue einen Teil ihrer Pflicht sehen. Sie sollen ebenso treu an ihren Freunden festhalten und sie in guten und bösen Tagen unterstützen.

Ein Muster von Pflichttreue war der römische Soldat, der auf seinem Posten blieb, als Pompeji von der Asche und der Lava des Vesuvs verschüttet wurde. Seine Ueberreste sind noch erhalten, die Hand schliesst noch den Mund und die Nase, wie damals, als der brave Soldat vergeblich mit dem Erstickungstode rang.

Diesen tapfern Römer nahm sich vor kurzem ein Kadett der Lateinschule zu Reigate bei einem Manöver zum Muster. Er war auf Posten vergessen worden, als der Manövertag vorüber war. Aber obwohl die Nacht einbrach und es sehr kalt war — es war im vergangenen November — blieb der tapfere Kadett auf seinem Posten, bis er mitten in der Nacht gefunden wurde, halb erfroren, aber unverzagt und unverdrossen.

Mannszucht und Gehorsam sind für Pfadfinder und Soldaten ebenso wichtig wie Tapferkeit.

Die Birkenhead, ein Truppentransportschiff, hatte 630 Soldaten mit ihren Familien und 130 Seeleute an Bord. In der Nähe des Kaps der guten Hoffnung lief sie nachts auf Felsen auf, die Wogen begannen das Schiff zu zerschlagen. Die Soldaten waren sofort auf dem Deck zur Parade versammelt. Ein Teil bekam den Befehl, die Boote auszusetzen und die Frauen und Kinder hineinzubringen, andere mussten die Pferde aus dem Schiffsraum heraufholen und über Bord schaffen, damit die Tiere die Möglichkeit hätten, ans Land zu schwimmen. Als dies alles geschehen war, zeigte es sich, dass die noch vorhandenen Boote die Männer nicht fassen konnten. Daher mussten die Leute in Reih und Glied bleiben. Da brach das Schiff auseinander und begann zu sinken. Der Kapitän rief den Soldaten zu, sie sollten über Bord springen und sich retten, aber der Kommandeur des Truppentransports Oberst Seaton sagte: Nein, im Glied geblieben. Er erkannte, dass wenn so viele Soldaten zu den Booten schwämmen und sich hineinzuschwingen suchten, auch die Boote mit den Frauen und Kindern sinken würden. Daher blieben die Soldaten in Reih und Glied und als das Schiff kenterte und sank, riefen sie Hurra und gingen mit dem Schiff in die Tiefe. Von den 760 Mann, die sich an Bord befunden hatten, waren nur 192 gerettet, aber auch diese wären wahrscheinlich ohne die Manneszucht und die Selbstaufopferung der anderen zugrunde gegangen.

Im vergangenen Jahr war das englische Schulschiff Port Jackson, das eine starke Besatzung von Schiffsjungen hatte, von einem Dampfer angerannt worden. Auch hier gab es, wie bei dem Untergang der Birkenhead keine Panik und kein Geschrei. Die Jungen formierten sich zur Parade, legten ihre Rettungsgürtel an und sahen der Gefahr ruhig und tapfer ins Auge. Und nicht *ein* Leben ging verloren.

Dieser Gehorsam hat auch in unserer Marine schon die schönsten Früchte getragen. Im Herbst des Jahres 1884 strandete in der Jammerbucht an der Westküste von Jütland die deutsche Kriegsbrigg Undine. Die Ruhe und Ordnung, die auf dem Schiffe herrschten, machten es möglich, dass die ganze Besatzung, 150 Mann, darunter 90 Schiffsjungen, von einer dänischen Rettungsstation mit dem Raketenapparat gerettet wurde. Hier förderte der Gehorsam die *Rettung* deutscher Seeleute. In einer anderen schweren Stunde half er einer deutschen Schiffsbesatzung ehrenvoll sterben. Lasst Euch dieses Ereignis von einem Seemann, Korvettenkapitän von Holleben, schildern: »Am 23. Juli 1896 hatte das deutsche Kanonenboot Iltis den chinesischen Hafen Tschifu verlassen und steuerte südlich. In der Nacht wurde das Schiff vom Sturm erfasst, durch Strömung und Wind zu nahe ans Land geführt und endlich auf die Felsen der Lan-Kau-Bai geworfen. Es war um 11 Uhr, die Nacht war schauerlich. Eine Wind-Bö jagte die andere und der Sturm steigerte sich zum Orkan. Soweit das Auge der Schiffbrüchigen reichte, war nichts anderes zu erblicken als ein feuriger Gürtel der an den Felsen brandenden Wogen. Die Maschine versagte beim ersten Anprall auf die Klippen, an eine Rettung der Mannschaft durch Leute vom Lande, an ein Retten durch die eigenen Boote war kaum zu denken. Die Lage war verzweifelt; die schweren Grundseen hoben und senkten das Schiff, es jedesmal wieder mit erschütterndem Krachen auf die Felsen niederschmetternd. Stützen und Balken bogen sich, die Verbindungen lösten sich und zerrissen, und bald war das schöne Schiff ein hilfloses Wrack, in das die Fluten ungehindert eindrangen. Als das Schiff in der Mitte auseinander zu bersten drohte, versammelte der Kapitänleutnant Braun zum letzten Male seine Mannschaft um sich. Seine Worte überhallten einen Augenblick den Sturm, und als das Hoch auf unsern Kaiser verklang, da brach das Schiff auseinander und die Wogen verschlangen den tapferen Kommandanten und alle, die um ihn standen.

Unentwegt lag indessen der Ober-Feuerwerksmaat Raehm seiner Pflicht ob, vom Vorschiff aus Raketen abzubrennen, um damit Hilfe herbeizurufen. Als alle Mittel umsonst erschöpft waren, da stimmte er mit dem Reste der Leute das deutsche Flaggenlied an und singend, wie vor zweitausend Jahren unsere Vorfahren, so gingen sie in den letzten Todeskampf, bis einer nach dem andern von den gierigen Wellen hinweggespült wurde, Helden vom jüngsten bis zum ältesten. Nur elf Mann der Besatzung wurden gerettet, die andern einundsiebzig ruhen jetzt am Vorgebirge Schantung, und ein Obelisk aus Marmor zeigt den dorthin kommenden Brüdern, wo die tapferen Männer begraben wurden.«

Der Gehorsam, der aus Lebensgefahr erretten und im Sterben stärken kann, hat zur Voraussetzung den Mut.

Mut.

»Sehr viele Leute sind mutig von Geburt, aber mancher, der den Mut nicht bei der Geburt mitbekommen hat, kann sich diese kostbare Eigenschaft erwerben, wenn er es versucht, besonders wenn er es früh versucht, in ganz jungen Jahren.

Ein mutiger Mann stürzt sich ohne Zaudern in die Gefahr, während ein weniger beherzter zur Unschlüssigkeit geneigt ist. Es ist ganz wie beim Baden. Da kommen Jungen zu einem Flusse, um zu baden, sitzen erschauernd am Ufer und machen sich Gedanken, wie tief das Wasser ist und ob es recht kalt ist — aber einer, der Mut hat, geht doch durch das Häuflein Hasenfüsse durch, stürzt sich ins Wasser und ist ein paar Sekunden später glücklich drüben.

Darauf kommt es an: Wenn Ihr Euch einer Gefahr gegenüber seht, macht nicht Halt vor ihr und messt nicht ängstlich ihre Grösse — je mehr Ihr sie betrachtet, desto weniger wird sie Euch gefallen — sondern wagt den Sprung, geht dem Schrecknis kühn zu Leibe und es wird nicht halb so arg sein, wie es aussieht, wenn Ihr erst mitten drin seid.«

Was Euch hier der englische Offizier sagt, werden alle deutschen Offiziere und alle Männer und Frauen, die sich im Krieg und im Frieden in Gefahren als unerschrocken und tapfer bewährt haben, bestätigen. Frisch gewagt ist halb gewonnen. Und wenn einer von Euch sich durch das Bewusstsein gedrückt fühlt, dass er vor dem Wasser und vor dem Feuer, vor Tieren, Krankheiten und Schmerzen mehr Bangen empfindet, als er bei seinen Kameraden wahrnimmt, dann soll er sich durch dieses Bewusstsein einer in körperlichen Anlagen oder in einer leicht erregbaren Phantasie begründeten Schwäche nicht niederdrücken lassen, sich nicht für unverbesserlich feige halten, sondern daran denken, dass man sich die Lebensstütze des Mutes erwerben kann. Er kann seinen Körper stärken und seine Phantasie zügeln, dass ihm jener nicht bei einem Sprung oder einem Klimmzug oder einer Wanderung versagt und diese nicht Unbequemlichkeiten als Beschwerden, Unpässlichkeiten als Krankheiten, Schwierigkeiten als Gefahren, Unbehagen als Schmerzen, Schmerzen als Qualen erscheinen lässt. Wer von Euch noch nicht schwimmen kann, vielleicht weil er nicht den richtigen Lehrer in dieser Kunst fand oder keine Gelegenheit hatte, sich an das Wasser zu gewöhnen oder durch den Spott von törichten Kameraden im Erlernen gestört wurde, der wende sich an den Verwandten oder Lehrer oder Kameraden, zu dem er das grösste Vertrauen hat, und bitte ihn um Anleitung und Unterweisung. Jeder Pfadfinder braucht diese Fähigkeit, sie gehört zu den Grundlagen seiner Tätigkeit, sie stählt seine Gesundheit, seine Kraft, seinen Mut, und gibt ihm nicht selten Gelegenheit, ein Menschenleben zu erhalten, und damit das höchste Ziel des Strebens eines Pfadfinders zu erreichen. Lasst Euch erzählen, was ein Pfadfinder geleistet hat, der sich mit dem Wasser vertraut gemacht hatte, der schwimmen und tauchen, die jungen Kräfte rüstig regen, der Gefahr ins Auge sehen und sich rasch entschliessen konnte: Am 15. August 1901 badeten die Dienstmädchen einer Familie, die die heissen Sommerwochen in Allmannshausen am Starnbergersee zubrachte, nachmittags im See. Der Tag war regnerisch, der See sehr unruhig. Eines der Mädchen, das ein bisschen schwimmen konnte, versuchte aus der Hütte zu schwimmen, verlor den Grund und sank unter. Die andere wollte ihr helfen, wurde aber von der sinkenden in die Tiefe gerissen. Es war Feiertag, das Haus war fast leer, so drangen die Hilferufe eines Mädchens, vor dessen Augen die beiden andern untergegangen waren, nur zu der Herrin der Verunglückten. Die Dame wusste keine Hilfe weit und breit, niemand war ausser ihr und dem dritten Mädchen in der Nähe, nur ihr dreizehnjähriger Sohn schoss weiter oben im Walde Nusshäher Ihn rief sie herbei in der unklaren Hoffnung, dass er vielleicht imstande wäre, den Mädchen mit einem Kahne zu Hilfe zu kommen. Der dreizehnjährige Junge war am Morgen von Feldafing nach Allmannshausen geschwommen, das hatte seine junge Kraft nicht verbraucht. Nun war er auf den Ruf der Mutter zur Stelle, setzte über die Hecke, die sich den Strand entlang zieht, liess sich von der Zeugin des Unfalls die Stelle zeigen, wo die beiden versunken waren, sprang in voller Kleidung ins Wasser, und tauchte nach den Verunglückten. Nach wenigen Augenblicken, die aber für seine Mutter eine Ewigkeit waren,. brachte er das Zimmermädchen herauf und ans Land, übergab die Bewusstlose seiner Mutter und tauchte wieder, um die Köchin zu suchen. Diese war weiter in den See getrieben, er musste diesmal länger suchen, bis er sie fand. Seine Mutter gab ihn schon verloren. Aber er fand die Versunkene, und brachte auch sie herauf und seiner Mutter, der sein Anblick die Kraft zu helfen, wiedergab, gelang es die beiden bewusstlosen Mädchen wieder zum Leben zu wecken. Kann es ein leuchtenderes, lockenderes Vorbild für Euch geben als diese Heldentat eines Dreizehnjährigen? Der Tapfere, Wilhelm Freiherr von Redwitz, erhielt auf Eingaben, die verschiedene Leute vom Lande und Sommergäste gemacht hatten, die Rettungsmedaille. Im vorigen Jahre hat er das Gymnasium absolviert, jetzt ist er vermutlich Fähnrich Sollte ihm nur die schlichte, arbeitsvolle Laufbahn eines Offiziers in Friedenszeiten beschieden sein — er hat seine Tapferkeit bewährt.

Dies ist nicht das einzige Beispiel des Heldenmuts, das Euch Altersgenossen gaben. Im nächsten Kapitel werdet Ihr noch viele solche Vorbilder kennen lernen.

Unter denen, die dieses Buch lesen, werden sich wahrscheinlich auch arme, des tiefsten Mitleids werte Jungen befinden, deren Lebenskraft dadurch in der Schule verbraucht wird, dass sie das, was sie lernen sollen, sich nicht zu eigen machen können, weil sie nicht lernen können, oder weil sie etwas lernen sollen, wozu sie gar nicht begabt sind, oder weil ihre Eltern oder ihre Lehrer ihre Fähigkeiten nicht recht kennen und darum nicht auszubilden verstehen, oder weil ihre Kameraden mit einer Grausamkeit, die leider jungen Menschen nicht ganz fremd ist, sie an der Entwicklung ihrer vielleicht durch ererbte körperliche Fehler gehemmten Kräfte hindern, indem sie sie verspotten. Solche junge Menschen, deren Lebensmorgen ohne Sonne ist, werden sagen: »Ja, Leben retten, wer das könnte! Mir fehlt die Zeit, die Willenskraft, der Mut zur Entwicklung meiner körperlichen Kraft und Gewandtheit Ich muss alle Kraft daran setzen, dass ich versetzt werde. Der Lehrer drängt, die Mutter klagt, der Vater droht. Werde ich nicht versetzt, dann spare ich meinen Eltern und mir die Schande.« Oder: »Sie nennen mich dumm, weil ich nicht für vier bis fünf verschiedene Stunden jeden Tag meine Kenntnisse gegenwärtig halten kann. Das Lied vom braven Mann sollten wir neulich lernen. Wer so etwas vollbringen könnte wie der Mann, von dem das Gedicht erzählt, der müsste glücklich sein! Ich kann es nicht, ich fürchte mich zu sehr vor dem Wasser, und doch möchte ich helfen. Ich müsste ins Wasser springen, wenn ich jemand ertrinken sähe, obwohl ich nicht schwimmen kann; ich kann nicht schwimmen, weil niemand die Geduld hatte, mich an das Wasser zu gewöhnen. Ich will es vermeiden, an Gewässern vorüberzugehen, damit ich nicht hineinspringen muss, wenn jemand am Ertrinken ist. Mein Gedächtnis ist schwach, ich kann nicht einmal Gedichte lernen, auch das Lied vom braven Mann habe ich nicht gelernt. Nun sind meine Eltern voll Mitleid, Ungeduld und Scham. Sie schämen sich meiner, weil der Lehrer gesagt hat, ich sei unbegabt. Noch weniger als bisher darf ich mich mit Zeichnen trösten. Ich glaube manchmal, ich könnte das Gedicht zeichnen, so steht alles vor mir. Aber dann verwischen sich die Bilder wieder. Ich muss wohl dumm sein. Meine Eltern müssen sich meiner schämen. Niemand hilft mir.« Oder: »Sie nennen mich den Musterknaben. Ich habe immer die besten Noten heimbringen müssen. Vater will, dass ich immer an der Spitze der Klasse bin, ich soll mich dankbar zeigen für die Opfer, die die Eltern bringen. Die Arbeit zu Hause ist viel anstrengender als die in der Schule. In der Schule ruhe ich manchmal aus. Wenn die Turnstunden nicht wären. Hier bin ich unbrauchbar. Der Lehrer schont mich, aber seine Schonung ist fast so unerträglich wie der Spott der Kameraden. Leben retten? Ja, das mag etwas Schönes sein. Aber gerettet werden? Wenn ich ins Wasser fiele, versänke ich, und das Ertrinken soll ein leichter Tod sein. Ich möchte nicht gerettet werden.« Aus solchen Stimmungen entstehen in jedem Jahre Schülerselbstmorde. Trägt einer von Euch, die Ihr dieses lest, so dunkle Gedanken in sich herum, fühlt er sich durch eine unerträglich scheinende Scham zu dem furchtbaren Entschluss gedrängt, das Leben wegzuwerfen, noch ehe er damit andern genützt hat, dann versuche er nach der Lehre des englischen Generals sich zum Kampfesmut und zur Ausdauer zu erziehen. Ein nahender Misserfolg, der Euch zu entehren und zu erdrücken droht, falsche, ungerechte Behandlung durch Eltern und Lehrer, ein Verzicht auf Jugendfreuden — das sind lauter Gefahren, Nöte und Schmerzen, die Ihr nach der Anweisung jenes erfahrenen Erziehers bekämpfen könnt: »Wenn Ihr Euch einer Gefahr gegenüber seht, macht nicht Halt vor ihr, messt nicht ängstlich ihre Grösse — je mehr Ihr sie betrachtet, desto weniger wird sie Euch gefallen — sondern wagt den Sprung, geht dem Schrecknis kühn zu Leibe und es wird, wenn Ihr erst mitten drin seid, nicht halb so arg sein, wie es aussah.« . . . »Die Ritter waren Leute, die nie vom Sterben sprachen, bevor ihre Stunde geschlagen hatte; sie waren immer bereit, auszuhalten bis zum äussersten. Aber heutzutage ist es ein sehr verbreiteter Fehler, vor Kummer und Bedrängnis die Waffen zu strecken, lange bevor es nötig ist. Man gibt den Kampf oft deswegen auf, weil man nicht gleich am Anfang Erfolg sieht. Der Erfolg bliebe aber wahrscheinlich nicht aus, wenn man nur eine kleine Spanne Zeit länger kämpfte. Ein Mann muss am Anfang seines Strebens auf schweres Ringen und auf Mangel an Erfolg gefasst sein.«

Kämpft nur ein paar Schwerthiebe länger! Glaubt mir: Schulnöte, Jugendschmerzen, die schon so manchen armen Jungen in den Tod getrieben haben, gehen, das weiss ich aus Erfahrung, über einen jungen Menschen, der den Mut nicht verliert, weg wie ein Hagelschauer oder wie ein trüber Tag über einen jungen Baum, oder wie eine Staubwolke über einen Wanderer. Das Wachstum können sie nicht aufhalten und die Wanderlust nicht lähmen. Und so sicher der Wandersmann eine Quelle findet, die ihn labt, und über dem Bäumchen ein sonniger Tag anbricht, der ihm die Knospen öffnet, so sicher findet Ihr in Eurer Nähe ein Auge, das Euch Euren Kummer vom Gesicht ablesen kann, oder ein Ohr, das Eure Klage anhört, oder, was Euch am sichersten Mut und Selbstvertrauen geben wird, ein Leid, das Ihr mit Eurer schwachen Kraft, an der Ihr verzweifelt, lindern könnt.

Nicht immer ficht der Mut unter einem so leuchtenden Banner, wie wenn er ein Menschenleben rettet. Gewöhnlich ist sein Fähnlein grau, wenn er zäh und unverdrossen Schwierigkeiten bekämpft und nach dem Ziele drängt, so fern und hoch es scheinen mag. Unter diesem grauen Fähnlein kann jeder jederzeit kämpfen und Mut bewähren. Auch ein armer Junge, der sich vor unlösbar scheinende Aufgaben gestellt, falsch beurteilt, ungerecht behandelt, wegen geistiger oder körperlicher Schwäche verachtet fühlt. Und nicht immer braucht die Liebe einen starken Arm und ein mutiges Herz, wie wenn sie dem drohenden Tod ein Leben entreisst. Sie muss auch Entbehrungen verhüten, Schmerzen lindern, Tränen trocknen können. Dabei kann ihr auch ein Junge helfen, der sich wertlos fühlt, weil man ihn dumm, ungeschickt, zum Studium ungeeignet, zum Handwerk unbrauchbar nennt. Schon oft ist ein Schwan geworden, was in seiner Jugend als ein hässliches, junges Entlein galt. Im Dienste der Nächstenliebe kann sich auch ein Schwacher als Ritter bewähren, und wenn er unverdrossen seinen Mut und seine Kraft stählt, kann er ein Retter werden.

VIII. Kapitel.

Lebensrettung.

I. Abschnitt.

Stets bereit zur Rettung aus Lebensgefahr.

Hinweise für den Lehrmeister.

Der Inhalt dieses Kapitels soll den Pfadfindern nicht nur theoretisch erläutert, sondern, soweit irgend möglich, praktisch vor Augen geführt werden. Die Jungen sollen abwechselnd die praktischen Handgriffe üben.

Gerade hier bedeutet Theorie wenig, Praxis alles.

Die Johanniter-Ritter werden auch die »Ritter vom Spital« genannt. Unser Schiller gibt ihnen in seinem herrlichen Gedicht »Der Kampf mit dem Drachen« gleichfalls diesen Ehrennamen. Denn es war nicht nur ihr Beruf, mit dem Schwerte die Welt von jeder Not und Gefahr zu befreien, sondern auch sich der Armen und Kranken anzunehmen. Und so hatten sie gleich ihren Brüdern vom Malteser-Orden schon vor achthundert Jahren Spitäler geschaffen. Dabei waren sie nicht reich, aber durch enthaltsame Lebensweise hatten sie das Geld für die Kranken gespart. Da zogen sie denn die glänzende Ritterrüstung aus und pflegten in schlichten Gewändern mit besonderer Sorgfalt gerade solche, die an schlimmen Gebresten, wohl gar an der Pest und am Aussatz litten. Die Gefahr der Ansteckung fürchteten die tapferen Ritter nicht.

Auch heute noch stehen diese Spitäler in hoher Blüte und Ansehen. In Südwestafrika haben die Johanniter erst kürzlich in Bethanien ein solches Spital gegründet. Auch für den Kriegsfall halten Johanniter- und Malteser-Ritter Abteilungen zur Aufnahme und Pflege von Verwundeten und Kranken bereit.

Das Abzeichen der Johanniter-Ritter besteht aus einem achtzackigen weissen Kreuz auf schwarzem Grunde. Das gleiche Abzeichen tragen auch die Malteser, da sie aus derselben Organisation hervorgingen.

Jeder Forschungsreisende, Ingenieur, Missionar, wie überhaupt jeder Pfadfinder, der in noch nicht der Kultur erschlossenen Weltteilen tätig ist, muss wissen, was er bei Krankheiten oder Unglücksfällen zu tun hat. Es kann ihm ja selbst dabei jeden Augenblick etwas zustossen, oder einer seiner Begleiter oder Untergebenen vertraut auf seine Hilfe, wenn auf Hunderte von Kilometern ein Arzt nicht erreichbar ist. Welche Schande wäre es da für einen Pfadfinder, wenn sich vor seinen Augen ein armer Mensch hilflos verbluten müsste, nur weil er selbst so gewissenlos war, die richtige Hilfeleistung nicht zu lernen. Er würde jedes Vertrauen und jedes Ansehen bei seinen Leuten verlieren und in der Stunde der Gefahr selbst verlassen sein.

War er jedoch auf solche Unfälle schon vorbereitet, hat er die nötigen Massnahmen anzuwenden gelernt, so wird er schnell zugreifen und dem Verwundeten das Leben erhalten.

Schon dieses Bewusstsein ist die herrlichste Belohnung für jeden fühlenden Menschen. Aber auch doppelte Treue und Anhänglichkeit des Geretteten und seiner Freunde oder Stammesgenossen wird ihm dann zuteil werden und ihm besonders in Augenblicken eigener Gefahr von grösstem Werte sein.

Baden-Powells Bruder befand sich mit einem Freunde auf einem Streifzuge mitten im australischen Busch. Dieser wollte eine Flasche entkorken und klemmte sie zu diesem Zwecke, wie ja vielfach gebräuchlich, zwischen seine Beine.

Dabei zerbrach aber die Flasche und eine scharfe Glaskante drang ihm tief in den Oberschenkel und durchschnitt dabei eine Schlagader. Baden-Powell erkannte dieses sofort an dem hellen Blutstrom, der stossweise aus der Wunde herausspritzte. In wenigen Minuten tritt bei Verletzungen der Oberschenkelschlagader der Tod ein. Es war daher keine Zeit zu verlieren. Baden-Powell nahm daher den ersten besten Stein, wickelte ihn in sein Taschentuch, legte ihn als Druckknopf, »Pelotte«, oberhalb der getroffenen Stelle in der Richtung des Verlaufs der Schlagader an und schlang dann beide Enden des Tuches um das Glied herum, so dass der Stein die in der Tiefe verlaufende Ader gegen den unterliegenden Knochen presste. Diesen Druck verstärkte er dadurch, dass er einen Stock in die Schleife, die durch das Zusammenknüpfen der beiden Tuchenden entstand, als Knebel hineinsteckte und diesen so lange herumdrehte, bis die Binde straff angezogen war, und so der Stein die Schlagader vollkommen abdrückte. Die Blutung stand auch sofort, und der Mann war gerettet. Baden-Powells Bruder wusste eben, was er zu tun hatte und tat dies auch ohne Zaudern.

(Der Lehrmeister gebe Anweisung, wie man eine Schlagader abdrückt und abbindet. Gleichzeitig erkläre er die Stellen, wo die Schlagadern möglichst nahe der Haut liegen und daher am besten zusammengedrückt werden können. Dann zeige er ihnen, wie Baden-Powells Bruder mittels eines Steines die »Notaderpresse« herstellte. Im übrigen gehört Uebung dazu, diese derart richtig anzulegen, dass sie sich nicht verschieben kann. Besonders leicht ist dies beim Transport der Fall. Daher werden die Sanitätsmannschaften der deutschen Armee unterrichtet, das verletzte Glied mit einem Gummigurt, an Stelle dessen mit Hosenträgern zu umschnüren. Auch dieser Gurt muss immer oberhalb der Wunde d. h. dem Herzen zu angelegt werden. Er liegt also dann »zwischen Wunde und Herz«. Zum Unterricht empfehlenswert: Unterrichtsbuch für Sanitätsmannschaften. — Krankenträgerordnung. Fessler, Taschenbuch der Krankenpflege und Weinbuch, Erste Hilfe bei Unfällen, beide bei Otto Gmelin, München.)

Unglücksfälle kommen jeden Augenblick vor, und Pfadfinder haben stets Gelegenheit, ihren Mitmenschen mit der ersten — oft lebensrettenden — Hilfeleistung beizustehen.

Alljährlich werden, zumal in den Grosstädten, tausende von Personen bei Strassenunfällen getötet oder verletzt; für London betrugen diese Zahlen 212 Tote und 14000 Verwundete im Jahr.

Wir alle achten jeden Menschen besonders hoch, der unter Einsatz seines eigenen Lebens ein fremdes vom Tode errettet.

Er ist ein Held. Besonders Knaben staunen einen solchen mit stummer Ehrfurcht an und halten ihn für ein ganz absonderliches Wesen, das weit über ihnen steht. So liegt die Sache nun doch nicht. Jeder Junge hat vielleicht früher oder später die Gelegenheit und das Glück, selbst einmal ein Lebensretter zu werden. Aber er muss auf diese Aufgabe gründlich vorbereitet sein, wenn sie an ihn herantritt.

Es kann fast mit Sicherheit behauptet werden, dass beinahe jeder von Euch Pfadfindern einmal bei einem Unglücksfall zugegen sein wird. Da kommt es dann darauf an, schnell die günstige Gelegenheit zu erfassen und ohne Zaudern das zu tun, was getan werden muss. Jede Sekunde ist hier kostbar.

Aber erinnere Dich an Deinen Wahlspruch: »Sei stets bereit.« Du bist es nur dann bei Unglücksfällen, wenn Du genau weisst, wie Du Dich bei jeder einzelnen der verschiedenen auf Dich einstürmenden Gefahren zu verhalten hast.

Wenn Du es aber nicht weisst, so nützt Dich aller Mut, alle Opferfreudigkeit nichts. Durch stürmisches, blindes Helfenwollen ist mancher, der Retter sein wollte, ein Opfer seiner Tollkühnheit geworden, ohne dem anderen helfen zu können. Schon mancher hilfsbereite Retter hat durch falsches Verfahren selbst zusammen mit dem in Todesnot Befindlichen sein Ende gefunden!

Es ist ein grosser Unterschied zwischen mutiger Entschlossenheit und Tollkühnheit, die meist mehr schadet als nützt.

Darum wollen wir Euch zeigen, was Ihr bei Unglücksfällen jeder Art zu tun habt. All die nötigen Handgriffe müsst Ihr dann, soweit es nur irgend möglich ist, selbst praktisch üben.

Sehr wichtig ist es dabei, dass jeder Pfadfinder überall, wo er sich gerade befindet, darüber nachdenkt: »Was für ein Unfall kann sich hier möglicherweise ereignen?« Im gleichen Augenblicke muss er sich aber fragen: »Was habe ich zu tun, wenn er eintritt? Wie erfülle ich da meine Pflicht?«

Dann seid Ihr auch bereit, wenn wirklich ein Unfall, mit dem Ihr gerechnet habt, sich ereignet, richtig und kaltblütig einzugreifen.

Ferner macht Euch klar, dass Ihr als wohlgeübte Pfadfinder vor allen anderen die nächste Anwartschaft darauf habt, bei dem Unfall einzugreifen. Lasst keinen, der nicht zu Euch gehört, vielleicht aus falscher Bescheidenheit Euch zuvorkommen. Ist aber schon ein anderer der erste gewesen, so dürft Ihr ihn nicht in seiner Arbeit stören. Ein Pfadfinder kennt keinen Neid. Er ist vielmehr verpflichtet, dem Fremden gerade so behilflich zu sein, als wenn dieser ein Pfadfinder wäre.

Denke Dich z. B. in folgende Lage hinein:

Du stehst auf einem Bahnsteig, der von einer dichtgedrängten Menschenmenge besetzt ist und wartest auf den Zug. Nun kommt Dir der Gedanke: »Wenn jetzt der Zug hereinbraust und jemand durch den Ansturm der vielen ungeduldigen Menschen vom Bahnsteig herunter, gerade vor die Lokomotive geworfen wird. Was muss ich da tun?«

Du besichtigst mit einem Blick die Lage der Gleise, den Bahnsteig, den jenseits der Schienen belegenen Raum und sagst Dir dann:

»Ich muss sofort zuspringen und ihn aus den Schienen herausreissen. Wenn ich noch Zeit habe, werfe ich den wahrscheinlich vor Schreck ganz kopflosen Menschen auf den Bahnsteig zurück, sonst aber auf die andere Seite des Gleises. Ist der Zug jedoch ganz dicht heran, so bleibt mir kein anderer Auswg, als mich flach zwischen die Schienen zu werfen, meinen Schützling beim Kopf oder Kragen zu fassen, ihn in die gleiche Lage zu zerren und den Zug über uns beide hinweggehen zu lassen. Handelt es sich um ein Kind, so werfe ich mich über dieses und decke es mit meinem Körper.«

Wenn dann nun wirklich die Lage, die Du eben überdacht hast, eintritt, dann bist Du auch schon sofort unten zwischen den Schienen und führst Deinen Vorsatz durch. Und während die anderen Leute noch schreiend und aufgeregt herumlaufen, ohne zu einem Entschluss zu kommen, hast Du die gefährdete Person bereits in Sicherheit gebracht oder kriechst lächelnd zwischen den Rädern der Lokomotive hervor.

Solche Fälle kommen tatsächlich vor. Wohl jeder unserer erprobten Eisenbahnveteranen hat im Laufe seiner langen Laufbahn auf diese Weise Menschenleben gerettet.

Auch Baden-Powell erwähnt einen ähnlichen Fall, der sich im Jahre 1907 in London ereignet hat. Eine Dame stürzte in der Finsbury-Park-Station vom Bahnsteig, gerade als der Zug einpassierte. Ein Mann, namens Albert Hardwick, sprang vom Bahnsteig, der in England viel höher über den Schienen liegt als bei uns, auf das Geleis herab, legte sich flach auf den Bauch und drückte sie in die gleiche Lage hinein, so dass sie im freien Zwischenraum zwischen den Schienen lagen.

So konnten die Räder ihnen nichts anhaben, und der Zug ging über beide hinweg, ohne sie im geringsten zu verletzen.

Der König verlieh dem tapferen Ritter die Albert-Medaille, die englische Rettungsmedaille. Diese ist nach dem deutschen ritterlichen Prinzen benannt, welcher der Gatte der Königin Viktoria und der Grossvater unseres Kaisers war.

Tritt irgendwo im Theater, auf einem Schiffe, bei einem Volksfeste oder bei irgend einer sonstigen Gelegenheit eine Panik ein, so lässt sich ein richtiger Pfadfinder dadurch nicht seine Kaltblütigkeit rauben. Das Wort Panik erklärt Oberst Pfülf in seinem Buch »Panik im Kriege« (München, Otto Gmelin) folgendermassen:

»Die Wurzel des Wortes stammt vom Waldgott Pan.«

»Wenn in ferner Vergangenheit, da in der naiven Vorstellung eines an Phantasie und Naturgefühl reichen Volkes der grosse Pan noch lebte, ein in der Einsamkeit des Waldes von Dämmerung und Wettervorboten überraschter Wanderer im Rascheln des Laubes, im Stöhnen des Sturmes die drohende Stimme des erzürnten Gottes zu hören wähnte; wenn er dann geängstet und bangend aus Flur und Wald in die Hut naher Siedelungen entwich, so hatte er das erlebt, was die Griechen der klassischen Zeit den »Schrecken des Pan« nannten.«

Heutzutage versteht man darunter den jähen Massenschreck, bei dem die Rettung des von aussen bedrohten Lebens über alles geht.

Auch sonst tapfere Truppen kann unter gewissen Umständen eine solche Panik ergreifen, die sich in sinnlosem Flüchten vor einer wirklichen oder vermeintlichen Gefahr äussert. Alle laufen dann blindlings davon, unbekümmert, ob sie sich dadurch nicht erst recht ins Verderben stürzen. So springen bei Schiffszusammenstössen kopflose Menschen jählings ins Wasser, bei dem Rufe »Feuer!« stürmen sie alle auf die gleiche enge Ausgangstür und werden im Gedränge zu Tode gequetscht. Und dabei war oft gar keine Feuersgefahr vorhanden; irgend ein ängstlicher Mensch hat vielleicht ein wenig Rauch gesehen, oder es entstand im Zuschauerraum ein Geräusch. Einer, der dessen Grund nicht wusste, rief in sinnloser Angst »Feuer!« und verschuldete so die Panik.

Solltest Du einmal in solche Lage kommen, so unterdrücke, wenn Du ein richtiger Pfadfinder sein willst, den Drang, wie ein Hammel der Herde nachzulaufen.

Bleibe auch nicht vor Schreck erstarrt stehen und stimme nicht in das sinnlose Geschrei der anderen ein.

Ein richtiger Pfadfinder darf sich von der Panik niemals fortreissen lassen, er behält seinen Kopf oben und sucht mit einem Blick die oft nichtige Ursache der Panik zu ergründen. Er weiss dann, was er zu tun hat und tut unverzüglich, was nötig ist.

Baden-Powell hat der bereits erwähnte Vorfall bei den Hampstead-Teichen schwer betrübt. Man sollte es nicht für möglich halten, dass eine Frau vor einer grossen Menge von Leuten in einem gar nicht tiefen Teich, nach halbstündigem Ringen mit dem Tode, ertrinken konnte, ohne dass einer der Zusehenden so viel Mut hatte, hineinzuspringen und sie herauszuholen. Es hätte vielleicht auch genügt, wenn die Leute eine Kette gebildet, sich gegenseitig an der Hand gehalten und so schliesslich mit vereinten Kräften ohne eigene Gefahr ihre Menschenpflicht getan und die Frau herausgezogen hätten. Aber die Feiglinge standen schreiend und schwätzend am Ufer und liessen ein Menschenleben hilflos zugrunde gehen — ein ewiger Schandfleck für sie, für ihr Gewissen.

Baden-Powell findet die einzige Erklärung — nicht Entschuldigung — in der ansteckenden Natur der Panik. Denn nicht nur körperliche Krankheiten stecken an, sondern auch geistige und Nervenkrankheiten. Vom Veitstanz ist dies ja allgemein bekannt.

Der erste Mann, der dazu kam, hatte keine Lust ins Wasser zu gehen und begnügte sich damit, andere herbeizurufen. Es kamen dann immer mehr und mehr Leute. Als diese aber die vor ihnen Anwesenden untätig sahen, bekamen sie, wie in momentaner Geistesstörung, eine Art von Schrecken vor irgend etwas Entsetzlichem und fürchteten sich gleichfalls zuzugreifen. So musste das unglückliche Weib vor ihren Augen jämmerlich ertrinken.

»Wenn ein Boy Scout zur Stelle gewesen wäre,« sagt Baden-Powell, »so hätte die Sache einen anderen Ausgang genommen. Denn meine jungen Pfadfinder freuen sich, wenn sie solche Gelegenheit haben, sich in dem zu bewähren, was sie durch ihre Ausbildung in diesem Beruf gelernt haben und worauf sie jederzeit vorbereitet sind.«

Ein gleichfalls bedauerlicher Fall von panischer Kopflosigkeit ereignete sich kürzlich in Berlin.

In der Potsdamerstrasse, einer der belebtesten Strassen der Grosstadt, wurde am hellen lichten Tage Frau Richter, eine Juweliersfrau, in ihrem Laden von drei Männern überfallen, gewürgt und entging nur durch ihre tapfere Gegenwehr und durch die glückliche Fügung, dass die Verbrecher sich gestört glaubten, dem Tode. Die Frau stürzte blutend den Verbrechern auf die Strasse nach und schrie um Hilfe.

Einige Leute traten zwar heran, als sie aber die verwegenen Gestalten der Räuber sahen, wagte niemand zuzugreifen, so dass zwei der Burschen zunächst ungestört entkommen konnten. Die tapfere Frau jedoch war die einzige, die trotz alles Schreckens und der Todesgefahr den Mut nicht verloren hatte. Sie hielt den dritten Räuber am Rock fest, bis ein Schutzmann kam. Als dieser den Verbrecher festgenommen und gefesselt hatte, da erst bekamen die bisher untätigen Feiglinge Mut. Mit Stöcken und Schirmen schlugen sie auf den nunmehr Wehrlosen ein. Ein Handwerker hieb ihn sogar mit einer Säge über den Kopf, so dass der Verbrecher eine schwere Wunde davontrug.

Doppelt pfui! — über diese Schwächlinge. An einem wehrlosen Feind, und ist er der gemeinste Schurke, vergreift sich der wahre, ritterliche Pfadfinder nicht. Er überlässt die gerechte Strafe dem Gesetz.

Dass es aber tapfere Naturen auch unter unserer Jugend genugsam gibt, beweist ein anderer Vorfall, den ich mich freue, hier erzählen zu können. Er versöhnt uns wieder etwas nach dieser hässlichen Begebenheit.

Kürzlich verübte ein Mensch in Berlin einen Einbruch in einen Laden. Die Tat wurde durch Kinder entdeckt, der Verbrecher ergriff die Flucht. Die Kinder, Knaben und Mädchen, hefteten sich jedoch fest an seine Fersen, folgten ihm durch alle Seitenstrassen, bis Erwachsene und Schutzleute darauf aufmerksam wurden und den Einbrecher festnahmen.

Daher: »Tut jederzeit Eure Pflicht«.

Helft Euren Mitmenschen, besonders aber den Schwachen und Hilfsbedürftigen, in erster Linie also alten Frauen und den Kindern!

Richtet Euch nicht nach anderen Leuten. Lasst Euch nie von ihrer Angst anstecken. Greift unerschrocken zu, habt nur Euer Ziel im Auge und kümmert Euch den Teufel um Eure eigene Sicherheit. Die fromme Geschichte vom Schutzengel ist kein leerer Wahn.

»Fortes fortuna adjuvat!« (»Bei den Tapferen ist das Glück!«) sagten schon die heidnischen Römer.

Kinder meinen gewöhnlich, sie seien zu jung und zu schwach, um eine aktive Tätigkeit bei einem Rettungswerke entfalten zu können. Diese Annahme beruht jedoch auf einem grossen Irrtum. So erhielten im Jahre 1907 neun Jungen der englischen Knabenbrigade das Kreuz für Lebensrettung, davon acht für Rettung Ertrinkender.

Alle standen im Alter von 13 und 16 Jahren. Ausser diesen retteten der 13jährige Cyril Adion und der 17jährige Newlyn Elliott Menschen vom Wassertode. Sogar ein neunjähriger Knabe, David Scanell, erhielt eine Auszeichnung für Errettung eines Kindes aus Feuersgefahr. Ausser den erwähnten Fällen wurde auch noch ein Junge namens Albert Abraham für die höchste Auszeichnung, die ein Mann sich für Lebensrettung erringen kann, die Albert-Medaille eingereicht.

Abraham war mit zwei Altersgenossen auf den Klippen an der Küste herumgeklettert, als einer von ihnen vom Gipfel abstürzte und schwere Verletzungen davontrug. Der zweite stieg schnell die Klippe hinunter und lief in blinder Angst nach Hause. Er sagte aber niemand etwas, weil er fürchtete, für die leichtsinnige Kletterpartie bestraft zu werden.

Albert Abraham aber eilte gleich dem Abgestürzten zu Hilfe, nach mühsamem Klimmen kam er zu der Stelle, wo sein Kamerad zwischen zwei Felsvorsprüngen eingeklemmt lag. Der Kopf hing nach unten, die Kopfhaut war zum grossen Teil abgerissen, und ein Oberschenkel gebrochen.

Es war gerade die Zeit der Ebbe, und der Felsen lag trocken. Abraham aber wusste, dass nun bald die Flut kommen würde, und dass sein Freund ertrinken müsste, wenn er dann noch an seinem Platze lag. Mit Aufgebot aller seiner Kräfte brachte er ihn darum zunächst aus dem Bereich der Flut, dann sah er sich die Wunde näher an. Die herabhängende abgelöste Kopfhaut brachte er in die gehörige Lage zurück und sicherte sie durch einen Verband. Dann suchte er das gebrochene Bein, so gut es ging, wieder einzurichten und schiente es darauf mit Hölzern und Aesten als Notschienen, wie er es in einem Samariterkurs für die erste Hilfeleistung gelernt hatte.

Jetzt galt es, dem Verletzten ein Lager zu schaffen, auf dem er bis zur endgültigen Befreiung möglichst ruhig und bequem liegen konnte. Der Junge kletterte wieder den Felsen hinauf, sammelte Kräuter und Moos und richtete damit ein weiches Ruhelager her.

Er hielt den ganzen Tag bei ihm treulich Wacht, ebenso harrte er die Nacht über ohne Nahrung und Wasser aus. Als ein grosses Walross den Felsen hinaufklimmen wollte und Miene machte, sie anzugreifen, verlor Abraham nicht den Mut und verjagte es mit wohlgezielten Steinwürfen.

Zufällig kamen dann einige Spaziergänger vorüber, welche beide Jungen befreiten. Trotz aller Aufopferung und Mühen, die Abraham aufgewendet hatte, erlag sein Freund bald darauf seinen Verletzungen.

Wenn ich hier immer nur von Knaben spreche, so will ich damit nicht sagen, dass gleich rühmliche Handlungen nicht etwa auch von Mädchen vollführt werden könnten. Im Gegenteil, sie haben nicht nur die Fähigkeit, wertvolle Rettungstaten zu vollbringen, sondern haben solche oft genug mit Mut und Entschlossenheit auch ausgeführt.

Ein neunjähriges Mädchen wurde sogar für die Albert-Medaille eingegeben. Käthe Chapman rettete zwei kleine Kinder, die in Gefahr waren, von einem Wagen, dessen Pferde durchgegangen waren, umgerissen zu werden. Dabei war sie jedoch selbst zu Boden geworfen, überfahren und schwer verletzt worden.

Auch Doris Kay war erst 8 Jahre alt, als sie von der Königlichen Rettungsgesellschaft mit einem Ehrendiplom für Lebensrettung ausgezeichnet wurde.

Miss Ann Racebottom erhielt im Jahre 1881 die Albert-Medaille. Das Dach im Schulhaus war eingefallen und hatte mehrere Schulkinder unter sich begraben. Unter grösster Lebensgefahr kroch sie trotz des ständig nachstürzenden Mauerwerks zu den Kindern und brachte eines nach dem anderen ans Tageslicht.

Was für Heldentaten mögen erst in Messina und Palermo gelegentlich des letzten Erdbebens verrichtet worden sein, von denen die Welt vielleicht nur den kleinsten Teil erfahren wird. In solchen Augenblicken wachsen die Helden aus der Erde, ein schöner Beweis, dass das höchste und natürlichste Ziel des Menschen ist, seinem Nächsten ohne Unterschied des Standes oder Stammes zu helfen.

Ich habe Euch genügend Beispiele von Heldenmut englischer Kinder nach Baden-Powells Berichten angeführt. Die Höflichkeit gebot, ihm zuerst das Wort zu lassen.

Aber deutsche Knaben und Mädchen brauchen sich von ihren englischen Kameraden nicht beschämen zu lassen. In Berlin gibt es einen »Verein der Lebensretter«, der es sich zur Aufgabe gestellt hat, alle Rettungswerke aufzuzeichnen und dafür Sorge zu tragen, dass die Retter ihre verdiente Anerkennung erhalten, sowie dass für sie und ihre Angehörigen gesorgt wird, wenn sie dabei selber Schaden erleiden. I. Vorsitzender ist Hauptmann a. D. F. Herter, Grosslichterfelde, Potsdamer Chaussee 65.

Durch Hauptmann Herter erfuhr ich dann auch viele der hier folgenden Taten:

Der 13jährige Gymnasiast Günther Diers zu Gr.-Lichterfelde fuhr am 9. Juli 1907 mit seiner 12jährigen Schwester Käthe auf dem Thiewer-See in Mecklenburg in einem Boot. Mitten im See angelangt, sprang der Junge ins Wasser, um so den schönsten, reinen Genuss des Schwimmens, fern von dem Schlamm und Schilf des Ufers, zu haben. Auch seine Schwester folgte ihm ins Wasser, da sie aber erst kurz zuvor das Schwimmen erlernt hatte, hielt sie sich zur Sicherheit am Boot fest. Da wurde durch einen heftigen Windstoss das Boot plötzlich weggetrieben, das Mädchen verlor den Mut und rief um Hilfe. Günther Diers schwamm eiligst heran, rief ihr zu, sich an seiner Schulter festzuhalten. In ihrer Todesangst krallte sie sich jedoch fest an seinen Kopf, so dass beide in die Tiefe gezogen wurden, und Günther mit seiner Schwester verzweifelt um das Leben kämpfen musste. Glücklicherweise wurde sie zuerst bewusstlos, die schlaffen Arme liessen den Jungen fahren, der sie nunmehr an ihren langen Haaren fasste und sie schwimmend daran über Wasser halten konnte. Zweimal entglitt ihm die kostbare Last, immer von neuem griff jedoch der wackere Junge zu, und obgleich er selbst völlig erschöpft war und Krämpfe in den Beinen fühlte, gelang es ihm mit Anspannung aller Kräfte, die Ohnmächtige an den Haaren nach sich ziehend, endlich schwimmend das sichere Land zu erreichen.

Hier ging er gleich daran, seine Schwester zum Leben zurück zu erwecken. Er hatte in der Turnstunde die nötigen Massregeln für die erste Hilfeleistung erlernt, und nach einer halbstündigen, unverdrossenen Arbeit sah er seine Mühe belohnt: seine Schwester atmete wieder und war gerettet.

Günther Diers erzählte, dass er keinen Augenblick seine Geistesgegenwart verloren hätte. Sein einziger Gedanke war nicht seine eigene Rettung, sondern: »Du musst Deine Schwester retten oder selbst mit ihr zugrunde gehen.« Dabei war seine Schwester grösser und kräftiger als er selber.

Der Grossherzog von Mecklenburg-Schwerin verlieh ihm die Medaille für »Rettung aus Lebensgefahr«.

Der 12jährige Schulknabe Rudolf Barth zu Leutsch rettete einen Lehrling vom sicheren Tode des Ertrinkens.

In Anbetracht der bei dem Rettungswerke an den Tag gelegten Bravour und Entschlossenheit wurde dem mutigen Jungen die Medaille für Rettung aus Lebensgefahr verliehen und vor den versammelten Schülern überreicht.

Wir haben aber auch Heldenmädchen genug.

So rettete die 14jährige Erika Kullrich aus Berlin, in dem holsteinischen Badeorte Malente-Gremsmühlen, durch beherztes und entschlossenes Vorgehen mit eigener Lebensgefahr eine ältere, mit den Wellen ringende Dame aus der Gefahr des Ertrinkens.

Ein Opfer ihres Heldenmutes bei der Rettung ihrer zwei kleinen Geschwister wurde die 16jährige Paula Nestler in Schwarza (Thüringen). Bei einem Spaziergange waren die spielenden Kinder von der Schwester weg auf das Bahngleise gelaufen. In gleichem Augenblick brauste ein Zug heran. Paula Nestler sprang hinzu, es gelang ihr auch, das jüngste Kind vom Gleise herunterzureissen und so zu retten. Sie war auch schon im Begriffe, nun auch ihren fünfjährigen Bruder in Sicherheit zu bringen, als der Zug beide erfasste und zur Seite schleuderte. Mit schweren Schädelverletzungen blieben sie bewusstlos liegen.

Glücklich ein Volk, das viele solche jugendliche Helden besitzt. Wir brauchen noch lange nicht an der Zukunft zu verzweifeln.

Zeigt uns doch das folgende Beispiel, dass diese Art opferwilliger Nächstenliebe unseren Knaben und Mädchen eigentlich schon angeboren ist.

Auf einem 2 m tiefen Teiche brach ein 4jähriger Junge im Eise ein. Sein 3jähriges Schwesterchen, das neben ihm stand, hielt krampfhaft den sinkenden Bruder fest; »Kurtl, komme doch!« so schrie es, und mit den schwachen Kräften half es dem Bruder aus dem Eisloch heraus. Als Erwachsene herbei eilten, standen die Kinder am Ufer und erzählten schluchzend ihr Abenteuer.

Das kleine Mädchen hat sicherlich nicht gedacht, dass es etwas Grosses tat, auch hatte ihr niemand etwas von den Pflichten gegen die Mitmenschen gesagt. Das Gefühl, seine Pflicht zu erfüllen, ist eben den Menschen angeboren. Darum sorgt, dass es Euch nie verloren geht.

Ich schreibe gerade diese Zeilen, da bringt mir die Post die Pfadfinderzeitung des General Baden-Powell, die den Titel »The Scout« führt. Auf dem Titelbild sehe ich den 6jährigen John Collins, wie er auf einer schmalen, in einen Fluss hineinragenden Planke steht und einem mit dem Ertrinken kämpfenden kleinen Mädchen einen langen Ast zureicht. Mit diesem zog er die Kleine dann ans Ufer und rettete sie durch seine für sein Alter bemerkenswerte Kaltblütigkeit und ruhige, überlegte Handlungsweise. Die anderen Kinder waren, wie gewöhnlich, panikartig davongelaufen. Der kleine John hatte sich aber nicht von ihnen anstecken lassen und tat seine Pflicht.

Es ist eine interessante Wochenschrift, diese Pfadfinderzeitung. Eine Ehrenstelle wird darin stets frei gehalten für die Schilderung tapferer Taten, besonders von Kindern. »Helden im Alltagsleben« heisst die Ueberschrift. Wir hoffen, auch der deutschen Jugend eine ähnliche Wochen- oder Monatsschrift vorlegen zu können und würden uns freuen, ihre Namen recht häufig in dieser Ehrenspalte zu lesen.

Der 13jährige Sohn des Werkmeisters Herrmann in Zell bei Würzburg, ein Gymnasiast, hätte z. B. gleich Anwartschaft auf diese Auszeichnung. Mitten im Januar 1909 rettete er mit eigener Lebensgefahr ein 9jähriges Kind aus dem Main. Dieses hatte sich auf eine treibende Eisscholle gewagt und war von ihr abgeglitten und in den reissenden Fluss gestürzt. Herrmann zauderte keinen Augenblick, trotz der Eiseskälte in das Wasser zu springen, schwamm mitten im Main dem von der Strömung erfassten, dem Ertrinken nahen Kinde nach, erfasste es und brachte es glücklich ans Ufer.

Einen grossherzigen Opfermut bewies auch der 14jährige Schüler Richard Meissner, der Sohn eines Arbeiters in

Gr.-Lichterfelde. Seine 5jährige Schwester hatte im Januar 1905 eine grosse Brandwunde erlitten. Als sich herausstellte, dass ohne baldige Deckung der Wundflächen durch menschliche Haut die Verunglückte aller Voraussicht nach in kurzer Zeit ihrem Leiden erliegen, zum mindesten aber ihr linker Arm völlig steif werden würde, erklärte sich Richard bereit, die Operation an sich vornehmen zu lassen

Er liess sich aus dem Oberschenkel Hautstreifen lösen, die auf die verbrannten Teile seines Schwesterchens verpflanzt wurden. Bald trat dann auch volle Heilung bei dieser ein. Der tapfere Bruder aber musste gleichfalls wochenlang darniederliegen, bis die Wundflächen, die die ganze Vorderfläche und beide Seitenflächen der Schenkel einnahmen, bei ihm geheilt waren. Diese seltene Opferwilligkeit, die alle Gefahren einer Operation und ein langes, schmerzhaftes Krankenlager auf sich nahm, wurde durch den »Verein der Lebensretter« zur Kenntnis des Deutschen Kaisers gebracht, der Richard Meissner belobte und ihm nach Vollendung seines 18. Lebensjahres, wenn er bis dahin eine selbständige Lebensstellung erlangt haben würde, die Rettungsmedaille am Bande in Aussicht stellte.

Dies sind nur einige wenige Beispiele von Rettungstaten, die Kinder vollführten. Ich glaube, dass, wenn wir alle erfahren und aufführen könnten, ein grosses, eigenes Buch dafür nötig wäre.

Was für den Soldaten das eiserne Kreuz und die Schwerterorden am Kriegsbande, das ist für den Friedenspfadfinder die Rettungsmedaille. Sie wird nur in Ausnahmefällen und nur für ganz hervorragende Taten verliehen, wenn der Retter tatsächlich seine ganze Person opfermutig eingesetzt hat und dadurch selbst in Lebensgefahr gekommen ist, der Verunglückte aber wirklich gerettet und dem Leben erhalten wird. Erinnert Euch daran, dass auch Fürst Bismarck, der Schmied des Deutschen Reiches, sich schon als junger Mann diese Auszeichnung erworben hatte. Er rettete damals seinen Reitknecht vom Tode des Ertrinkens. Und vor all den anderen vielen hohen Auszeichnungen, die später seine Brust schmückten, blieb ihm die Rettungsmedaille die liebste, auf die er am meisten stolz war.

In Deutschland gibt es viele Inhaber dieser Medaille, sogar ganze Familien von Lebensrettern besitzen diese Auszeichnung, wie dies z. B. bei Vater, Sohn und Tochter in der Familie des Oberstleutnant a. D. Ihssen der Fall ist. Vielfach sind es Offiziere der Marine und der Pioniertruppe, welche in ihrem Beruf am meisten Gelegenheit zu Rettungstaten haben und sich die Medaille erworben haben. Aber auch der bayerische Sanitätsinspekteur Generalarzt Leitenstorfer hat noch im Alter von 50 Jahren ein Dienstmädchen, das im Winter 1897 in Metz in selbstmörderischer Absicht in die Mosel gesprungen war, unter schwerer eigener Lebensgefahr gerettet und dafür die bayerische Rettungsmedaille erhalten. Dass auch hohes Alter nicht zu hindern braucht, ritterlich das Leben für die Jugend einzusetzen, beweist die Tat des Generals der Kavallerie Alexander von Wartensleben, der, fast 65 Jahre alt, in Berlin ein Mädchen aus dem Landwehrkanal errettete. Das war nun ein Soldat, der sein Lebtag gewohnt war, seinen Körper zu stählen. Er tat auch hier nur, wie stets, seine Pflicht und dachte sich gar nicht viel dabei. Unerreicht aber dürfte die 70jährige Witwe Heinrich Mahlberg in Euskirchen bei Köln dastehen. Sie, die einfache Arbeitersfrau, errettete in diesem hohen Alter unter eigener Lebensgefahr ihr dreijähriges Enkelkind vom Tode des Ertrinkens und erhielt dafür die preussische Rettungsmedaille am Bande.

Jeder Pfadfinder soll das Bestreben haben, sich diese schöne Auszeichnung zu erwerben. An jeden tritt vielleicht einmal die Gelegenheit heran. Sorgt dafür, dass Ihr in diesem oft nur kurzen Moment bereit seid, bereit der Körper und bereit der Willen. Aber die Rettungsmedaille darf Euch nie das Höchste sein, so schön sie auch ist. Und wenn sie allein Euch erst den Ansporn zu edler Tat geben muss, so hat diese Tat dadurch an Wert eingebüsst.

Das Bewusstsein, seine Ritterpflicht gegen seine Mitmenschen erfüllt zu haben, muss stets die höchste Belohnung sein.

II. Abschnitt.

Verhalten bei Unglücksfällen.

Paniken.

Ich habe Euch im vorigen Abschnitt erzählt, wie schön Oberst Pfülf das Wort »Panik« erklärt. Durch solche Paniken ist schon manches Menschenleben verloren gegangen. Es ist dies um so schrecklicher, wenn man bedenkt, dass alle diese Menschen meist aus blühender Gesundheit und Lebensfreude heraus in ein Verderben hineingerissen wurden, das leicht hätte vermieden werden können, wenn nur ein einziger der Anwesenden seinen kühlen Kopf behalten hätte.

Diese Paniken entstehen ja bekanntlich oft aus ganz nichtigen Ursachen, aus Angst vor eingebildeten Gefahren.

So entstand eine solche in einem Fährboot, das in New York verkehrte, dadurch, dass ein Mann sich einen dummen Witz machen wollte und einige Krebse, die er gefangen hatte, aus dem Sack liess Ein Krebs kniff unglücklicherweise eine Katze in den Schwanz, diese lief dann kreischend davon und sprang dann mit einem Satz mitten in eine dichtgedrängte Schar von Schulkindern, die von einem Ausflug zurückkehrten. Diese stoben vor Entsetzen schreiend auseinander, die Panik pflanzte sich auf die übrigen vielen Hunderte von Passagieren fort, die sinnlos nach allen Seiten davonzulaufen suchten. Sie drängten gegen das Schiffsgeländer, dieses brach, acht Menschen stürzten über Bord, und bevor irgend etwas zu ihrer Rettung unternommen werden konnte, wurden sie von der reissenden Strömung erfasst und mussten jämmerlich ertrinken.

Auch in Deutschland gingen kürzlich durch einen dummen Scherz zwei Menschenleben zugrunde. Ein Mädchen badete im Fluss, plötzlich liess sie sich untergehen, schrie und rang die Hände — aus frevelhaftem Uebermut. Drei Männer sprangen ins Wasser, einer begann unterzugehen, ein zweiter suchte ihm zu Hilfe zu kommen — und beide ertranken.

In einer russischen Stadt führte im September 1907 die Bombenfurcht gleichfalls zu einer Panik. Als dort eines Morgens ein Tabakhändler seinen Laden öffnete, sah er auf dem Ladentisch einen grossen, schwarzen Gegenstand liegen, den er für eine Bombe hielt. Voll panischen Schreckens, stürzte er auf die Strasse, getrieben nur von dem einen Gedanken, möglichst schnell aus dem Bereich des Explosivkörpers zu kommen. Ein Schutzmann sah ihn dahinstürmen, hielt ihn für einen Räuber und rief ihm zu, stehen zu bleiben. In seiner Angst lief er weiter, der Schutzmann feuerte auf ihn, die Kugel ging an ihm vorbei, traf jedoch einen andern Mann. Dieser war zufällig ein Jude. Seine Glaubensgenossen, die ja in Russland in ständiger Gefahr vor Angriffen schweben, glaubten sich bedroht, rotteten sich zusammen und griffen die Polizei an. Es entspann sich ein Strassenkampf, der viele Menschenleben kostete. Als dieser glücklich vorüber war, und der Tabakhändler wieder wagte, sein Heim zu betreten, sah er die »Bombe« noch ruhig auf seinem Ladentisch liegen. Es war aber gar keine Bombe, sondern nur eine schwarze Wassermelone!

Viele Paniken sind bekanntlich auch bei Volksfesten, sowie in Kirchen und Theatern entstanden. Besonders Kinder sieht man dann, wie Schafe, hilflos, blindlings in das Verderben hineinlaufen. Ein solcher Fall von Panik ereignete sich gelegentlich einer Kindervorstellung in Barnsley. Das Theater, in dem ein Kinematograph Darstellungen bot, war voll besetzt. Nach Schluss der Vorstellung drängte alles, wie man es so oft sieht, nach der gleichen Tür, nur weil die anderen auch durch diese hinausgingen. Der richtige Pfadfinder wird das ja niemals tun; wenn der in ein Theater geht, so sieht er sich genau alle Ausgänge an und weiss dann, welchen er im Falle eines Gedränges zu benutzen hat. In Barnsley aber drängte, wie gesagt, alles durch den einen Ausgang. Durch das furchtbare Gedränge wurden die Kinder zusammengedrückt, sie fingen an zu schreien, eine Panik entstand, heftiger und heftiger pressten die anderen nach, so dass acht Kinder zu Tode gequetscht wurden. Diese Panik hätte noch mehr Opfer gefordert, wenn nicht zwei Männer kühles Blut behalten und das Richtige im richtigen Augenblick getan hätten. Der eine war der Saaldiener namens Gray. Dieser sprach ruhig und freundlich auf die Kinder ein, die anderen Ausgänge zu benutzen. Der andere war der Besitzer des Kinematographen, der schnell wieder einige Bilder auf die Wand warf. Die Kinder, die noch im Theatersaal waren, wurden dadurch in ihrer Aufmerksamkeit abgelenkt, sie sahen unwillkürlich nach den Bildern und nicht mehr nach den Ausgängen. So wurden sie nicht in die Panik hineingerissen. Und die Hauptsache, eine Panik zu bekämpfen, ist ja, dass im kritischen Augenblick — es handelt sich dabei oft nur um Sekunden — unter Hunderten nur ein oder zwei Personen ihre Ruhe und Kaltblütigkeit nicht verlieren. Wie die Panik ansteckend wirkt, so überträgt sich auch diese Ruhe wohltätig auf die Menge, sie besinnt sich auf sich selbst — und die Gefahr ist vorüber.

So wurde in vielen Fällen eine Panik nur dadurch verhindert, dass z. B. im Theater die Schauspieler trotz des Feuerlärms ruhig weiterspielten, dass auf einem gefährdeten Schiffe der Kapitän in aller Seelenruhe sich seine Pfeife anzündete, dass der Prediger in der Kirche ruhig weitersprach. Verliert in solchen Momenten einer von diesen nur eine Sekunde lang seine Fassung, so können Hunderte von Menschenleben auf dem Spiele stehen. Hier ist ein vorzügliches Arbeitsfeld für den Pfadfinder gegeben. Gewöhne Dich daran, unter allen Umständen ruhiges Blut zu behalten und den Kopf nicht zu verlieren. Hier macht Selbsterziehung alles. Zwinge Dich bereits bei kleinen Anlässen, z. B. wenn ein Glas oder ein Topf krachend vom Tisch fällt, dazu, den unwillkürlichen Schrecken zu überwinden. Denke stets darüber nach, was Du im Moment der Gefahr zu tun hast und führe dies dann ohne Zaudern auf der Stelle durch.

Rettung aus Feuersgefahr.

Fast täglich kann man in den Zeitungen Berichte über Rettungen aus Feuersgefahr finden. Lest diese Berichte gründlich durch und studiert sie genau, denkt Euch stets in die Lage hinein und überlegt Euch, was Ihr selbst unter den geschilderten Umständen getan hättet. Dies ist übrigens auch bei Unglücksfällen jeglicher Art das beste Verfahren, sich feste Grundsätze darüber zu schaffen, wie man sich in derartigen Lagen zu verhalten hat. Baden-Powell schildert als solches Lehrbeispiel den Fall eines jungen Matrosen, namens George Obeney.

Dieser ging eines Tages gemütlich durch die Strassen seines Standortes, als er plötzlich Feuerlärm hörte und ein Haus in Flammen erblickte. Eine Frau rief aus dem zweiten Stockwerk den untenstehenden Leuten zu, dass sechs Kinder in der Wohnung seien, die sie nicht selbst über die brennende Treppe hinunterbringen könne. Der Matrose erkannte die Gefahr und kletterte ohne weiteres an der Wand des Hauses bis zum Fenster des ersten Stockwerkes hinauf. Wie er dies gemacht hat, kann nicht näher beschrieben werden, genug, er brachte es fertig.

Vielleicht nahm er die Dachrinne oder den Blitzableiter zu Hilfe. Das Fenster schlug er ein, um genügend Raum für einen bequemen und festen Standpunkt zu gewinnen. Er rief dann der Frau zu, ihm eines der Kinder herunterzureichen.

Wenn es gilt, ihre Kinder zu retten, sind Mütter ja meist von grosser Kaltblütigkeit und Umsicht, und so hob die Frau ihr erstes Kind aus dem Fenster und liess es so weit herunter, bis der Matrose es ergreifen konnte. Dieser reichte dann das Kind auf gleiche Weise den Leuten auf der Strasse zu. So wurde ein Kind nach dem anderen in Sicherheit gebracht, und zum Schluss die Mutter selbst zusammen mit einer anderen Frau gerettet. Bis dahin hatte der tapfere Matrose mitten im Rauch unerschütterlich ausgeharrt. Der Wille, seine Pflicht gegen seine Mitmenschen zu tun, hatte ihn aufrecht erhalten. Jetzt aber stürzte er selber, vom Rauch betäubt, in die Tiefe, wurde aber von den untenstehenden Leuten, die sich in Vorbedacht des Kommenden mit Decken und Matratzen ausgerüstet hatten, glücklich aufgefangen.

Das ist wieder ein schönes Beispiel für Euch, dass Ihr Euere Pflicht unverzüglich zu tun habt, ohne Gefahren oder Hindernisse zu bedenken.

Eine ähnliche Heldentat vollführte im Januar 1906, in einem Kinderspital, die Oberschwester Eardley. Mitten in der Nacht brach Feuer aus, viele Kinder wären sicherlich verbrannt, bevor die Feuerwehr noch hätte eingreifen können. Die tapfere Schwester aber stürzte im Nachtgewande aus ihrer Wohnung, setzte eine Feuerspritze in Gang und liess deren Strahl mitten in das Feuer hinein spielen.

Die zwei diensthabenden Schwestern waren gleichfalls nicht untätig und retteten so zwanzig Kinder aus dem brennenden Haus.

In England bildet der Unterricht im Verhalten bei Feuersgefahr einen Lehrgegenstand für viele bestehende Jugendorganisationen.

Sie besitzen folgende Vorschriften:

Wer Feuer in einem Hause entdeckt, soll:

1. die Bewohner des Hauses alarmieren;
2. den nächsten Schutzmann benachrichtigen oder den nächsten Feuermelder in Tätigkeit setzen;
3. die Leute in der Nachbarschaft auffordern, Leitern sowie Matratzen und Teppiche herbeizuschaffen, um im Notfalle die aus den Fenstern springenden Menschen auffangen zu können.

Wenn die Feuerwehr am Platze ist, können Pfadfinder sich dadurch sehr nützlich machen, dass sie die Polizei kräftig darin unterstützen, die Brandstelle abzusperren. Die vielen herumstehenden Neugierigen stören ja nur die Feuerwehrleute in ihrer Bewegungsfreiheit, treten ihnen auf die Schläuche und erschweren das ganze Rettungswerk.

Die englischen Jungen bilden in solchen Fällen eine einfache oder auch eine Doppelreihe, legen sich gegenseitig ihre Arme rund um die Hüften, schieben sich mit gesenkten Köpfen allmählich, aber unwiderstehlich vor und treiben so die Menge zurück. Die Engländer nennen dieses Verfahren »Scrum«.

Muss ein Pfadfinder in das Innere eines Hauses eindringen, um hilflose oder bewusstlose Personen herauszuholen, so bindet er sich ein mit Wasser, auch mit Essigzusatz getränktes Taschentuch vor Nase und Mund und sucht, den Kopf tief gesenkt, immer möglichst nahe dem Boden, auf allen Vieren vorwärts zu kriechen. Da der Rauch wegen seiner Leichtigkeit schnell nach oben steigt, ist der Fussboden immer noch verhältnismässig am freiesten von Verbrennungsgasen.

Muss man durch Feuer und Flammen vordringen, so umhüllt man sich mit einer nassen Decke. In diese schneidet man ein Loch, durch das man den Kopf hindurchstecken kann. Dann hat man einen feuerfesten Mantel, mit dem man getrost sich den Flammen, wenigstens für einige Zeit, aussetzen kann.

Bei Ausbruch eines Feuers haben sich die Pfadfinder im Pfadfinderschritt, in Richtung auf den Feuerschein, auf die Brandstelle zu begeben. Dort sammeln sich die Gruppen, der älteste Feldkornett meldet sich bei dem diensthabenden Brandmeister oder Polizeioffizier und bietet die Dienste sämtlicher anwesenden Pfadfindergruppen an.

Er stellt seine Jungmannschaften zu Absperrungszwecken, zu Meldediensten, zum Bewachen geretteter Personen und Eigentums, zur Fürsorge für Verletzte, überhaupt für jede Verwendung zur Verfügung.

Sieht ein Pfadfinder einen Menschen in Flammen stehen, so wirft er ihn flach auf den Boden und schlägt einen Teppich, einen Mantel oder eine Decke um ihn herum. Er wird so das Feuer ersticken, da dieses ohne Zufuhr von Luft nicht brennen kann. Die meisten Leute rennen, wenn ihre Kleider brennen, in wilder Angst panikartig davon. Das ist natürlich das Törichteste was sie tun können. Denn durch die schnelle Bewegung wird der Luftzug, und damit die Flamme nur noch stärker entfacht. Sie täten weit besser, sich auf den Boden zu werfen und auf Teppichen oder auf dem Erdboden zu wälzen. Erde, besonders feuchte, ist überhaupt ein sehr gutes Mittel, um bei brennenden Kleidern die Flammen schnell zu dämpfen. Wasser soll man erst nach Erstickung der Flammen aufgiessen. Waren die Kleider mit Petroleum getränkt, so kann Wasser die Flammen sogar noch weiter anregen. Man wendet es daher erst später an, um etwa noch glimmende Teile endgültig zu löschen. Bei diesen Rettungswerken muss man sehr vorsichtig vorgehen, damit nicht die Flammen auf den Retter überspringen.

Bei Feuersgefahr verkriechen sich viele Leute in ihrer Angst unter ihr Bett oder unter den Tisch. Ein Pfadfinder sucht daher solche Verstecke gründlich ab. Findet er eine bewusstlose, durch den Rauch betäubte Person, so kann er diese auf seiner Schulter aus dem Zimmer tragen, wie es Euch am Schluss des Kapitels näher gezeigt wird. Bei starker Rauch- oder Gasausströmung ist es jedoch weit empfehlenswerter, wenn man den Bewusstlosen kriechend herausschafft. Zu diesem Zwecke seilt man ihn mit Stricken oder Tuch-

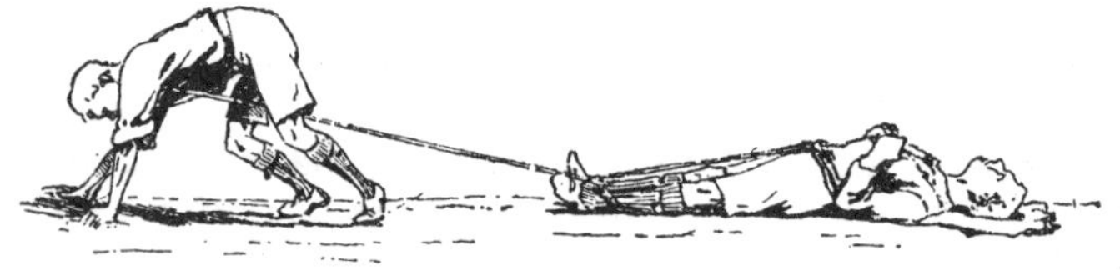

streifen an und schleift ihn, selbst auf allen Vieren kriechend, hinter sich her, wie die Abbildung zeigt.

Hinweis für den Lehrmeister.

Dieses Verfahren ist sorgfältig zu üben. Man legt eine Schlinge um den Leib des Bewusstlosen, führt dann den Strick auf der Vorderseite zu den Füssen, legt eine zweite Schlinge um die Knöchel und schliesslich das Ende des Strickes mit einer Schleife um die eigene Brust. Dann dreht sich der Retter um, wendet seinen Rücken dem Bewusstlosen zu, wobei der Strick die Brust entlang zwischen seinen Beinen hindurch laufen muss, und schleift ihn auf allen Vieren kriechend hinter sich her.

Rettung bei Gasvergiftungen.

Auch die Einatmung schädlicher, giftiger Luftarten in geschlossenen Räumen führt zu schwerer Erstickungsgefahr. Diese giftigen Luftarten, Gase, wie man sie nennt, sind um so gefährlicher, als man sie nicht durch die Rauchentwicklung so schnell bemerken kann, wie dies bei Bränden der Fall ist. Im Gegenteil, diese Gase sind unsichtbar und dabei oft sogar fast geruchlos und können doch einen Menschen vergiften und ersticken.

Solche Gase entstehen z. B. durch Kohlendunst (Kohlenoxyd), der durch unvollkommene Verbrennung ausglühender Kohlen, durch schlechte Oefen, ja sogar schon bei länger dauerndem Arbeiten mit dem Kohlenbügeleisen, ferner durch Kohlensäure in Gärkellern erzeugt wird. Zu den schädlichen Luftarten gehört auch das Grubengas in schlecht gelüfteten Bergwerken und Schächten. Aeusserst gefährlich sind bekanntlich auch Ausströmungen von Leuchtgas. Dieses ist besonders tückisch, denn nicht allein durch leichtsinniges Offenlassen der Gashähne oder durch Lockerung irgend eines Schraubengewindes innerhalb der Wohnung kann das Gas schnell die Zimmer erfüllen, sondern es kann auch durch Bruch eines unterirdischen Strassen-Gasrohres in die Wohnungen strömen. Dies wird in erster Linie im Winter möglich sein, aber nur dann, wenn die Zimmer geheizt sind, die Luft daher leichter ist und vom Gas verdrängt werden kann. Mancher wurde auf diese Weise morgens tot in seinem warmen Schlafzimmer gefunden, ohne dass man zuerst die Todesursache auch nur ahnen konnte. Ein weiterer Grund, auch im Winter bei geöffnetem Fenster zu schlafen!

Will der Pfadfinder einen Bewusstlosen aus einem gaserfüllten Raum retten, so muss er diesen zuerst möglichst mit frischer Luft durchströmen lassen. Er öffnet deshalb die Türen, durch oftmaliges Auf- und Zuschlagen sucht er kräftigen Durchzug der Luft zu erzeugen. Zu diesem Zwecke schlägt er auch die Fensterscheiben ein. Würde der Retter durch das Zimmer hindurch an diese heranzukommen suchen, so würde er oft, vor Erreichung seines Zweckes, betäubt zusammenstürzen. Er sucht daher die Fenster von aussen her durch Steinwürfe oder durch Stangen, (nicht mit der blossen Hand) einzustossen. Dann bindet sich der Pfadfinder ein mit Wasser, besser noch Kalkwasser oder Essig getränktes Tuch vor das Gesicht und kann nun ins Zimmer hineindringen.

Die Feuerwehr und die Bergleute besitzen ja ganze Rauchschutzapparate in Form eines Taucherhelms. Der junge Pfadfinder hat diese Hilfsmittel natürlich nicht zur Verfügung, muss aber um so mehr bedacht sein, sein Leben nicht nutzlos aufs Spiel zu setzen und alle Vorsichtsmassregeln zu treffen.

Bei Herabsteigen in Schächte muss er sich ein Rettungsseil um die Brust schlingen und eine Signalleine in die rechte Hand nehmen. Solange er diese straff anspannt, ist dies ein Zeichen für seine Kameraden, dass er noch bei Bewusstsein ist. Wird die Leine aber schlaff, so muss er sofort in die Höhe gezogen werden. Der Retter nimmt am besten ein drittes starkes Seil mit Haken mit in die Grube, um damit den am Boden liegenden Verunglückten an den Kleidern anhaken zu können.

In gaserfüllte Räume gehe man niemals mit offenem Licht, das Gas würde schnell explodieren. Jeder Pfadfinder soll sich daher mit einer kleinen elektrischen Taschenlaterne versehen, die er auch für seine anderen Aufgaben vorzüglich brauchen kann.

Sobald der Gerettete in die frische Luft geschafft ist, muss die künstliche Atmung vorgenommen werden, von der weiter unten die Rede sein wird.

Rettung Ertrinkender.

Ein Blick in die Zeitungen, besonders in den Sommermonaten, wird Euch überzeugen, wieviel Menschenleben zugrunde gehen, weil die Verunglückten nicht schwimmen gelernt hatten. Daher hat jeder Pfadfinder die Pflicht, wenn er das Schwimmen noch nicht können sollte, es schleunigst zu erlernen. Dann aber hat er sich auch baldigst die Kunstgriffe anzueignen, die erforderlich sind, um nötigenfalls seine Mitmenschen vom Wassertode zu erretten.

Herr Holbein, der grosse Meisterschwimmer, der den englischen Kanal durchschwommen hat, vertritt die Meinung, dass der Schwimmschüler als Anfangsgrund lernen muss, wie man aus dem Wasser in ein Boot hineinklimmt, und wie man aus dem Boot wieder heraus ins Wasser springt.

Dies darf niemals auf der Seite geschehen, da das Boot sonst umschlagen würde, sondern nur von hinten über die Rückwand des Bootes, den »Stern«.

Als weiteren Schritt in der Ausbildung muss, nach Holbeins Ansicht, der Anfänger lernen, wie er sich im Wasser an einem Ruder oder an einem Brett Halt suchen kann. Man kann sich entweder rittlings darauf hocken und sich treiben lassen, oder man fasst Ruder oder Planke mit beiden Händen fest an und braucht dann nur mit den Beinen zu schwimmen. Dadurch spart man ganz ausserordentlich viel Kraft. Man muss ferner wissen, wie man sich im Wasser einen zugeworfenen Rettungsgürtel anlegt. Man drückt den nächstliegenden Rand unter Wasser, stülpt den Ring über Kopf und Schulter und zieht dann die Arme hindurch, so dass man in dem treibenden Ring wohlgeborgen steckt.

Dann aber geht man daran, die verschiedensten Kunstgriffe zu lernen, die nötig sind, um Menschenleben zu retten.

Auch ein mässiger Schwimmer ist imstande, einen Ertrinkenden zu retten, wenn er nur richtig vorzugehen weiss und die nötigen Massregeln mit seinen Freunden tüchtig durchgeübt hat. Auch hier muss man sich zunächst von jedem Aberglauben frei machen. Der Volksglaube, dass ein Ertrinkender dreimal auf- und niedertauchen müsse, bevor er endgültig untersinkt, ist natürlich ein heller Unsinn. Ein Ertrinkender kann geradeso gut gleich beim ersten Male untergehen, ohne je wieder an die Oberfläche zu kommen.

Der Retter muss vor allem stets mit grosser Sorgfalt darauf bedacht sein, dass er dem Ertrinkenden niemals auch nur einen Augenblick gestattet, Halt an seiner Person oder an seinen Kleidern zu gewinnen. Sonst besteht die grosse Gefahr, dass der Ertrinkende in seiner Todesangst sich fest an seinen Retter anklammert, ihn dadurch wehrlos macht und mit in die Tiefe hinabzieht.

Der Kernpunkt alles Erfolges ist daher, dieses verhängnisvolle Ereignis zu verhüten. Der Retter muss jederzeit den Ertrinkenden in seiner Gewalt haben, niemals aber umgekehrt.

Der Retter hält sich daher stets hinter dem Ertrinkenden. Sollte dieser dennoch sein Handgelenk ergreifen, so macht er dieses durch eine Drehung nach dem Daumen der haltenden Hand zu mit Leichtigkeit wieder frei. Es ist dies überhaupt ein vorzüglicher japanischer Handgriff, den jeder auf dem Trockenen wie im Wasser gründlich üben sollte. Man kann sich dadurch aus dem Griff selbst des stärksten Mannes befreien, da dessen Daumen nicht imstande ist, dem Drucke des ganzen Handgelenks zu widerstehen und daher stets nachgeben muss.

Der Pfadfinder hält sich also hinter dem Ertrinkenden, ruft ihm zu, ruhig und unbesorgt zu sein, aber allen ihm gegebenen Weisungen zu gehorchen, wenn er gerettet zu werden wünscht.

Verhält der Verunglückte sich vernünftig, so fasst man ihn von hinten bei den Haaren, dem Rockkragen oder den Achselhöhlen und stösst ihn beim Schwimmen vor sich her. Muss man eine grössere Strecke schwimmend zurücklegen, so wirft man sich selbst auf den Rücken und zieht den Hilfsbedürftigen über die eigene Brust.

Im Flusse schwimme man dem Ertrinkenden nicht nach, sondern laufe erst am Ufer eine Strecke stromabwärts voraus. Der Retter muss möglichst viel von seinen Bekleidungsstücken abzuwerfen suchen, vor allem Stiefel und Rock. Hört jedoch der Ertrinkende in seiner Todesangst auf kein vernünftiges Zureden, sucht er sich anzuklammern, und hat er vielleicht schon den Retter am Genick ergriffen, so folge man dem Rat des Meisterschwimmers Holbein. »Drossle ihn, und zwar schleunigst! Lege dann die eine Hand um seine Hüften, schiebe die andere Handfläche nach oben, unter sein Kinn mit den Fingerspitzen unter der Nase. Drücke und stosse mit aller Macht zu, und er muss Dich loslassen.« — Aber das wird natürlich nur demjenigen gelingen, der dieses Verfahren schon vorher genau geübt hat.

Jeder Pfadfinder muss daher jede Gelegenheit benützen, diese Handgriffe mit Kameraden fleissig zu betreiben. Die Pfadfinder müssen dabei abwechselnd den Retter oder den Ertrinkenden darstellen. Glaubt der Pfadfinder sich seiner Sache noch nicht sicher, und kommt er in die Lage, einen in Todesangst um sich schlagenden Menschen retten zu müssen, so wartet er lieber ab, bis dieser matt zu werden beginnt, taucht ihn im Notfall mehrmals kräftig unter und bringt ihn dann erst, wenn er halb bewusstlos ist, auf die beschriebene Weise in Sicherheit.

Auch Günther Diers verdankte dem Umstande, dass seine Schwester, die sich fest an ihn angekrallt hatte, bewusstlos wurde, seine Rettung.

Wir haben Euch schon von vielen heldenmütigen Rettungstaten erzählt, aber die folgende verdient doch noch wegen ihrer ganz eigenartigen Umstände besonders hervorgehoben zu werden.

Ein Junge war im Londoner Hafen zwischen dem Uferrande und einem Schiff ins Wasser gefallen. Ein Herr

Scullion sprang ihm nach, erfasste den Jungen, musste aber bald bemerken, dass er in dem engen Zwischenraum, bei starker Strömung, keinen Platz zum Schwimmen hatte und Gefahr lief, vom Schiffsrumpf erdrückt zu werden. So, in drangvoll fürchterliche Enge eingekeilt, fasste er einen kühnen Entschluss. Er nahm den Jungen fest am Kragen und tauchte mit ihm bis unter den Kiel des Schiffes, schwamm dann unter diesem hindurch und liess sich auf der anderen Seite wieder in die Höhe tauchen. Jetzt hatte er freie Fahrt und konnte mit Leichtigkeit zu einem Bot schwimmen, das beide aufnahm. Herr Scullion erhielt die Albert-Medaille.

Wenn jemand aus irgend einem Grunde noch nicht das Schwimmen erlernt haben sollte und in tiefes Wasser gerät, so kann er sich doch retten, wenn er seine Ruhe bewahrt und die folgenden Vorschriften befolgt:

1. Beuge den Kopf so weit als möglich zurück, so dass Mund und Nase über dem Wasser stehen.
2. Sauge mit tiefen Zügen Luft ein und atme nur sehr wenig aus. Die mit Luft gefüllte Lunge wird den Körper noch tragen können. Schreist Du um Hilfe, so treibst Du die Luft natürlich aus den Lungen wieder heraus.
3. Halte die Arme unter Wasser.

Beim Herausstrecken der Arme, wie es Hilferufende meistens tun, wird die obere Körperhälfte schwerer, und der ganze Körper sinkt unter. (Beim Schwimmen kann jeder die Wahrheit dieser Sätze mit Leichtigkeit selbst feststellen.)

Sieht ein Nichtschwimmer einen Menschen ins Wasser fallen, so wirft er ihm einen Strick, ein Ruder, ein Brett oder einen Baumast zu, wie es der kleine sechsjährige Junge machte. Der Ertrinkende wird sich daran anklammern und man kann ihn damit ans Ufer ziehen.

Wenn jemand auf dem Eise eingebrochen ist, so wird beim Versuch, herauszuklettern, gewöhnlich immer wieder das Eis am Rande abbrechen. Man wirft dem Verunglückten einen Strick mit Querholz zu und ruft ihm beruhigend zu,

dass Hilfe nahe. Würde der Retter auf dem morschen Eis herangehen, so würde er sich unnötig in Gefahr bringen. Er darf sich daher nur mit einer Leiter oder Stange nähern. So behält er selbst eine breite Stütze, und der Eingebrochene hat eine lange Handhabe, an der er sich herausarbeiten kann.

Unter Umständen können zwei Helfer, glatt hinter einander auf dem Eis liegend, den Eingebrochenen erreichen.

Wie man durchgehende Pferde aufhält.

Durchgehende Pferde verursachen bekanntlich viele schwere Strassenunfälle und gefährden besonders Kinder in hohem Masse. Jeder Pfadfinder muss daher wissen, wie er durchgehende Pferde aufzuhalten hat. Er kann dann manchen Menschen vor dem Tode oder vor schweren Beschädigungen retten.

Ein englischer Ulan namens Davies erwarb sich durch solche Rettungstat die Albert-Medaille.

In der grossen Garnison Aldershot gingen die Pferde eines Artillerie-Gespanns durch. Der Fahrer, der auf dem Sattelpferd ritt, wurde abgeworfen, und die Tiere rasten nun ohne jede Leitung bergabwärts, gerade auf die Häuser der verheirateten Unteroffiziere zu. Viele Kinder spielten hier auf den Strassen. Der Ulan kam zufällig vorbei, sah die schwere Gefahr, in der die Kinder schwebten, ergriff mit der rechten Hand das Handpferd am Zügel, mit der anderen die Deichsel und suchte den Wagen zum Stehen zu bringen. In dieser Lage wurde er mehrere Meter geschleift, da brach die Kette, mit der die Deichsel am Wagen befestigt war ab, die Deichsel fiel herunter; Davies kam zu Fall. Der Wagen ging über seinen Oberschenkel und verletzte ihn schwer.

War es ihm auch nicht gelungen, die Pferde vollständig zum Stehen zu bringen, so hatte er sie doch von ihrem Wege abgelenkt und durch seine Selbstaufopferung den Kindern Zeit gewonnen, sich zu retten.

Eine ähnliche Rettungstat vollbrachte im Sommer 1906 ein 17jähriger Kaufmannslehrling in Ost-Dievenow, wo er sich zum Sommeraufenthalt befand. Auch er rettete durch sein schnelles Eingreifen eine Kinderschar von der Gefahr, von einem Arbeitsfuhrwerk überrannt zu werden. Er wurde selbst mitgeschleift und verletzt, die Kinder aber waren unversehrt geblieben. Der junge Retter war so bescheiden, dass er gar kein Rühmens von seiner Tat machte. Erst durch den Vorstand des Vereins der Lebensretter wurde sie den Behörden bekanntgegeben. Der Deutsche Kaiser verlieh ihm auf diesen Bericht dann auch die Rettungsmedaille. Wahre Helden sind stets bescheiden. Sie tun ja nur das, was ihre

Pflicht ist. Der Namen des tapferen Helden ist Franz Nithack aus Berlin.

Baden-Powell berichtet weiter über die mit Umsicht und Geschick durchgeführte Rettung einer Dame, deren Pferd durchgegangen war. Sie ritt im Hydepark in London spazieren, da scheute plötzlich das Pferd, nahm die Stange zwischen die Zähne und ging wie toll durch. Trotzdem die Dame eine gute Reiterin war, hatte sie jede Gewalt über das Tier verloren. Solange der rasende Ritt geradeaus ging, drohte der sattelfesten Dame keine Gefahr, aber die noch ziemlich lange, gerade Strecke bog an ihrem Ende scharf um, und der gerade Teil des Reitweges war gleich hinter der Biegung durch ein hohes, eisernes Gitter abgeschlossen.

Das Pferd ist dem Menschen seit Urgedenken ein nützlicher und edler Gefährte gewesen. Wenn es aber scheu wird, benimmt es sich wie das dümmste Geschöpf der Welt und rennt blindlings durch dick und dünn, ganz gleich, ob gegen eine Mauer oder gegen einen Felsen, unbekümmert, ob es sich selbst dabei den Schädel einstösst. Von selbst bleibt es nicht stehen, bis es gegen das Hindernis angerannt ist und dann gewöhnlich im Fall den Reiter unter sich begraben hat. Ich selbst habe mir auf diese Weise einen schweren Beinbruch zugezogen.

Auch hier im Hydepark bestand wenig Zweifel, dass das Pferd gegen das Eisengitter anrennen würde, und die Folgen wären voraussichtlich äusserst verhängnisvoll für die Reiterin geworden.

Auf dem gleichen Reitwege ritten zwei Herren ruhig im Schritt vor der Dame her, da hörten sie das Hufgeklapper des herannahenden Tieres. Der eine, ein bekannter Staatsmann, Herr George Wyndham, hatte sich kaum umgesehen, als er auch mit einem Schlage die ganze Schwere der Situation begriff. Mit schnellem Blick sah er als richtiger Pfadfinder, was er zu tun hatte, und er tat es ohne Besinnen.

Er war sich darüber klar, dass eine Dame durch ein toll daher rasendes Pferd dem Tode entgegengeführt würde, wenn es nicht gelang, entweder das Pferd bis zum kritischen Punkt zum Stehen zu bringen oder es um die Biegung derartig herum zu leiten, dass es mit dem Gitter nicht in Berührung kam. Und das Gitter war nun nicht mehr weit entfernt!

Nun was hättet Ihr wohl getan, wenn Ihr in der Lage des Herrn Wyndham gewesen wäret?

Er hätte ja den Durchgänger sehr einfach zum Stehen bringen können, wenn er sein eigenes Pferd auf dem Wege quer hingestellt hätte. Aber der Anprall hätte voraussichtlich beide Reiter unter ihren Pferden begraben.

So blieb nur ein zweiter Ausweg übrig. Er setzte sein Pferd in scharfen Galopp und einen Moment lang sah es aus, als ob auch sein Pferd durchginge und das der Dame ihm nachsetzte. Aber bald wurde seine Absicht den angsterfüllten Zuschauern klar.

Er nahm allmählich sein Pferd zurück, liess das andere an sich, und zwar an seiner Innenseite herankommen, bis der Pferdekopf ganz dicht neben ihm stand.

Dann wendete er ganz allmählich, stets an der Aussenseite reitend, sein Pferd, um mit grossem Bogen die Biegung zu nehmen und presste es dabei dauernd gegen die äussere Schulter des Damenpferdes, zwang dieses also die Wendung gleichzeitig mit dem seinen mitzumachen, bis es glücklich von dem Gitter weg in die neue Richtung gebracht worden war.

Da erst, immer noch eine Halslänge voraus, bemächtigte er sich der Zügel des Durchgängers und brachte diesen in kurzer Zeit zum Stehen und zur Vernunft. Diese schöne Tat gibt Euch ein herrliches Beispiel, dass Ihr »allezeit bereit« zu sein habt. Auch wenn Ihr Eueren gewohnten Spaziergang macht, Euch arglos mit einem Freunde unterhaltet, kann an Euch jederzeit die Ehrenpflicht herantreten, einem Mitmenschen zu Hilfe zu eilen, der in Gefahr ist.

Baden-Powell kam selbst einmal in die Lage, auf der Westminsterbrücke ein durchgehendes Droschkenpferd zum Stehen zu bringen. Es gelang ihm dies leicht, und in seiner Bescheidenheit machte er nicht viel Aufhebens von dieser Tat. Er schöpfte aber daraus die Erfahrung, dass es falsch ist, bei durchgehenden Pferden sich vor diese zu stellen und mit den Armen nach allen Richtungen hin und her zu fuchteln, wie es die meisten Leute gewöhnlich tun. Man muss vielmehr versuchen, nebenher zu laufen und mit der einen Hand die Deichsel — oder bei Zweispännern eine Zugleine — zu ergreifen, um sich vor dem Fallen zu schützen, mit der anderen die Zügel. Dann sucht man den Pferdekopf allmählich nach der Seite zu drehen. So zwingt man das Gespann zum Wenden, bis man es gegen eine Mauer oder gegen ein Haus bringen kann. Oft kann man schon vorher das Tier zum Stehen veranlassen.

Für einen jungen Menschen ist dies natürlich äusserst schwierig, da ziemlich viel Körperkraft dazu erforderlich ist, ebenso ein gewisses Körpergewicht, das sich fest in die Zügel hängen kann und durch seine Schwere die Pferde aufhält. Die Aufgabe des jungen Pfadfinders in solchen Fällen wird sich wohl vielfach darauf beschränken müssen, sich der Leute anzunehmen, die durch das durchgehende Pferd zu Schaden gekommen sind.

Eingreifen bei Unglücksfällen verschiedener Art.

Es ist selbstverständlich unmöglich, alle Arten von Unglücksfällen hier zu besprechen, die sich möglicherweise einmal ereignen könnten. Die Hauptsache ist, dass der Pfadfinder seine Fassung behält und den Kopf nicht verliert. Er weiss dann in gegebenem Fall, was er zu tun hat und ist durch seine Ausbildung in der Lage, das Nötige ohne Zaudern zu tun, wenn die Ereignisse auch noch so ungewöhnlich und überraschend auf ihn einstürmen sollten.

Für eine ganz besonders entschlossene Tat wurde der Polizeisergeant Cole mit der Albert-Medaille ausgezeichnet. In der berühmten Westminsterhalle sah er eine Dynamitbombe liegen. Der Zünder war bereits angezündet, jede Sekunde konnte die Explosion erfolgen. Mancher hätte sich vielleicht in Sicherheit gebracht und die Explosion in sicherer Deckung abgewartet. Cole aber kannte seine Pflicht. Er ergriff die Bombe, stürmte aus dem Gebäude heraus und erst, als er auf einem freien menschenleeren Platz angelangt war, wo die Bombe keinen Schaden mehr anrichten konnte, warf er sie von sich. Sofort erfolgte jetzt die Explosion, und Cole hätte um ein Haar dabei sein Leben eingebüsst. Würde er nur einen Augenblick gezaudert, auch nur darüber nachgedacht haben, was zu tun sei, so hätten viele Leute und wahrscheinlich auch er selber sein Leben dabei eingebüsst. Ein tapferer Mann weiss eben durch eine Art Naturtrieb stets, was er zu tun hat.

Der Heldentat des tapferen Polizisten kann das Rettungswerk eines schlichten Fabrikarbeiters würdig zur Seite gestellt werden.

John Smith, ein Arbeiter in einer Eisengiesserei, war eines Tages mit anderen Kameraden damit beschäftigt, einen kolossalen, glühend heissen Stahlbarren im Gewicht von 26 Tons aus der Gussform herauszuwinden. Dabei glitt ein Arbeiter aus und fiel an der Längsseite des glühenden Eisenbarrens in die 5 m tiefe Gussgrube hinein. Zwischen Stahlbarren und Grubenwand war nur ein Zwischenraum von wenig mehr als $^1/_2$ m vorhanden, in kurzer Zeit musste der Verunglückte der Gluthitze erliegen. John Smith rannte mit einer Leiter in die nächste Grube, von der aus ein Verbindungsgang in die erstere führte. So gelang es ihm, bis zu dem Boden der im Betrieb befindlichen Gussform vorzudringen und den Verunglückten in die Zugangsgrube zu schleifen. Dieser erlag trotzdem zwei Tage später seinen entsetzlichen Brandwunden. Auch Smith schwebte längere Zeit zwischen Leben und Tod. Bei seiner Genesung erhielt er die Albert-Medaille.

Die Heldentaten, die bei Bergwerkskatastrophen vollführt wurden, so bei Courrières, wo deutsche und französische Bergleute ritterlich einander beistanden, würden ganze Bücher füllen. Diese schlichten Helden sind meist so bescheiden, dass nur die wenigsten ihrer Rettungstaten, die tief unter der Erde vor sich gehen, an das Licht des Tages gelangen.

Schutzmassregeln gegen tollwütige Hunde.

Ein von Tollwut befallener Hund läuft sinnlos umher und beisst nach jedem, der ihm in den Weg kommt. Jeder Pfadfinder muss wissen, was er in solchen Fällen zu tun hat, um auch hier, stets gerüstet, zum Eingreifen allzeit bereit zu sein.

Tollwut ist unheilbar; jeder tollwütige Hund muss daher getötet, am besten erschossen werden. Mancher Besitzer sucht sich seinen toll gewordenen Liebling jedoch zu erhalten, kann dabei aber selbst in schwere Gefahr kommen, wie es einem englischen Landedelmann erging. Dieser, Sir Thomas Fowell Buxton, ritt eines Tages spazieren, wie gewöhnlich von seinem Lieblingshunde begleitet. Bei diesem kamen plötzlich die Zeichen der Tollwut zum Ausbruch und er rannte in der Richtung auf die Stadt davon. Sir Thomas setzte ihm nach, drängte ihn vom Wege ab und trieb ihn in einen Garten hinein. Dann sass er ab, schloss die Gartentüre, und anstatt ein Gewehr zu holen und ihn aus sicherer Entfernung zu erschiessen, lief er auf den Hund zu. Es gelang ihm, diesen am Genick zu packen, ohne dass er selbst gebissen wurde. Jetzt aber folgte ein fürchterlich aufregender Kampf zwischen Mann und Hund.

Schliesslich kam der Besitzer des Gartens mit einer Kette herbei. Sir Thomas legte sie dem Hunde an und liess diesen erst los, als der Gärtner das andere Ende der Kette fest um einen Baum geschlungen hatte. Der Hund raste vor Zorn und Wut an seiner Kette, und diese drohte zu brechen. Sir Thomas hatte jedoch sein Tier so lieb, dass er sich immer noch nicht entschliessen konnte, es zu töten. Er liess sich vielmehr eine neue stärkere Kette kommen, drückte den Kopf des Hundes mit einer Heugabel nieder und legte ihm die zweite Kette an. Es war die höchste Zeit gewesen; denn kaum war dies geschehen und die Heugabel entfernt, als der Hund mit solcher Gewalt auf ihn zusprang, dass die erste Kette zerriss. Die zweite hielt glücklicherweise aus. Aber auch der Hund hatte seine Kraft erschöpft und verendete bald darauf.

Um einen Hund am Beissen zu verhindern, muss man einen Stecken, im Notfall auch ein Tuch, einen Rock oder

Mantel mit beiden Händen vor seinen Körper halten. Der Hund wird sich in erster Linie auf diese Gegenstände stürzen, so dass man Zeit gewinnt, ihm entweder mit den Absätzen einen kräftigen Stoss unter seine Kinnladen zu versetzen oder andere Leute zur Hilfe herbeizurufen.

Ueberhaupt muss man im Verkehr mit Hunden vorsichtiger sein, als man gewöhnlich annimmt. Niemals darf man sie Teller auslecken lassen, die ein Mensch benutzen könnte; noch hässlicher ist es, wenn man sich von ihnen das Gesicht ablecken lässt. Eine grosse Zahl von Hunden beherbergt Hundswürmer, welche bei Menschen Anlass zu äusserst gefährlichen Krankheiten und Geschwülsten geben können.

Uebungen in der Kunst der Lebensrettung.

Schleudern eines Rettungsseiles. Einen festen Strick versieht man an dem einen Ende mit einem Querholz, das etwa einen halben Meter lang und mit Blei beschwert ist. Als Zielgegenstand benützt man eine Querstange mit senkrechter Kopfstange, also ein niedriges Gestell in Form einer Kreuzfigur, die die Arme und den Kopf des Ertrinkenden darstellen soll. Man pflanzt diese Zielpuppe etwa 20 m von dem durch einen Strich bezeichneten Standplatz des Uebenden entfernt fest in den Boden ein. Jeder Beteiligte stellt sich hinter der Linie auf und kann nun mit Anlauf oder aus Stand das Seil werfen. Die Linie darf dabei nie überschritten werden. Wer vom weitesten Standplatz aus zu treffen vermag, ist Sieger. Dieser muss natürlich die Puppe an irgend einem Teile getroffen haben, so dass, wenn es sich um den Ernstfall gehandelt hätte, der Ertrinkende das Querholz oder das Seil hätte ergreifen können. Man kann natürlich auch weiter üben, bis der schlechteste Wurfschütz übrig bleibt.

Das Zuwerfen eines Rettungsringes ist in gleicher Weise zu üben.

Uebungen im Feuerlöschdienst.

Man bildet zwei nebeneinanderstehende Reihen, die mit Feuereimern versehen werden. Die eine Reihe gibt die gefüllten Eimer von Hand zu Hand weiter, die andere reicht die entleerten Eimer bis zur Wasserstation wieder zurück. Beide Reihen lösen sich wechselseitig in ihren Aufgaben ab.

Spritzenübungen. Tragen von Schläuchen, Auf- und Zusammenrollen von Schläuchen, Zusammensetzen mehrerer Schläuche miteinander. Anschrauben der Schläuche an Hydranten. Leitung der Wasserstrahlen auf bestimmte Stellen. (Man kann dies sehr gut mit Gartenschläuchen üben.)

Uebungen in der Handhabung von Leitern, Stangen, Stricken, im Herablassen von Menschen aus Fenstern mit Stricken oder Bettüchern, Verwendung von Teppichen oder doppelt gelegten Decken als Sprungtücher (Bettücher oder dünne Stoffe darf man nicht dazu benützen, weil sie leicht durchreissen können).

Weitere Uebungen.

Bildung von Reihen, um eine Volksmenge zurückzudrängen. (Die englisch »scrum« genannte Formation.) Festhalten Ertrinkender im Wasser, dabei Vorsichtsmassregeln gegen das Ankrallen Untergehender. Wie man jemand an dem Gebrauch seiner Pistole hindert (Ju-Jitsu-Griff). Anfertigung von Leitern aus Stangen, Schnüren und Querhölzern.

Unterweisung der Pfadfinder über die Lage der nächsten Wasserhydranten, Feuermelder, Feuerwachen und Spritzenhäuser, Rettungsstationen, Spitäler, Militärlazarette u. s. w.

III. Abschnitt.

Erste Hilfeleistung bei Unglücksfällen.

(Es ist natürlich unmöglich, im Rahmen des Buches mehr als Andeutungen zu geben. Der Lehrmeister muss für den Unterricht eines der im ersten Abschnitt dieses Kapitels erwähnten Bücher benützen.)

Ist eine Pfadfindergruppe unterwegs, und es ereignet sich ein Unfall, oder man findet einen Verletzten oder Kranken, so schickt der Feldkornett einen seiner Leute zum nächsten Arzt sowie zur nächsten Rettungsstation, um eine Fahrbahre herbeizuholen. Häufig wird er dies am besten telephonisch bewirken können. Der Feldkornett bleibt mit einem anderen Pfadfinder bei dem Kranken und leistet ihm die am dringendsten erforderliche Hilfe. Die anderen verwendet er zum Herbeischaffen von Wasser oder von Decken oder auch zum Herrichten einer Nottragbahre.

Man soll sich zum Grundsatz machen, einen Verletzten möglichst in Ruhe zu lassen und ihn nicht mehr zu bewegen oder zu berühren als unumgänglich notwendig ist. Vielgeschäftigkeit kann besonders hier oft mehr schaden als nützen. Vor allem belästige man ihn nicht mit unnötigen Fragen, vor allem nicht, bevor er sich einigermassen erholt hat.

Ohnmachten.

Die einfachsten Arten von Ohnmacht können durch Erschöpfung infolge grosser körperlicher Anstrengung bei mangelhafter Ernährung und geringem Schlaf, besonders aber nach Ausschweifungen, Tabakgenuss und Trunkenheit, ferner nach Blutverlusten entstehen. Manche schwachnervige Leute fallen bei jedem Schmerz oder Schreck in Ohnmacht, manche können Karbol nicht riechen oder Blut nicht sehen, ohne ohnmächtig zu werden. Solche Menschen werden dann plötzlich leichenblass. Dies ist ein Zeichen, dass das Gehirn blutleer geworden ist. Man muss daher den Kopf des Bewusstlosen tiefer lagern, damit das Blut wieder hineinströmen kann. In den meisten Fällen wird diese Lagerung schon genügen, um den Bewusstlosen zu sich kommen zu lassen. Bei Ohnmachten durch Blutverlust lagert man ausserdem die Beine hoch, wie obenstehende Abbildung zeigt. Das Blut kann dann noch besser in das Gehirn strömen.

Bei allen Fällen von Ohnmacht bringt man den Kranken entweder in frische Luft oder öffnet möglichst weit die Fenster. Ebenso löst man bei jedem Verletzten alle beengenden Kleidungsstücke, vor allem Kragen und Hosen, bei Frauen auch Kleidergurt und Korsett.

Man darf sich jedoch niemals mit der Annahme einer einfachen Ohnmacht begnügen. Der Ohnmächtige kann auch überfallen und durch Schläge auf den Kopf verletzt worden sein, er kann gestürzt sein und durch eine dieser Ursachen sich eine Gehirnerschütterung zugezogen haben. Ferner kann er möglicherweise auch einen Schlaganfall erlitten haben oder vom Hitzschlag befallen worden sein. Letzteren kann man annehmen, wenn bei heisser Witterung der Kopf rot und dabei der ganze Körper heiss ist. In diesen Fällen darf man den Kopf nicht tief legen, weil sonst eine Blutung im Gehirn entstehen oder, wenn eine solche bereits vorhanden, noch vermehrt werden könnte. Man lagere den Ohnmächtigen vielmehr an einem schattigen Ort mit erhöhtem Oberkörper (vergleiche die Abbildung auf Seite 286).

Merke daher die Regel: Erhöhung des Kopfes, wenn Gesicht dunkelrot; Tieferlegung, wenn es sehr blass ist.

In allen Fällen von Ohnmacht sind kalte Umschläge auf Kopf und Brust stets von Nutzen. Bei Hitzschlag besonders lässt man reichlich Wasser trinken, um das eingetrocknete Blut flüssiger zu machen und gleichzeitig gemeinsam mit äusserlich angewandten Umschlägen und Uebergiessungen den erhitzten Körper zu kühlen. Bei Kopfverletzungen gebe man nichts zu trinken, da der Verletzte dadurch leicht erbrechen und sein Leiden verschlimmern würde.

Zeigt der Ohnmächtige Kopf- oder sonstige Verletzungen, so sucht der Pfadfinder, sobald der Kranke versorgt ist, den Platz ringsherum nach »Spuren« ab. Bevor er den Verletzten auf einen anderen Platz verbringt, muss er nochmals genau die Lage besichtigen, in der er ihn angetroffen hat. Am besten photographiert er ihn oder fertigt sich eine Bleistiftskizze an. Um den Fundort des Verletzten herum zeichnet er eine Linie in den Sand.

Künstliche Atmung.

Ihr habt jetzt schon mehrfach von der künstlichen Atmung gehört, die besonders bei Erweckung Ertrunkener oder Erstickter aus ihrer oft totenähnlichen Ohnmacht lebensrettend zu wirken vermag. Hat man einen Ertrinkenden aus dem Wasser gerettet, so ist die Aufgabe des Pfadfinders noch nicht beendet. Auch Günther Diers wusste das und verfuhr mit seiner bewusstlosen Schwester genau wie er es im Samariterkurs gelernt hatte.

Zuerst reinigt man Mund und Nase von eingedrungenem Schlamm und Wasser, wischt auch zu diesem Zwecke mit dem umwickelten Finger Mund und Rachen aus. Dann legt man den Verunglückten mit dem Bauche nach unten auf eine aus Kleidungsstücken gebildete Rolle. Kopf und Rumpf hängen so nach unten über. Jetzt sucht man durch Druck auf den Rücken das eingedrungene Wasser aus Magen und Luftwegen besser zu entfernen, so dass es aus Mund und Nase herausfliessen kann. Handelt es sich um ein Kind oder überhaupt um eine Person von leichtem Gewicht, so legt man den Bewusstlosen zu diesem Zwecke am besten mit dem Bauche quer über die Knie. Nach Abfluss des Wassers dreht man den Verunglückten wieder auf den

Rücken. Atmet er von selbst, so hüllt man ihn in Decken und sucht durch Reiben nach dem Herzen zu den Blutkreislauf wieder anzuregen und den meist frierenden Körper zu erwärmen. Ferner flösst man ihm warmen Tee oder Kaffee ein.

Atmet der Verunglückte jedoch nicht, so ist sofort mit der künstlichen Atmung zu beginnen. Nun fällt bei Bewusstlosen die Zunge meist nach hinten in den Schlund zurück und hindert das Ein- und Ausströmen der Luft. Sie muss daher hervorgeholt und von einem der Helfer mit einem Tuch festgehalten werden. Ein sehr gutes Mittel, die Atmung anzuregen, besteht auch darin, rhythmisch fünfzehnmal in der Minute abwechselnd die Zunge stark hervorzuziehen und wieder zurücksinken zu lassen. Der Verunglückte wird jetzt mit entkleidetem Oberkörper auf den Boden, mit dem Rücken auf ein Kopfpolster (Mantel, Gras, Moos) niedergelegt, so dass der Brustkorb sich gut vorwölbt.

Der Retter tritt nun zu Häupten des Verunglückten, ergreift die beiden Arme in der Gegend der Ellbogen und führt sie ausgestreckt und langsam nach hinten und oben zurück, bis sie zu beiden Seiten des Kopfes liegen. Dadurch wird der Brustkorb des Bewusstlosen erweitert, und die Luft strömt durch Mund und Nase in die Lunge ein. Einatmung.

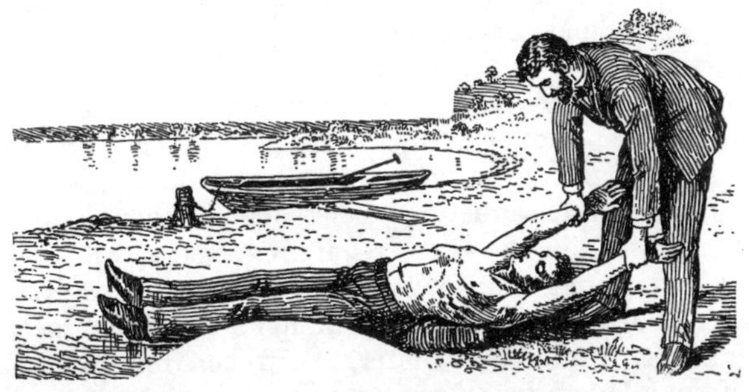

In dieser Stellung hält man die Arme etwa zwei Sekunden lang fest (zählen 1 — 2 — 3). Nach dieser Pause führt man die Arme zum Brustkorb zurück und drückt sie kräftig, aber schonend von beiden Seiten her an diesen heran. Der Brustraum wird dadurch wieder verengert, die Lunge fällt zusammen, die vorher eingepumpte Luft wird wieder herausgetrieben. Ausatmung (siehe Bild S. 288). Man lässt die Arme wieder zwei Sekunden in dieser Stellung und führt sie dann neuerdings zur Einatmungsstellung zurück. Man setzt dieses Verfahren auf die gleiche Weise weiter fort, bis die natürliche Atmung zurückkehrt. Innerhalb einer Minute werden diese Bewegungen etwa fünfzehnmal ausgeführt. Sind zwei Helfer verfügbar, so übernimmt jeder einen Arm. Sie führen dann die gleichen Bewegungen gleichzeitig aus. Der Aeltere gibt durch Zählen den Takt an.

Die künstliche Atmung muss man manchmal unverdrossen stundenlang fortsetzen. Zuweilen tritt der Erfolg erst nach langer Zeit ein und ist dann desto erfreulicher. Bei richtiger Anwendung der künstlichen Atmung hört man bei jeder Einatmung die Luft zischend in die Lunge einströmen.

Verbrennungen.

Bei einem Verunglückten, der ausgedehntere Brandwunden erlitten hat, darf man die Kleider nur mit grösster Vorsicht entfernen. Am besten schneidet man sie mit Messer oder Schere herunter. Sollte irgend ein Stück der Unterkleidung infolge der Brandwunden mit der Haut verklebt sein, so darf man, besonders hier, auf keinen Fall den Stoff abreissen, sondern muss ihn mit aller Vorsicht umschneiden. Dann muss man die Brandwunden so schnell wie möglich mit sauberen, trockenen Verbandstoffen bedecken und dadurch vor Verunreinigung, sowie vor den Einwirkungen der Luft schützen. Letztere verursacht bei offenen Brandwunden ausserordentlich heftige Schmerzen.

Umschläge mit Oel, Butter, Bestreuen mit Mehl führen oft zu langdauernden Eiterungen und sind daher zu vermeiden. Dagegen ist Anwendung einer Mischung von Kalkwasser und Leinöl, die in den Apotheken als »Brandliniment« erhältlich ist, von guter und schmerzstillender Wirkung. Man streicht dieses Liniment auf Streifen von Verbandmull auf, legt sie auf die Brandstellen und schliesst den ganzen Verband mit einer dicken Schicht Watte ab. Da bei ausgedehnteren Verbrennungen der Körper viel Flüssigkeit verliert, so ist die Darreichung warmer Getränke, wie Tee, Kaffee, Milch, sehr empfehlenswert.

Ausser durch Feuer können auch durch siedendes Wasser sehr schwere Brandverletzungen entstehen. Hat sich solches über die Füsse ergossen, so sind sofort die Strümpfe herunterzuschneiden, denn in diesen hält sich die Hitze am längsten, weil sie am Körper eng anliegen. Dadurch können die schwersten und tiefsten Verbrennungen zustande kommen.

Brandwunden durch Aetzmittel.

Sie sind gleichfalls oft sehr gefährlich. Bei Aetzungen durch Einwirkung von Laugen oder Kalk macht man Spülungen mit dünnen Säuren (Essigwasser, Zitronensäure, Bleiwasser). Sind Brandwunden durch Säuren, wie Schwefelsäure, Salpetersäure etc. verursacht worden, so behandelt man diese umgekehrt mit verdünnten Laugen. Man bespült sie daher mit verdünntem Seifenwasser oder Kalkwasser, oder bestreut sie mit gepulverter Kreide oder Magnesia. Säuren und Laugen heben sich bekanntlich, wie Ihr in der Chemiestunde gelernt habt, gegenseitig in ihrer Wirkung auf. Sie sind daher zueinander »Gegengifte«. Wenn sie zusammenkommen, bildet sich ein »neutrales Salz«. Jetzt seht Ihr wieder, dass das, was Ihr in der Chemiestunde erlernt, keine Bücherweisheit ist, sondern dass Ihr das Erlernte auch im Leben gut gebrauchen könnt.

Nachdem Ihr das Gegenmittel angewendet habt, muss es mit reinem, am besten abgekochtem Wasser wieder abgegossen werden. Sind Kalkspritzer ins Auge gedrungen, so darf man kein gewöhnliches Wasser zu Umschlägen verwenden, sondern kohlensaures Wasser, Zuckerwasser, Milch oder reines Olivenöl.

Wunden.

Jede Wunde hat das Bestreben, durch die Heilwirkungen der Natur zu heilen. Sie kann das jedoch nur solange, als sie rein gehalten ist, das heisst, solange nicht Eitererreger gleichzeitig mit Schmutz, Staub, unreinen Fingern oder unsauberen Verbandstoffen eindringen können. »Jede Unreinlichkeit, die in eine Wunde dringt,« sagt die deutsche Krankenträgerordnung, »kann dem Verwundeten das Leben kosten. Deshalb darf man (im Felde oder Lager) die Wunde niemals mit den Fingern oder etwa gar mit dem Taschentuch, dem Hemde u. s. w. berühren. Der Teil der Verbandmittel, der auf die Wunde kommen soll, darf niemals mit den Fingern berührt werden.«

Jeder Pfadfinder hat stets sein Verbandpäckchen bei sich, in dessen Verwendung er genau unterrichtet werden muss. Die Verbandstoffe im Verbandpäckchen sind mit einem »antiseptischen« Stoffe, d. h. einem Mittel, das die

Krankheitskeime, daher auch die Eitererreger tötet, getränkt. Man kann aber auch jeden Leinwandlappen, jedes Taschentuch keimfrei — »aseptisch« — machen, wenn man es in siedendem Wasser auskocht. Nur antiseptische oder aseptische Verbandstoffe dürfen auf Wunden kommen. Schmutz in der Umgebung der Wunde darf nur mit abgekochtem (aseptischem) Wasser oder mit fäulniswidrigen (antiseptischen) Mitteln, wie Weingeist, Sublimat 1:1000, Kresolseifenlösung (Lysol) 2:100, essigsaure Tonerde, Karbollösung 2:100 u. a.), abgespült werden, ohne dass dabei die Wunde berührt werden darf.

Blutungen.

Wenn Schlagadern verletzt werden, entstehen lebensgefährliche Blutungen. Man erkennt diese Art von Blutungen daran, dass hellrotes Blut stossweise aus der Wunde spritzt. Baden-Powells Bruder erkannte ja auch die lebensgefährliche Oberschenkelblutung seines Freundes an diesem Anzeichen und konnte ihn durch schnell und richtig angewandte Hilfe retten.

Kommt man also zu einem Verletzten mit solch einer schweren Blutung aus einer grösseren Schlagader, so entfernt man schnell alle störenden Kleidungsstücke und drückt mit den Fingern den Stamm der Schlagader an einer Stelle, wo er möglichst nahe der Haut verläuft, fest gegen den darunterliegenden Knochen. Es ist geradeso wie bei einem Gartenschlauch. Ist an diesem ein Loch entstanden, und spritzt das Wasser hier heraus, und Du trittst zwischen der Pumpstation und dem Riss auf den Schlauch, so wird der Schlauch abgedrückt und das Spritzen hört sofort auf. Genau so ist es bei der Schlagader. Auch hier muss der Druck auf der Strecke zwischen dem Herzen (der Pumpstation) und der Wunde (dem Riss) ausgeübt werden. Die Stellen, die dazu am besten geeignet sind, muss jeder Pfadfinder im Unterricht genau kennen lernen.

Die Abbildung auf Seite 291 zeigt Euch den Verlauf der Hauptschlagadern durch den Körper.

Ueberlegt Euch danach selbst die Stellen, wo Ihr den Fingerdruck ausüben müsst und sucht sie am eignen Körper auf.

Wie der Fingerdruck angewendet wird, geht aus den beiden Bildern auf Seite 291 hervor.

Da die Ausübung des Fingerdruckes auf die Dauer sehr ermüdend wäre, so ersetzt man ihn durch die Umschnürung des Gliedes. Während der zuerst hilfeleistende Pfadfinder weiter auf die Schlagader drückt, muss ein

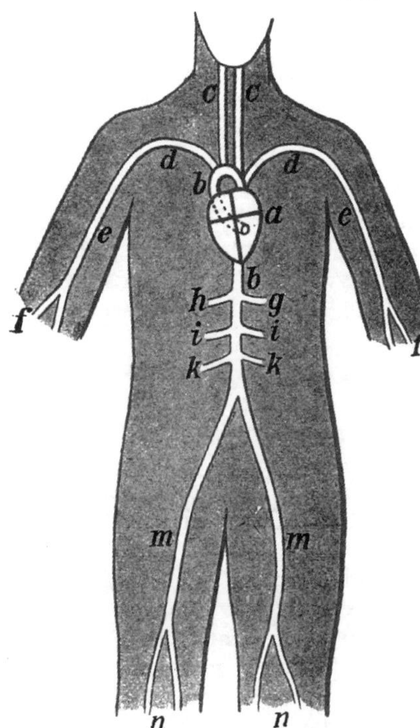

Die grösseren Schlagadern.

(Die grösseren Blutadern liegen neben den Schlagadern; hier weggelassen.)

---

a Herz

b Hauptschlagader

c Halsschlagadern

d Schlüsselbeinschlagadern

e Oberarmschlagadern

f Speichen- und Ellenbogenschlagadern

g Magenschlagader

h Leberschlagader

i Nierenschlagadern

k Schlagadern für den Darm

m Oberschenkelschlagadern

n Schienbein- und Wadenbeinschlagadern

Jede dieser Schlagadern löst sich in immer kleinere und kleinere Adern, schliesslich in die sogen. Haargefässe auf.

Druck auf die Schlüsselbein-Schlagader.

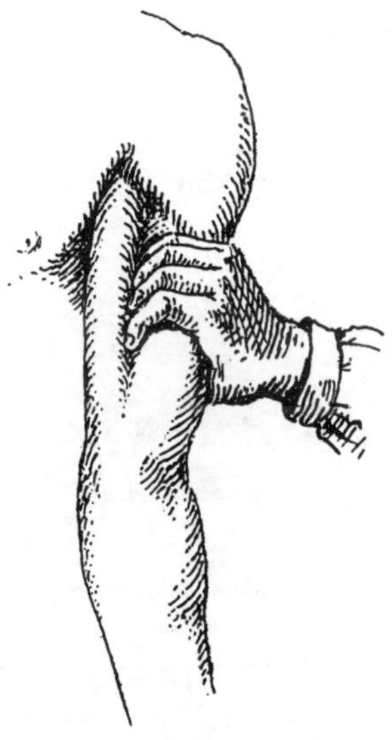

Druck auf die Arm-Schlagader.

(Aus Fessler, »Krankenpflege«. Verlag Otto Gmelin, München.)

Kamerad einen Gummigurt oder Hosenträger dicht neben dem drückenden Finger mehrmals fest um das Glied schnüren. Erst dann darf der Finger den Druck aufgeben. Am Hals oder in der Schlüsselbeingrube kann die Umschnürung natürlich nicht angewendet werden.

Die Binde darf nie länger als zwei Stunden liegen bleiben, da sonst die abgeschnürten Teile brandig werden könnten.

Im äussersten Notfall muss der Pfadfinder in spritzende Wunden am Hals oder am Schlüsselbein die Mullstücke seines Verbandpäckchens fest mit dem Finger hineinpressen.

Knochenbrüche.

Einen Knochenbruch des Armes oder Beines erkennt der Pfadfinder in erster Linie daran, dass nach vorausgegangener Verletzung, insbesondere nach einem Sturz, oder nach einer Schusswunde, der Verletzte das betroffene Glied nicht mehr gebrauchen kann.

Mit gebrochenem Bein kann niemand mehr gehen, mit gebrochenem Arm niemand einen schweren Gegenstand tragen. Das Glied läuft nicht mehr in seiner alten, geraden Richtung, sondern ist an der Bruchstelle abgeknickt, ein Winkel oder eine Biegung springt dort vor. Die Aufgabe der ersten Hilfeleistung besteht nun darin — nach sorgfältiger Bedeckung etwa vorhandener Wunden — das Glied leicht erhöht ruhig zu lagern und die Schmerzen durch kalte Umschläge zu stillen. Muss der Verletzte jedoch transportiert werden, so muss zuvor dem gebrochenen Glied die fehlende Stütze wieder verliehen werden. Dies geschieht durch Anlegung von Schienen, nachdem die Bruchenden wieder in die richtige Lage gebracht, »eingerichtet« worden sind. Dies könnt Ihr selbstverständlich nur praktisch durch Uebung erlernen.

Knochenbruch

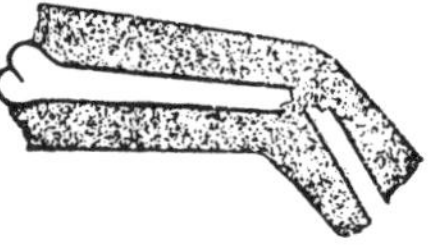

ohne Schienenverband

mit Schienenverband

Der Pfadfinder lernt solche Behelfschienen aus Holzstücken, Zeitungs- und Strohrollen, gerollten Kleidungsstücken, Aesten und Zweigbündeln, Spazierstöcken und manch anderem Material selbst herstellen

Vergiftungen.

Erkrankt ein Mensch, nachdem er gegessen oder getrunken hat, plötzlich an Leibschmerzen, Erbrechen, Schwindel, Ohnmacht oder Krämpfen, so kann man annehmen, dass er vergiftet ist. Die Hauptaufgabe jeder Hilfeleistung besteht darin, das Gift möglichst schnell aus dem Magen zu schaffen. Man muss also das Erbrechen anregen, das ja durch die Hilfe der Natur glücklicherweise oft von selbst eintritt. Man muss dieses weiter zu fördern suchen, indem man dem Vergifteten warmes Wasser mit Salz, mit Butter oder Oel, am besten mit Rizinusöl zu trinken gibt. Durch die fortwährende Zufuhr von Wasser, das immer wieder ausgebrochen wird, bewirkt man eine Art von Magenspülung, also das gleiche Ziel, das auch der Arzt durch Einführung eines Gummischlauches durch die Speiseröhre in den Magen zu erreichen sucht. Bricht der Kranke jedoch nicht von selbst, so kitzelt man den Schlund, vor allem das Zäpfchen, mit dem Zeigefinger oder mit einer Feder. Dadurch werden Würgbewegungen verursacht. Man gibt dann die genannten, Uebelkeit erregenden Getränke zu trinken.

Sind Mund und Lippen verätzt, so ist dies der Beweis, dass die Vergiftung durch ätzende Gifte (Säuren oder Laugen) erfolgt ist. In diesem Falle darf man das Erbrechen nicht anzuregen versuchen, da die Speiseröhre oder der Magen wahrscheinlich in gleicher Weise verbrannt sind und durch die heftigen Würgebewegungen zerreissen könnten.

Bei Vergiftungen mit ätzenden Säuren gibt man daher, ganz wie bei Verbrennungen, als Gegengift, jedoch stark verdünnt, Laugen ein, z. B. doppelkohlensaures Natron, Soda, Magnesia, Kalkwasser, Seifenwasser. Bei Vergiftungen mit Laugen reicht man verdünnte Säuren (Essigwasser, Zitronenlimonade, stark verdünnte Salzsäure)

Eiweiss, Zuckerwasser, Haferschleim können bei allen Arten von Vergiftungen in grosser Menge eingeflösst werden. Sie verdünnen das Gift und machen es dadurch unschädlicher. Ebenso ist Milch ein vorzügliches Gegengift. Nur bei Phosphorvergiftung wirkt es wie alle Oele oder Fette schädlich. Hier ist Magnesia oder Kreidepulver in Wasser am Platze. Tritt bei Vergiftungen Atemstillstand ein, so wendet man die künstliche Atmung an. Bei Bewusstlosigkeit sucht man den Kranken durch fortwährendes Aufrütteln und kalte Abwaschungen zu erwecken und wach zu halten.

Vergiftete Wunden und Schlangenbisse.

Kommt Schmutz in eine Wunde, und gelangen mit diesem auch Eitererreger hinein, so entzündet sie sich. Die Haut in der Umgebung schwillt auf, wird rot und fühlt sich heiss an. Oft tritt noch Fieber, das in schweren Fällen auch von Schüttelfrost begleitet ist, hinzu. Diese Fröste sind immer ein Zeichen, dass der Zustand gefährlich ist.

Hier muss sobald wie möglich der Arzt eingreifen. Bis zu seiner Ankunft legt man das Glied hoch und macht Umschläge, am besten mit Spiritus. Man tränkt den Verbandmull damit und legt diesen zuerst auf die entzündete Hautgegend. Darüber kommt ein Stück Guttapercha, Gummistoff, im Notfall auch dicker, jedoch vorher in siedendem Wasser gebrühter Wollstoff. Der Spiritus oder die in Ermangelung dessen anzuwendende antiseptische Flüssigkeit, wie verdünntes Sublimat, Lysol, essigsaure Tonerde, wird unter dem Einfluss der Körperwärme heiss. Es entsteht ein sogenannter Dunstumschlag. Dieser ist nichts anderes, als der bekannte Priessnitzumschlag, wie ihn Euch Euere Mutter gewiss schon öfters bei Brustkatarrhen und Mandelentzündungen um Brust oder Hals angelegt hat.

Hauptsache dabei ist, dass der wasserdichte Stoff stets die nasse Kompresse nach allen vier Seiten breit überragt. Sonst trocknet der nasse Umschlag unter dem Einfluss der frei hinzutretenden Luft sehr schnell und schadet dann, besonders bei Halsentzündungen, mehr als er nützt.

Manche folgenschwere Blutvergiftung hätte vermieden werden können, wenn der Verletzte seine Wunde vor dem Eindringen von Schmutz bewahrt hätte. Hat man sich an schmutzigen Nägeln, Glasscherben, Holzsplittern u. s. w. gerissen, so lässt man die Wunde gut ausbluten. Mit dem Blut wird auch der Schmutz am besten herausgeschwemmt. Haftet solcher trotzdem noch an, so entfernt man ihn durch Uebergiessen von abgekochtem, noch gut warmem Wasser, wäscht dann die Wunde mit Spiritus oder mit einer Lösung der als übermangansaures Kali bekannten roten Kristalle ordentlich aus und verbindet sie dann mittels des Verbandpäckchens. Zur Pfadfinderausrüstung gehört daher auch eine kleine Blechdose mit übermangansaurem Kali. Es ist sehr billig und kann auch noch für viele andere Zwecke, z. B. zum Mundspülen, verwendet werden. Verkleben einer entzündeten Wunde mit dem beliebten sogenannten englischen Pflaster ist durchaus gefährlich. Das Gift kann dadurch nach innen getrieben werden. Auch bei reinen Wunden vermeide man es möglichst; auf jeden Fall darf man es nie mit Speichel, der stets Entzündungserreger enthält, sondern nur mit fäulnisvernichtenden Flüssigkeiten befeuchten.

Sehr gefährliche Wundvergiftungen entstehen durch Schlangenbisse. Wie Ihr wisst, ist die Kreuzotter die einzige Giftschlange Deutschlands. Aber in unseren Kolonien sind die Giftschlangen recht häufig. Ihr kennt ja die Vorsicht, mit der Baden-Powell und alle Kolonialoffiziere ihre Stiefel morgens vor dem Anziehen ausschüttelten. Auch vergiftete Pfeile, Bisse tollwütiger Hunde oder Katzen, giftiger Insekten (Skorpione) können nicht selten schnell tödlich verlaufende Vergiftungen des Blutes verursachen.

Hier kommt es vor allem darauf an, das Gift daran zu hindern, dass es in die Blutbahn gelangt. Jede Sekunde ist hier kostbar. Oberhalb der Wunde muss man mit einem Schlauch, Gurt oder Hosenträger das Glied fest abschnüren. Das Glied hält man dabei tief, damit die Wunde möglichst ausbluten kann.

Ist die erste Gefahr, dass das Gift mit dem Blutaderstrom in das Herz und dann in den Kreislauf des Blutes gelangen kann, beseitigt, so muss das Gift in der Wunde möglichst vernichtet werden. Dies geschieht durch Ausätzen mit übermangansaurem Kali. Man reibt dazu die Kristalle direkt in die Wunde hinein. Das gleiche kann man mit starker Karbolsäure- oder Sublimatlösung tun. Ein Pfadfinder besitzt gewiss auch die Selbstüberwindung, mit seinem Taschenmesser, das er schnell vorher über dem Feuer ausglüht, einen Kreuzschnitt über die Wunde anzulegen, wenn sie zu klein ist und daher nicht ordentlich ausbluten konnte. Auch wird er den Schmerz nicht scheuen, mit glühender Kohle oder glühendem Eisen die Wunde gründlich auszuätzen und das Gift dadurch am sichersten zu vernichten.

Bei vergifteten Wunden ist auch Genuss von Alkohol in heissem Wasser oder Tee, oder rein als Kognak, Wein und Champagner genommen, von Vorteil. Es ist über viele Fälle von Schlangenbiss berichtet worden, bei denen die Gebissenen durch Genuss grosser Mengen von Alkohol wieder gesund wurden.

Hier ist also einer der wenigen Fälle gegeben, in denen der Pfadfinder Alkohol geniessen darf. Er darf dabei aber nie die anderen Massregeln vernachlässigen.

Bei einem Menschen, der sein ganzes Leben lang gewohnt war, reichlich Alkohol zu geniessen, wird er jedoch in solchen Fällen der Gefahr versagen. Auch aus diesem Grunde enthaltet Euch des Alkohols, damit er in der Stunde der Not als Medizin genommen, keinen dafür unempfindlichen Körper antreffen kann!

Von wütenden Hunden gebissene Menschen müssen, nachdem ihre Wunden in gleicher Weise wie bei Schlangenbissen versorgt sind, nach Berlin in das Reichsgesundheitsamt geschafft werden. Dort werden sie nach der Methode des französischen Gelehrten Pasteur mit Einspritzungen von Rückenmarkstücken wütender Tiere behandelt. Insektenstiche betupft der Pfadfinder mit Salmiakgeist. Schwillt die gestochene Stelle stärker auf, so wendet er kalte Bleiwasserumschläge an.

Fremdkörper im Auge, Ohr und Schlund.

Fliegt Staub, oder gelangen Kohlenteilchen oder ein Insekt ins Auge, so darf man niemals dem Juckreiz nachgeben und es reiben. Sonst entzündet es sich und schwillt an. Dadurch wird die Entfernung des Fremdkörpers bedeutend erschwert.

Sitzt der Fremdkörper im unteren Augenlid, so zieht man es sanft nach unten und nach vorn. Man versucht dann den Störenfried mit dem Zipfel eines reinen, leicht angefeuchteten Taschentuches nach dem äusseren Augenrand herauszuwischen. Das Auge muss dabei stark nach oben sehen.

Sitzt der Fremdkörper jedoch im oberen Augenlid, so ist dessen Entfernung bedeutend schwieriger.

Baden-Powell empfiehlt als einfaches und recht brauchbares Verfahren, das obere Lid vom Augapfel weg nach vorne zu ziehen und dann das Unterlid unter das obere zu schieben. Auf diese Weise wird die Innenseite des Oberlides (also die Schleimhaut) durch die Augenbrauen des Unterlides reingefegt.

Sollte dies jedoch nicht gelingen, so muss der Pfadfinder wissen, wie er das obere Augenlid umzuklappen hat. Denn nur dann kann er die innere, die Schleimhautseite, genügend besichtigen. Der Pfadfinder tritt hinter den Verletzten und lehnt dessen Kopf gegen die eigene Brust. Er fasst das obere Augenlid mit den Fingern der frisch gewaschenen Hand und zieht es nach vorn vom Augapfel ab. Gleichzeitig legt er eine Fingerspitze der anderen Hand, einen Bleistift oder ein Zündholz auf die Aussenseite des Oberlides etwas oberhalb dessen Mitte — und rollt das Augenlid über diesen Gegenstand nach oben, so dass die Innenseite nach aussen zu stehen kommt. Jetzt hat man den Fremdkörper deutlich vor Augen und kann ihn, wie vorher geschildert, leicht entfernen.

Fremdkörper aus dem Ohr darf man nur durch vorsichtige Spülungen mit warmem Wasser, niemals aber durch Haarnadeln, Zahnstocher oder ähnliche Instrumente zu entfernen suchen.

Sehr gefährlich können Fremdkörper werden, die im Schlund oder gar in der Stimmritze stecken geblieben sind. Durch Erheben der Arme nach rückwärts und durch Klopfen auf den Rücken gelingt es zuweilen, den Fremdkörper herauszubefördern. Gelingt dies nicht, so fährt man kühn so tief wie möglich mit zwei Fingern in den Schlund. Hat man Glück, so kann man den Fremdkörper gleich erwischen, im andern Falle erregt man wenigstens Brechreiz. Durch diesen wird der Fremdkörper oft herausgeschleudert werden. Geht der Fremdkörper nicht nach aussen hinaus, ist auch kein Arzt erreichbar, der in solchem Falle stets sobald als möglich herbeizuholen ist, so muss er zum Hinabgleiten in den Magen gebracht werden. Man lässt daher viel Kartoffelbrei, Reisbrei oder weiches Brot essen. Diese Stoffe hüllen auch den Fremdkörper meist derart ein, dass er, auch wenn er Spitzen besitzen sollte, möglichst unschädlich gemacht wird. Das Verschlucken einer Nadel wird jedoch meistens schwere Gefahren mit sich bringen. Verschlucken von Obstkernen ist sehr gefährlich, Blinddarmentzündungen können dadurch leicht verursacht werden.

Epileptische Krämpfe.

Stürzt jemand auf der Strasse oder innerhalb eines Hauses plötzlich unter Aufschreien bewusstlos zusammen, schlägt und stösst er krampfhaft mit allen Gliedmassen um sich, tritt ausserdem noch Schaum vor den Mund, so können wir annehmen, dass er an einem epileptischen Krampfanfall leidet. Man darf nun nicht etwa mit Gewalt den Kranken zu bändigen suchen, auch nicht den Daumen, der gewöhnlich nach innen fest eingepresst ist, zu lösen versuchen. Man käme dadurch nur in Gefahr, schwere Knochenbrüche zu verursachen. Dagegen muss man dafür sorgen, dass der Kranke sich nicht beschädigen kann. Man muss ihn daher möglichst von Wänden oder Mauern fern zu halten suchen, ebenso Gegenstände, an denen er sich stossen könnte, wegräumen.

Epileptische verbeissen sich gern die Zunge durch festes Zusammenpressen der Zähne. Man schiebt ihnen daher einen Keil — ein Stück Holz oder Kork — dazwischen. Man muss aber eine Schnur daran befestigen, damit, wenn der Keil in den Schlund fallen sollte, man ihn sofort wieder daran herausziehen kann. Nach dem Anfall lässt man den Kranken gut ausschlafen.

Selbstmorde.

Baden-Powell reiste einmal in Algier mit einem französischen Farmer zusammen im Eisenbahnwagen und kam mit ihm in Unterhaltung. Allmählich wurde der Franzose sehr mitteilsam und erzählte dem General, dass er mit der Absicht, sich das Leben zu nehmen, den Zug bestiegen hätte. Durch das Einsteigen Baden-Powells sei er an seinem Vorhaben gehindert worden, sonst wäre er jetzt ein toter Mann.

Baden-Powell erkundigte sich — nach Pfadfinderpflicht — teilnahmsvoll nach seinen Kümmernissen. Der Mann ging dann auch aus sich heraus und erzählte, dass fortwährende Fehlschläge in seiner Farmwirtschaft ihn zu dem Selbstmordplan getrieben hätten. Da sprach das englische Oberhaupt der Pfadfindergemeinschaft freundlich und ermutigend auf den Franzosen ein, zeigte ihm verschiedene praktische Auswege, durch die er seine Lage bessern und alle seine Misserfolge wieder wettmachen könne.

Nach kurzer Zeit heiterte sich die bisher traurige Miene des Mannes auf, er wurde ganz vergnügt und sagte, dass er auf der nächsten Station aussteigen und zu seiner Farm zurückkehren würde. Er habe jetzt neue Hoffnung, und alles werde nun gut werden.

In gleicher Weise wird wohl mancher von Euch Gelegenheit haben, Menschen von Selbstmordgedanken abzubringen. In den Zeitungen liest man ja täglich Schilderungen von Selbstmordfällen. Oft sind sie mit tragischem Beiwerk ausgeschmückt. Manche Leute haben ja so schlechten Geschmack, dass sie solche sensationelle Schilderungen mit Begier lesen. Und es gibt Zeitungen, die diesen unschönen Trieben ihrer Leser, das Unglück ihrer Mitmenschen in ihren Mussestunden als interessante Unterhaltung zu betrachten, fröhnen, statt sie ihnen abzugewöhnen.

Es kommen wohl fast bei jedem Menschen einmal Zeiten, in denen er trüben Selbstmordgedanken nachhängt. Meist gehen sie jedoch schnell wieder vorüber. Oft war nur ein vorübergehendes Unwohlsein, z. B. eine Influenza, daran schuld, oft auch ein augenblicklicher Aerger oder eine Enttäuschung infolge eines Misserfolges, wie solcher nun einmal im Menschenleben unausbleiblich ist. Schwächere Charaktere grübeln jedoch weiter über ihr Unglück nach, vergleichen es mit den Fällen, die sie in den sensationellen

Zeitungsartikeln gelesen, und füllen schliesslich ihren ganzen Ideenkreis damit an. Sie hätscheln gleichsam diese Gedanken, wenn sie auch andererseits stets mit Schaudern daran denken. Dabei haben sie natürlich nur ihr eigenes kleines Missgeschick im Auge, bedenken dabei aber gar nicht, dass es anderen weitaus schlechter geht.

Da ist wirkliche, von Herzen kommende Teilnahme erforderlich. Sie muss sich derart äussern, dass sie niemals für blosse Neugier gehalten werden kann. Sie hilft dem Lebensmüden, einen neuen Halt, eine neue Stütze zu gewinnen, an der er sich wieder aufrichtet und den Gang durchs Leben von neuem wagt. Ein tapferer Mensch nimmt sich niemals das Leben. Es ist eine Feigheit, wenn man nicht wagt, den Kampf des Lebens aufzunehmen, und sich ihm fahnenflüchtig entzieht, weil man sich nicht stark genug dazu fühlt. Aus reiner Angst vor den Schrecken der Schlachten haben sich zuweilen schon Soldaten das Leben genommen. Hier sieht man so recht, wie feig diese Menschen waren. Einen ruhm- und nutzlosen Tod zogen sie der Erfüllung ihrer Pflicht vor, die sie, wenn es hätte sein sollen, mit einem ehrenvollen Tode zu besiegeln gehabt hätten.

Ein richtiger Pfadfinder denkt niemals ans Sterben, solange er noch atmet.

Begegnest Du aber einem Unglücklichen, der Selbstmordgedanken äussert oder augenscheinlich in sich verbirgt, so rede ihm freundlich zu, bis er sich Dir offenbart. Du wirst ihn dann leicht überzeugen können, dass sein vermeintliches Unglück gar nicht so schwer ist, dass es viele andere vor ihm tapfer ertragen und überwunden haben.

Sehr segensreich hat in dieser Beziehung die Heilsarmee gewirkt. In London unterhält sie ein eigenes Bureau, das allen offen steht, die am Leben verzweifeln zu müssen glauben. Im Jahre 1907 haben 1125 Männer und 90 Frauen sich an das Bureau gewendet. Dreiviertel von ihnen wären sicherlich zum Selbstmord getrieben worden, wenn sie von den Offizieren der Heilsarmee nicht brüderlich beraten worden wären. Diese zeigten ihnen den richtigen Weg, um aus ihrer augenblicklichen Unglückslage herauszukommen. Tatsächlich war dann auch die Selbstmordziffer in diesem Jahre gegenüber den früheren bedeutend zurückgegangen.

Ist der Selbstmordversuch bereits zur Ausführung gelangt, so weiss der Pfadfinder auch dann, was er zu tun hat. Er hat ja gelernt, wie man Ertrinkende rettet, Bewusstlose ins Leben zurückruft, bei Vergifteten das Gift aus dem Körper entfernt oder Gegenmittel gibt.

Kommt man zu einem Selbstmörder, der sich erhängt hat, so muss man unverzüglich den Strick durchschneiden. Man muss aber dabei den Körper festhalten, damit er nicht auf den Boden aufschlagen und sich dabei schwer beschädigen kann. Dann wendet man die künstliche Atmung an.

Es gibt ja Leute, die sich fürchten, einen leblosen Körper, den sie hängen sehen, zu berühren. Es ist allerdings auch kein Vergnügen, aber es ist die Pflicht jedes Menschen und muss daher freudig erfüllt werden. Ein etwaiges Grausen muss auch der Pfadfinderneuling bezwingen. Was kann ihm denn der arme Erhängte tun? In England werden derartige Feiglinge mit Recht öffentlich durch den Richter streng zurechtgewiesen.

Wie man einen Verletzten trägt.

1. Transport eines Verletzten durch zwei Pfadfinder. Ein Pfadfinder stellt sich an die rechte, der andere an die linke Seite des Verletzten. Der erste stemmt das linke, der zweite das rechte Knie auf den Erdboden. Beide Pfadfinder kreuzen ihre Hände unter dem Rücken oder den Schenkeln des Verletzten. Der Verletzte selbst hält sich am Rücken seiner Helfer fest, soweit seine Kräfte es erlauben. Dann legen sie den Verwundeten auf eine Trage und befördern ihn auf dieser weiter. Steht eine solche nicht zur Verfügung, und ist auch keine Zeit vorhanden, eine solche herzustellen, so müssen die Pfadfinder den Verletzten auf den Händen tragen. Zu diesem Zweck legen die Pfadfinder ihre Hände in folgender Art zusammen: jeder ergreift mit der rechten Hand sein eigenes linkes Handgelenk, so dass der rechte Unterarm in einem rechten Winkel zum linken steht. Jetzt fasst jeder Pfadfinder mit seiner linken Hand das rechte Handgelenk seines Kameraden, und zwar mit Obergriff. So wird ein bequemer Sitz geschaffen, auf dem der Kranke auch über weitere Strecken

(Aus »Krankenträgerordnung«. Berlin, Verlag E. S. Mittler & Sohn.)

hin transportiert werden kann. Noch bequemer ist, wenn ein aus Stroh geflochtener Kranz vorhanden ist. Dann fassen die beiden Pfadfinder diesen Strohkranz mit je einer Hand an, während der Verletzte seine Arme um die Schultern der Träger legen kann.

Bei dieser Art des Tragens haben die Helfer je eine Hand frei und können mit dieser noch dem Verwundeten die notwendigsten Handreichungen leisten.

Ein Strohkranz wird in der Art hergestellt, dass man die Enden eines etwa 2½ m langen, als Doppelkreis gelegten Strohseiles fest zusammenknetet. Jeder Pfadfinder muss daher lernen, wie er Strohseile anfertigt. Sie können Seile und Stricke jeder Art ersetzen. Eine Anzahl von Strohhalmen werden glatt gestrichen und zur Bildung von drei Bündeln zusammengelegt. Dann wird zuerst der Anfang des zukünftigen Strohseiles zusammengeflochten und an einen Haken befestigt oder von einem Pfadfinder gehalten. Die drei Bündel werden nun wie ein dreisträngiger Zopf untereinander verflochten. Ehe ein Bündel mit dem anderen gekreuzt wird, muss es einmal um seine eigene Achse gedreht werden. Sobald ein Bündel nahezu aufgebraucht ist, wird ein neues eingeflochten.

Je stärker ein Strohseil werden soll, desto mehr Halme nimmt man natürlich in das einzelne Bündel hinein. Zum Anfertigen des Strohseiles sind mindestens zwei Pfadfinder erforderlich, einer, der die Strohhalme in Bündel legt, glatt streicht und zureicht, der andere, der das Seil zusammenflicht.

2. Ein einzelner Pfadfinder trägt allein einen Bewusstlosen. Man legt den Bewusstlosen auf den Bauch und bringt ihn in eine kniende Stellung. Der Pfadfinder kniet dann selbst nieder und schiebt sich quer unter ihn, so dass die Magengegend des Verletzten auf der rechten Schulter des Helfers ruht. Dann führt er seinen rechten Arm zwischen die Oberschenkel des Bewusstlosen und um den rechten Oberschenkel herum. Mit seiner linken Hand zieht er den Verunglückten an dessen linkem Arm vollends über seine rechte Schulter und erfasst dann mit der rechten Hand durch die Oberschenkel hindurch das rechte Handgelenk des Verletzten. Dann richtet man sich allmählich auf. (Siehe Bilder Seite 302.)

Nach der deutschen Krankenträgerordnung kann ein Träger einen Verletzten in der Art aufheben, dass er seitlich vom Kranken niederkniet, ihn fest umfasst und auf sein gebeugtes Knie setzt, und sich dann langsam mit ihm aufrichtet.

Anfertigung von Behelfstragen.

Als Behelfs- oder Nottragen kann man eine ganze Menge von Gegenständen benutzen, so z. B. eine ausgehobene Tür, an deren Enden man Löcher bohrt und Seile durchzieht.

Zum gleichen Zweck kann man auch ein breites Brett, eine Leiter oder, wenn der Verwundete sitzen kann, einen Stuhl verwenden. Unter diesen Stuhl müssen zwei Stangen hindurchgesteckt und mit Stricken an den Stuhlbeinen befestigt werden. Diese Behelfstragen müssen durch aufgelegtes Stroh, Decken oder sonstige Polsterung eine möglichst weiche Unterlage für den Kranken erhalten. Ferner kann man Matratzen, Teppiche, Säcke in der Weise gebrauchen, dass man sie breit auseinanderlegt und durch Einschneiden an den vier Seiten Handgriffe schafft. Sehr einfach ist auch die Herstellung einer sogenannten »Kleidertrage«. Zwei Stangen, wozu auch die Pfadfinderstöcke verwendbar sind, werden durch die nach innen gestülpten Aermel zweier Röcke oder Mäntel gesteckt und über diese die Brustteile zugeknöpft.

Auf gleiche Weise wird die sogen. Sacktrage hergestellt. An einem Sack werden die beiden unteren Ecken quer durchschnitten oder aufgetrennt. Dann werden zwei Stangen durch den Sack und diese Oeffnungen hindurchgesteckt. Auch hier ist die Verwendung von zwei Säcken besser, da dadurch die Trage länger wird. Man schiebt dann einfach den zweiten Sack von der anderen Seite her in gleicher

Weise über die Stangen. Die zusammenstossenden Querseiten der Säcke werden dann miteinander befestigt.

Bei dem Transport eines Kranken auf einer Trage muss man darauf achten, dass die beiden Träger stets zu gleicher Zeit eintreten. Die Füsse des Verletzten müssen auf ebener Strasse immer vorausgehen, nur beim Steigen von Treppen oder überhaupt bergauf geht das Kopfende voraus.

Der am Fussende befindliche Träger (Fussnummer) tritt mit dem linken, der am Kopfe befindliche (Kopfnummer) mit dem rechten Fusse an. Sie gehen dann in der gleichen Weise, wie ein Pferd geht und vermeiden dadurch die Erschütterung und das Schwanken der Trage. (Gebirgsschritt.)

Würden sie beide mit den gleichen Füssen antreten, so würden sie im sogenannten Passgang laufen, in dem sich z. B. das Kamel bewegt. Bekanntlich ist der Kamelreiter viel stärkeren Erschütterungen ausgesetzt, als der auf dem Pferderücken ruhig und bequem sitzende Reiter.

Die Kopfnummer muss während des Tragens auf den Verletzten achten, um ihm jederzeit notwendige Handreichungen erweisen zu können. Handelt es sich um schmale Nottragen, so ist, besonders beim Bergaufsteigen, sehr oft notwendig, den Verwundeten auf der Trage festzubinden, um ihn vor dem Herabfallen zu schützen.

Praktische Uebungen.

Hinweise für den Lehrmeister. Während der Lehrmeister in irgend einem Zimmer Unterricht erteilt, lässt er möglichst im ersten Stockwerk in irgend einem anderen Zimmer des Gebäudes plötzlich eine Rauchwolke aufsteigen. Das muss er natürlich vorher ganz geheim mit zweien oder dreien seiner Pfadfinder verabredet haben. Diese sollen dann hereinstürzen, Feuer schreien und sich so gebärden, als ob sie von Schrecken und Entsetzen erfasst seien.

Es kommt darauf an, ob es ihnen gelingt, dadurch bei den übrigen eine Panik zu erregen, oder ob diese bereits derartig erzogen sind, dass sie ruhig und kaltblütig bleiben und der Ursache des Feuers nachgehen. Bei dieser Gelegenheit kann man Uebungen vornehmen, wie man mit nassen Tüchern um Mund und Nase versehen in einen raucherfüllten Raum eindringt, wie man Türen und Fenster öffnet, um Abzugsluft zu erzeugen u. s. w.

Die bedrohten Räume müssen auch nach Bewusstlosen abgesucht werden. Zu diesem Zwecke kann man unter Tischen oder Betten grosse, jedoch mit Steinen beschwerte Strohpuppen verstecken. Diese müssen dann in der oben beschriebenen Art gerettet werden.

IX. Kapitel.

Unser Vaterland.

Ihr habt in der Geschichtsstunde gelernt, welch schwere Zeiten unser Vaterland durchgemacht hat, und welcher Kämpfe es bedurfte, bis das jetzige machtvolle Deutsche Reich entstehen konnte. Ihr habt gesehen, wie zersplittert Deutschland in früheren Zeiten war und habt wohl auch voll Ingrimm gelesen, wie sich die einzelnen deutschen Staaten untereinander befehdeten und dadurch die Geschäfte der Feinde besorgten. Ihr habt begriffen, welchen Nachteil eine solche Uneinigkeit hat, und Ihr wisst, dass heutzutage nur ein mächtiger, einiger, grosser Staat seinen Platz in der Welt behaupten kann.

Als Ihr geboren wurdet, war bereits das Deutsche Reich geschmiedet. Unsere Väter hatten alles schon für uns besorgt. Aber habt Ihr auch bedacht, dass Ihr Euch dieser Erbschaft würdig erweisen müsst, dass Ihr die Pflicht habt, dafür zu sorgen, dass Euer Vaterland mächtig und gross bleibt! Das klingt so einfach und leicht und ist doch so schwer! Denn in den anderen Staaten der Erde macht man die grössten Anstrengungen, um uns einzuholen oder zu überflügeln. Es muss der innigste Wunsch jedes deutschen Bürgers sein, dass uns von anderen Ländern der Rang nicht abgelaufen werde. Nur mit Anspannung aller Kräfte werden wir unseren Platz behaupten können.

Denkt aber dabei nicht gleich an den Kampf mit der Waffe, an den Krieg. Der Krieg ist eine furchtbare Geissel. Gewiss ist er leider oft das einzige Mittel, um einen Streit zwischen zwei Völkern zu entscheiden, und er wird wohl auch das äusserste Mittel der Nationen bleiben, solange die Menschen keine Engel geworden sind. Aber der Krieg ist doch schliesslich nur ein Notbehelf, nur anzuwenden, wenn alle andere Kunst der Staatsmänner versagt, oder wenn wir so stark herausgefordert werden, dass wir zum Schwerte greifen müssen.

Im friedlichen Wettbewerb dagegen sollen wir stets unsere Kräfte messen. Im Handel suchen sich die Völker fortgesetzt zu überbieten; es ist ein schöner Ehrgeiz jedes tüchtigen Volkes, die besten Techniker und Gelehrten, die grössten Künstler und Schriftsteller, kurzum in allem die klügsten Köpfe hervorzubringen. Es ist ein herrlicher Ruhm für ein Volk, geniale Erfinder, wie den Grafen Zeppelin, Dichter, wie Goethe, grosse Gelehrte, wie Humboldt, Künstler, wie Menzel, Strategen, wie den Feldmarschall Grafen Moltke, Staatsmänner, wie den Fürsten Bismarck, sein eigen zu nennen.

Das höchste Ziel und Streben jedes Deutschen muss sein, alles zu tun, um seinem Vaterlande zu dienen, und dafür zu sorgen, dass es gross und mächtig bleibe.

Jeder kann nach seinen Kräften dazu beitragen. Es ist hierzu nicht erforderlich, dass man eine hervorragende Stelle einnehme, sondern nur, dass jeder an seinem Platze das Beste zu leisten versuche. Ein tüchtiger Handwerker, der gewissenhaft und fleissig seine Pflicht tut, dient dem Vaterlande ebenso gut, wie ein gewandter Diplomat, der vielleicht mehr äusserlichen Ruhm ernten mag. Also nicht der Ruhm ist es, nach dem wir streben sollen, viel kostbarer ist das Bewusstsein, unsere Schuldigkeit wirklich so gut getan zu haben, wie wir nur irgend können, und die Stelle gut auszufüllen, an die uns das Schicksal gestellt hat. Das muss unser Ziel und Streben sein, und mehr ist nicht nötig.

Es gibt törichte Jungen, die in der Schule sich einbilden, sie lernen dem Lehrer zuliebe. Wenn Ihr einmal später, als Erwachsene, den Kampf mit dem Leben aufnehmen müsst, dann werdet Ihr sehen, dass Ihr um so besser die Widrigkeiten besiegen werdet, je mehr Wissen und Können Ihr Euch angeeignet habt. Ihr arbeitet also schon von Jugend auf daran, Euren künftigen Platz im Leben Euch zu schaffen. Wer schon von Anfang an fleissig und strebsam ist, wird es weiter bringen als der Faule und Gleichgültige. Verzagt aber nicht etwa, wenn Ihr durch Armut oder aus sonstigen Gründen glaubt, der Weg zu einer schönen Zukunft sei Euch versperrt. Wollte man alle die Menschen aufzählen, die als arme Knaben, als hungernde und frierende Kinder ihr Leben begonnen haben, aber später angesehene, reiche, wohl gar weltberühmte Leute geworden sind, es würde einen stattlichen Band füllen. Edison, der Erfinder des Glühlichts und des Phonographen, ist Zeitungsausträger gewesen — Cecil Rhodes, der als Pfadfinder Englands in Südafrika so Grosses geleistet hat, hat arm und klein angefangen — Dreyse, der Schlosserssohn, wurde Erfinder des Zündnadelgewehrs — Borsig, der Zimmermannssohn, Gründer einer der grössten Lokomotivfabriken der Welt. Tausende solcher Beispiele liessen sich nennen. Jeder von Euch, ganz einerlei von welcher Herkunft er ist, hat die Möglichkeit, seinen Weg zu machen, wenn er, neben den nötigen Gaben, die wichtigste Eigenschaft besitzt: die Energie, den festen Willen, das Beste zu leisten. Auch ohne hervorragende Klugheit, aber mit Fleiss und Beharrlichkeit kann man Tüchtiges vor sich bringen, während Begabung und Talente ohne Fleiss nichts wert sind.

Wie können wir dem Vaterlande nützen?

Seit dem letzten deutsch-französischen Kriege 1870/71 erfreuen wir uns des Friedens. Die Folge dieser langen, glücklichen Friedenszeit war ein grosser Aufschwung auf allen Gebieten. Wissenschaft und Technik schritten in Deutschland voran, wie nie zuvor. Vor allem aber nahm unser Reichtum zu, denn der deutsche Kaufmann eroberte sich beharrlich den Weltmarkt. Das Anwachsen unserer Handelsflotte ist das sichtbarste Zeichen der steigenden Wohlfahrt unseres Vaterlandes.

Aber wo ein Erfolg ist, stellt sich auch der Neid ein. Jeder, der etwas leistet, muss mit diesem Neide rechnen und darf sich über ihn nicht ärgern, denn er ist eine sehr natürliche Erscheinung. Es ist ganz selbstverständlich, dass sich die anderen Nationen nicht darüber freuen, wenn sie von Deutschland eingeholt oder gar übertroffen werden. Es ist auch selbstverständlich, dass sie versuchen, unseren Fortschritt zu hemmen, und es wäre töricht, sich darob zu wundern.

Im friedlichen Wettbewerb der Kräfte stählt sich die Willenskraft und steigern sich die Leistungen, zum Vorteil der gesamten Menschheit. Wir wollen auch nicht daran denken, durch Gewalt unseren Platz zu erobern und die anderen Länder zurückdrücken zu wollen. Gewalt und Unrecht haben noch nie zum Guten geführt.

Also, wir wollen den Frieden mit anderen Ländern, und es ist recht überflüssig und kurzsichtig, immerfort von Krieg zu reden, wie es gewisse Leute tun. Wenn wir aber auch niemand leichtfertig angreifen wollen, so müssen wir doch auch dafür sorgen, dass wir nicht leichtfertig angegriffen werden.

Das beste Mittel zur Erhaltung des Friedens ist aber die Bereitschaft zum Kriege. Mit einfacheren Worten: wenn wir so stark sind, dass uns niemand anzugreifen und zu beleidigen wagt, wenn es dagegen jeder für wichtig hält, mit uns in guter Freundschaft zu leben, so ist der Frieden gesichert.

Wir brauchen eine starke Armee und eine starke Flotte, um unserem Vaterlande den Frieden zu wahren. An Euch, an der Jugend liegt es, ob Deutschland seine schöne, geachtete Stellung in der Welt bewahren wird. Eure Pflicht ist es, als tüchtige, deutsche Jungen den Körper zu stählen, damit Ihr einst Verteidiger des Vaterlandes werden könnt. Ihr sollt Eure Kräfte und Euren Willen festigen; erwerbt darum eine möglichst grosse Menge von theoretischem Wissen — ja! — aber vergesst daneben nicht, dass Ihr für das praktische Leben gewandt und entschlussbereit, umsichtig und willensstark sein müsst. Wer als Pfadfinder seine Schuldigkeit tut, wird sich diese Eigenschaften erwerben.

Bürgerpflichten des Pfadfinders.

Die erste und wichtigste Pflicht des Pfadfinders ist die, ein friedlicher Bürger des Landes zu sein. Damit ist nicht die Erhaltung des Friedens nach aussen gemeint, denn für diese sorgen schon unsere Staatsmänner, und sie ist Sache der Politik, mit der ein Pfadfinder absolut nichts zu tun hat. Hier handelt es sich nur um die friedliche Gesinnung den Mitbürgern gegenüber.

Es wurde schon erwähnt, dass unser deutsches Vaterland aus vielen Bundesstaaten besteht. In jedem Bundesstaat ist das Volk treu seinem angestammten Herrscherhause, es hat hier Gelegenheit, seine besonderen Stammesgewohnheiten und Ueberlieferungen frei zu pflegen und zu entwickeln. Die drei Hansastädte sind Stadtrepubliken, die die gleichen Ziele unter einem selbstgewählten Oberhaupt verfolgen. Die Bundesstaaten tragen in ihrer Gesamtheit die Grundmauer des Deutschen Reiches, indem alle einig zum gemeinsamen Ziele streben. Diese Grundfesten werden jedoch erschüttert, wenn die Angehörigen der verschiedenen Staaten sich gegenseitig mit Argwohn und Eifersucht betrachten. Es gibt nichts Alberneres, nichts, was uns vor dem Auslande mehr herabsetzt, als wenn wir anfangen, untereinander um Kleinigkeiten zu zanken. Kann man sich etwas Lächerlicheres vorstellen, als wenn ein Deutscher auf den anderen Deutschen schilt, sich über ihn erhebt und ihn herabsetzt, nur weil die Wiege des einen in Preussen, die des anderen in Bayern, die des dritten in Sachsen, die des vierten in Baden gestanden hat? Vaterlandsliebe ist etwas Herrliches; die Liebe zur Scholle, auf der man aufwuchs, lässt sich verstehen; der Stolz auf die Stadt oder das Städtchen, worin man geboren wurde, ist begreiflich. Aber sobald dieser Stolz zur Eitelkeit ausartet, sobald man statt des grossen Deutschen Reiches nur noch das eine Ländchen sieht, aus dem man stammt, vergeht man sich an seiner Bürgerpflicht. Deutschland hat früher oft unter diesem Fehler gelitten; der »Partikularismus«, wie man dieses kurzsichtige Kirchturm-Interesse nennt, hat uns schon viel geschadet. Die kleinen Eifersüchteleien passen nicht mehr in die heutige Zeit. Das künftige Geschlecht, also unsere heutige Jugend, sollte den Partikularismus nicht kennen, denn die Feinde des Deutschen Reiches hätten allein den Vorteil davon.

Zur Pflicht des Pfadfinders, als friedlichem Bürger, gehört auch die Achtung vor den Rechten der Mitmenschen, ohne Ansehen von Rang, Stand und Religion. Schon als Jungen müsst Ihr Euch daran gewöhnen, andere Gesellschaftsklassen nicht als Euere Feinde anzusehen. Bedenkt, dass Ihr in erster Linie Deutsche seid, einerlei ob Ihr reich oder arm geboren wurdet, einerlei ob Ihr aus einem Palast oder aus einer Hütte stammt. Denn wenn Deutschland angegriffen wird, müsst Ihr ja doch gemeinsam Schulter an Schulter stehen.

Wenn Ihr andere Jungen verachtet, weil sie einer ärmeren Klasse angehören, oder wenn Ihr sie hasst, weil sie reicher sind, so handelt Ihr töricht und dumm. Jeder hat seine Pflicht an der Stelle zu wirken, an die er gesetzt ist, und muss mit seinem Nebenmenschen friedlich auszukommen verstehen. Wir gleichen den Steinen in einer Mauer. Wenn die ganze Wand geschlossen dasteht, achtet man des einzelnen Steines nicht, denn jeder steht festgefügt an seinem Platze. Aber wenn einige Steine sich lockern, so verlieren auch die anderen ihren Halt, und schliesslich bricht die ganze Mauer zusammen.

Denkt also nicht immer an Euch, sondern an das Wohl des Vaterlandes.

Dazu gehört, dass Ihr bereit und imstande seid, es zu verteidigen. Wer schiessen kann und die Pfadfinderkunst erlernt hat, wird in der Stunde der Gefahr seinen Mann stehen. Der frühere Präsident der Vereinigten Staaten, Roosevelt, schreibt hierüber: »Die Eigenschaften eines guten Pfadfinders sind dieselben, die ein tüchtiger Jäger besitzen muss. Die wichtigste Fähigkeit ist die, selbständig handeln und allein für sich sorgen zu können. Dazu gehört eine Mischung von Energie und Findigkeit, die einen Mann befähigt, den ganzen Tag lang herumzustreifen, ohne sich zu verirren, und für die Nacht ein so warmes, bequemes Unterkommen sich zu schaffen, als es nach Lage der Dinge nur irgend möglich ist. Geschicklichkeit im Schiessen ist ein weiteres Erfordernis. Dazu gehört die Fertigkeit, das Wild zu erspähen, und die Gewandtheit, sich im Gelände zu decken. Mut, Ausdauer, Entschlussfähigkeit, gute Nerven und rasches Handeln im Augenblick der Gefahr sind die notwendigen Eigenschaften eines guten Jägers.«

Im übrigen gehört Roosevelt nicht zu den Leuten, die gute Ratschläge geben und sie von anderen befolgen lassen, sondern er ist während des Krieges gegen Spanien nach Kuba gegangen, hat selbst ein Regiment der »Rauhen Reiter« geführt, und seine Dienste waren von grossem Wert, weil er ein tüchtiger Pfadfinder ist.

Schiesskunst.

Baden-Powell erzählt: »Als ich jung war, rauchte ich leider, bis ich mich einmal im Schiessen üben musste. Dabei merkte ich, dass ich besser sehen konnte, wenn ich das Rauchen sein liess. Ich steckte es daher auf und freue mich dessen sehr.

Die Buren sind vorzügliche Schützen. Dasselbe lässt sich von den meisten Schweizern sagen. Bei diesen beiden Völkern lernen die Kinder schon in der frühesten Jugend mit der Armbrust umzugehen. Die Armbrust ähnelt in der Schiessweise sehr einem Gewehr, denn man muss damit in gleicher Weise anlegen, zielen, den Abzug bewegen und abdrücken. Jungen, die mit der Armbrust zu schiessen wissen, lernen daher leicht auch ein Gewehr zu handhaben.

Burenjungen schiessen mit der Armbrust.

Um gut schiessen zu können, muss man das Gewehr (oder die Armbrust) sehr fest einsetzen. Wenn man es rechts oder links verdreht, so geht der Schuss vorbei. Wenn man abdrückt, darf man nicht plötzlich durchreissen, sondern muss den Zeigefinger nur allmählich durchkrümmen.

Hat man abgeschossen, so darf man nicht in Eile die Flinte herunterreissen und wieder laden, sondern man muss im Anschlag bleiben, dem Schuss nachsehen und sich überlegen, wo er wohl sitzen mag, die Fehler bedenken, die man gemacht hat, und sich vornehmen, sie beim nächsten Schuss zu vermeiden. Nun erst nimmt man das Gewehr ruhig herab.

Das Schiessen nach der festen Scheibe ist nur eine Vorbereitung für das Feuern nach einem beweglichen Ziele. Auf der Jagd und im Ernstfall schiesst man gewöhnlich nach beweglichen Zielen, denn das Wild und der Gegner stehen doch nur selten still und beeilen sich, in Deckung zu gelangen. Man muss daher mit der Zeit lernen, rasch zu zielen und zu schiessen.

Eine gute Vorübung ist das Zielen mit dem Pfadfinderstab nach beweglichen Objekten, indem man den Stock wie ein Gewehr handhabt und anlegt. Zuerst richtet man dabei den Stab genau auf das Ziel und hält dann etwas vor, nämlich auf den Punkt, wo es sich in zwei, drei Sekunden befinden wird; denn das Geschoss braucht ja auch einige Zeit, bis es am Ziel eintrifft.

Das Schiessen zwingt in die Ferne zu schauen und ist daher ein vorzügliches Mittel, die Kurzsichtigkeit zu verhindern.

Wie man die Polizei unterstützen kann.

Es ist nicht Sache der Pfadfinder, zu spionieren und Aufpassdienste zu leisten. Spitzeldienste und Angebereien sind eines Pfadfinders unwürdig. Wohl aber könnt Ihr in anderer Beziehung in die Lage kommen, der Polizei behiflich zu sein. Robert Hindmarsh, der Schäferjunge, gab Euch ja ein Beispiel dafür.

Zunächst müsst Ihr wissen, wo sich die Polizeibüros befinden, ferner sollt Ihr die Plätze kennen, wo immer Schutzleute stehen; ebenso müssen Euch die nächsten Feuermeldestellen, Unfallstationen und Apotheken bekannt sein.

Wenn Ihr einen Unglücksfall bemerkt, benachrichtigt gleich den nächsten Schutzmann und fragt ihn, ob Ihr ihm vielleicht irgendwie behilflich sein könnt, um einen Arzt, einen Wagen etc. herbeizuholen. Wenn Euch ein Kind begegnet, das sich verlaufen hat, oder ein herrenloser Hund, oder wenn Ihr einen verlorenen Gegenstand findet, so geht damit zum nächsten Polizeibüro. Das gehört gleichfalls zu Eurem täglichen Liebeswerk.

Schützen-Spiel.

Zwei Pfadfindergruppen treten in Wettbewerb. Als Ziele werden Flaschen (oder Ziegelsteine) aufgebaut, welche jeweils die feindliche Gruppe darstellen. Beide Gruppen stellen sich nun nebeneinander in gleicher Höhe auf, etwa 20—25 Schritt von den zwei Flaschenreihen entfernt. Auf das Kommando »Feuer!« wirft jeder Schütze mit einem Stein nach seinem Ziel. Sobald eine Flasche getroffen ist und umfällt, lässt der Unparteiische den entsprechenden Pfadfinder der anderen Gruppe ausscheiden, weil dieser als »tot« gilt. Das Spiel wird so lange fortgesetzt, bis eine ganze Gruppe »getötet« ist.

Man kann das Spiel auch so anlegen, dass man jeder Gruppe eine gewisse Zahl von Steinen zuweist oder eine bestimmte Zeit angibt, innerhalb deren geworfen werden darf.

Unsere Staatseinrichtungen.

Es gibt Staaten, in denen der König allein die Gesetze erlässt, ganz einerlei, ob sie dem Volke passen oder nicht. In anderen Ländern, die keinen Fürsten als Oberhaupt besitzen, werden die Gesetze nur vom Volke gemacht.

Bei uns werden fast alle Bundesstaaten im Sinne einer Verfassung regiert, nach der die Gesetze in einem Parlament beraten und genehmigt werden, während den Fürsten ganz bestimmte Rechte zustehen, die sich hier nicht alle aufführen lassen. Diese Parlamente der Bundesstaaten sind die Landtage.

Das Parlament, in dem die Gesetze für das ganze Deutsche Reich bestimmt werden, heisst der Reichstag. Es ist eine der höchsten Ehren für einen Deutschen, in den Reichstag gewählt zu werden; denn es gehört eine grosse Menge von Wissen und Können dazu sowie viel Klugheit und Verstand, um recht und gut die Interessen des Volkes zu lenken. Ganz Deutschland ist in Wahlkreise eingeteilt und jeder Wahlkreis sendet einen seiner tüchtigsten Männer in den Reichstag.

Bringt darum den Männern, die im Reichstag wie in den Landtagen beraten, Achtung und Ehrerbietung entgegen, wie es in anderen Ländern, aber vor allem in England denen gegenüber geschieht, die die gewählten Vertreter des Volkes sind.

Ihr werdet ja wohl auch gelegentlich gehört haben, dass es Parteien im Reichstag gibt. Ihr braucht Euch über diese Frage aber nicht den Kopf zu zerbrechen; mit Politik habt Ihr nichts zu tun, lasst diese schwere Frage die Sorge der Erwachsenen sein. Jede Partei behauptet, sie habe recht und alle anderen Parteien hätten unrecht. Darum gebt Euch in jungen Jahren nicht mit solchen Dingen ab, für die es später noch reichlich Zeit ist. Freilich, auch von den Erwachsenen verstehen nur wenige etwas von der Politik, und die wenigen, die etwas davon verstehen, reden meist nicht viel darüber, wenigstens nicht am Biertisch.

Für Euch Jungen gibt es nur eine Richtschnur; sie heisst: Lerne soviel Du kannst, mache Dich stark und gewandt, wie es einem Friedenspfadfinder gebührt, und denke bei allem, wie Du Deinem Vaterlande nützen kannst.

Patrouille.

X. Kapitel.

(Für die Lehrmeister.)

Ein Pfadfinderkorps für Deutschland.

Friedenspfadfinder.

Der Unterricht in der Pfadfinderkunst bezweckt keine militärische Ausbildung in der üblichen Form, denn die Pfadfinderbewegung hat damit nichts zu tun. Es soll ein ganz anderes Ziel damit erreicht werden. Wir brauchen Kolonisten, Missionare, Techniker, Kaufleute, die im friedlichen, aber ebenso schwierigen Wettbewerb draussen in der Welt ihren Mann zu stehen und die Interessen des Vaterlandes zu vertreten haben. Es wird viel darüber geklagt, dass der Deutsche im Auslande so schnell seine Nationalität aufgibt, dass er seine deutsche Eigenart, ja mitunter sogar seine Muttersprache verleugnet. Es ist kein Zweifel, dass auf diesem Wege viel deutsches Blut verloren wird, in fremde Völker übergeht und diesen auch noch Dienste gegen uns leistet. Lässt sich dem nicht durch Stärkung des Nationalgefühls entgegenarbeiten? Mit gutem Willen sicherlich!

Es wird auch viel darüber geklagt — ob mit Recht, bleibe hier unerörtert — dass sich der Deutsche im Auslande durch falsches Benehmen unbeliebt mache, indem er sich entweder zu bescheiden oder zu herrisch verhalte, statt in gefestigtem Selbstbewusstsein den anderen Nationen ruhig gegenüber zu treten. Das Friedens-Pfadfindertum hat daher den Zweck, Männer heranzubilden, die eine gefestigte, ruhige Selbständigkeit besitzen, kraftvoll und zuverlässig sind, ritterlich und edel anderen gegenüber handeln, kurzum, Männer im besten Sinne des Wortes. Wenn wir eine Anzahl solcher tüchtiger Friedenspfadfinder bereits unser eigen nennen, so ist kein Grund einzusehen, warum sich nicht die Jungen in grosser Zahl bemühen sollten, diesen Vorbildern nachzueifern.

Der Umfang, den diese Bewegung in England angenommen hat, ermutigt entschieden dazu, auch bei uns an einen Erfolg im gleichen Sinne zu glauben. Es ist in dieser Hinsicht sehr bemerkenswert, dass auch in Amerika eine von Herrn E. Thompson Seton gegründete ähnliche Organisation bereits grossen Anklang gefunden hat.

Es hat natürlich, wie beim Auftreten jedes neuen Gedankens, auch Baden-Powell nicht an Anfeindungen gefehlt. Es wurde behauptet, er wolle die englischen Jungen in einem blutdürstigen und kriegerischen Sinne erziehen. Man kann im Vorwort dieses Buches nachlesen, wie Baden-Powell auf diese ungerechten Vorwürfe geantwortet hat.

Wie man die Pfadfinderkunst lehren soll.

Der wichtigste Punkt ist zunächst, dass man die Männer findet, die die Knaben in der Pfadfinderkunst unterrichten können. In erster Linie denken wir dabei an Lehrer, Geistliche, frühere Offiziere, Jäger, an Mitglieder von Vereinen, die irgend welchen vernünftigen Sport in frischer Luft auf ihre Fahne geschrieben haben, und überhaupt an Männer, die sich in der Welt umgesehen haben und die Jugend zu behandeln wissen. Mit ganz geringen Kosten vermögen solche Herren in freien Stunden — vielleicht am Sonnabend-Nachmittag und am Sonntag — die Jungens in der Pfadfinderkunst zu unterweisen, und ich kann ihnen versprechen, dass sie mehr Freude als Arbeit davon haben werden.

Unser Rat würde sein, dass sich diese Lehrmeister eine kleine Gruppe von 6—8 geweckten Jungen zusammenstellen und sie sorgfältig ausbilden. Aus diesen Jungen werden später die »Feldkornetts« ausgewählt. Diese unterstützen ihre Feldmeister, indem sie nun ihrerseits 5—6 Jungen an der Hand des vorliegenden Buches allmählich unterweisen.

Jungen aller Stände sollen Pfadfinder werden. Die allerärmsten Klassen werden dadurch abgehalten zu verbummeln, zu »Strassenjungen« zu werden; ihre Gesundheit, ihr Charakter und ihr Selbstbewusstsein wird gehoben. Die der mittleren Klasse werden zu ordentlicher Arbeit und zur Vaterlandsliebe, ohne politischen Beigeschmack, angehalten. Die der wohlhabenden Klassen werden darauf hingewiesen, sich ritterlich und freundlich gegen ihre weniger vom Schicksal begünstigten Kameraden zu benehmen.

Die Jugend der verschiedenen Gesellschaftsklassen soll dadurch miteinander in Berührung kommen. Etwa aufsteigender Kastengeist soll dadurch beseitigt werden, denn dieser ist ja nur ein künstliches Produkt falscher Erziehung und schadet dem Staat.

Die Pfadfinderübungen können sowohl in der Stadt, wie auf dem Lande, in geschlossenen Räumen, wie im Freien abgehalten werden.

Keinesfalls soll die Pfadfinderbewegung andere ähnliche Jugendorganisationen zu verdrängen oder gar zu bekämpfen suchen. Jede bestehende Organisation kann ohne grosse Umwälzungen das »Pfadfindersystem« in seine sonstigen Bestrebungen einfügen. (Vgl. Anhang.)

In England hat man Versuche mit ausgesuchten Lehrabteilungen der Pfadfinder in besonderen Uebungslagern gemacht, und die Ergebnisse waren ausserordentlich zufriedenstellend!

Die Pfadfinder werden in Gruppen von je sechs Jungen eingeteilt, die von einem älteren Jungen, dem Feldkornett, geleitet werden. Diese Organisation war das Geheimnis des grossen Erfolges des englischen Scout-Korps. Die Gruppe war die Einheit beim Spiel und ruhte im Feldlager für sich. Jeder Junge war »auf seine Ehre« verpflichtet, zu gehorchen. So wurden Verantwortungsgefühl und Ehrgeiz geweckt, denn natürlich suchte jede Gruppe die andere zu übertreffen. In der Nacht hatte abwechselnd eine Gruppe die Wache, versammelte sich an einem bestimmten Platz, um zu biwakieren, und empfing ihre Portionen an Mehl, Fleisch, Gemüse, Tee etc. Jeder Junge brachte seine Decken, einen Kochtopf und Streichhölzer mit. Nun wurde Feuer gemacht und gekocht, Posten wurden ausgestellt und das Biwak aufgeschlagen. Die Feldkornetts anderer Gruppen kundschafteten das Biwak aus. Etwas vor 11 Uhr abends wurden die Posten eingezogen und das Nachtlager eingerichtet.

Wie man den Unterricht handhaben soll.

Jede Instruktion wird am besten mit Anschauungsunterricht gepaart. Theoretische Vorträge langweilen die Jungens. Möglichst bald gehe man zur praktischen Anwendung über.

Wenn man z. B. über Spurenlesen unterrichten will, so erzählt man am Sonnabend, am Biwaksfeuer, den Jungen einige Geschichten, aus denen die Wichtigkeit des Spurenlesens erhellt. Am Sonntag Vormittag führt man die Pfadfinder ins Freie, zeigt einige Spuren und lehrt, was man daraus erkennen und folgern kann. Schon am Nachmittag aber führt man eines der Spiele durch, die im Kapitel vom Spurenlesen näher angegeben sind.

Ueber die Ergebnisse des Versuchslagers.

erzählt Baden-Powell: »Seit meinen Erfahrungen mit dem Versuchslager bin ich mehr als je von dem erzieherischen Einfluss der Pfadfinderausbildung überzeugt! Ich hatte mich zwar auf eine begeisterte Anteilnahme von seiten der Jungen gefasst gemacht, und doch überraschte mich die täglich offenkundiger werdende gute Einwirkung auf den Charakter meiner Pfadfinder. Bei diesem Urteil beziehe ich mich nicht etwa nur auf die von mir gewonnene Ansicht, sondern ich berufe mich dabei auch auf die Berichte der Eltern, denen ich übrigens manche nützliche Anregung verdanke. Aus den Briefen ging klar hervor, dass die Jungen mit grosser Freude bei der Sache waren. Einer der Knaben, ein Lehrling, schrieb mir: »Das Wichtigste, was ich als Pfadfinder gelernt habe, ist die Erkenntnis, dass man bei allen Dingen die gute Seite herausfinden soll. Das war mir eine wertvolle Erkenntnis, und ich finde keine Worte, um Ihnen dafür zu danken, denn sie ist mir im täglichen Leben von grosser Hilfe.«

Einige Hinweise für die Lehrmeister.

Wer die Jugend kennt und mit ihr umzugehen versteht, kann diesen Abschnitt überschlagen, denn er wird ihm nichts Neues bringen. Es handelt sich hier nur um Erklärungen zu einigen Anweisungen dieses Buches.

Wenn Ihr den Versuch wagen wollt, Knaben unter guten Einfluss zu bringen, so müsst Ihr wie Fischer verfahren, die einen Fisch fangen wollen.

Wenn man die Speise am Angelhaken befestigt, die einem selber behagt, so wird man kaum viel fangen, vor allem nicht die scheuen Fische. Man muss vielmehr die richtige Lockspeise aushängen.

Nicht anders ist es mit Jungens der Fall. Mit schönen Reden vom hohen Katheder fangt Ihr sie nicht. Ihr müsst etwas bieten, was sie interessiert. Die Pfadfinderkunst aber wird sie sicher interessieren. Allmählich könnt Ihr dann das einstreuen, was Euch gerade besonders am Herzen liegt.

Um die Knaben an Euch zu fesseln, müsst Ihr wirklich ihr Freund sein; aber drängt ihnen Eure Freundschaft nicht auf, bevor die anfängliche Scheu überwunden ist.

In seinem Werk »Buch des Kindes« erzählt F. D. How folgende kleine Begebenheit: »Ein Mann, den sein Weg täglich durch eine enge Gasse führte, fand dort einen schwächlichen, schmutzigen, verkrüppelten Jungen an der

Gosse sitzen, der mit einem Stück Bananenschale spielte. Der Mann nickte ihm zu — das Kind rannte vor Schreck davon. Am nächsten Tage nickte der Mann wieder; der Junge hatte gemerkt, dass er sich davor nicht zu fürchten brauchte und spuckte nach ihm. Am dritten Tage starrte er ihn nur noch an. Am vierten Tage sagte er: »Hä!« als der Mann vorbei kam. Bald lächelte er schon bei dem Grusse, an den er sich gewöhnt hatte. Schliesslich war der Triumph vollkommen, als der Junge den Mann eines Tages an der Ecke erwartete und dessen Finger in seine schmierige, kleine Patsche nahm. Es war nur eine schmale, schmutzige Strasse, in der sich das abspielte, aber sie wurde zu einem der schönsten Plätze im Leben dieses Mannes.«

Eine Warnung.

In diesem Buche sind viele Dinge genannt, die den Jungen zu lehren sind und sich dazu eignen, sie zu tüchtigen Männern im Sinne der Pfadfinder-Ausbildung zu machen.

Aber auf Enttäuschungen müsst Ihr Euch gefasst machen, falls Ihr nicht eine Engelsgeduld besitzt.

Zunächst ist es nötig, dass Ihr vor allem einmal selber das lernt und könnt, was Ihr den Jungen beibringen wollt. Dann erst wird die Beschäftigung als Lehrmeister ausserordentlich interessant werden und schöne Ergebnisse zeitigen.

Aber Ihr werdet doch finden, dass Enttäuschungen mit überraschenden Erfolgen abwechseln. Die meisten Jungen vermögen ihre Gedanken noch nicht so recht zu konzentrieren, und wenn Ihr daher nicht gar zu lang bei derselben Sache bleibt, sondern Abwechslung in den Stoff bringt, so werdet Ihr Misserfolgen am besten vorbeugen.

Allmählich könnt Ihr dann dazu übergehen, den einzelnen Gegenstand zu vertiefen.

Eine rein theoretische Erörterung, ohne Anschauung, langweilt die Jungen. Ihre Gedanken gehen auf Wanderschaft, weil sie noch nicht imstande sind, ihre Aufmerksamkeit auf eine trockene Auseinandersetzung einzustellen. Es wird Eure Aufgabe sein, den Geist der Jugend allmählich dem Willen unterzuordnen.

Deshalb muss man sich vorher täglich überlegen, was man über jedes Thema sagen will, und muss die Lehre zur gelegenen Zeit anbringen, indem man sie am Biwakfeuer, beim Spiel, oder bei den Uebungen wie zufällig einstreut, aber nicht in Form einer langen Belehrung.

Das ist auch der Grund, weshalb dieses Jugendbuch in viele kleine Abschnitte und Kapitel zerlegt ist.

Das Vereinszimmer.

Eine wesentliche Hilfe ist es, wenn es gelingt, für einige Abende der Woche ein geeignetes Vereinszimmer zu mieten. Dieses muss hell und gut gelüftet sein. Einige anschauliche Bilder an der Wand (nicht Landschaften oder Porträte) machen es freundlich und anziehend. Im Winter ist das Zimmer schön warm zu halten. Gute Bücher und Zeitschriften sind auszulegen. Möglicherweise finden sich auch edle Stifter, die einige Möbelstücke und Spiele schenken. Die Pfadfinder sorgen selbst für die Sauberkeit des Zimmers und können auch die Möbel selber anfertigen. Für den guten Zustand des Raumes sind die Feldkornetts verantwortlich. Die Gruppen lösen sich hierin wöchentlich ab.

Wenn ein Stückchen Land als Spielplatz in der Nähe zu haben ist, so ist dies natürlich von grossem Nutzen.

Die Verantwortung für das Vereinszimmer, für die Ausrüstungsstücke, die Spiele u. s. w. wird einzelnen Pfadfindern übertragen. Der Feldmeister hält sich dabei möglichst zurück, damit die Jungens aus ihren Fehlern lernen und sich der Verantwortung bewusst werden. Solch ein eigenes Vereinszimmer, so klein es auch sein mag, macht den Pfadfindern Spass, weil sie sich als Besitzer fühlen, zumal, wenn sie die Möbel, die Bilderrahmen u. s. w. selber angefertigt haben.

Das Vereinszimmer muss nicht zu »niedlich« eingerichtet werden, sondern mit einigen zusammenlegbaren, einfachen Möbeln ausgestattet sein, die man in eine Ecke wegräumen kann, wenn man spielen will.

Am zweckmässigsten ist es natürlich, wenn man sich zwei Zimmer leisten kann, von denen das eine für ruhige Spiele und als Leseraum dient, während das andere zu Turnübungen etc. benutzt wird.

Jeder Junge muss ein klein wenig für das Vereinszimmer beisteuern, vielleicht 10 Pf. wöchentlich, die pünktlich im voraus zu bezahlen sind. Die Bezüge aus einem kleinen Gärtchen oder aus selbstgefertigten Spielsachen können gleichfalls die Unkosten decken. Es empfiehlt sich ferner, eine Pfennigsparkasse einzurichten, um die Pfadfinder zur Sparsamkeit zu erziehen.

Ein Klavier kann viel zur Gemütlichkeit des Vereinszimmers beitragen, zumal, wenn man bei den gemeinsamen Gesängen einer Begleitung bedarf.

Dies Pfadfinderbuch

soll nur einen Anhalt bieten, den Lehrmeistern aber nicht in der Art der Ausbildung die Hände binden. Im engen

Rahmen eines solchen Buches können viele Dinge nur angedeutet werden, deren sinngemässe Anwendung der Erfindungsgabe jedes Lehrmeisters überlassen bleiben muss.

Das Abonnement auf eine Volksbibliothek wird das Vereinszimmer stets mit neuer Lektüre versorgen. Am Schluss dieses Buches finden wir überdies eine Anzahl empfehlenswerter Werke verzeichnet. Vielleicht kann auch der Feldmeister gelegentlich die wichtigsten Ereignisse der letzten Zeit kurz und in allgemeinen Zügen vortragen oder durch passende Zeitungsausschnitte erläutern. Ein Atlas müsste vorhanden sein, um den Begebenheiten folgen zu können.

Die sogenannte Schundliteratur (Räuberromane und Detektivgeschichten ohne jeden moralischen Wert) halte man den Jungen vom Leibe. Solche Lektüre vergiftet lediglich die jugendlichen Gemüter, ohne irgend einen Vorteil zu bringen. Gewiss verlangt die lebhafte Phantasie der Jungen nach entsprechendem Stoff. Mit langweiligen Büchern in dozierendem Stil wird man diesem Bedürfnis nicht gerecht; aber es gibt eine Menge spannender, interessanter Werke, die dem Geschmack der Jungen entsprechen und sie doch gleichzeitig ganz unbemerkt zum Guten hinweisen. Mit dem einfachen Verbot: »Lest keine Schundbücher« ist es jedoch nicht getan. Die verbotene Frucht schmeckt bekanntlich am besten. Man muss an Ersatz denken, wenn man die Erzeugnisse einer skrupellosen und geldgierigen Sensationslust unschädlich machen will.

Unterrichtsgang.

Baden-Powell empfiehlt folgenden Unterrichtsgang (von dem natürlich je nach den örtlichen Verhältnissen abgewichen werden kann):

Auf jedes Buchkapitel wird eine Woche Zeit verwendet.

Am Sonnabend findet Vortrag über das Thema der nächsten Woche mit praktischer Vorführung statt, wenn möglich mit Lichtbildern.

Am Sonntag Vormittag wird eine kleine Vorübung abgehalten und am Nachmittag die Hauptübung nebst den Spielen durchgeführt.

Die Jungens üben im Laufe der Woche die Einzelheiten des betreffenden Lehrgegenstandes für sich oder unter ihren Feldkornetts.

Acht Sonnabende und Sonntage, in dieser Weise angewendet, genügen schon, um eine Anleitung zu geben, die den Jungen von bleibendem Nutzen ist und sie davon abhält, sich zwecklos auf den Strassen herumzutreiben.

Wenn die Mittel vorhanden sind, so lässt sich in den Ferien eine mehrtägige Uebung »im Feldlager« durchführen. Die Kosten einer solchen Uebung sind nur gering, der Vorteil ist aber ein sehr grosser.

Wie schon bemerkt, dient dies Buch nur als Anhalt. Dem Wissen, Können und der Erfindungsgabe der Feldmeister muss es überlassen bleiben, die einzelnen Lehrfächer weiter auszubauen und durch Abwechselung zu beleben.

Wenn man Techniker, Handwerker, Militärs, Seeleute, Feuerwehrleute u. s. w. heranzieht, die den Jungen ihre Kenntnisse und Fertigkeiten vormachen (ich sage absichtlich nicht »vortragen«), so ist das von grossem Nutzen.

Jungen aus der Stadt werden aufs Land gebracht, um sich dort umzusehen. Die Landbewohner hingegen werden nach der Stadt geführt, um sich Zoologische Gärten, Museen, Galerien etc. zu betrachten. Bei guter Ueberlegung wird man eine unendliche Zahl von Hilfsmitteln entdecken, mit denen man den Geist der Jungen fesselt und lebendig erhält. Vielleicht führt man die Jungen auch einmal in ein wirklich gutes Theaterstück — dafür werden sie am liebsten etwas in die Sparkasse legen.

Einbildungskraft.

Geben wir Baden-Powell selber das Wort:

»Alle Jungen stecken voll Romantik und sie lieben das »etwas glauben machen« in höherem Masse als sie zeigen wollen.«

»Auf diese Eigenschaft muss man beim Spiel Rücksicht nehmen, indem man die Einbildungskraft der Knaben beschäftigt. Wichtig ist aber, dass man alles mit einem gewissen Ernst betreibt. Sobald man zu lachen beginnt, merken die Jungen gleich, dass alles nur ein Spiel war und verlieren ein für allemal die Freude daran. Wenn man z. B. das Nachahmen der Tierstimmen übt, so grenzt die Situation leicht ans Komische. Bleibt aber der Feldmeister ernst, so gewinnt der Junge den Eindruck, es handle sich hier um etwas sehr Wichtiges, und wenn er erst einmal den Tierstimmenruf seiner Abteilung kann, so wird dieser bald zu einer Art geheimem Fetisch innerhalb der Angehörigen jeder Gruppe.«

»Bacon sagt, dass das Theaterspiel erzieherisch auf die Kinder wirke, und damit hat er sicher recht. Es regt die Einbildungskraft an, lehrt Geschichte, bildet den Charakter und macht einen tieferen Eindruck auf das jugendliche Gemüt als ein Vortrag des Lehrers.«

»Aus diesem Ideengang ergibt sich für den Lehrmeister ein wertvolles Hilfsmittel, um auf die jungen Pfadfinder im guten Sinne einzuwirken. Vielleicht lassen sich auch aus einer solchen Theatervorstellung kleine Einnahmen zur Bestreitung der Unkosten für das Vereinszimmer erzielen.«

Verantwortlichkeitsgefühl.

Es ist sehr wichtig, in den Jungen, vor allem aber in den Feldkornetts, das Verantwortlichkeitsgefühl dadurch zu wecken, dass man ihnen Vertrauen schenkt. Je mehr man von ihnen erwartet, je mehr man sie selbständig lässt, um so mehr werden sie leisten. Der Feldmeister muss jemand an der Hand haben, der ihn nötigenfalls vertritt und ihm die kleinen Verwaltungssorgen abnimmt, damit er sich den wichtigeren Dingen zuwenden kann. Er muss in den einzelnen Gruppen einen guten Geist und einen gesunden Ehrgeiz entfachen, dann wird er gute Ergebnisse erzielen. Er darf nicht alles selber tun wollen, sonst verlassen sich die Jungen in allem auf ihn und legen die Hände in den Schoss.

Auf gute Disziplin ist zu halten. Hin und wieder kann man ausdrücklich erlauben, dass sich die Jungen frei austoben — aber nicht zu oft. Durch Gewalt lässt sich jedoch bei Jungens keine Disziplin erzwingen, sondern nur, indem man an Beispielen den Zweck und die Vorteile des Gehorsams und der Selbstbeherrschung beweist.

Charakterbildung.

Man muss sich immer wieder vor Augen halten, dass der Zweck der ganzen Pfadfinderausbildung darin besteht, die Jungen zu tüchtigen Männern und guten Bürgern zu erziehen.

Baden-Powell empfiehlt, die Knaben zur Sparsamkeit anzuhalten, weil dies eine der wichtigsten Quellen künftigen sozialen Wohlstandes sei.

Ferner geht Baden-Powell in einem besonderen Kapitel auf die Notwendigkeit vernünftiger sexueller Aufklärung ein. Bei uns in Deutschland wird die Frage, ob man die Jungen in dieser Beziehung belehren muss, oder ob man es dem Zufall überlassen soll, dass sie von Kameraden auf diesem wichtigen Gebiet die oft nicht gerade sehr zartfühlende Unterweisung empfangen, viel umstritten. Ich möchte es vermeiden, die deutsche Ausgabe des Buches mit diesem Zündstoff zu belasten, und will mich damit begnügen, den Punkt hier angedeutet zu haben.

Bei Anlage der Freiübungen und Spiele empfiehlt es sich, bei den Jungen den Eindruck zu erwecken, als befänden sie sich bei Ausführung ihrer Aufträge in irgend welcher Gefahr. Dies übt sie darin, etwas zu wagen. Ferner stelle man die Pfadfinder vor plötzliche Entschlüsse, um ihre Geistesgegenwart zu fördern. Man sagt z. B., dass irgend einer von einem Baum gefallen ist und sich verletzt hat, lässt wohl auch einen der Jungen den Verletzten spielen und sieht nun, wie die anderen sich benehmen.

Die Individualität jedes Jungen ist eifrig zu studieren. Je besser der Lehrmeister dies versteht, und je liebevoller er auf die Eigenart jedes einzelnen eingeht, um so mehr Erfolge wird er erzielen. Wenn man den Charakter eines Jungen gründlich durchschaut, so vermag man auch zu beurteilen, welchen Platz er im Leben nach seinen Fähigkeiten und Anlagen am besten ausfüllen wird.

Die Ausbildung zum Pfadfinder wird dahin zielen müssen, die Jungen zu selbsttätigen und selbständigen Männern zu machen, die vor keiner Schwierigkeit zurückschrecken und in allen Sätteln gerecht sind, damit sie nicht verzagen, wenn das Schicksal sie zwingt, ihren Beruf aufzugeben und sich einem neuen Lebenspfad zuzuwenden.

Schlusswort.

Vielleicht ist die Art, in der die Grundzüge der Pfadfinderausbildung dargelegt sind, etwas schwerfällig angeordnet, vielleicht scheint auch die Aufgabe der Lehrmeister eine sehr schwierige und verantwortungsreiche. Aber Ihr werdet in der Praxis sehen, dass sich die Sache in Wirklichkeit viel einfacher gestaltet. Baden-Powells Anleitung gleicht dem Oeltropfer an einer Maschine, der zwar umständlich aussieht, aber automatisch, tropfenweise sein Oel in den Mechanismus fallen lässt, so dass die Räder glatt laufen.

In diesem Buch ist nur auf einen der vielen Wege hingewiesen, auf denen sich die kommende Generation zu guten Bürgern erziehen lässt. Pflicht jedes Mannes der jetzigen Generation wäre es, an dieser schönen Aufgabe mitzuarbeiten.

Die im vorliegenden Buche angegebene Methode soll zeigen, wie jeder mit geringem Aufwand an Zeit, an Geld und an Vorkenntnissen diesen Zweck erreichen kann; gleichzeitig ist sie anziehend für die Jungen und interessant für den Lehrmeister selber.

Und noch ein Wort an den Leser: Wenn Du ein Mann bist, dem unsere Jugend in irgend einer Weise anvertraut wurde, oder wenn Du zwar bis jetzt noch kein Jugenderzieher bist, aber das Zeug dazu in Dir fühlst und den Wunsch hegst, dazu beizutragen, dass Dein Vaterland seinen Platz in der Welt behauptet, so gehe frisch an das schöne Werk, ein halbes Dutzend Knaben zu Pfadfindern, zu tüchtigen, selbstbewussten, aber edel denkenden und handelnden Bürgern des Staates zu machen. Deinem Lande, der deutschen Jugend und Dir selber wirst Du damit einen grossen Dienst erweisen.

ANHANG.

I. Die englische Organisation der Boy Scouts.

Es wurde ursprünglich nicht beabsichtigt, in England eine eigene Organisation zu gründen, vielmehr ging General Baden-Powell von der Anschauung aus, dass sich sein modernes System der Jugenderziehung zwanglos in die in England bereits bestehenden Jugendorganisationen einfügen liesse. In England liegen in dieser Beziehung die Verhältnisse sehr günstig, da fast in allen Schulen bereits Sportvereine bestehen, und die übrigen Jungen durch Fussballklubs, Schützenvereine und verschiedene andere sportliche Vereinigungen in kameradschaftliche Einheiten zusammengefasst sind. Sehr nachahmenswert erscheint in diesem englischen System, dass nicht nur die Schüler der Lehranstalten in solchen Vereinigungen körperliche Uebungen und kameradschaftlichen Verkehr pflegen, sondern dass auch die Lehrlinge in Fabriken, die im Betriebe der Post und der übrigen Verkehrsanstalten beschäftigten Jungen, so vor allem auch die durch ihre Gewandtheit und Findigkeit bestberühmtesten Londoner Messenger-Boys, sich in ähnlichen Organisationen zusammengefunden haben. Tatsächlich gelang es General Baden-Powell auch, in alle diese Vereinigungen sein System einzuführen, ohne dass diese in ihrer Selbständigkeit und Geschlossenheit Einbusse erlitten.

Nehmen wir auch hierin die Engländer als Vorbild. Der Sohn des Ministers wie des schlichten Handwerkers darf sich daselbst mit Stolz Boy Scout nennen. Er ist es, solange er ein Gentleman bleibt, d. h. solange er die Pflichten der Ritterlichkeit erfüllt. Die Angehörigen der bereits genannten Vereinigungen können die Pfadfinderausbildung gelegentlich ihrer Zusammenkünfte jederzeit betreiben. Wo aber keine solche Organisation besteht — und es gibt noch genug Jungen, die keine Gelegenheit haben, einem Sportvereine anzugehören, — da steht diesen selbst die Möglichkeit offen, eigene Gruppen zu bilden und der »Pfadfinder emeinschaft« beizutreten. Die Pfadfindergemeinschaft besteht aus den Führern und den Jungpfadfindern. Der oberste Führer aller Pfadfinder in den englisch sprechenden Teilen der Welt ist General Baden-Powell. Wir hoffen, demnächst auch für die deutsch sprechenden Länder ein ähnliches bewährtes Oberhaupt an der Spitze unserer Bewegung zu sehen. Der Feldmeister (engl. Scoutmaster) ist derjenige Führer, welcher einen Trupp unter sich hat.[1]) Mindestens drei Gruppen bilden solch einen Trupp. Feldkornett (Patrouillenführer) heisst derjenige Pfadfinder, der eine Gruppe (Patrouille) unter sich hat. Eine Gruppe besteht aus sechs Pfadfindern. Jeder Knabe oder junge Mann im Alter von 14—18 Jahren, der die Pfadfinderausbildung auf Grund dieses Buches oder durch Vermittelung eines Feldmeisters sich angeeignet hat, kann Feldkornett werden, wenn er selbst 5—7 Jungens im Alter von 12—18 Jahren sammelt mit der Absicht, sie zu Pfadfindern auszubilden.

Ein Junker (Korporal) ist ein Jungpfadfinder, der vom Feldkornett ernannt und zu seiner Unterstützung bestimmt wird. Der Junker vertritt den Feldkornett im Falle seiner Abwesenheit.

Die jungen Pfadfinder zerfallen in zwei Klassen. Ein Pfadfinder erster Klasse ist derjenige, der bereits mehrere Prüfungen abgelegt und dadurch bewiesen hat, dass er tatsächlich ein ausgebildeter Pfadfinder ist. Pfadfinder zweiter Klasse brauchen nur die Kenntnisse der Anfangsgründe der Pfadfinderkunst zu besitzen. Ein Ehrenrat wird bei jedem Trupp gebildet. Er besteht aus dem Feldmeister und zwei Feldkornetts. Er entscheidet über Auszeichnungen, Bestrafungen und alle anderen inneren Fragen des Trupps.

Prüfungen: Um ein Pfadfinder zweiter Klasse zu werden, muss der Neuling vor seinem Feldmeister in folgenden Punkten bestehen:

1. In weniger als 30 Sekunden muss er einen der in Kapitel 4 näher benannten Knotenarten schlingen können.

2. Er muss den Inhalt eines Schaufensters zur Zufriedenheit beschreiben können, nachdem er es eine Minute lang hat ansehen dürfen.

3. Er muss im Pfadfinderschritt einen Kilometer in nicht weniger als 8 Minuten zurücklegen können.

4. Er muss die Satzungen und Abzeichen der Pfadfinder kennen.

(Diese werden vor dem Ehrenrat abgehalten. Handelt es sich um einen in der Bildung begriffenen Trupp, so kann statt des Ehrenrates der Feldmeister allein die Prüfung abnehmen.)

Um ein Pfadfinder erster Klasse zu werden und um das volle Abzeichen der Pfadfinder zu erhalten, muss der junge Pfadfinder folgende weitere Prüfungen bestehen:

---

[1]) Infolge der grossen Ausbreitung der Bewegung in England ist neuerdings die Schaffung von Oberfeldmeistern (Superior Scoutmasters) als Aufsichtsorgane für die Grafschaftsverbände erforderlich geworden.

Diese Prüfung umfasst folgende Punkte:

1. Beschreibung der Himmelsrichtungen nach dem Stande der Sonne und der Sterne.

2. Er muss eine Reise für sich allein unternehmen, und zwar nicht weniger als 24 km, zu Fuss oder zu Pferd, zu Boot oder zu Rad zurücklegen. Benützt er ein Rad oder Pferd, so muss die Marschleistung mindestens 35 km betragen.

3. Beschreibung oder praktische Ausführung von einzelnen Massnahmen in der Lebensrettung, bei einem von dem Prüfungsausschuss angenommenen Unglücksfalle: (Feuersgefahr, Ertrinken, durchgehende Pferde, Leuchtgas, Einbrechen im Eis.) Statt dessen auch Prüfung im Anlegen von Verbänden bei Verwundeten oder Wiedererwecken einer als ertrunken angenommenen Person.

4. Beschreibung der Umgebung seines Heimatortes auf einer Landkarte oder dem Stadtplan.

5. Er muss ein Sparkassenbuch mit einem Betrag von mindestens 3 Mark in Besitz haben.

6. Er muss nachweisen können, dass er mindestens einen Jungen für das Pfadfinderkorps angeworben hat.

7. Er muss Holz richtig bereit legen und anzünden können, ohne dabei mehr als drei Zündhölzer zu brauchen. Auf diesem Feuer muss er ein Pfund Mehl und zwei Kartoffeln ohne sonstige Gefässe rösten.

Englische Abzeichen und Medaillen.

Das Abzeichen der Pfadfinder besteht aus dem Pfeil wie er auf einem Schiffskompass zur Bezeichnung der Nordrichtung eingezeichnet ist. Dieser Pfeil soll die Bedeutung haben, dass er dem Pfadfinder stets den richtigen Weg weist, auf dem er seine Pflicht erfüllen und seinen Mitmenschen nützlich sein kann.

Der Wahlspruch, wie er auf diesem Zeichen steht, heisst: »Sei allzeit bereit« und bedeutet, dass der Pfadfinder jeden Augenblick bereit sein muss, seine Pflicht zu tun, ohne Gefahren zu scheuen, wenn es gilt, einem Mitmenschen zu helfen. Die Seitenteile des Inschriftbandes sind in die Höhe gebogen und sollen den Mund des Pfadfinders bedeuten, der lachend und freudig seine Pflicht erfüllt. Der Knoten am Abzeichen soll den Pfadfinder daran erinnern, dass er täglich einem seiner Mitmenschen ein Liebeswerk zu tun hat. Das Pfadfinderabzeichen soll sein »Leben« bedeuten. Er erhält es, wenn er die oben erwähnten Prüfungen bestanden hat. Ab und zu wird er aufgefordert, sein »Leben« aufs Spiel zu setzen, d. h. irgend eine schwierige Aufgabe zu erfüllen. Misslingt dies, so hat er sein »Leben«, d. h. sein Abzeichen verloren. In solchem Fall kann ihm der Ehrenrat erlauben, in seiner Patrouille zu bleiben, aber er kann sein Abzeichen erst wieder erlangen, wenn er einige besondere hervorragende Taten vollbracht hat.

Wenn er sein Ehrenwort bricht oder sonstwie sich unwürdig zeigt, so hat er sein »Leben«, d. h. sein Abzeichen verwirkt und er wird aus seiner Patrouille ausgestossen.

Das Abzeichen wird von den Feldmeistern auf der linken Seite des Hutes getragen.

Feldkornetts tragen das Zeichen vorn auf dem Hut. Der Junker trägt das Abzeichen auf dem linken Arm über dem Ellenbogen, mit einer weissen Borte darunter. Die übrigen Pfadfinder tragen das Zeichen gleichfalls am Arm, jedoch ohne weissen Streifen. Pfadfinder 1. Klasse tragen das Abzeichen in seiner vollen Gestalt, Pfadfinder 2. Klasse tragen nur die mit dem Wahlspruch versehene Schleife.

Englische Ehrenabzeichen.

Sie werden für das erfolgreiche Bestehen verschiedener Prüfungen verliehen, und am rechten Arm unterhalb des Ellenbogens getragen.

Solche Abzeichen werden verliehen:

1. Für Signalisieren: Für die Fähigkeit Morse oder Winkerzeichen aufzunehmen und abzugeben, in einer Minute mindestens 20 Buchstaben.

2. Für erste Hilfeleistung: Nach Bestehen des Samariterkurses und gut bestandener Prüfung in der ersten Hilfeleistung bei Unglücksfällen.

3. Für geschicktes Beschleichen des Wildes: Etwa einhalb Dutzend Aufnahmen von Wild, welche nach dem Leben von dem Pfadfinder aufgenommen, entwickelt und abgezogen worden sind.

4. Für Verdienst: Für 20 erhaltene Ehrenpunkte für verschiedene hervorragende Taten (Punkte, die bei Spielen erworben werden, gelten nur für das betreffende Spiel und kommen hier nicht in Betracht).

Medaillen

werden auf der rechten Brustseite getragen. Es sind in England folgende gestiftet worden:

1. Bronzene Medaille am roten Bande für Tapferkeit bei einer Lebensrettung oder beim Versuch dazu unter eigener Lebensgefahr.
2. Silberne Medaille am roten Bande für Rettung und Hilfeleistung bei Lebensrettungen, ohne dass dabei das eigene Leben aufs Spiel gesetzt wurde, wenn aber sonst ein Menschenleben ohne diese zugrunde gegangen wäre.
3. Silberne Medaille am blauen Bande für hervorragende Dienste im Pfadfinderkorps oder für im Interesse der öffentlichen Sicherheit geleistete Dienste unter eigener Gefahr.

Diese Auszeichnungen werden allein durch das Oberhaupt der Pfadfindergemeinschaft verliehen, und zwar auf Grund der Vorschläge der Feldkornetts oder Feldmeister, die über den betreffenden Fall ein genaues Gutachten einzureichen haben.

Ehrenpunkte werden von den Feldmeistern verliehen, und zwar aus eigenem Antrieb oder auf Vorschlag seitens der Patrouillenführer. Ehrenpunkte werden jedem Pfadfinder verliehen, der einen Neuling angeworben hat.

Der Wolf.

Die Indianer Nordamerikas nennen ihren besten Pfadfinder den »graue Wolf«, weil der graue Wolf ein Tier ist, das alles sieht und selbst nicht gesehen wird. Auch die Zulustämme im Süden Afrikas sprechen in gleicher Weise von einem geschickten Pfadfinder als von einem Wolf. Aus diesem Grunde wurde Baden-Powell im Matebelekrieg 1896/97 selbst der Wolf genannt. Mr. Thompson-Seton, das Oberhaupt der amerikanischen Boy Scouts, wird gleichfalls »grauer Wolf« genannt. So wird auch bei den englischen Boy Scouts ein besonderes Abzeichen und der Titel Wolf als eine Anerkennung für ganz besondere Auszeichnungen im Pfadfinderdienst verliehen. Diese Auszeichnung wird jedoch nur einmal im Jahre verliehen.[1])

Alle Medaillen und Abzeichen werden nur dann getragen, wenn die Pfadfinder sich im Dienste oder in ihrem Lager befinden. Zu jeder anderen Zeit dürfen sie nur auf der Weste getragen werden, so dass sie durch den Rock

---

[1]) Für deutsche Verhältnisse kaum zu empfehlen.

verdeckt werden. Ein kleines Abzeichen, bestehend aus dem Pfadfinderpfeil, darf jedoch stets im Knopfloch getragen werden.

Der Eid des englischen Pfadfinders.

Bevor ein Junge in die Pfadfindergemeinschaft aufgenommen wird, muss er den Pfadfindereid schwören. Dieser lautet folgendermassen:

Ich verspreche auf meine Ehre, dass ich

1. meine Pflicht gegen Gott und meinen Landesherrn erfüllen werde,
2. nach besten Kräften meinen Mitmenschen beistehen will, welche Gefahr es mir auch bringen möge,
3. die Gesetze der Pfadfindergemeinschaft treu befolgen will.

Wenn der Pfadfinder den Eid leistet, steht er aufrecht, die rechte Hand in Schulterhöhe erhoben, Handfläche nach vorn, den Daumen auf dem kleinen Finger und die anderen Finger nach oben gerichtet. In dieser Stellung steht auch die Hand beim Gruss und beim geheimen Zeichen. Wenn die Hand bis zur Schulterhöhe erhoben ist, so bedeutet dies den kleinen Gruss. Wenn die Hand bis zur Stirn erhoben wird, so erweist der Pfadfinder den grossen Gruss.

Der Gruss und die geheimen Erkennungszeichen der englischen Pfadfinder.

Die erhobenen drei Finger sollen wie die drei Pfeilspitzen auf dem Pfadfinderabzeichen den Pfadfinder stets an die drei Gelübde im Pfadfindereide erinnern. Trifft ein Pfadfinder den anderen zum ersten Male am Tage, gleichgültig, ob er seinem eigenen Trupp oder einem fremden angehört, so grüsst er ihn mit dem geheimen Zeichen mit kleinem Gruss. Einen grossen Gruss erweist er jedem seiner Vorgesetzten, also seinem Feldkornett oder Feldmeister. Auch wenn die Nationalflagge gehisst wird, ein Regiment mit Fahnen vorbeimarschiert, beim Spielen der Nationalhymne und bei jedem vorbeikommenden Leichenzuge, wird der volle Gruss als Ehrenbezeigung erwiesen.

Kleidung der englischen Pfadfinder.

Wenn ein Pfadfinder bereits einer Organisation angehört, welche Uniform trägt, so trägt er diese ruhig weiter. Nur wenn er sich im Pfadfinderdienste befindet, trägt er dazu das Pfadfinderabzeichen. Der Pfadfinder trägt keine bunte Uniform. Er will kein Aufsehen erregen und nicht mit seiner Tracht renommieren. Dagegen ist es erwünscht, wenn die Angehörigen einer Patrouille soweit als möglich gleich gekleidet sind, vor allem in bezug auf Hüte und Halstücher.

Zur Kleidung und Ausrüstung des Pfadfinders gehören im allgemeinen folgende Stücke:

a *b*

Englische Boy-Scouts.

a **Patrouillenführer (Feldkornett).**
b **Scout (Pfadfinder).**

1. ein breitrandiger Hut;
2. ein buntes Halstuch, das locker um den Hals geschlungen wird;
3. ein Flanellhemd,
4. ein Büschel Bänder in der Farbe der betreffenden Patrouille an der linken Schulter angeheftet;
5. ein Gürtel, an den der gerollte Rock mit Schnallen befestigt werden kann;
6. ein Rucksack zur Mitführung von Proviant und Reserve-Wäsche;
7. Kniehosen;
8. Wadenstrümpfe;

9. Halb- oder Schnürschuhe;
10. ein unbeschlagener Bergstock, damit man möglichst wenig Lärm macht. An dem Stock befindet sich eine Zentimeter-Einteilung;
11. Pfadfinderabzeichen nach Vorschrift getragen;
12. Signalpfeife für Feldkornetts, um den Hals an einer Schnur getragen.
13. Verbandpäckchen.

Englische Patrouillenabzeichen.

Jeder Trupp wird nach der Ortschaft genannt, zu welcher er gehört. Jede Gruppe (Patrouille) eines Trupps wird nach einem Tier genannt.

So hat. z. B. der 33. Londoner Trupp fünf Patrouillen, welche nach ihren Abzeichen »die Wölfe«, »die Raben«, »die Eulen«, »die Hunde« und »die Löwen« genannt werden.

Jeder Pfadfinder hat innerhalb seiner Patrouille dauernd eine bestimmte Nummer. Der Feldkornett Nr. 1, Junker Nr. 2; die übrigen Nummern werden auf den Rest verteilt. Jeder Feldkornett trägt an seinem Stabe die Flagge seiner Patrouille, die mit dem Patrouillenabzeichen versehen ist. Die Unparteiischen bei den Spielen tragen einen weissen Schulterknoten als Abzeichen.

Jeder Pfadfinder muss lernen, den Schrei seines Patrouillentieres nachzuahmen; so muss z. B. jeder Junge in der Rabenpatrouille fähig sein, das Gekrächze des Raben nachzuahmen. Dadurch können sich die Angehörigen einer Patrouille miteinander verständigen, sowohl nachts als wenn sie sich verborgen halten; kein Pfadfinder darf den Ruf einer anderen Patrouille benützen. Wenn ein Pfadfinder in den Boden Zeichen ritzt, um damit seine Freunde zu verständigen, so zeichnet er gleichfalls den Kopf seines Patrouillentieres in den Sand.

II. Die deutsche Organisation.

Der Verein »Jugendsport in Feld und Wald« hat sich die Aufgabe gestellt, die von General Baden-Powell geübte Methode auf deutsche Verhältnisse zu übertragen. Er geht dabei von dem Gesichtspunkte aus, den bestehenden Jugend-Organisationen (wie den Vereinen »Wandervogel«, »Alt-Wandervogel«, Burschenvereinen, der »Jugendwehr« etc.) nicht etwa Konkurrenz zu machen, sondern im Gegenteil die Ideen des Generals Baden-Powell deutschen Verhältnissen anzupassen und bei den bereits vorhandenen Jugendvereinen einzuführen. Es ist dem »Jugendsport in Feld und Wald« bereits gelungen, den Verein »Alt-Wandervogel« dazu zu bewegen, sich das Baden-Powellsche System zu eigen zu machen.

Es dürfte von Interesse sein, die Organisation des »Alt-Wandervogels« kennen zu lernen.

Dieser »Alt-Wandervogel« bezweckt, das Wandern der Schüler höherer Lehranstalten zu fördern, den Sinn für Naturschönheit zu wecken, den Schülern Gelegenheit zu geben, Land und Leute aus eigener Anschauung kennen zu lernen und sie zur Selbstzucht und dadurch zu selbständigen Charakteren zu erziehen. Der Bund wurde vor zirka zehn Jahren von einigen Schülern ins Leben gerufen. Diese bildeten nach dem Verlassen der Schule die Führerschaft, die, stetig anwachsend, heute fast in allen grösseren Städten, am meisten in den Universitätstädten, vertreten ist. Mitglieder des Bundes sind die Führer, welche die Wanderfahrten leiten, und die Mitglieder des Eltern- und Freundesrates, der die Organisation des Bundes unterstützt.

Sie wählen zusammen jedes Jahr die Bundesleitung, die ihren Sitz in Berlin hat und das ganze Jahr hindurch ungemein tätig ist. Sie hält den Bund straff zusammen, so dass heute Spaltungen in der Führerschaft, die in früheren Jahren zur Gründung von noch heute an einigen Orten bestehenden kleinen Wandervogelvereinigungen führten, nicht mehr möglich sind.

Viele Vorurteile waren zu beseitigen, manchem Unverständnis zu begegnen, ehe man Anerkennung besonders bei den Schulbehörden fand.

Fast alle Schuldirektoren bringen heute dieser nun ganz gereiften Organisation, die Schüler aller Provinzen auf stimmungsvollen Fahrten zusammenbringt, Verständnis und manches grosse Interesse entgegen.

In »Horden« von 10—12 Mann ziehen die jugendfrohen Burschen unter Leitung ihres Führers, der für jede grössere Fahrt die Genehmigung der Bundesleitung einholt, der selbst jede Selbstzucht durch enthaltsame Lebensweise, vor allem durch Enthaltung vom Rauchen und Trinken, freudig übt, in alle Gaue des deutschen Vaterlandes.

Den sonst kneiplustigsten Studenten, der als Führer tätig ist, bringt das Wandern vom Rauchen und Trinken auf den Fahrten fast gänzlich ab, und so wird es ihm nicht schwer, die Horde seinem Beispiele folgen zu lassen.

Der A.W.V. kann es für sich rühmlich in Anspruch nehmen, eine besonders starke Wehr gegen Schülerverbindungen zu bilden, bietet er doch durch seine Fahrten alles, was die Schüler an Kameradschaft, Romantik etc. suchen, aber in ganz anderer Weise als die dumpfe Kneipbude

Es ist der Grundsatz im A.W.V., mit 1 Mk. (ohne das Reisegeld) pro Tag auszukommen, und da die Wandervögel sich ihre Mahlzeiten selbst bereiten, wird ihnen das nicht schwer, zumal sie es glänzend verstehen, sich des Nachts in mitgebrachten leichten Schlafsäcken überall auf Heu oder Stroh, oder auch an ganz heissen Sommertagen im Freien ein Bett zu »bauen«.

In allen Ferien werden grosse, oft 30tägige Fahrten unternommen.

Ein echter Wandervogel kennt daher beim Abgang von der Schule jede Ecke seines deutschen Vaterlandes.

Jedes Jahr wächst die Zahl der Teilnehmer, jedes Jahr die Zahl der veranstalteten Fahrten, weiss doch die stets grösser werdende Führerschaft immer interessantere Reisen zu veranstalten.

Die Schüler sind nicht Mitglieder des Bundes, sondern werden in eine (Schüler-)Scholarenliste eingetragen.

Der ganze Bund zählte im November 1906 822 Eingetragene, im Juni 1907 1353 Eingetragene und im November 1908 2076 Eingetragene in 119 Orten.

Das deutsche Sprachgebiet ist eingeteilt in acht Kreise — in Zukunft wird jede Provinz einen Kreis bilden — an deren Spitze besondere Kreisleitungen stehen, unter diesen stehen in den einzelnen Orten die Ortsgruppenleiter.

Dem Eltern- und Freundesrat (Eufrat) gehören mehrere Hundert Damen und Herren aus allen Gesellschaftskreisen an.

Der A.W.V. unterstützt heut alle Bestrebungen, die eine Kräftigung der Jugend bezwecken, und hat in den Arbeitsausschuss des von den Freunden der Pfadfindersache begründeten neuen Vereins einen seiner Führer delegiert, um dessen Arbeit seine Erfahrungen dienlich zu machen.

Der Verein „Jugendsport in Feld und Wald" hat das folgende umfassende Programm aufgestellt:

a) Die unter der Leitung der Berliner Zentrale in den Städten und Gemeinden von ganz Deutschland geschaffenen Ortsgruppen des Vereins sollen jungen Leuten von 14—18 Jahren, ohne Ansehen des Standes, der Schulbildung und der Religion, eine anregende und lehrreiche Beschäftigung in der freien Natur bieten.

b) Um die Schul- und Arbeitszeit nicht zu verkürzen, sind hierfür nur die Sonntage, soweit angängig auch die Sonnabend-Nachmittage und die Ferien zu benutzen.

c) Die nächsten Ziele der Ausbildung sind: Schärfung der Sinne und der Beobachtungsgabe, sowie Erwerbung praktischer Kenntnisse und Fertigkeiten in handwerksmässigen, landwirtschaftlichen und anderen Dingen.

Als Mittel zur Erreichung dieser Ziele dienen: Märsche und Fahrten zu Lande und zu Wasser, verbunden mit Arbeiten, Spielen, besonderen Uebungen und praktischen Unterweisungen, Studium der Tiere, Pflanzen, Gestirne und der Naturkräfte. Ausbildung im Hüttenbauen, Biwakieren, Abkochen, Mattenflechten und in der Anfertigung einfacher Gebrauchsgegenstände aus Behelfsmaterial. Praktische Einführung in die Grundlagen der verschiedenen landwirtschaftlichen Betriebe, z. B. durch Hilfeleistung im Stalldienst, bei der Bestellung der Felder und bei der Ernte während der Ferien. Damit verbunden Belehrung über die verschiedenartige Verwertung der Feldfrüchte auf Grund eigener Anschauung. Abhaltung von kriegsspielmässigen Uebungen, die zwar dem in jedem Jungen nun einmal vorhandenen Abenteuersinn entgegenkommen, ihn aber in gesunde Bahnen lenken und in den gebotenen Grenzen halten. Ferner Orientierung nach der Karte und nach dem Kompass im Gelände. Ueberbringung von Meldungen unter schwierigen Umständen, Lösen von Kundschafteraufgaben, Ueberwindung von Terrainhindernissen, Anfertigung von Skizzen und dergleichen mehr.

Mit diesen Spielen sollen Uebungen im Armbrust- und Bogenschiessen, im Gerwerfen und Steineschleudern sowie turnerische Wettkämpfe jeder Art, im einzelnen sowohl wie auch gruppenweise verbunden werden. Wichtig ist ferner die Unterweisung in der ersten Hilfeleistung bei Unglücksfällen und in den Grundzügen der Hygiene. Ferner witd eine Vereinszeitung herausgegeben werden, zu der auch die jungen Leute selber Beiträge liefern sollen, um damit die Ziele des Vereins zu fördern, und durch die eigene Mitwirkung ihr Interesse für die gemeinsame Arbeit darzutun. In den Städten, in denen Ortsgruppen des Vereins bestehen, sollen die benachbarten Gutsbesitzer für dieIdeen der Pfadfinderbewegung interessiert werden, damit sie den jungen Leuten ihr Gelände zu grossen Uebungen zur Verfügung stellen können. Die Ortsgruppen werden für einige Abende der Woche ein Vereinszimmer mieten, dort einc besondere Bibliothek einrichten und Geselligkeit und Kameradschaft pflegen.

Schlussbitte.

An alle, die ihr Vaterland lieben, richten wir die herzliche Bitte, unserem Unternehmen ein wohlwollendes Interesse zu widmen und unsere Bestrebungen durch Rat und Tat auf jede Weise zu unterstützen.

Der jährliche Mindestbeitrag für Eltern, Erzieher und Förderer ist auf Mk. 3.— festgesetzt. Beitrittsanmeldungen und die Erklärung der Bereitwilligkeit zur Bildung von Ortsgruppen nimmt entgegen der Schriftführer

Stabsarzt d. R. Dr. E. Singer,

Berlin, Jerusalemerstrasse 43.

Der Verein „**Jugendsport in Feld und Wald**":

Georg Baschwitz, Fabrikbesitzer und kgl. Handelsrichter, Vorsitzender. — Gymnasialprof. Dr. L. Kemmer, München. — Stabsarzt Dr. Lion, Bamberg. — von Pustau, Kapitän zur See a. D., Berlin. — Prof. Dr. Venn, Berlin. — Konsul Vohsen, Berlin. — Dr. Jaquet, Berlin. — Frau Prof. Baume, Berlin. — Oberstleutnant a. D. v. Knobelsdorff-Brenckenhoff, Berlin. — Oberrealschuldirektor Wittmann, Heidelberg. — Gruner, Konter-Admiral z. D. — Hauptmann von Bülow, Berlin, Generalsekretär.

Das Fällen eines Baumes.

Lagerleben.

Empfehlenswerte Bücher.

(Ausser den bereits im Text erwähnten.)

Naturkunde.

Brüning, Tierleben in der Heimat. (Karl Köhler, Dresden.)

Kraepelin, Naturstudien (Auswahl). (Teubner, Leipzig.) Mk. 1.—.

— Naturstudien in der Sommerfrische. (Teubner, Leipzig.) Mk. 3.20.

Obermeyer, Pilzbüchlein, I. Teil: Essbare Pilze; II. Teil: Giftpilze (vorzügliche Abbildungen). (Lutz.) à Mk. 1.50.

Pilzmerkblatt des Kaiserlichen Gesundheitsamts.

Teuscher und Schilling, Der Jugend Gartenbuch. (Trowitzsch, Frankfurt a. O.) Mk. 3.—.

Seton-Tompson, Bingo und andere, Tiergeschichten. (Franckh, Stuttgart.) Mk. 4.80.

Francé, Das Leben der Pflanze. 8 Bände, jeder Band Mk. 15.—.

Handfertigkeit, Spiel und Sport.

Donath, Physikalisches Spielbuch für die Jugend. (Vieweg und Sohn.) Mk. 6.—.

Nordhausen, Sport und Körperpflege. (J. S. Arnd, Leipzig.) Mk. 16.—.

Robert, Spiel und Arbeit. Modellbogen und Anleitungen zur Selbstherstellung allerlei Spielwerke und Apparate. 32 Bändchen. (Otto Maier, Ravensburg.)

— Illustrierte Lehrgänge für den Unterricht in Knabenhandarbeit. (Herm. Hiertand, Zürich.) Mk. 1.50.

Heimatskunde.

Lang, Mit Ränzel und Wanderstab, Fusswanderung durch Deutschland und die Alpen. (Dietrich, München.) Mk. 4.—.

Ratzel, Deutschland. Einführung in die Heimatskunde.

Seefahrten und Koloniales.

Lion, Alexander, Tropenhygienische Ratschläge. (Otto Gmelin, München.) Mk. 1.50, geb. 2.—.

Mit dem Hauptquartier in Südwestafrika. Von Hauptmann M. Bayer, während des südwestafrikanischen Krieges im Hauptquartier der Schutztruppe. 310 Seiten mit 100 Abbildungen, Karten und Skizzen. (W. Weicher, Berlin.) Geb. Mk. 5.—.

Lohmeyer-Wislicenus, Auf weiter Fahrt, Selbsterlebnisse deutscher Marine- und Schutztruppenoffiziere, Weltreisender und Farmer. (W. Weicher, Berlin.) A. Grosse Ausgabe: 5 reich illustr., einzeln käufliche Bände zu je Mk. 4.50 geb. B. Verkürzte Volksausgabe: 5 illustr. einzeln käufliche Bände zu je Mk. 1.— geb.

Dem Unternehmen liegt der Gedanke zugrunde, in fortlaufender Folge Selbsterlebnisse von Männern darzubieten, die in den Kolonien, oder zur See mit Auszeichnung gewirkt und reiche Erfahrungen gesammelt haben, und deren Aufzeichnungen berufen erscheinen, für unsere Kolonien und die Notwendigkeit einer starken Flotte Verständnis und Interesse zu erwecken. Aus alter, neuerer und neuester Zeit berichten Männer, deren Namen den besten Klang hat und dafür bürgt, dass sich mit fesselnder Schilderung unbedingte Zuverlässigkeit verbindet.

Sperling, C. F., Eine Weltreise unter deutscher Flagge. 51000 Seemeilen mit dem deutschen Kreuzergeschwader. 194 Seiten mit 32 Vollbildern. (W. Weicher, Berlin.) Preis vornehm gebunden Mk. 4.50.

— Aus dem Loggbuche eines Kriegsseemannes. Vom Schiffsjungen bis zum Deckoffizier in der Kaiserlichen Marine. Mit 12 Bildern aus dem Bordleben, nach Aufnahmen des Marinephotographen A. Renard, Kiel. (W. Weicher, Berlin.) Preis geb. Mk. 2.50.

Deutsch-Südwestafrika, Kriegs- und Friedensbilder, geschildert von Frau M. v. Eckenbrecher, Frau H. v. Falkenhausen, Stabsarzt Dr. Kuhn, Oberleutnant Stuhlmann. Gesammelte Aufsätze aus »Auf weiter Fahrt«. Reich illustriert! (W. Weicher, Berlin.) Mk. 1.20.

Frenssen, Peter Moors Feldzugsbericht. (H. Grote, Berlin.)

Dominik, Hans, Hauptmann. Vom Atlantik zum Tschadsee. Mk. 7.50.

Kuhn, Philalethes, Gesundheitlicher Ratgeber für Südwestafrika. Mk. 3.60.

Eckenbrecher, Margarete v., Was Afrika mir gab und nahm. (E. S. Mittler & Sohn.)

Mansfeld, Alfred, Urwalddokumente. Vier Jahre unter den Crossflussnegern Kameruns. (Dietrich Reimer [Ernst Vohsen], Berlin.)

Schmidt, Divisionspfarrer. Aus unserem Kriegsleben in Südwestafrika.

Kolonial-Kochbuch. (W. Süsserott, Berlin.) Mk. 5.—.

Brandeis, Frau A., Kochbuch für die Tropen. (Dietrich Reimer [Ernst Vohsen], Berlin. Mk. 3.75.

Falkenhausen, Helene v., Ansiedler-Schicksale. Elf Jahre in Deutsch-Südwestafrika. (Dietrich Reimer [Ernst Vohsen], Berlin.) Mk. 3.—.

Salzmann, Erich v., Im Sattel durch Zentralasien. (Dietrich Reimer [Ernst Vohsen], Berlin.) Mk. 5.—.

Schillings, C. G., Mit Blitzlicht und Büchse. (Voigtländer, Leipzig.) Mk. 14.—.

Wandkarte der deutschen Kolonien. Herausgegeben auf Veranlassung der Deutschen Kolonialgesellschaft. (Dietrich Reimer [Ernst Vohsen], Berlin.) Mk. 8.—.

Lebensbildung.

Rothenaicher, Mensch — Natur — Gott. (Otto Gmelin, München.) Mk. 4.—, geb. Mk. 5.—.

— Schaffen und Schauen. Ein Führer durchs Leben. 1. Bd. Von deutscher Art und Arbeit. 2. Bd. Des Menschen Sein und Werden. (B. G. Teubner, Leipzig.) Mk. 4.—, geb. Mk. 5.—.

Mann, Fr. H., Die Kunst der sexuellen Lebensführung. (Orania-Verlag, Oranienburg.)

Wegener, Hans, Wir jungen Männer. (K. R. Langewiesche, Düsseldorf und Leipzig.)

Dr. J. Müller, Beruf und Stellung der Frau. (Beck, München.) Mk. 2—.

Gesundheitliches.

Haeseler, Graf von, Generalfeldmarschall, Ueber die Alkoholfrage. Flugblatt 100 Exemplare M. —.90.

Kommerell, Med.-Rat, Aerztliches über das Trinken. Mk. —.30.

Quensel, Reg.-Rat, Der Alkohol und seine Gefahren. Mk. —.20.

Stumpf, Med.-Rat, Ueber Alkoholgenuss in der Jugend. Mk. —.10.

Ernste Mahnung an Eltern und Schüler. Von einem Gymnasiallehrer. Mk. 1.50.

(Sämtliche im Mässigkeitsverlag des Deutschen Vereins gegen den Missbrauch geistiger Getränke. Berlin W. 15, Uhlandstr. 146.)

Baur, Seminararzt Dr., Gesundheitsregeln für Schulkinder. (Otto Gmelin, München.) Mk. —.50.

Siebert, Dr. F., München, Nationale Erziehung. (Otto Gmelin, München.) Mk. 1.30.

Marcuse, Dr. Julian, Grundzüge einer sexuellen Pädagogik in der häuslichen Erziehung. (Für die Lehrmeister.) (Otto Gmelin, München.) Mk. 1.20.

Meyer, Dr., Gerichtsass. und Bahnarzt, Unhygienisches im Alltagsleben. (Otto Gmelin, München.) Mk. —.50.

Kauffmann, Die Hygiene des Auges (Otto Gmelin, München.) Mk. —.60.

Kleintjes, Dr, Hygiene in den Bergen. (Otto Gmelin, München.) Mk. —.50.

Der Arzt als Erzieher. (Ausführlicher Prospekt vom Verlag Otto Gmelin, München.)

Sonstiges.

Schönherr, K., Lehr- und Uebungsbuch für Esperanto. (Boden, Dresden.) Mk. 1.75.

Stark, Emil, Lehrbuch des Esperanto. (H. Hoffmann, Berlin.) Mk. 1.20.

Kessler, Prof., Die Photographie. (Sammlung Göschen, Leipzig.) Mk. —.80.

Aus dem 4tägigen Uebungslager der Boy Scouts: General Baden-Powell mahnt seine Scouts, ihrer Pflichten stets eingedenk zu sein.

Samariterwerk.